本书赞誉

“放眼世界，我们面对的是百年未有之大变局。”在不确定性环境下，一方面企业飞速发展，新做法、新思路、新技术敏捷迭代；另一方面社会发展日新月异，新生代、新政策、新要求层出不穷。作为培养适应社会、服务企业的人才的应用型大学，我们该如何及时响应甚至超前预测变化？大学教材就是及时响应变化的关键抓手。

欣闻陈强老师“敏捷制造的产品”即将付梓，欣然推荐。陈强老师是我校优秀的“双师型”教师，具有长期的企业实践经验，在教学和科研上勤恳钻研、积极探索、勇于创新，取得了良好的成绩。此应用型本科教材是我校“校企合作”的成果之一，教材的出版显示出校企合作培养人才的协同效应日渐显现。

教材建设是高等学校一项重要的基本建设，是课程建设的核心。本教材在宏观设计上遵循“金课”的“两性一度”原则，紧跟学科发展步伐；在具体设计上，以产出导向理念为指引，贴近企业实际。

总之，这是一本编写理念、内容安排诸方面都具有创新性、设计感的新时代应用型本科教材。

钱金栿　教育部教学指导委员会药学分会委员，云南省科学技术奖评审专家，丽江文化旅游学院院长

应用型大学培养的是既有一定理论素养，又有较强实践能力的新时代应用型高级人才，创新、务实又符合时代特点的应用型教材必不可少。陈强老师及其团队精心编著的这本教材抓住了新时代的特征，具有创新的思路、独特的视角，并紧密连接产业界，对应用型大学教材建设具有积极的意义！

朱营　全国人力资源和社会保障职业教育教学指导委员会委员、教育部创新方法教学指导分委员会特邀委员、中国高校创新创业学院联盟产教融合工作组组长、上海踏瑞计算机软件有限公司创始人

校企合作培养人才是一条高屋建瓴的“双赢”之路。“把课堂开到企业，把企业设在学校”，为培养更多“适业人才”提供新的契机。陈强老师及其团队擅用真实工作场景提高课程内容实战性，本教材中课程化工作场景新颖丰富，企业人才培养与开发多可借鉴！

肖振宇　贝壳找房成都站职能总经理

在这个社会经济发展、企业人才需求和信息化技术迭代日新月异的时代，编著一本理念先进、内容务实、形式创新的培训与人力资源开发教材是一件很有意义的事情。陈强老师以敏锐的观察和创新的构思，紧跟学科发展步伐推出的这本以产出为导向、贴近企业前沿实践、教辅资源丰富的应用型教材，为新时代应用型大学的教材建设提供了范例。

早年我与陈强先生共事于某大型合资企业集团，他思维活跃，涉猎广博，洞察潮流，勇于创新，为企业人力资源建设的创新发展独辟蹊径，贡献良多，这也成就了陈强先生在学术领域深入了解企业人力资源战略发展和人才培养管理方法的深厚底蕴。

这本教材的问世，相信会给应用型大学教材创新带来一股清流，也为新时代的大学生带来一场知识盛宴。

黄一村　新西兰奥克兰大学能源利用工程博士，广东省燃气协会原副理事长，广东佛燃能源集团股份有限公司原总裁

普通高等学校
应用型教材
人力资源管理

培训与人力资源开发

战略、服务、赋能

陈　强　张前明　肖振宇　赫　萌　编著

中国人民大学出版社
·北京·

图书在版编目（CIP）数据

培训与人力资源开发：战略、服务、赋能 / 陈强等编著. -- 北京：中国人民大学出版社, 2022.7
普通高等学校应用型教材. 人力资源管理
ISBN 978-7-300-30621-6

Ⅰ. ①培… Ⅱ. ①陈… Ⅲ. ①人力资源管理 – 高等学校 – 教材 Ⅳ. ①F243

中国版本图书馆CIP数据核字（2022）第087334号

普通高等学校应用型教材 · 人力资源管理
培训与人力资源开发——战略、服务、赋能
陈 强 张前明 肖振宇 赫 萌 编著
Peixun yu Renli Ziyuan Kaifa——Zhanlüe、Fuwu、Funeng

出版发行	中国人民大学出版社		
社　址	北京中关村大街31号	邮政编码	100080
电　话	010-62511242（总编室）		010-62511770（质管部）
	010-82501766（邮购部）		010-62514148（门市部）
	010-62515195（发行公司）		010-62515275（盗版举报）
网　址	http：www.crup.com.cn		
经　销	新华书店		
印　刷	北京溢漾印刷有限公司		
规　格	185mm × 260mm 16开本	版　次	2022年7月第1版
印　张	20	印　次	2022年7月第1次印刷
字　数	446 000	定　价	49.00元

内容简介

这是一本贴近现实、关注前沿，具有创新性、场景化特点的应用型教材。

全书以目标管理（MBO）和产出导向（OBE）理念为指引，基于员工的真实工作场景，紧密结合企业实践，按照项目模块，全面、系统地讲述了培训与人力资源开发的具体内容，体现了其战略性、服务化、赋能型特征。

本书结构完整，内容充实，教辅资源丰富，非常适合作为应用型高等学校人力资源管理、工商管理、公共管理等专业的教材，亦可用作企业培训有关课程教材，还可供人力资源管理从业者学习和研究参考。

主要作者简介

陈强，丽江文化旅游学院副教授，国家一级人力资源管理师，执业管理咨询师，企业集团培训师。拥有10余年企业人力资源总监、传讯总监、营销总监、运营总监等的管理经验，数次创业并拥有自己的经营实体，致力于教学、科研、经营、咨询四位一体的实践与探索。主要研究方向为企业战略管理、人力资源管理、战略性业绩评价等。主持或参与省厅级和校级科研项目3项，发表学术论文10余篇，所授“人力资源管理”课程获评云南省省级一流课程。2021年获首届全国高校教师教学创新大赛云南赛区比赛暨第四届云南省高校教师教学大赛一等奖，2020年指导学生参加第五届全国大学生人力资源管理技能大赛获特等奖。

前 言

当你拿到这本与众不同的教材时，相信你会感受到一股扑面而来的清新气息！

这是一本具有创新性、前沿性、设计感、轻颠覆特点的应用型本科教材。

这不仅是一本教材，也是一本学习手册，还是一份工作说明书。

通过与中国人民大学出版社的编辑在教师群的交流沟通，笔者（陈强）感到这是一家眼光敏锐、专业专注和敢于突破创新的出版社，默契促成我们共同策划一本应用型本科教材。

编著一本大学教材，对于经历 25 年企业工作和创业岁月后站上大学讲台的笔者来说，既是人生中一件神圣又光荣的事，也是一件非常有意义的事。多年的企业实战、教学实践、教学研究以及一颗永远年轻的心促成了这次绝妙的人生体验！

不畏浮云遮望眼，自缘身在最高层

新时代的气息扑面而来。“十四五”规划高瞻远瞩，指明中国经济转型就是要转向高质量发展的创新驱动。与高质量发展相匹配的是人才的高质量发展，而人才高质量发展的核心是高质量人才的培养与人力资源的高效开发和利用。

我们正面临世界百年未有之大变局，在不确定性增强的营商环境下，企业实践日新月异，新做法、新思路层出不穷。作为培养适应社会、服务企业人才的应用型大学，应该如何及时响应甚至超前预测这种变化？如同企业“敏捷制造”技术一样，这是大学“敏捷培养”方式的迫切需求。

新技术飞速发展，经济实体必将加速实现“线上”和“工业互联”为特征的“场景式”变革和数字化转型，人工智能必将与人类同处一个工作场景并形成“超级工作团队”，笔者认为人力资源管理者将面对“智能人力资源管理”的问题。

数字化时代促使人力资源运营模式快速迭代与持续革新，人力资源管理也在不断变革与创新，涌现出产品设计与管理、数据建模、自动化应用研究等新的职责，人力资源管理部门出现产品与研发经理、员工体验工程师、自动化人力资源（HR）专家、生产力架构师、教师与教练等新角色。面对运营模式转变与技术应用拓展，人力资源管理者的持续创新、敏捷学习、设计思维、移动互联能力也应该得到更加充分的重视。管理学大师拉姆·查兰（Ram Charan）说："一家真正的数字化企业可以无边界地指数级增长，跨界成为一种常态；数字化转型是时代的命题。"传统教育方式是知识的传输，现在依靠新技术将出现多种替代品，原方式会失去其价值，甚至还有教师会被人工智能替代的说法。在未来的教育中，大学教师应该如何创造和体现自己的价值?

微学习、碎片化学习、移动学习已成为人们日常的学习方式。如何做好平台技术、内容设计以及产品运营，是培训人不得不思考的问题。

新生代逐步崛起。"90后""00后"逐步成长起来，他们长于独立思考、具备数字化习惯和思维、有个性、充满求知欲等。

新理念推广应用。建构主义与人本主义教育理论，以产出为导向（OBE）的教育理念，对话式、质疑式、辩论式课堂教学理念，创新、创造、创业能力的培养等深深影响着大学教育的方方面面。

新政策加快实施。自2020年起原由政府部门许可和认定的人力资源职业资格改为社会化职业技能等级认定，即要接受市场和社会的检验并获得认可，这表明相关职业更加重视企业实践能力。这也使应用型本科在培养方式上需更加注重学生掌握走入社会、进入企业的"真材实料"——"用基本理论武装头脑，用扎实技能武装双手"。

本书特色

（1）编写理念上创新——高瞻远瞩、贴地飞行。没有先进的教学理念作指引，教学实践就会盲目。笔者遵循"两性一度"的"金课"标准，用心、用力打造精品教材。

一方面，本书以目标管理（MBO）和OBE理念为指导，融入"研究型教学"思维，基于真实工作场景，秉持以教师为引导、以学生为中心，以培养目标指导课程内容、手段和评价的思路编写。本书从知识、技能、能力、素养（KSAC）四方面确立学习目标，配合教学内容、教学手段和学习评价，使教与学双方以教材为媒介，打造有效、有趣、有益的课堂教学共同体。

另一方面，结合企业实际操作，培训与人力资源开发必须服务于企业总体战略和业务战略，本书在编写时特别注重培训与人力资源开发战略和职能与企业总体战略和业务战略有效衔接。这不仅体现了培训与人力资源开发的服务功能，也体现了其战略支持作用以及企业现实操作与理论的有效衔接。

（2）编写思路上创新——大胆突破、轻颠覆性。新时代需要大胆、务实、创新，甚至是颠覆性的创新。为更加贴近企业实际，本书以员工在企业的工作生命周期为教材编写的基础流程，以学生学为主调，从专业培训与人力资源开发管理者、非专业培训与人力资源开发管理者两个维度创新性地构思教材编写思路，适应新时代和新生代的需求。

一方面，在不确定性日益增强的新时代，在客户不断个性化的时代，在新生代逐步崛起的背景下，人力资源管理者不仅要履行好传统的职能，而且要成为业务伙伴、战略参与者、变革推动者或发起者、员工赋能者。具体到培训与人力资源开发职能上，首先要明确该职能必须为企业培养人才与开发人才，进而留住和激励人才，这就必须更快地融入新时代中，使新职能发挥作用，这是人力资源管理体现其战略性的根本要求。

另一方面，学生毕业后到社会上不会都成为专业的人力资源管理者，很多将走向业务领域，以上述思路来编写教材，有利于他们在业务领域更好地理解和执行培训与人力资源开发政策，培养业务经理的培训与人力资源开发技能和能力。学生在学习时，不仅要抱着“看别人怎么做”的学习态度，也要抱着“看自己怎么做”的学习态度。

本书分为四个项目，按项目安排内容，每一个项目相对独立。本书的重点是实务基础和项目实务两部分，每个模块皆有实际工作过程与理论学习场景，目的是将实际工作过程与课堂理论学习内容对应起来，使理论联系实际。

（3）编写内容上创新——场景设计、配合思政。课堂教学改革的核心是转变教师的教学方式和学生的学习方式，二者必须兼顾，但是若没有适合的教学内容，教与学的方式转变就成了无源之水、无本之木。

参考国家职业技能标准以及本科质量国家标准的要求，在 OBE 的指引下，本书以真实工作场景设计课程，做到工作场景课程化、课程内容工作化。本书选用了新近的案例，包括笔者自身的企业实战案例和真切工作感悟。本书在内容上围绕 KSAC 四方面精心设计，并提供了符合新时代、新生代特点的教学手段，如在线学习平台、课前自主学习等，符合应用型本科人才培养目标，在理论与实操内容方面安排得当，并考虑到了思政课程的相关内容编排。

本书创新性地体现了培训与人力资源开发管理者不仅是管理者，也是服务者，还是赋能者，培训与人力资源开发职能应服务直线经理、服务员工、赋能业务、赋能战略。本书改变了以往教材内容以管理者的唯一角色定位这一内容布局。

后疫情时代，如何增强企业组织权变能力（管理者能力之一）？如何打造新时期员工交叉工作能力（员工能力或技能之一）？如何增强领导者敏捷领导力和文化鼓动力（管理者能力之一）？这些问题是摆在企业培训与人力资源开发面前的新挑战，本书对此都有所涉及。

（4）编写形式上创新——问题导向、教学相长。有人说，当学生没有问题时，你的教学就可能有问题。独立思考的能力，敢于挑战权威的批判质疑精神，创新、创造、创业能力等都需要学生具有强烈的问题意识。本书基于研究型教学思维，依据 OBE 理念，在编写形式上进行创新，追求问题导向、教学相长，如图 1 所示。

从学习目标开始，本书强调学生自主学习，然后进行预习测试，进而思考发现并提出问题。请注意，本书不必按项目顺序学习，学习者可以跳到需要的项目或模块按需使用。总之，本书在编写形式上力求创新、活泼，符合新时代、新生代的特点。

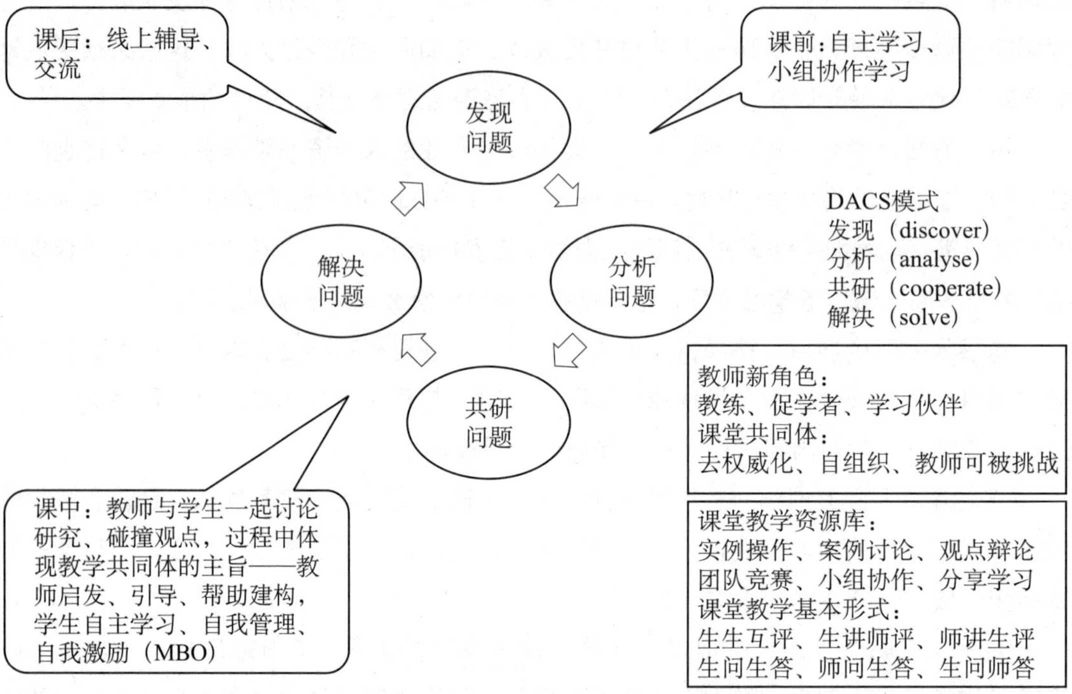

图 1　基于 MBO 与 OBE 结合之教学模式——DACS 模式

（5）校企联动创新——项目教学、模块运作。传统教材的编写是按照“培训理论循环 + 典型培训类型”来设计教材框架，但现实企业的培训与人力资源开发运作是按项目来操作的。本书创新性地运用项目化模式编排，一是希望课堂教学进度按项目开展；二是尽可能地使教学与企业实际连接；三是将真实校企合作的成果融入应用型教材的开发中。本书强调与实习企业深度合作，因为与实习企业深度合作，可以：

① 将优秀实习生的最佳实践提炼成教学内容。

② 将企业最佳实践形成教材案例。

③ 将企业、行业真实工作场景提炼融入课程教学设计。

④ 将实践教学课堂搬进企业现场。

⑤ 使学生带着学习目标进企业，结束后检验目标的达成情况。

⑥ 使学生在实习过程中提出工作建议并与教师共研，与企业交流，达到三方共赢。

（6）配套资料创新——用户思维、轻松教学。新时代要求我们具有用户极致思维、共创共享思维、平等协作思维，教师、学生、教学资源等组成教学共同体以顺应新时代大学课堂教学改革方向。

为适应新时代应用型本科教学对教与学的新要求，本书在线资源提供了大量教辅资料，除了包含配套大纲、教学设计或教案、教学进度表、模拟试卷等参考材料的《教师配套教学资料包》外，特别提供了《教师课程教学建议手册》。

贝壳找房成都站总经理，丽江文化旅游学院（原云南大学旅游文化学院）客座教授肖振宇先生不但提供了很好的企业操作案例，而且对于部分企业实战案例提出了审核与完善建议，还对本书提出了修改意见。楚雄师范学院管理与经济学院张前明老师与长春大学旅游学院赫萌老师参与编写了部分章节内容，并且参与了校稿工作和部分 PPT 课件的编写，在此一并感谢。

本书的完成离不开以下机构、人士的关注、指导和帮助。

感谢中国人民大学出版社编辑以专业与前瞻的视野提供了指导和帮助，特别是谷广阔编辑的细心帮助。

感谢丽江文化旅游学院，接纳我，让我能从事我热爱的教育事业，才有了本书。

感谢我曾工作十年的港华燃气集团，是它让我从初级经理人走向较为成熟的职业经理人。本书编写时吸纳的务实、创新、前瞻的思想来自我在港华燃气集团的工作实践。

感谢四川成都贝壳闹海房地产经纪有限公司提供的帮助，令本书与时俱进，亮点纷呈。

感谢上海踏瑞计算机软件有限公司提供精彩的案例以及最前沿的实训操作场景设计。

感谢深圳市合韬顾问咨询有限公司提供最前沿的案例，令本书生机盎然，趣味横生。

孟子曰："君子有三乐，而王天下不与存焉。父母俱存，兄弟无故，一乐也。仰不愧于天，俯不怍于人，二乐也。得天下英才而教育之，三乐也。"

希望本书能带给你全新的教学体验！相信你会有绝妙的教学体验！

由于本书是一次大胆创新的尝试，不妥之处在所难免，诚恳期待各位读者赐予宝贵意见！

陈　强

导言　致学习的主人：亲爱的同学们

亲爱的同学们，当你们捧着这本为你们精心准备的书时，希望你们能带着渴望和欣喜的心情进入一个崭新的学习新世界！你们才是学习的主人！这个学习地盘属于你们！这不仅是我们的心声，也是你们老师的心声。

有趣、有效、有料应是大学课堂学习应有的样子！

“非学无以广才，非志无以成学。”学习永远不可能是轻轻松松的，但也并非苦行僧式的。没有毅力，没有使命感，你们就无法真正成长。现在，请带着使命来课堂。

在正式学习本书前，我们希望给你们一些必要的学习建议，以最大限度地发挥本书的效用，让你们学有所得。我们的学习建议如下。

一、课前预习

预习、预习、预习，重要的事情敲黑板说三遍！

没有预习，就没有针对性的思考；没有思考，就没有问题；没有问题，就会头脑空空地进入课堂。你们需要带着问题来课堂。

本书设计了“学习目标”，方便预习和思考，请带着问题进入课堂，与老师共同探讨。

二、课后回顾

温习、温习、温习，重要的事情敲黑板说三遍！

“学而不思则罔，思而不学则殆。”不温习、不练习、不思考等于没有学。本书每个项目的最后一个模块都是“实训探究与成效检验”，其中，“实训操作与成效检验”由老师主导，“课外修学与我的探究”则是你们的专属地盘。

“人生没有过错，只有错过！”相信有智慧的你们不会错过每一个精彩的学习与成长瞬间，愿你们乐在其中，学有所成！

“志合者，不以山海为远。”同学们，如有任何对于本书的建议或意见，请直接联系我们（陈强老师邮箱：1968364110@qq.com；微信：Son_House；QQ：1968364110），我们愿意做你们学习的真诚伙伴！同学们，敬请开启这奇妙的知识之旅！

目 录

项目一

培训与人力资源开发的理论基础

子曰：“知者不惑，仁者不忧，勇者不惧。”

——《论语·子罕》

|本项目知识图谱|

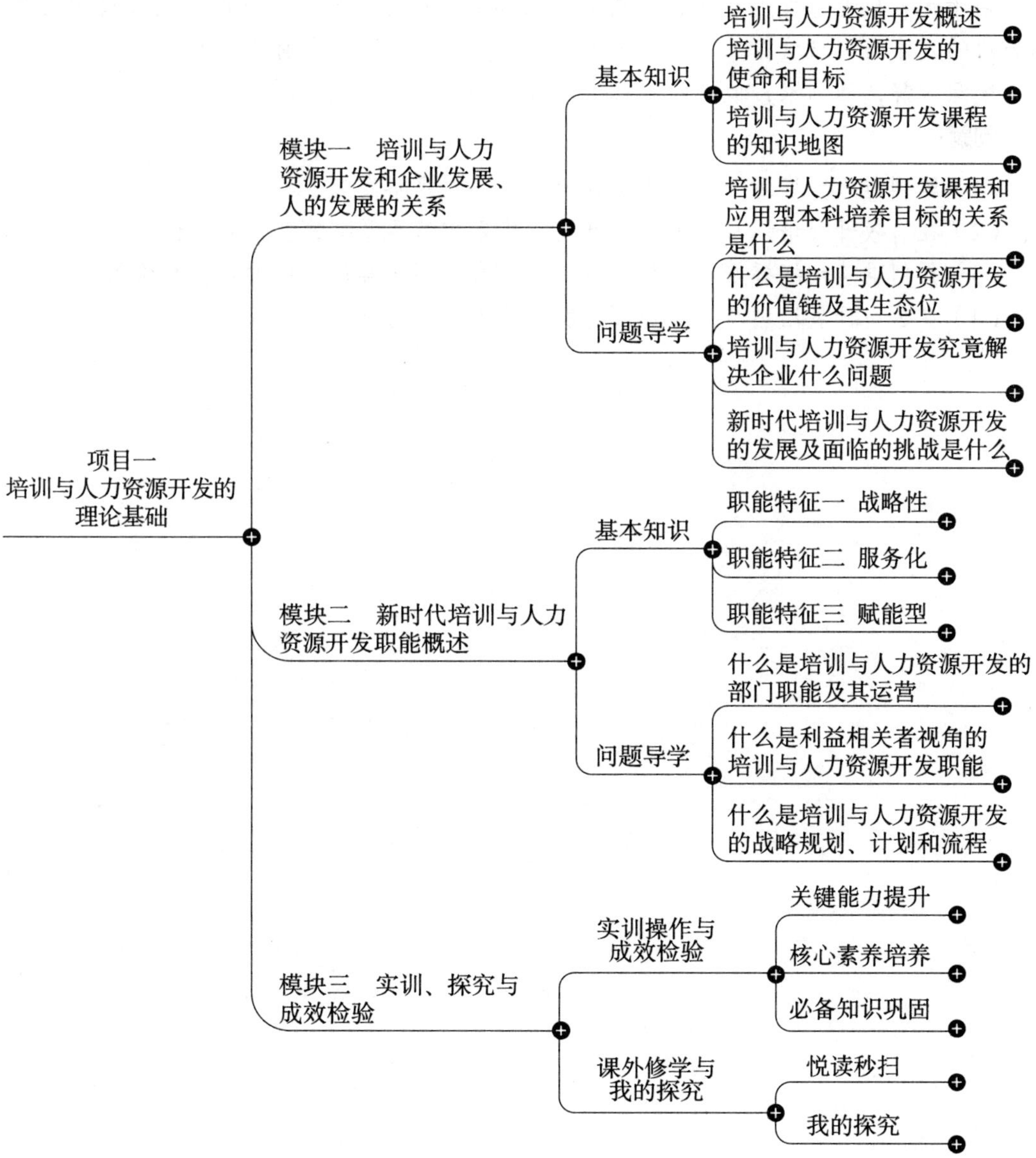

【项目工作场景】

小机快飞是一家中型民营高科技企业，主营业务是无人机的研发、制造和销售，目前产品已进入国际市场，发展前景良好。公司由于飞速发展需要增强员工能力，于是决定将原来的培训组升级为独立的培训与人才发展部，直接向首席人力资源官（CHRO）报告。

张二鸣毕业于一所应用型大学的人力资源专业。得益于在大学扎实的理论学习、良好的应用型实践课程技能与丰富的社会实践，他应聘成功。来到公司后他很快上手，先从HR助理做起，工作之余还加强进修，提升自己，工作积极主动，短短三年就做到HR招聘与组织发展高级主管。由于工作能力强，公司决定让他任培训与人才发展部的部门经理，他由此成为公司最年轻的部门经理。

由于无人机业务发展迅速，人员的需求和竞争也很激烈，上任以来张二鸣明显感觉到公司的人才培训与培养工作不能紧跟业务的发展，更谈不上有前瞻性了。

夜深人静，回到家，他默默地思考起来……

问题：

（1）培训与人力资源开发工作是如何支持公司战略发展目标的？

（2）在有效开展培训与人力资源开发工作之前需要掌握哪些基础理论？

（3）如何准确地把握好培训与人力资源开发在公司各职能中的定位和价值？

（4）在公司开展培训与人力资源开发有关工作会遇到哪些挑战？

模块一　培训与人力资源开发和企业发展、人的发展的关系

| 学习目标 |

关键能力 / 技能

- 通过将价值链理论知识学习和培训与人力资源开发实际案例相联系所体现出来的分析能力
- 观点的归纳与提炼技能

核心素养

- 关注组织商业成功的同时关注人的发展
- 培训与人力资源开发学习的目标意识与问题意识的培养
- 新时代背景下培训与人力资源开发管理者应具有的变革创新素养

必备知识

- 实际工作过程与理论学习场景
- 培训与人力资源开发的概念及其内涵
- 培训与人力资源开发的使命和目标
- 培训与人力资源开发可以解决组织中的哪些问题

一、基本知识

（一）实际工作过程与理论学习场景

1. 实际工作过程

如本项目“项目工作场景”中的张二鸣，作为一名培训与人力资源开发管理者，在真实工作场所中，他的工作过程如图 I－1－1 所示。

图 I－1－1　实际工作过程

2. 实际工作过程与理论学习场景

在学习过程中，请注意工作过程与学习场景矩阵（见表 I－1－1）。表格中的“√”表明纵向的工作过程与横向的学习场景是对应的。请注意在学习时有意识地将知识点与工作过程联系起来，并在社会实践中检验、练习。

表 I－1－1 工作过程与学习场景矩阵

学习场景		工作过程			
		结合行业和组织情况，对培训与人力资源开发有正确理解，清楚其在企业中准确定位	明晰并制定培训与人力资源开发的目标和使命	明确并宣扬培训与人力资源开发在组织中的价值	理解、把握培训与人力资源开发在新时代的挑战并将此融入战略和制度运作中
是什么？为什么？	培训与人力资源开发概述	√			
	培训与人力资源开发的使命和目标		√		
	培训与人力资源开发的价值链及其生态位			√	
	培训与人力资源开发课程的知识地图	√	√	√	√
为谁做？怎么做？	培训与人力资源开发究竟解决企业什么问题			√	
	新时代培训与人力资源开发的发展及面临的挑战				√

（二）培训与人力资源开发概述

员工培训是企业风险最小、收益最大的战略性投资。

——沃伦•本尼斯（Warren G.Bennis）

管理就是洞察人性，激发人的欲望。

——任正非

人有多种欲望，管理者身处新时代、面对新生代员工，如何做好管理、激发员工的善意，是管理者的必修课。马斯洛的需求层次理论告诉我们，自我实现是人的高层次需求，企业应因势利导，发现人才、培养人才、开发人才，在实现人力资本回报的同时，也对员工的职业发展与个体发展起到推动作用。

培训与人力资源开发是指组织以组织战略目标为导向，结合自身业务特点，采用适宜的方式对员工实施的有目的、有计划的培育与训练、开拓与激发的活动，使员工不断更新技能、提升能力、优化知识、改变态度，符合企业价值观，提高绩效水平，从而提升组织效率，实现组织目标和员工自身发展目标。

在当今不确定性增多的营商环境下，在新技术、新生代、新业态背景下，我们在理解培训与人力资源开发的概念时要特别注意以下四点。

（1）培训技能与职业开发相结合。同传统培训与人力资源开发不同，新时代培训与人力资源开发特别强调企业发展和个人发展的双赢。也就是说，传统培训与人力资源开发仅仅是为了实现组织目标或企业发展，新时代的组织不仅要考虑自身的经营发展，更要考虑所有利益相关者的关注点，包括员工自身的发展与职业竞争力的保持及提升。这也是当今企业作为“企业公民”具有的“社会性企业”的特征。

（2）培训与人力资源开发实质上是两种行为：一是培训；二是人力资源开发。二者有所不同，可以简单地理解为：

● 培训：培育与训练。它对应于“要我学”。它的目标是满足岗位所需，对应于员工任职应知应会的知识。

● 开发：开拓与激发。对于人力资源开发，本书认为有两种理解：第一种是广义理解，即国家、组织或企业对所属成员通过培训、激励、配置、优化、沟通、文化等活动开发、培养成员的智力、技能、能力和素养的全过程；第二种是狭义理解，即组织或企业对其成员特别是管理或技能人才的发掘、评估、职业定位与培养，激发其内在动力进行自我提升的活动。它对应于“我要学”。它的目标是既满足企业的整体战略，也符合员工的职业发展规划，实现员工与企业的双赢。根据应用型本科培养特点，本书采用狭义理解。

（3）企业的培训与人力资源开发对象不仅限于自己的员工，还包括企业的“粉丝”，即用户、上下游价值链成员甚至是企业“生态圈”战略伙伴。这是培训与人力资源开发职能的跨界整合，传统培训与人力资源开发职能是内部职能，但随着数字化时代的到来，企业的边界越来越模糊，原有的内部职能向外拓展，以配合企业业务职能的跨界融合，这也是本书所强调的。

（4）人才发展协会（Association for Talent Development，ATD）对于“人力资源开发”的定义为：人力资源开发是综合运用培训与开发、职业开发和组织发展来提高个人、团队以及整个组织的绩效的活动。现代培训与人力资源开发职能涉及团队和组织的变革与创新、学习型组织的打造等方面。

[练习与思考]

如何理解培训与人力资源开发职能在当今商业世界中的跨界融合？请举例说明。

（三）培训与人力资源开发的使命和目标

（1）使命。通过规范、有计划的专业培养、训练与人力资源开发活动，提高组织成员的能力和素养或改变其态度，营造优秀的企业文化，从而提升组织效能，实现组织的战略目标，同时，在此过程中满足成员实现自我价值的需要。

（2）目标。本书认为培训与人力资源开发目标从宏观上分为两方面：一方面是提升企业竞争力、树立企业文化；另一方面是满足员工发展、提升职业竞争力的需要。这两方面密切联系、相辅相成。提升员工能力有助于提升企业竞争力，企业竞争力的提升又能为员工能力的提升与职业发展提供更多、更好的资源和机会。

为了使组织的培训与人力资源开发活动具有准确的方向和定位，培训与人力资源开发活动应明确自身的愿景、使命和价值观（见表Ⅰ-1-2）。

表 I－1－2 培训与人力资源开发的愿景、使命和价值观

	内容说明	以腾讯大学为例
愿景	表明培训与人力资源开发活动的远期发展目标，具有一定的前瞻性和方向性	成为互联网行业最受尊敬的企业大学
使命	表明培训与人力资源开发活动对组织、成员及合作伙伴的价值	我们通过设计职业发展通道和对应的完善培训体系，努力成为腾讯员工的成长顾问与业务团队的发展伙伴，为腾讯的现在和未来培养人才
价值观	表明培训与人力资源开发活动的价值导向，什么是值得做的，职业操守是什么	正直、进取、协作、创造； 人才是腾讯最宝贵的财富

（四）培训与人力资源开发课程的知识地图

1．学习培训与人力资源开发课程的必要准备

培训与人力资源开发课程是人力资源管理、工商管理等专业的核心课程，在学习前应该具备前置课程的相关知识。这些前置课程一般包括：劳动经济学、人力资源管理概论、企业管理或企业战略管理、管理心理学或组织行为学等。

2．培训与人力资源开发课程的知识地图

为方便概览本书的结构，特绘制课程知识地图，主要从三方面来搭建框架：一是学习基础项目，即“赋能场景”；二是实务、风险与效益项目，即“服务场景”；三是组织与生态链学习和员工生涯发展项目，即“战略场景”。培训与人力资源开发课程的重点是“实务基础模块”和“工作实务模块”（见图 I－1－2）。

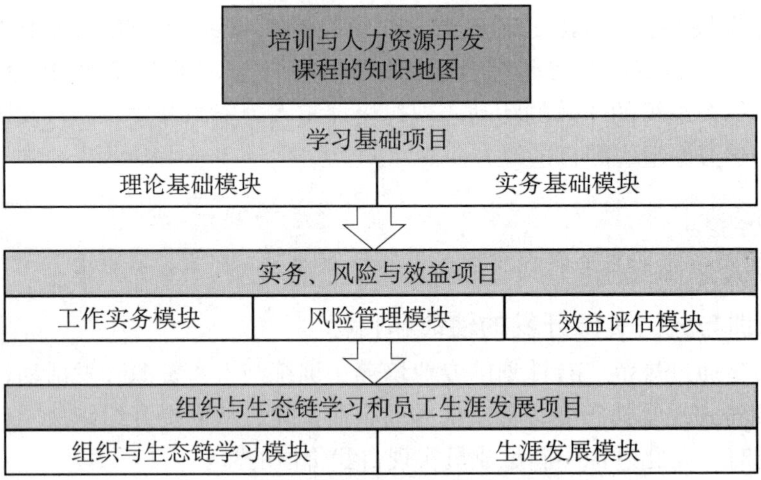

图 I－1－2 培训与人力资源开发课程的知识地图

二、问题导学

（一）培训与人力资源开发课程和应用型本科培养目标的关系是什么

1．培训与人力资源开发课程的性质及其知识、能力、素养要求

培训与人力资源开发课程是人力资源管理、工商管理等专业的必修课程。除了专

业知识、专业技能要求外，其在能力培养方面主要是问题分析能力、创新创意能力、人际沟通能力、数据调查与分析能力、协作能力、逻辑能力等；在素养培养方面主要是严谨、认真、负责、主动的职业素养，诚实信用、以人为本、工匠精神、服务意识等。这些能力和素养体现的正是当下社会对应用型大学毕业生的要求。

2．应用型本科培养目标的制定来源或根据

我们可以用“毕业素质模型”（graduated competence model，GCM）来简化概述（见图Ⅰ-1-3）。

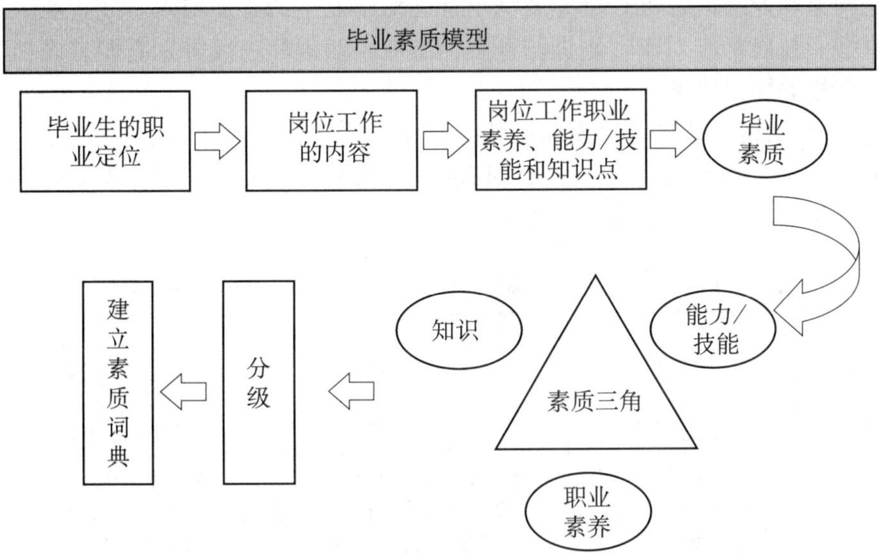

图Ⅰ-1-3　应用型本科专业培训目标的毕业素质模型

注：本处所指毕业素质要求不包括对身体和心理健康以及品德、价值观的描述。

不同地区、不同专业方向的应用型大学对毕业生培养目标和毕业要求有所不同，但有一个共同点就是以产出为导向，以社会需求为大方向。

据笔者所做的调查，目前企业对应用型本科毕业生的要求排名前三的分别是：团队合作能力、沟通表达能力以及发现、分析与解决问题的能力（见图Ⅰ-1-4）。

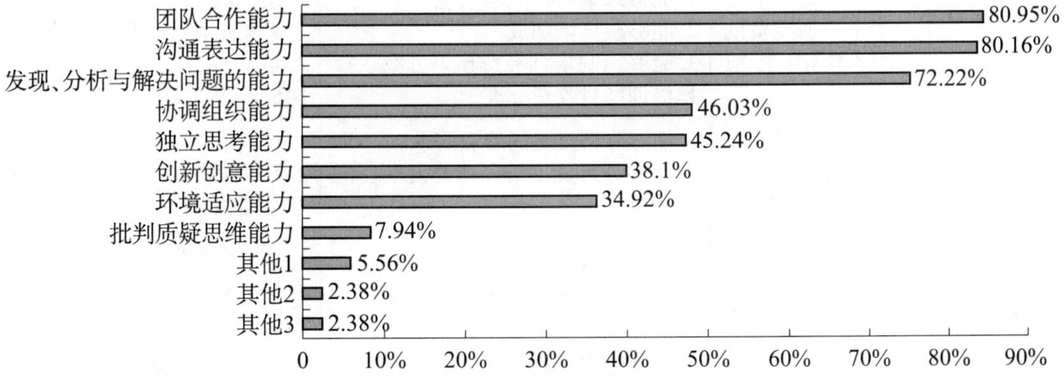

图Ⅰ-1-4　企业调查结果：毕业生素质要求

注：本次调查的企业样本来自国内外的75家各类型企业部门经理及以上职位的管理人员或专业人士。

2018 年 1 月教育部正式发布《普通高等学校本科专业类教学质量国家标准》，在工商管理类教学质量国家标准中对“培养目标”有一般意义上的要求：“工商管理类本科专业培养践行社会主义核心价值观，具有社会责任感、公共意识和创新精神，适应国家经济建设需要，具有人文精神与科学素养，掌握现代经济管理理论及管理方法，具有国际视野、本土情怀、创新意识、团队精神和沟通技能，能够在企事业单位、行政部门等机构从事经济管理工作的应用型、复合型、创新型人才。”

各应用型大学对不同专业有不同的毕业素质要求，但无论是应用型本科专业的培养目标还是国家职业技能标准，都是要满足社会对毕业生的素质要求。如企业人力资源管理师国家职业技能标准对于“培训与开发”维度，四级和三级分别有四方面和五方面的技能要求和相关知识要求。

3．企业人力资源管理师国家职业技能标准

表 I－1－3 是四级和三级企业人力资源管理师的“培训与开发”维度的能力素质要求。大学毕业生可以参考最基础的四级要求。

表 I－1－3　企业人力资源管理师国家职业技能标准（四级和三级）

职业技能	职业认证等级	工作内容	技能要求	相关知识要求
培训与开发	四级	员工培训与开发作业流程及计划信息采集	1. 能够按照员工培训与开发系统的作业流程，完成培训的组织工作 2. 能够采集员工培训计划的相关信息，进行培训计划的初步设计	1. 员工培训与开发的概念、特点和作用 2. 员工培训规划与短期计划的概念、作用和要求
		员工培训需求分析	1. 能够采集员工培训需求的信息 2. 能够分析员工的培训需求	1. 员工培训需求分析的含义与作用 2. 员工培训需求的主体与培训需求产生的原因
		员工培训的组织与实施	1. 能够完成员工培训的前期准备工作 2. 能够完成培训现场组织保障和服务工作	1. 员工培训的分类方法 2. 各种培训方式的概念、组织保障与服务的内容和要求
		培训经费的核算与控制	1. 能够采集培训成本信息 2. 能够核算培训成本 3. 能够编制培训经费预算方案，核算培训项目收费标准	1. 培训成本的概念与构成 2. 采集培训成本信息的意义 3. 培训成本的构成，人员定向成本等含义
	三级	基于需求分析的培训项目设计	1. 能够分析员工的培训需求 2. 能够进行员工培训与开发项目的设计	1. 培训需求分析的概念与内容 2. 培训项目设计的基本原则与主要内容
		培训课程的设计与培训方法的选择	1. 能够完成课程设计的基础工作 2. 能够选择并应用各种培训方法	1. 培训课程设计的基本原则 2. 培训方法的内容及其应用范围
		员工培训有效性评估	1. 能够应用培训有效性评估技术 2. 能够收集培训效果评估信息 3. 能够进行培训实施效果评估	1. 培训有效性评估的概念 2. 培训有效性信息的类型 3. 培训有效性评估方案的内容

续表

职业技能	职业认证等级	工作内容	技能要求	相关知识要求
培训与开发	三级	员工培训制度的建立与实施	1. 能够起草员工培训制度 2. 能够实施并完善员工培训制度	1. 员工培训制度的概念、种类与内容 2. 员工培训制度的起草要求
		员工职业生涯规划与管理	1. 能够采集员工职业生涯规划信息 2. 能够完成员工职业生涯规划的前期准备工作	1. 职业与职业生涯的基本概念、职业生涯规划的内涵与特征 2. 员工职业生涯发展的基本理论、个人职业生涯规划与组织职业生涯管理的含义

资料来源：人力资源社会保障部于 2019 年颁布的《企业人力资源管理师国家职业技能标准》。

（二）什么是培训与人力资源开发的价值链及其生态位

1．价值链和生态位的概念

迈克尔·波特（Michael E. Porter）提出：每一个企业都是在设计、生产、销售、发送和辅助其产品的过程中进行种种活动的集合体。所有这些活动构成了一个创造价值的动态过程，即价值链。在新的技术、新的商业时代，这一概念又演化成了“商业生态圈”，但核心仍然是“价值创造过程”。

生态位是指一个种群在生态系统中，在时间、空间上所占据的位置及其与相关种群之间的功能关系与作用。

无论是价值链还是商业生态圈，其中的“元素”即每一个价值活动都可以在价值链或商业生态圈中找到自己的生态位。

2．培训与人力资源开发在人力资源管理价值链中的生态位

对于人力资源管理价值链，我们可以认为，它由价值创造、价值评价和价值分配构成，也就是说，所有人力资源管理活动应围绕这三者展开，具体的人力资源管理价值链如图 I－1－5 所示。

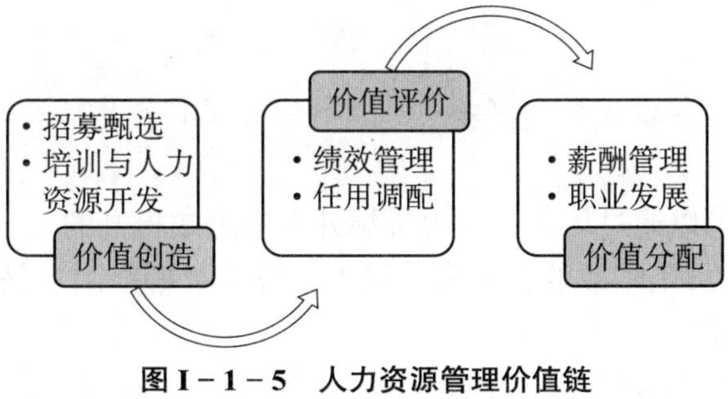

图 I－1－5　人力资源管理价值链

从图 I－1－5 中可以得出，培训与人力资源开发处于人力资源管理价值链中的“价值创造”生态位。要全力发挥其应有的作用，管理者就必须十分清楚其是如何产生价值的以及需要什么条件，甚至可以在宽度和深度两方面扩大其作用，即实现生态位的扩展。

[练习与思考]

上网查询有关价值链的含义，并且思考培训与人力资源开发的价值链，即培训与人力资源开发是如何为组织创造价值的。请记下你的观点并与同学讨论。

（三）培训与人力资源开发究竟解决企业什么问题

1. 培训与人力资源开发的实质内涵

培训工作与具有一定战略性和长远性的人力资源开发实质上是组织的一种智力投资行为。组织投资于培训与人力资源开发，带来的是员工能力的提升和员工敬业度及忠诚度的提升，也可使组织整体竞争能力提升、人力资本增值、组织业绩改善，从而获得投资收益。关于这方面我们也可以从卡普兰（Robert S. Kaplan）和诺顿（David P. Norton）的平衡计分卡（balanced score card，BSC）及战略地图上找到逻辑路线。

培训与人力资源开发是提升员工能力从而实现组织目标的需要，同时也是员工个人获得职业发展从而实现自身价值的需要。也就是说，组织实施培训与人力资源开发在实现自身经济目标的同时也在实现其社会性组织的目标。

培训与人力资源开发是一项系统工作，包括配套的人力资源管理基础工作和制度，如晋升通道设计、职位分析与胜任素质、企业文化等。

2. 企业绩效的决定因素

一般来讲，影响企业绩效的因素宏观上分为外部环境和内部环境两方面：外部环境包括政策、经济、法律、社会、文化、市场需求、全球化生态圈机会与效率等；内部环境包括商业模式、产品、专利、品牌价值、员工技能与素质、领导力、文化、技术、组织能力、对市场的把握等。

3. 员工绩效的决定因素

员工在实际工作中的绩效受多种因素影响。绩效与这些因素之间的关系可以用一个公式来表示：

$$P=f(K,S,C,M,E,I)$$

式中，P 为员工绩效；K 为知识；S 为技能；C 为素质；M 为激励；E 为环境或工具；I 为工作投入度或意愿性。

[练习与思考]

决定员工绩效的各因素是如何影响员工的实际工作产出或绩效的？你认为哪些因素更重要？为什么？

4. 哪些因素是可以通过培训与人力资源开发改进或提升的

明确了以上影响员工绩效的各因素，接下来分析有哪些因素是可以通过培训与人力资源开发改进或提升的。

[练习与思考]

以上哪些因素是可以通过培训与人力资源开发改进或提升的？请记下你的观点并与同学讨论。

（四）新时代培训与人力资源开发的发展及面临的挑战是什么

1. 新时代来临

新时代培训与人力资源开发面临的挑战及其应对如下。

第一，我们面临一个不确定性的世界。这直接影响到企业对培训需求的精准把握以及对员工素质的要求，如组织敏捷力、学习速度与深度、个人敏捷领导力、员工交叉能力等。

第二，企业管理者需要以确定性的态度和能力应对不确定性的世界。外部环境急剧变化，企业管理者必须有应对这种变化的确定性的态度和定力。这种确定性的态度和定力可以是对使命的坚守、对客户需求的精准把握、用户极致思维、数字化领导力、敏锐的商业嗅觉、领导者超强的鼓动力等。新时代培训与人力资源开发必须承担起相应的责任，必须切入组织与员工的学习与发展的职能当中。

2. 新生代崛起

新生代进入组织，给组织诸多方面带来挑战。

第一，组织承诺的归属感受到挑战。易变性职业生涯在新生代身上体现明显，这给组织通过培训与人力资源开发、职业生涯规划等措施留住人才、激励人才带来重大挑战。

第二，随着“90 后”“00 后”带着一股数字化旋风进入社会，组织如何利用有效的培训与人力资源开发手段，让新生代产生内驱力全心投入组织设计的培训与人力资源开发活动中来，更快、更高效地提升自身的能力，这也是一个重大挑战。

第三，为应对不确定性的商业竞争环境，组织不得不及时甚至超前投入员工的培训与开发，这也带来了一定风险，即投入与产出的配比、员工忠诚度的程度、技术发展和培训与人力资源开发工作的延滞效应等。

3. 新技术发展

新技术发展带来职业安全感的挑战。随着新技术的快速迭代、飞速发展，一些工种有逐步被人工智能代替的趋势，这也给员工带来职业不安全感，如何在此种背景下开展培训与人力资源开发工作从而提升员工的核心竞争力而不至于落伍，将是组织面临的重大挑战。如面对大数据时代的到来，百度的人力资源组织架构明确了 HR 三支柱运行模式，并对其中的共享服务中心进行了价值优化提升。百度共享交付中心在电子人力资源（e－HR）系统建设的基础上，经历了几个阶段的迭代发展，从共享服务中心转型升级为共享交付中心。

4. 新模式搅局

新模式催生出超级员工、超级团队、超级能力。随着商业生态的不断生成，新模式层出不穷，组织中出现了对身怀多种技能的超级员工、多种类型平台工作的超级团队的需求，这种趋势演化催生出员工的超级能力，即具备跨界能力和复合思维能力。此种趋势给组织的培训与人力资源开发带来了重大挑战。

5. 新时代培训与人力资源开发管理者的思维革命和行动革命

我国企业的培训与人力资源开发现状不容乐观，相比于发达国家，我国企业尚有较大差距。

（1）企业一把手必须从人才竞争、人才培养、人才发展对企业的长远性的、战略性的影响来看待培训与人力资源开发工作的重要性，把培训与培养人才、组织学习与发展、建立学习型组织等放到提升企业核心竞争力的战略高度。

（2）企业对培训和人才管理简单、粗放，缺乏战略性和系统性，培训工作“听起来激动，想起来冲动，回来就没动”，以及“说起来重要，忙起来不要”的状态急需进行变革。

（3）打铁必须自身硬，培训与人力资源开发专业人员必须快速提升自己的专业水平和超强学习力，应成为各部门的业务伙伴与首席执行官（CEO）的人才专家和咨询顾问。

（4）我国的培训机构要尽快提升实力，打造自身品牌。目前我国仍缺少规模化、专业化的培训品牌。因此，在学习西方发达国家成功经验的同时，要着力根据中国国情开发出具有中国特色的理论、工具和方法，推动我国培训市场的健康快速发展。

通过以上我们对新时代、新生代、新技术和新模式的分析可知，组织的培训与人力资源开发管理者必须尽快、超前地行动起来，首先要进行的就是思维革命。

● 要有正确的行动必须先有正确的思维。面对当前“社会化企业”概念、不确定性社会的出现，人的变化，政治、技术因素等影响，管理者必须具备创新、权变与快速迭代的思维。

● 全球人力资源培训与人才开发的趋势是更关注企业绩效改善与人才整合体系的建立与完善。不支持组织战略的职能工作都是“镜中望月”。因此，培训与人力资源开发管理者必须既是管理者，也是服务者，更是赋能者。

● 不融入业务，不连接战略，任何职能支持工作都会失去存在价值。培训与人力资源开发管理者应主动发现“商业差距”，然后寻求其中的与本职能工作的内涵连接，才能制定适宜的策略予以推进。

● 互联网思维同样适用于培训与人力资源开发管理者。用极致用户思维打造一款让用户感动的产品是管理者的必备功夫。要打造一系列持续学习的文化和组织学习的最佳实践，不能寄希望于一次培训活动，要建立社会性的组织学习系统。

● 企业要构建组织引领、倡导创新、支持变革、持续学习、容忍失败、重视人才的企业文化。

三、基于证据的HR最佳实践

1. BSC（平衡计分卡）概述

《哈佛商业评论》曾将BSC评为过去75年来全球最具影响力的十大管理理念之一。BSC作为一种前沿的、全新的组织战略管理工具和管理思想，在全世界的各行业乃至政府机构得到了广泛运用。BSC由哈佛大学商学院会计学教授罗伯特·卡普兰、复兴方案公司CEO大卫·诺顿共同提出，于1992年在《哈佛商业评论》首次提出。BSC是从财务、客户、内部流程、学习与成长四个构面，将组织的战略落实为可操作的衡量指标和指标值的一种战略执行和评价体系（见图I－1－6）。

2. BSC实施

在实施BSC时，HR如何支持公司实现战略目标，特别是培训与人力资源开发职能，笔者带领的项目团队是这样做的：

● 首先找到培训与人力资源开发职能在人力资源管理价值链中的生态位。

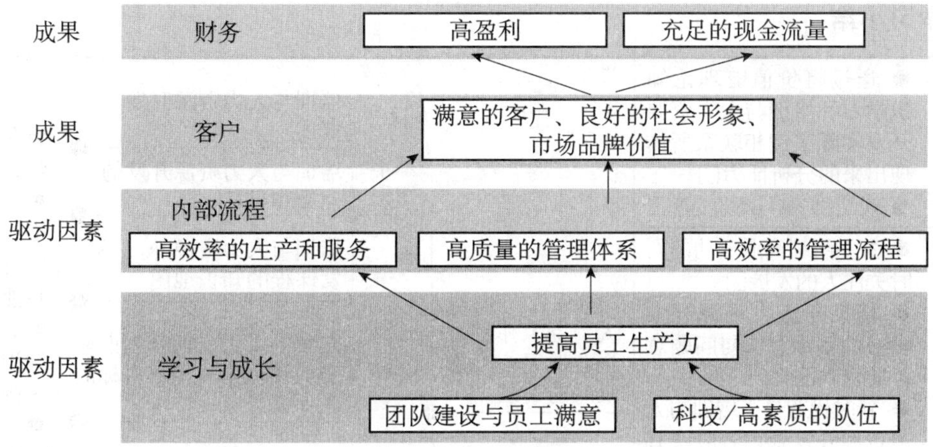

图Ⅰ-1-6　BSC

● 明确培训与人力资源开发高效运行时产生的效果是如何支持员工能力或技能提升从而满足企业发展需要的，同时找出组织学习与发展、优秀企业文化、领导力的提升等对于企业竞争力的正面支撑机制。

● 建立战略人才培养机制及配套制度体系，将以上思想成功落地（见图Ⅰ-1-7）。

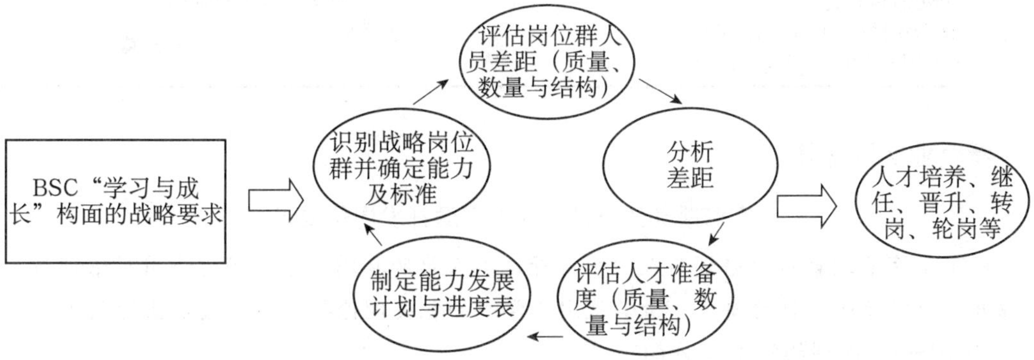

图Ⅰ-1-7　战略人才培养机制

● 建立评估和反馈机制予以检讨和提高。

资料来源：陈强．平衡计分卡促集团协同．企业管理，2020（6）．

四、业务决策者的责任

业务决策者（主要指负责业务职能部门的直线经理）、培训与人力资源开发项目重要的干系人，应负的责任是：

（1）理解培训与人力资源开发的使命和目标，明确培训与人力资源开发工作对于本部门的员工满足岗位要求、激励员工和留住有才能员工的重要性和必要性。

（2）理解培训与人力资源开发对企业发展、部门绩效提升的重要价值，做好支持人力资源管理部门有关工作的准备。

（3）了解新时代、新生代对于部门自身发展的影响，做好本部门员工的能力提升、职业发展有关工作的准备。

学习小结

<table>
<tr><td>关键能力/技能</td><td>● 通过将价值链理论知识学习和培训与人力资源开发实际案例相联系所体现出来的分析能力□
● 观点的归纳与提炼技能□</td><td rowspan="3">模块一　培训与人力资源开发和企业发展，人的发展的关系
基本知识
- 培训与人力资源开发概述
- 培训与人力资源开发的使命和目标
- 培训与人力资源开发课程的知识地图
问题导学
- 培训与人力资源开发课程和应用型本科培养目标的关系是什么
- 什么是培训与人力资源开发的价值链及其生态位
- 培训与人力资源开发究竟解决企业什么问题
- 新时代培训与人力资源开发的发展及面临的挑战是什么</td><td rowspan="3">自我回顾所学，然后：
● 在本书中找到支持“关键能力/技能、核心素养和必备知识”的相关内容
● 对于相关学习目标的掌握程度进行自我评价
● 评价完后请在左边的小方框中打上“√”</td></tr>
<tr><td>核心素养</td><td>● 关注组织商业成功的同时关注人的发展□
● 培训与人力资源开发学习的目标意识与问题意识的培养□
● 新时代背景下培训与人力资源开发管理者应具有的变革创新素养□</td></tr>
<tr><td>必备知识</td><td>● 实际工作过程与理论学习内容□
● 培训与人力资源开发的概念及其内涵理解□
● 培训与人力资源开发的使命和目标□
● 培训与人力资源开发可以解决组织中哪些的问题□</td></tr>
</table>

看企业实际运作

字节跳动的培训与人力资源开发岗位要求

以下是字节跳动对于培训与人力资源开发类人员的招聘要求。根据公司对培训与人力资源开发职能专业人员的要求，请尝试用已学过的相关理论知识解释该企业的做法。

HRBP——培训组织发展方向

天津

职能 / 支持 – 人力

社招

职位 ID：8THQ1

职位描述

1. 协助梳理、调整和优化公司组织架构及各部门的组织架构、职能、职责和岗位编制，提升组织发展能力；

2. 收集分析现有团队数据，及时发现风险及盲区，建立组织效能监控机制；

3. 协助制定团队人才规划战略，定期组织人才状况评估，协助核心人才及后备干部培养等工作；

4. 进行组织问题诊断，推进公司制度建设和项目方案编制工作；

5. 内训师梯队搭建及队伍能力建设；

6. 培训项目管理工作制定及推进。

职位要求

1. 本科学历，3 年以上 HR 组织发展及培训相关经验，对组织建设及培训管理工作有较强认知及理解的优先；

2. 写作功底扎实，对 Word、Excel 和 PowerPoint 等工具熟练掌握；

3. 有较强的沟通、理解能力，具备良好的文字归纳能力；

4. 具备良好的团队合作精神、责任意识和保密意识；

5. 工作踏实认真，抗压能力强，有良好的自我驱动能力。

资料来源：https：//jobs.bytedance.com/experienced/position/6704506047005985032/detail.

理论联系实践指引

本内容的设置目的是提供如何将理论应用于实践的指引，以利于同学们在社会实践、日常企业观察或真实案例等场景中及时有效地思考相关理论在实践中的应用情况，或者尝试用已学过的理论解释相关实际情况。

（1）在企业实践中，无论是 HR 专业人员还是业务管理者对于培训与人力资源开发工作到底对企业有什么好处，对部门的发展和企业的竞争力提升有何促进作用都比较模糊，而且无论是 HR 新人入职培训还是业务管理者培训都没有让其明白培训与人力资源开发的价值所在。如果一个业务管理者对此不了解，他如何从内心去支持 HR 的工作呢？如果一个 HR 专业人员对此不了解，他又如何满怀内驱力去做好培训与人力资源开发工作呢？

（2）对此，笔者认为，无论你今后是从事 HR 工作还是业务工作，你都要执行培训与人力资源开发相关工作。建议你列出培训与人力资源开发工作的价值链是怎样的，它是如何为企业、为部门产生价值的，并在适当的时机以合适的方式向利益相关者表述，以利于利益相关者理解和支持。在 HR 新人入职培训和业务管理者培训时应涉及培训与人力资源开发工作。当然，要想使培训与人力资源开发工作得到业务管理者全力支持，你还必须拿出数据或事实来说明，我们会在本书后面模块中提到这部分内容。

模块二 新时代培训与人力资源开发职能概述

| 学习目标 |

关键能力 / 技能

- 能设计简单的培训与人力资源开发部门职能、组织架构
- 能设计简单的培训与人力资源开发计划、基本流程
- 通过案例学习和思考，能提出解决问题的基本思路

核心素养

- 通过学习新时代培训与人力资源开发职能特征，学会正确把握和平衡企业发展与员工个人发展的关系
- 理解国家对于人才培养的倡导思想，企业建立学习型组织的作用，培养前瞻眼光和开阔的视野

必备知识

- 实际工作过程与理论学习场景
- 培训与人力资源开发的战略规划、年度计划及职能特征
- 培训与人力资源开发部门职能及利益相关者视角的职能期望
- 培训与人力资源开发的基本流程

一、基本知识

才者，德之资也；德者，才之帅也。

——《资治通鉴 · 周纪一》

新时代的人力资源管理专业人员应该具备什么样的素质？灿烂的中华优秀传统文化言简意赅地回答我们：德才兼备，以德为先。

被誉为“全球第一 CEO”的杰克 • 韦尔奇（Jack Welch）曾说过，“人力资源负责人在任何企业中都应该是第二号人物”，但是现实并非如此。人力资源部门没有创造这么大的价值——业务增长与 HR 没有什么关系或看起来没有关系。有人说，在中国真正认为人力资源部门是“业务伙伴或战略伙伴”的少之又少。怡安翰威特公司（Aon Hewitt）的经验和研究证明，人力资源部门可以成为强有力的业务驱动力，关键是它自身的思维进化、能力打造、素养提升和运作模式要进行革新。

（一）实际工作过程与理论学习场景

1. 实际工作过程

本模块的实际工作过程如图 I－2－1 所示。

图 I－2－1　实际工作过程

2．实际工作过程与理论学习场景

本模块的工作过程与学习场景矩阵如表 I－2－1 所示。

表 I－2－1　工作过程与学习场景矩阵

学习场景		工作过程		
		明确利益相关者的期望，根据公司战略设定部门架构、职能、职责与人员选拔	建立公司培训与人力资源开发战略规划	制定培训与人力资源开发年度计划书和预算
是什么？为什么？	新时代培训与人力资源开发的职能特征——战略性、服务化、赋能型	√	√	
为谁做？怎么做？	培训与人力资源开发的部门职能及其营运	√		
	利益相关者视角的培训与人力资源开发职能	√	√	
	培训与人力资源开发的战略规划、计划和流程		√	√

（二）新时代培训与人力资源开发的职能特征——战略性

“炸掉你的人力资源部门！”

“我们讲 CHRO 是新角色，那新角色是什么，其实你和公司的财务总监一样，同样为企业创造价值，差别只有一个，就是财务总监看的是经营业绩和数据，但是经营业绩和数据都是历史记录，反映的是企业的过去。CHRO 则不同，他看的是个人和团队，包括大家之间的协作，这些决定了企业的未来，他可以创造更大价值。CHRO 的工作，就是要从人才的角度去预测企业经营的未来。”

——拉姆·查兰

拉姆·查兰是当代最具影响力的管理学大师之一，他认为大部分首席人力资源官（chief human resource officer，CHRO）无法将 HR 工作与业务需求结合起来，需要分拆掉，也就是人力资源部门所做的工作缺乏战略性。

关于人才培养，拉姆·查兰指出：我们要衡量人才状况，看现在的水平怎么样，人才储备如何，有没有机制培养人、发展人，人才是企业的未来，培养人才是人力资源工作能够为企业创造的最大价值。

以下是笔者的一个真实企业经历。

为什么培训没有达到效果

有一年，我负责一家区域公司的全面业务经营工作，负责培训与组织发展的人力资源经理在培训的组织和实施方面表现很优秀。每次培训完，参训人员对培训的相关工作反馈都很好。当年年终公司业绩评价时，公司的总体培训费用比上年增加了20%，但是公司的经营业绩只提升了8%，并且对于关键员工的培训效果，其部门并不满意。更令人感到不安的是，相关培训的手段、内容与标杆对手和发包商的要求有差距，前瞻性不够，新的技术不能迅速武装员工。进一步分析发现，培训费用的增加主要是因为公司今年组织的培训次数和培训人数比往年多。

于是，公司重新调整了培训策略。对于公司培训策略调整的原因和内容，我与这位人力资源经理做过多次沟通，可是这位经理仍然执着于自己的专业工作，一味地按照培训计划来实施培训，结果造成了培训费用有增无减，而培训效果依然没有得到业务经理的认可。培训费用继续增加和培训效果持续得不到改善让公司对培训工作非常不满意。后来，这位经理被调到了其他岗位。

[练习与思考]

请思考以上实际案例，记下你的观点，在课堂上可以与他人进行讨论。

本书的观点是不将"培训与人力资源开发的战略性"称为"战略性培训与人力资源开发"，原因是培训与人力资源开发本身就应该具有战略性，在当今企业营运和发展环境中，没有战略性的培训与人力资源开发活动本身就没有存在的价值和必要。

培训与人力资源开发的战略性主要是指人力资源部门在理解企业整体战略目标的前提下，了解内外环境，获得支持企业长远发展的人力资源竞争优势，从而形成人员培训与开发的目标、使命、战略和行动计划及预算等活动。另外，本书认为，无论是培训还是人力资源开发都应该具有战略性，只不过人力资源开发更多地与企业战略导向和变革导向紧密相连，应对培训与人力资源开发活动进行更具主动性、超前性的系统化干预。

本书强调的是，培训与人力资源开发职能支持战略实质上包括以下所述的服务业务、赋能员工，这两项职能实质上也具有战略性。

培训与人力资源开发的战略性主要体现在：

（1）投资并提升人力资本。人力资本（human capital）由美国著名经济学家西奥多•舒尔茨（T.W. Schultz）提出。他指出人们获得了有用的技能和知识，这些技能和知识是一种资本状态，这种资本在很大程度上是慎重投资的结果。他认为人力资本投资包括人在教育、保健、为取得良好的就业机会上所花费的支出，以及为接受教育、接受培训所放弃的收入和其他提高人力质量的投入的总和。

在人才竞争力方面，将培训与人力资源开发作为企业的战略资源，超前布局培训、培养、开发项目，根据企业战略的变化进行调整，针对企业不同人才实施相应的定位、挖掘、评价和培养方法，即要具有一定的前瞻性、权变性和结构性。培训与人力资源开发关注员工的发展，促使企业与员工双赢。

（2）投资并提升组织资本。资本在相当大的程度上存在于知识和组织之中，并把企业组织归为非物质财富，应当在生产要素中加入“企业组织”这一项。组织资本是组织成员在特定的组织环境下，协同工作而形成的能够为组织创造价值的资本形式，它根植于企业的价值观体系、组织结构、业务流程、组织制度、知识管理系统、客户和公共关系系统之中。它是组织内部通过不断学习而形成的一种资本，是公司人力资本的资源。组织资本是一种资本，反映组织的综合能力，在组织内部的信息交流、学习等过程中形成。组织资本分为三种类型：企业的一般管理经验、产业特殊性的管理经验和非管理的劳动力资本。

有人说，腾讯的成功公式是：战略 × 组织能力。组织能力主要是自我修正和进化的能力。这里的组织能力就是组织资本的表现形式之一。

培训与人力资源开发职能的充分发挥可以为组织资本的增值贡献力量。在组织竞争力方面，发挥该职能可以营造创新、变革、学习的文化，倡导终身学习，有利于学习型组织的建立。

[练习与思考]

请回顾前述培训没有达到效果的实际案例，如果你是那位经理，你会怎么做？

（三）新时代培训与人力资源开发的职能特征——服务化

人力资源管理职能的鲜明特征之一就是服务特征，如服务员工、服务业务、服务客户、服务伙伴。在新时代培训与人力资源开发的三大职能特征中，服务化是基础的特征。培训与人力资源开发的服务化主要体现在思维意识与专业能力两方面。

（1）进化思维：用户思维，迭代思维。在价值链中，人力资源管理各职能属于辅助因素，必须支持业务链的目标达成。从本质上讲，人力资源管理是服务工作，即服务员工、服务业务。随着数字经济的到来和市场竞争的加剧，没有用户思维的企业不可能长期发展，同样，没有用户思维的辅助支持职能是不可能将本职能工作做好的。在不确定性环境下，现代企业必须拥有快速响应市场的意识和能力，这就必然要求企业的辅助支持部门拥有快速响应业务的意识和能力。

[练习与思考]

如何理解“这就必然要求企业的辅助支持部门拥有快速响应业务的意识和能力”？

（2）锻造能力：敏捷制造，共创共享。有了服务意识，还必须有服务的能力。在当今数字经济日新月异的背景下，快速响应客户的需求，敏捷设计、制造和交付成果成为企业制胜的核心竞争力之一。培训与人力资源开发职能的成效也在于快速响应业务、员工的需求，敏捷设计培训项目、制造培训产品和交付产品给内外部客户，倡导和建立企业内部共创共享的企业文化和学习文化。

（四）新时代培训与人力资源开发的职能特征——赋能型

（1）赋能业务。培训与人力资源开发职能赋能业务体现在通过提升业务部门员工的技能和能力、职业素养来满足业务所需，同时将培养人才、发展人才作为组织战略性激励措施，在加强人才竞争、留住人才方面起到关键作用。

（2）赋能员工。及时总结具有竞争力的员工素质特征、整合并开展培训与人力资源开发工作，不仅可以提升人才竞争力，还可以提升员工组织承诺。在新冠肺炎疫情期间组织需要随机应变、快速恢复的能力，这种能力必须落实在人的身上，即管理者、员工在不确定性条件下通过权变思维、应变意识、快速响应能力、学习能力、技能快速迭代等形成特定条件下的员工素质，然后通过适宜的方法锻造员工技能和能力以适应环境变化。

（3）赋能组织。随着科技发展，企业的竞争已在全球范围内展开，如微软、谷歌、华为、阿里巴巴、字节跳动等在全球布局其商业圈，组织间的激烈竞争导致人才的竞争空前激烈，培训与人力资源开发的内容也逐步扩展，从单一的员工技能培训、职业开发到组织文化、组织发展、组织学习、组织协同、领导力等。

（4）赋能生态。这里的“生态”指的是“商业生态”。1993年美国著名经济学家穆尔（Moore）在《哈佛商业评论》上首次提出了“商业生态系统”概念。所谓商业生态系统，是指以组织和个人（商业世界中的有机体）的相互作用为基础的经济联合体，是供应商、生产商、销售商、市场中介、投资商、政府、消费者等以生产商品和提供服务为中心组成的群体。各部分在一个商业生态系统中发挥不同的功能，各司其职，同时又形成互赖互依、共生的生态系统。伴随现代数字经济的发展，商业生态系统又有新的变化，还包括一定的个人生产者或创造者，这是从B2B、B2C、C2B再到C2F的发展延伸出来的商业生态系统中的新群体。如小米，其粉丝量庞大，很多好的设计都来自粉丝，无形中企业外部的群体成了设计者或创造者。

组织的培训与人力资源开发职能如何应对这样的变化？当代互联网企业的培训与人力资源开发职能已拓展到了生态圈中，突破了传统的观点即培训与人力资源开发仅仅是组织内部的职能。例如，直播平台对于网红、直播带货人员等的培训、包装、推广等。相关平台的培训与人力资源开发职能已突破原有的内部圈子，延伸到了本不属于平台自己员工的直播带货人员。又如，在企业间的收购与兼并中，也存在这类情况。笔者在企业实践中就深切感受到，收购企业与被收购企业要想很好地融合，必须在企业文化、人员安排、职能变化、架构重组、管理风格、领导方式、制度流程、业务模式等方面进行有效对接和优化，这样，培训与人力资源开发职能才会发挥其重要作用。

比如，中国建设银行为推进其建行大学建设与国家战略、民生需求紧密结合，启动了“金智惠民”工程，重点为小微企业主、个体工商户、扶贫对象、涉农群体、基层乡镇扶贫干部等开展培训。

［练习与思考］

请上网查询有关企业大学内容，分析其培训与人力资源开发职能。

二、问题导学

（一）什么是培训与人力资源开发的部门职能及其营运

1. 部门架构设置

企业的培训与人力资源开发部门的组织架构与职能应根据企业所处的行业特性、企业规模、企业战略、企业文化、发展阶段及人力资源部门的整体功能等进行设计。

人力资源部门、培训与人力资源开发部门的架构设计随着企业面临的外部市场的竞争、企业的发展、业务的需求不断变化。一般的规律是：

● 简易基础级：由一名人力资源主管兼任，有的还会设一名培训助理或由一名人力资源助理承担一部分培训工作。

● 进阶入门级：有一些企业在人力资源部门下设置培训组别，由一名培训主管负责。

● 专门专业级：单独设置培训部或者培训中心，一般有 2～3 人负责培训工作，各有分工。

● 复杂综合级：比较大型的企业集团或跨国公司设有企业大学或培训学院，有自己的课程设计目录和课程库、完备的内外讲师队伍和课程评估体系。国外的著名代表有通用电气（GE）克劳顿管理学院、西门子管理学院、宝洁大学、麦当劳汉堡大学和卡特彼勒大学等，国内的著名代表有京东电商学院、阿里巴巴商学院、中华煤气工程学院、美的学院、讯飞 AI 大学堂、快手大学、华润大学雪花啤酒学院、方太大学等。

传统的培训与人力资源开发部门架构设计有如下几种形式。

（1）对于比较小型的企业或者初创期的企业，一般结构比较紧凑，职能融合，培训职能仅作为 HR 部门下属的一个功能模块（见图 I－2－2）。

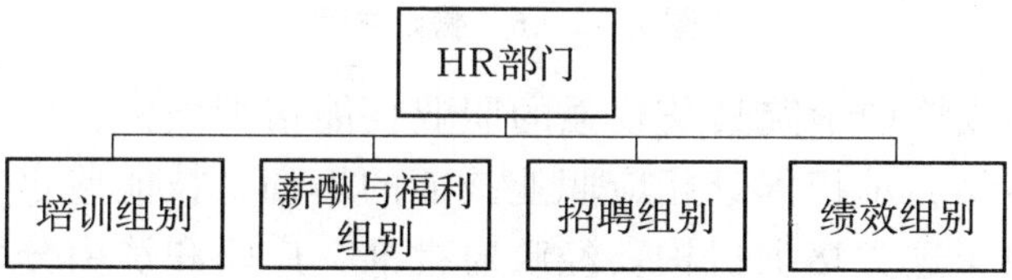

图 I－2－2　职能融合型

（2）对于较大型的企业，有的企业培训部门采取直线职能制形式（见图 I－2－3），有的企业培训部门采取类似事业部制或者项目制形式的组织架构（见图 I－2－4）。

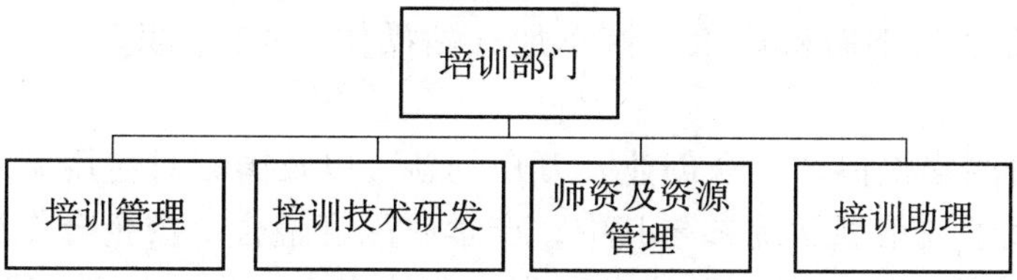

图 I－2－3　直线职能制

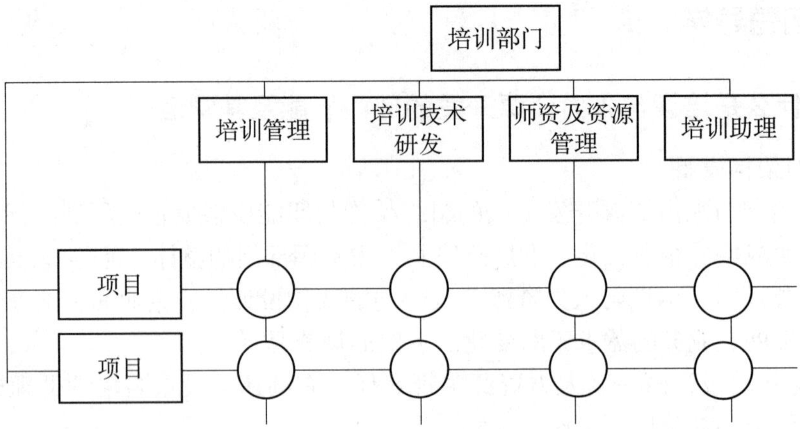

图 I－2－4　项目制

（3）企业大学或培训学院（见图 I－2－5）。腾讯学院的组织架构如图 I－2－6 所示。

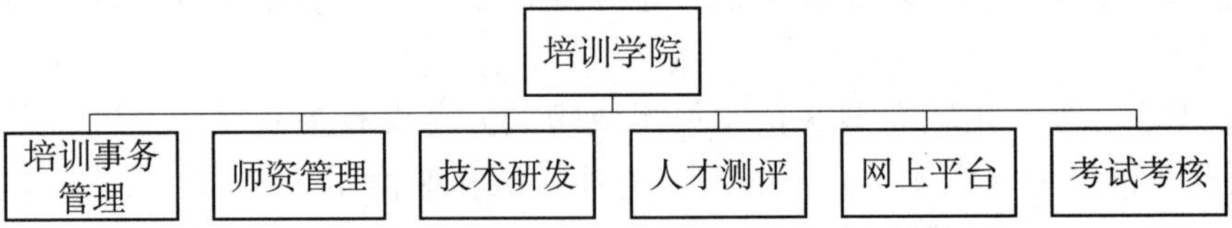

图 I－2－5　培训学院

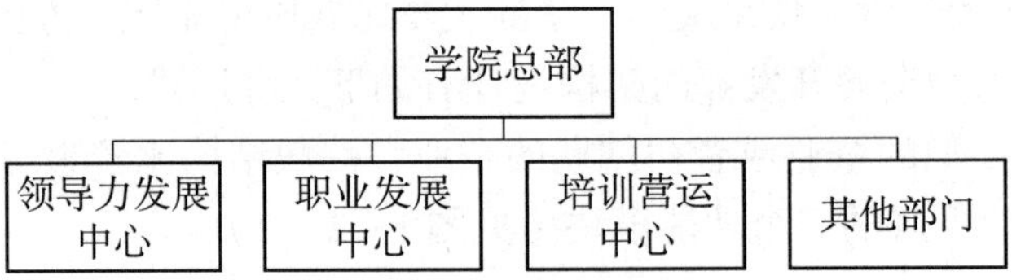

图 I－2－6　腾讯学院

有的企业大学或培训学院具备较强的职业技能培训条件，由政府主管部门授权成立职业技能鉴定站，承担国家相应职业技能的培训、技能鉴定等。如港华燃气职业技能鉴定站就属于这类培训机构。经政府批准，广州和济南分别成立了港华燃气职业技能鉴定机构。目前港华燃气职业技能鉴定站（广州）和山东港华职业技能鉴定所（济南）均是所在省份唯一的省级燃气专业职业技能鉴定机构，具有燃气表装修工、供气营销员、燃气用具修理工、燃气用具安装检修工、燃气输送工、燃气管道工、燃气调压工、液化石油气灌瓶工、液化石油气机械修理工、液化石油气罐区运行工、液化石油气钢瓶检修工、汽车加气站操作工 12 个职业工种的初级、中级、高级鉴定资格。

另外，随着国家提倡“大众创业、万众创新”以及国家对应用型大学的定位，越来越多的企业大学或培训学院参与其中，产学研深度融合，校企合作深入开展。如腾讯学院和一些工科院校合作开发技术课程，和传媒大学合作开发互联网新闻报道课程等。

当前国外有少数前沿做法，有的企业认为“××学院”“××大学”等称谓往往意味着由培训者主导一切，缺乏个性和学员掌控力，于是采用其他称谓，如 NBC 环球（NBC Universal）就将公司的培训与人力资源开发部门改名为“人才实验室”（Talent Lab）。

2. 部门职能

培训与人力资源开发部门统筹管理企业培训与人力资源开发、组织学习等工作，其主要职能包括但不限于以下方面：

（1）研究公司发展战略和人力资源管理战略，据此制定、完善企业培训政策、制度、工作流程和作业指导书等规范性文件。

（2）依据人力资源规划和胜任素质模型及工作分析结果，做好有关人员分析和能力差距识别，制定有针对性的培训与人力资源开发规划、年度计划或特别项目计划并予以实施。

（3）负责公司内外培训师选择、选拔、激励、考核、聘任等相关管理工作的实施，建立相关档案。

（4）及时与业务部门进行沟通，了解业务所需，及时修订相关制度。

（5）配合制定培训与人力资源开发有关基础制度，如职位晋升制度、绩效管理制度、激励奖惩制度等。

（6）管理、控制培训费用。

（7）依据公司长远发展，及时研究人才开发方案。

（8）及时有效地评估培训与人力资源开发效果以及进行风险管理，并提供分析报告。

3. 岗位设置及职责

一般而言，公司应根据自身的发展阶段、行业特点、业务区域与人员规模、业务量、组织架构、标杆研究、管理的跨度等因素来考虑岗位设置与人员编制安排。传统培训与人力资源开发部门的岗位设置有总监或部长、经理、主管、专员或助理。

（1）培训总监。其主要职责如表 I－2－2 所示。

表 I－2－2　培训总监职责

<table>
<tr><th>职责概述</th><th>岗位职责</th><th>岗位绩效标准</th></tr>
<tr><td rowspan="6">根据公司战略规划和人力资源管理规划，统筹制定人才发展和培训与人力资源开发规划及年度计划并监督实施，协调对内、对外培训与人力资源开发有关工作，为企业的发展和人力资源管理提供保障支持</td><td>● 人才发展及培训与人力资源开发战略规划</td><td rowspan="6">● 人才发展、培训与人力资源开发战略规划及年度计划制定的及时性
● 业务部门的满意度
● 人员的工作胜任度
● 预算使用</td></tr>
<tr><td>● 组织学习与组织文化</td></tr>
<tr><td>● 培训与人力资源开发制度体系建设及课程开发</td></tr>
<tr><td>● 对外合作与沟通</td></tr>
<tr><td>● 内部团队建设</td></tr>
<tr><td>● 培训预算制定、监督使用及评估</td></tr>
</table>

（2）培训经理。其主要职责如表 I－2－3 所示。

表 I－2－3　培训经理职责

职责概述	岗位职责	岗位绩效标准
在培训总监的领导下，参与相关规划和计划的制定和完善，制定具体的培训与人力资源开发制度和工作流程，负责具体培训与人力资源开发计划的实施，达成培训与开发目标	● 年度培训与人力资源开发计划的制定和完善 ● 制定培训与人力资源开发制度、工作流程及作业指导书 ● 具体的培训与人力资源开发项目的组织执行 ● 负责建立员工培训及内外培训师档案 ● 部门内部团队建设 ● 培训预算的使用和评估	● 年度计划制定的及时性 ● 业务部门的满意度 ● 人员的工作胜任度及胜任率 ● 预算使用 ● 内外培训师的胜任度

（3）培训主管。其主要职责如表 I－2－4 所示。

表 I－2－4　培训主管职责

职责概述	岗位职责	岗位绩效标准
协助培训经理执行计划，依据培训计划，具体实施培训项目，保证培训项目的顺利实施	● 协助制定有关制度、计划和流程 ● 具体执行培训与人力资源开发项目 ● 做好项目培训需求分析和效果评估 ● 负责培训档案的管理 ● 对外联络有关机构	● 工作执行的及时性 ● 工作失误率 ● 项目实施的满意度 ● 报告、分析、项目执行情况书等的及时性及满意度

（4）培训专员或助理。其主要职责如表 I－2－5 所示。

表 I－2－5　培训专员或助理职责

职责概述	岗位职责	岗位绩效标准
在培训经理或培训主管的领导下，对培训与人力资源开发工作进行协助和辅助管理	● 具体落实上司安排的各项工作 ● 了解各业务部门的培训情况并及时反馈 ● 负责协调安排培训场地、设备、人员等工作 ● 保管各类培训资料 ● 开展各类调研活动、分析数据并提供报告	● 工作执行的及时性 ● 工作失误率 ● 报告、分析、项目执行情况书等的准确性、及时性及满意度 ● 业务部门的反馈情况

以上是传统培训与人力资源开发部门的岗位设置及职责。随着企业外部竞争环境的变化、企业自身的发展、人力资源管理理论和实践的发展，培训与人力资源开发部门的

职能、岗位设置及职责也在不断变化。

比如，有的企业设立人才发展和培养委员会或人员培训与人力资源开发中心等类似机构，由公司高层兼任最高领导。2018 年华为将人力资源部拆分成“HR 部”和“总干部部”，在业内产生很大的影响，此举将核心人员的培养提升到了更高的层面。

又如，戴维·尤里奇（Dave Ulrich）于 20 世纪 90 年代提出的 HR 三支柱模型，传入我国后，一部分规模企业如腾讯、华为、阿里巴巴等已经依此改变自身的 HR 部门架构和职能。它的主要理念是以业务和客户为导向，赋能业务和服务客户。HR 三支柱具体设置如下：

- 人力资源专家中心（center of expertise，COE），专注核心专业体系设计、咨询和研发。
- 共享服务中心（shared service centre，SSC），专注为业务部门提供高效的日常行政基础服务。
- 业务合作伙伴（business partner，BP），作为 HR 与业务的连接点，专注为业务部门提供各 HR 模块的专业服务。

人力资源部门一旦按此变革后，人才培训与培养的部门架构和职能也相应变化。

[练习与思考]

腾讯的 HR 部门架构设计为什么符合其战略？实施新的架构后，其面临的挑战是什么？

4. 人员素质与职业发展

在现代企业中，人力资源管理专业人员包括培训与人力资源开发专业人员应扮演四类角色。

（1）战略伙伴。成为高层经理和直线经理在战略执行过程中的合作伙伴，在组织发展、人才培养、人才储备、组织文化方面的战略咨询师。

（2）员工代言人。了解员工的状况和心声，作为公司与员工的桥梁，提高员工对公司的投入度和创造价值的能力。

（3）变革推动者。以坚定的信心和强大的能力，成为公司持续变革、创新的推动者，通过流程重组和文化再造来增强公司的变革与创新能力。

（4）事务管理专家。成为提供包括员工在内的内部客户各项服务的专家，通过提供高效的行政服务支持，在保证质量的前提下尽可能降低成本。

培训与人力资源开发专业人员要在当今商业社会施展能力为组织创造价值：第一，必须了解业务，对组织的发展有洞察；第二，要将自身的培训与人力资源开发策略、计划与组织战略有效连接起来，赋能组织；第三，应建立与业务经理有效沟通的关系，赋能业务；第四，为组织内部员工、外部生态圈合作伙伴提供相关组织学习与发展、人才识别与培养、培训与发展等专业服务，赋能员工，从而为组织创造价值。

以上我们分析了培训与人力资源开发专业人员在当今组织中应当承担的任务和扮演的角色，为了有效承担起任务和扮演好角色，应当具备什么样的素质呢？

人才发展协会（Association for Talent Development，ATD）（即原美国培训与发展协

会（ASTD））的研究提出了培训与人力资源开发专业人员扮演的角色和能力素质要求（见表 I－2－6、图 I－2－7）。

表 I－2－6　培训与人力资源开发专业人员扮演的角色和能力素质要求

扮演的角色	能力素质要求（基础能力）	能力素质要求（专业能力）
1. 学习战略制定者 2. 业务合作伙伴 3. 学习项目管理者 4. 专业培训者	1. 业务技能 2. 行业知识 3. 个人技能 4. 全球思维 5. 技术能力 6. 人际技能	1. 管理学习项目 2. 评估学习效果 3. 学习技术 4. 培训交付 5. 教学设计 6. 绩效改善 7. 变革管理 8. 知识管理 9. 教练技术 10. 整合人才管理

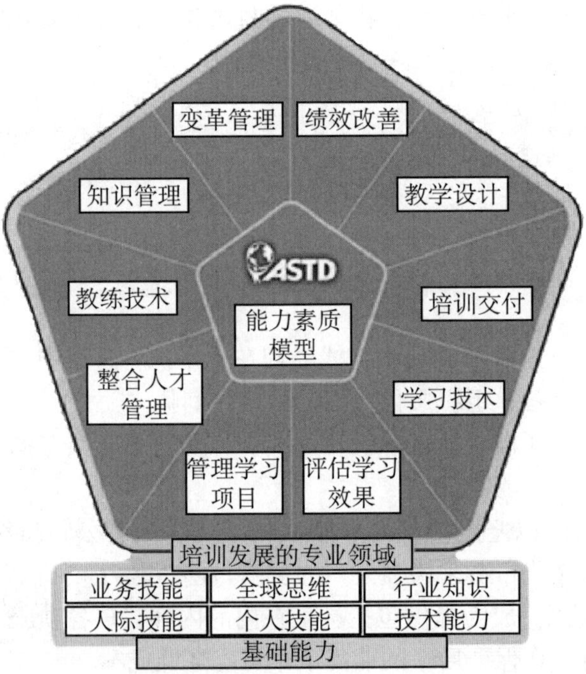

图 I－2－7　培训与人力资源开发专业人员的能力素质要求

资料来源：阿尼森，罗思韦尔，诺顿 .ASTD 能力素质模型：构建学习发展项目的基础 . 李媛，译 . 北京：电子工业出版社，2014.

面对中国国情，我们应该有对中国人力资源管理、培训与人力资源开发专业人员特有的能力素质要求，如正确的思想品格、浓浓的家国情怀、精益的工匠精神、强烈的创新变革意识、爱才惜才、实事求是、公道正派、作风民主、平易近人等。

随着技术的发展、新生代的崛起、学习习惯的变化，培训与人力资源开发功能需要不断演化，其在组织中的战略地位正在提升。培训与人力资源开发专业人员需要向营销和制造系统学习，借鉴互联网思维。培训经理应特别注重以下能力素质：

● 功能“前向化”，即用户思维与极致思维。要研究分析组织的绩效，加强这方面的技术研究，以便更高效、更精准地投放培训与人力资源开发资源。

● 产品“后向化”，即体验思维与迭代思维。要加强客户体验营销意识、产品快速迭代与营销能力，内容为王是基础，精准定位客户端，方能做到精准施策。

● 内容为王，即设计思维与跨界思维。要有产品与内容，搭建有效的课程内容架构、技能图谱和学习地图，同时应该具备多学科知识、商业思维，更重要的是了解业务的运作和业务经理的“痛点”，并知道如何通过培训与人力资源开发手段去满足他们的需求，帮助他们解决问题。

能力素质是成功所需的知识、技能、能力和行为。即在职业培训与发展中，一个人需要了解什么和怎样做，才能满足岗位的要求。ASTD 能力素质模型清晰地描述了培训与人力资源开发专业人员应该具备的能力素质。每个人可利用 ASTD 能力素质模型达到专业发展的目的。

[练习与思考]

请联系本章所述，阅读以下内容，思考并讨论培训与人力资源开发专业人员应具有的现代思维。

雷军在一次公开演讲中分享他的互联网思维：专注、极致、口碑、快。讲到极致思维和口碑思维时，他提到了有关海底捞服务的一个段子：客人饭后吃西瓜，西瓜没吃完，问服务员能不能打包带走，服务员说不可以。等付款结账后，服务员装了一整个西瓜给客户，说切开的西瓜不卫生。

当你拿到这个西瓜时，你的感受是什么？

你得到的服务一定是远远超预期的。服务超预期后，才会被大家口口相传。口碑是跟用户的感受和预期去比较的，不是我们厂商自己觉得又好又便宜就会有口碑。

在培训与人力资源开发专业人员的培养方面，培训与人力资源开发专业人员的能力、素质不仅关系到自身的职业发展，更重要的是关系到整个组织的人才培养、发展的质量。我们可以结合我国企业的实际情况，借鉴 ATD 的培训与人力资源开发专业人员的能力素质要求安排培训。一般来说，对培训与人力资源开发专业人员的培训与培养主要包括以下内容：

（1）培训与人力资源开发、学习与发展等方面的理论知识。

（2）培训与人力资源开发的技术和方法。

（3）人才识别、培养、测评、评估等方面的技术。

（4）人力资源管理各模块的基本知识和技能。

（5）所在行业的一般共性的专业技术、业务知识以及行业发展方面的知识和信息。

（6）人际技能与书面表达技能。

（7）其他作为一名管理者应该具有的能力，如团队管理、辅导下属等。

对于培训与人力资源开发专业人员的资格认证，ATD 国际认证是权威的认证，

2015年12月2日国内的专业人力资源服务机构前程无忧与ATD达成ATD培训证书系列课程的独家代理合作。另外，国内的《培训》杂志也有相应的认证——CPTD专业认证。除了此类社会性的资格认证外，有些规模较大的企业也建立了内部岗位任职资格体系，为培训与人力资源开发专业人员建立了明确的职业发展通道。这些措施都会较好地鼓励培训与人力资源开发专业人员不断提升自身素质，同时也是对他们的激励。

对于培训与人力资源开发专业人员的职业发展，目前一般有以下几个发展方向：

（1）组织内部培训管理者。

（2）内部培训师。

（3）集团内部人才发展、培养、学习与发展顾问。

（4）学习技术专家。

（5）独立专业培训师。

（6）培训机构创办者。

（7）政府或事业单位机构的专业人员。

[练习与思考]

请根据ATD的培训与人力资源开发专业人员的能力素质模型，评估自己：是否喜欢培训与人力资源开发专业工作？是否可以朝这个职业方向发展？

（二）什么是利益相关者视角的培训与人力资源开发职能

如果你是培训与人力资源开发管理者，谁是影响工作结果的人？如何才能赢得他们的支持和配合？怎样向组织及不同人员营销和宣传你的培训工作？要回答以上问题，我们必须先了解培训与人力资源开发有哪些利益相关者以及在他们眼中对你承担的职能重要关注点是什么。表I-2-7选取了主要的利益相关者。

表I-2-7　利益相关者和培训与人力资源开发职能

利益相关者	培训与人力资源开发职能重要关注点	对培训与人力资源开发职能运作的影响程度
公司总经理	● 公司的人才培养系统是否建立和完善 ● 公司是否建立了与企业战略发展相匹配的培训与人力资源开发战略、制度体系以及与组织发展、学习有关的文化氛围，并有效运营 ● 公司的员工培训、人才培养是否符合业务的需求 ● 公司培训与人力资源开发预算使用情况，是否会产生有效回报 ● 我们与标杆企业相比培训与人力资源开发的效益、效率如何	★★★★★
人力资源总监	● 公司的人才培养系统是否建立和完善 ● 建立起来的有关制度体系运作顺利吗，业务部门认可吗 ● 业务部门对培训与人力资源开发工作的满意度如何 ● 是否完成了预算目标，请及时提供报告	★★★★

续表

利益相关者	培训与人力资源开发职能重要关注点	对培训与人力资源开发职能运作的影响程度
业务管理者	● 所提出的员工培训与开发计划有没有得到有效实施 ● 培训后的员工是否达到岗位要求 ● 是否满足业务的最新的竞争和发展需求 ● 是否兼顾到了全职培训、兼职培训对业务的影响 ● 工作效率是否高？响应速度是否快	★★★★
员工	● 提供的培训与人力资源开发项目对我的工作或职业发展是否有促进作用 ● 培训与人力资源开发活动是否会影响我的工作，如何安排好时间 ● 如果要我支付一部分培训费用，对我的益处大吗	★★★
企业生态链	● 是否可以享受到有效、有用的提升自身技能的机会，从而促进员工的能力提升，增强企业整体竞争力 ● 是否可以便捷地获得相关能力提升，提高企业联盟的整体竞争力	★★
政府监管者	● 有关企业的培训与人力资源开发活动是否在法律法规的范围内运作，是否符合当下国家所倡导的理念和方向 ● 是否有助于提升本地员工的职业、就业竞争力 ● 有关培训与人力资源开发活动是否可以带来有效的社会生产力的提升	★★

[练习与思考]

讨论以上问题的意义何在？

企业的生存与发展离不开利益相关者的共赢。“一带一路”倡议及行动的深入推行，会促进中国企业人力资源管理的国际化发展，在培训与人力资源开发领域会加强跨文化交流与沟通培训，如中国企业在采取本地化策略时，会加强文化、制度、员工关系、商业运作等培训。国家对“工匠精神”的倡议不但为高校培养人才提供了基本依据，也为中国企业的人力资本投资决策提供了政策性指导。

（三）什么是培训与人力资源开发的战略规划、计划和流程

本部分内容主要是对培训与人力资源开发的战略规划、计划、流程和方法进行简要的讨论。

（1）培训与人力资源开发的战略规划。企业战略是企业在市场经济竞争激烈的环境中，在回顾过去、调查现状、预测未来的基础上，为谋求生存与发展而做出的长远性、全局性的谋划或方案。培训与人力资源开发战略规划必须在企业总体战略和人力资源管理战略的指引下制定。

2020年腾讯宣布全新的企业使命和价值观，腾讯大学也相应升级，其人才培养与开

发的战略定位也相应地变化（见图 I－2－8）。

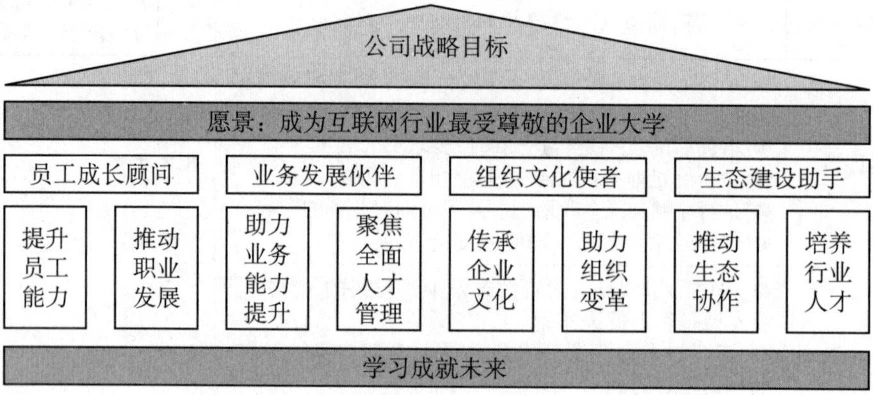

图 I－2－8　腾讯大学培训与人力资源开发战略

资料来源：培训，2020（8）：84-92.

培训与人力资源开发管理者要有业务思维、客户思维和产品思维，要像市场营销一样运行培训与人力资源开发项目。为此，其必须分析组织内外环境与自身的优劣势，然后制定战略规划（见图 I－2－9），我们可以借鉴战略及营销管理工具，如 PEST 工具、SWOT 工具、波特的竞争战略及五力模型、价值链工具、BSC 及战略地图等。

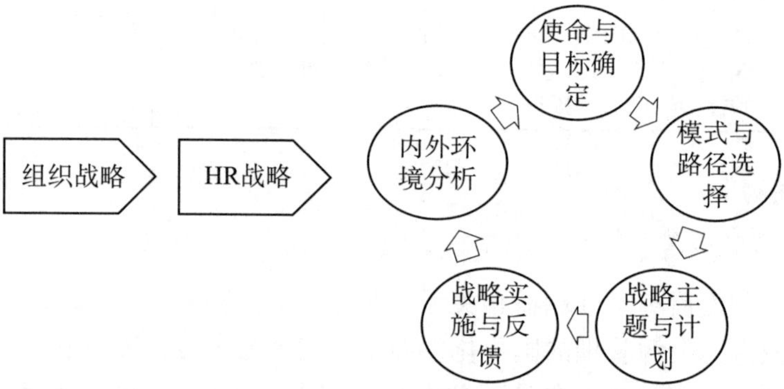

图 I－2－9　培训与人力资源开发战略规划制定

［练习与思考］

1. 为什么培训与人力资源开发战略规划要在企业总体战略和人力资源管理战略的指引下制定？

2. 新冠肺炎疫情给企业造成了很大的影响，企业实施了员工在家办公、启动线上业务等措施。企业营运外部环境的变化对企业战略的影响有哪些？它是如何影响员工培训与人力资源开发工作的？企业又是如何应对的？请举例说明。

（2）培训与人力资源开发计划的分类及基本模块。培训与人力资源开发计划是依据组织战略，在全面的培训与人力资源开发需求分析的基础上，根据组织内外资源情况，对培训目标、培训内容、培训人员、培训安排、培训费用、培训方式等一系列任务所进行的系统性安排，包括计划书正文、预算安排、作业流程图、有关表格四大模块。正文一般包括以下内容：

- 培训原因与培训目标。
- 培训组织部门与负责人员。
- 培训内容。
- 培训人员。
- 培训时间与地点。
- 培训师资。
- 培训方式、形式、方法。
- 培训预算。
- 培训评估与考核。
- 培训的其他注意事项。

从计划的期限上，一般分为长期计划（5 年及以上）、中期计划（3～5 年）、短期计划（2 年以下）。各企业财年以年度计，因此大多数企业的培训与人力资源开发预算随着人力资源各项预算一起制订年度计划，年度计划又可细分为季度计划和月度计划，甚至有的企业如快消品企业可以做到周计划。

计划的类型一般分为两类：一是例行项目计划，如管理培训、技术技能培训、新入职员工引导培训等；二是特别项目计划，如在企业生态圈内与合作伙伴一起做的特定培训项目。

计划的层次一般分为三类：一是集团或公司层面的计划；二是事业部或部门层面的计划；三是小组或个人层面的计划。

在具体制订培训计划时，要让员工、管理者甚至合作伙伴参与进来。具体参与的方式可以是：

- 进行培训前的员工调查和管理者调查。
- 对客户或合作伙伴的调查。

[练习与思考]

为什么制订培训计划前要调查员工和管理者的意见？这些调查可以获得哪些信息？你认为调查的方式有哪些？

（3）培训与人力资源开发计划的制定流程。凡事预则立。在开展培训与人力资源开发活动之前必须先制订一个有效的计划。一般来说，制定流程包括：明确战略、需求调查与分析、确定目标、课程设计与师资确定、预算安排、撰写计划书、征求意见与修订定稿、审批执行八个环节（见图 I－2－10）。其中，需求调查与分析、确定目标、课程设计与师资确定的内容，我们在后面有关章节会详细讨论。

计划书制订好后，如有必要应附上附件，如培训作业流程图、培训计划安排表、费用申请表、培训效果评估或考核方案、培训满意度调查表等，以利于上级主管审核或审批。其中培训满意度调查表一般是每一次培训完成后的规定动作，一般包括调查目的、填写说明、填写人员的基本情况（也可以匿名）、调查内容、致谢等。目前很多企业用网络模板制作并以网络形式开展调查，特别方便。

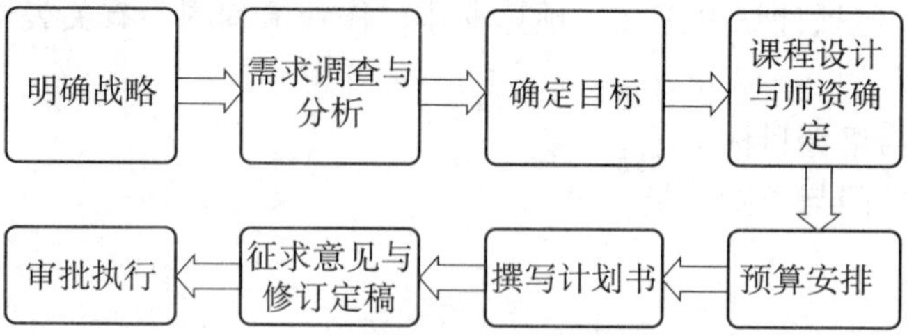

图 I－2－10　培训与人力资源开发计划的制定流程

［练习与思考］

请根据有关课程所学，或查询网络资料，完成下列任务：

1. 撰写一份新员工培训计划书。
2. 设计一份新员工入职培训后的培训满意度调查表。

（4）培训与人力资源开发计划的实施流程。培训与人力资源开发计划制订并经审批后，即进入实施流程（见图 I－2－11）。

图 I－2－11　培训与人力资源开发计划的实施流程

- 组织实施与过程控制。一般要由培训与人力资源开发部门的人员任培训督导，进行全程组织与服务。在培训前，一是注意提前联系培训师，包括时间、地点、交通、餐饮、住宿等安排；二是提前与有关的业务部门负责人做好沟通协调，包括如何协调员工的工作与培训时间，如何做好培训前的动员等；三是提前与培训外包机构或培训外租场地所有者沟通好，包括培训现场的安排。在培训中，培训督导要做好现场的各种风险评估，包括电源供应问题、人员问题、培训师问题、场地问题等。
- 培训结束与信息反馈。培训结束后要做好收尾工作，包括场地清理、物品清点、培训师安排等，及时向有关业务部门做好信息反馈，如有关员工培训中出现的问题等。
- 效果评估与撰写总结。一是及时进行满意度调查、培训考核与成绩统计及公布，有的还要与有关培训奖惩制度挂钩；二是由员工提供培训收获或培训报告书；三是由培训与人力资源开发主管撰写此次培训的总结，根据培训目标对培训项目的得失、效果、费用等进行总结。培训总结一般要与有关业务部门负责人分享，以获得他们的建议和支持。

［练习与思考］

老师可以在班上组织一次培训活动，如请一位学生演示“钉钉”的使用，或是“如何进行直播带货”“如何撰写调查报告”等。

充当培训师的学生应该在实施培训前准备什么材料？

（5）培训与人力资源开发计划的预算安排。企业的培训与人力资源开发成本是人力资源年度预算中的主要部分之一。要使企业的投入产生最大的收益，就必须对相关费用进行有效的预算和判断，并做好相应的控制。预算数据也是培训效果评估的基础数据，是评价培训与人力资源开发部门工作成效的关键绩效指标（KPI）之一。

1）预算的构成。一般来讲，企业培训与人力资源开发的预算构成是：

- 师资费用。
- 器材、设备、教材资料等费用。
- 场地租金。
- 交通、食宿等费用。
- 培训认证费用。
- 培训网络费用。

有些企业的员工参加各种培训学习的费用，不包括培训途中的交通费、住宿费、补贴等，也不包括培训项目奖励员工的奖金，如进步奖、自我提升奖等。

2）预算的步骤。预算制定的原则是自下而上与自上而下相结合。首先，预算应与公司和各部门的年度工作目标和计划密切关联。没有工作计划，预算就成了无源之水。制定一份严谨、科学的年度工作目标和计划是准确制定预算的先决条件。其次，由培训与人力资源开发部门和业务部门沟通，业务部门根据培训与人力资源开发的项目计划安排费用支出，交由培训与人力资源开发部门汇总。再次，由培训与人力资源开发部门和业务部门反复核实、沟通后确定预算。最后，确定好的预算要汇总到人力资源总体预算中，送财务部审核，呈送公司审批后执行。

制定预算时一般留有 5%～10% 的弹性费用，名为“不可预见费用”。预算一经批准，不可随意变动。年终业绩回顾时，要对预算的使用进行检讨，针对预算没用完的情况，分析是培训工作没做还是出于客观原因取消了培训项目，或者是当初的预算“有水分”；同样，也要对预算超支的原因做出客观分析，以利于改进工作，评估绩效。

3）预算的方法。一般培训与人力资源开发的费用列入部门营运费用中。

企业层面的培训与人力资源开发总费用，有两种预算方法。第一种是由企业根据所在行业特性，参照行业标准，在一定基数上以固定比率编制费用预算，如以销售收入为基数乘以行业平均数的比率而得。第二种是以过去一个财年已经发生的企业培训与人力资源开发费用的实际数据乘以一个比率而得。需要强调的是，这种方法虽然简单易行，但是不够准确。一般企业会将多种方法结合起来编制预算，如先由各部门根据实际工作需要上报预算费用，再由培训与人力资源开发部门审核并与业务部门沟通，反复协商，确定各部门的预算费用，最后汇总到企业总部进行审核，综合研判确定。

部门层面的培训与人力资源开发总费用，由各部门根据实际所需安排。部门应考虑的因素有：

● 过去一个财年本部门的预算费用及实际发生的费用。

● 来年有哪些新员工入职或老员工转岗。

● 来年本部门的各个岗位上有哪些新的设备、新的技术或技能需要员工了解。

● 绩效考核后本部门及其员工的绩效存在哪些问题，其中哪些是可以通过培训解决的。

● 企业的整体战略与要求以及本部门未来的方向、策略对培训与人力资源开发工作的要求。

● 将培训与人力资源开发作为激励因素来考虑。

这里涉及培训与人力资源开发的需求调查与分析，在后面章节我们会专门讨论。

4）预算的检讨。一般企业把年度预算分为季度或月度进行检讨（见表I－2－8）。检讨的目的是发现预算使用过程中的问题，及时纠偏和改进。

表I－2－8　某企业的某部门预算——季度检讨汇总（部分）

序号	项目	年度预算（元）	实际（元）					预算余额（元）	完成比率	备注
		合计	1月	2月	3月	…	合计			
7	职工宿舍费用	—	—	—	—	…	—	—	0	
8	福利费	—	—	4 659.80	—	…	4 659.80	－4 659.80	100.00%	
9	职工培训费	6 700.00	—	—	—	…	—	6 700.00	0	
10	办公费	72 000.00	1450.90	2 840.79	2 450.14	…	6 741.83	65 258.17	9.36%	

［练习与思考］

1. 企业季度或月度对预算进行检讨的目的是什么？

2. 在表I－2－8中，该企业第一季度的职工培训费为什么完成比率是0？你认为有哪些原因？要回答这个问题需要知道什么？

下面将讨论培训计划书的撰写。请先阅读如表I－2－9所示的培训计划书，指出该培训计划书的优点和不足之处，并尝试改进。

表I－2－9　培训计划书示例

某公司“微笑服务活动”培训计划

一、培训原因

公司今年开展的“微笑服务活动”将是全年客户服务的重点项目，为了达到此项活动的预期目标，切实做到从各个服务的微小环节改善、提升公司的服务质量，我司有必要对全体员工进行相关的培训，所以制订此培训计划。

二、培训主题

微笑服务活动——让客户感受到你的微笑。

三、预期目标

1．提高前线员工的服务意识、业务技巧等，最终提高客户满意度。

2．有效建立我司的“亲切”形象。

3．为即将到来的市场销售工作打基础。

4．加强内部客户的服务意识，营造和谐的工作环境，提高工作效率和质量。

四、组织部门及培训人员

1. 培训主办部门：培训与人力资源开发中心。

培训参与部门：营销部、客户部、工程部、财务部、售后部、风险管理部、快消部。

2. 培训导师：×××。

3. 培训协助及场地安排人员：×××、×××。

4. 培训督导：×××。

五、培训内容来源

培训导师根据时间安排自备 PPT 文件（先将培训内容 PPT 文件发给培训督导备案）。

六、培训对象

公司全体员工。

七、培训方式

课堂互动式集体面授（分部门、分批次进行）。

八、培训时间

4 月 29 日开始，晚上时间开展培训，具体时间见附件。

附：×××× 年微笑服务活动培训时间安排表

培训与人力资源开发中心

××××年×月×日

表 I－2－10 为一个年度培训计划表示例。

表 I－2－11 为一个月度检讨问题及解决方法示例。

请找出表 I－2－11 中市场营销中心检讨的问题中，哪些是不能通过培训解决的。该部门分析问题以及提出解决问题的方法是否合适？

三、基于证据的HR最佳实践

腾讯大学主要辐射三类人群：一是腾讯投资的公司，尤其是人才培养体系还未搭建完成的初创公司；二是腾讯的客户与合作伙伴，腾讯大学会分享腾讯经验并搭建交流平台；三是面向全社会的实践，通过腾讯大学公众号等平台对外免费分享腾讯及行业经验，如支付学院、出行学院由腾讯学院和业务部门共建，专门面向合作伙伴、重要客户开展培养项目。

腾讯大学的培训与人力资源开发活动辐射到其商业生态圈中，使商业生态圈中的合作伙伴受益，不仅传递腾讯对于供应商的价值、企业文化，同时也促进合作伙伴的人才培养与业务技能提升，有利于共同发展，从而很好地赋能商业生态圈。

资料来源：培训 2020（8）：84-92.

表 I－2－10　某公司年度培训计划表（部分）

序号	类型	课程名称	课程对象	时间	课程地点	开课时间											
						1月	2月	3月	4月	5月	6月	7月	8月	9月	10月	11月	12月
1	常规培训	新员工入职培训	新入职员工	4～8小时	会议室			√		√	√	√	√	√	√	√	√
2		“知识分享站”工作坊	全体员工	1～2小时	会议室		√			√			√			√	
3		安全知识培训	运行及相关人员	4～8小时	待定							√					
4	专业培训	中层管理人员管理技能	副经理以上同事	2天	GT									√			
5		非人力资源经理人力资源管理	副经理以上同事	2天	ST										√		
6		非财务经理财务管理	副经理以上同事	2天	GT										√		
7		领导才能	主任级、经理级同事	1天	GT/ST				√				√				
8		建立团队	主任级、经理级同事	1天	江苏						√						
9		沟通技巧	主任级、经理级同事	1天	江苏						√						
10		专业电话技巧导师训练	内部培训师	1天	GT/ST				√			√					
11		建立团队导师训练	内部培训师	1天	武汉									√			
12		沟通技巧导师训练	内部培训师	1天	武汉									√			
13		创意思维	客户服务部班长—主任级同事	1天	GT/ST				√				√				
14		减压技巧	客户服务部热线组同事	1天	ST								√				
15		项目管理	市场部主任、经理级同事	2天	GT								√				

续表

序号	类型	课程名称	课程对象	时间	课程地点	开课时间											
						1月	2月	3月	4月	5月	6月	7月	8月	9月	10月	11月	12月
16	专业培训	5S	工程部职员级同事	2天	山东				√						√		
17		供应链管理	财务部采购组同事	2天	GT						√						
18		财务管理	财务部会计组同事	2天	深圳					√							
19		社交礼仪	企业事务部文员级同事	0.5天	GT/ST				√								
20		客户中心5S管理	客户中心主管	2天	待定					√							
21		EDA说明	主任以上同事	2小时	会议室										√		
22		企业文化	HR部同事、内部培训师	待定	JV					√	√	√	√	√	√	√	
23		计量表的技术问题	客户服务部、工程部同事	2.5小时	会议室				√								
24		安全培训	客户服务部客户安全组	2天	会议室				√								
25		审证培训	持证人员	1天	GT				√	√	√	√	√	√	√	√	√
26		技术培训	安装人员	6天	GT					√							
27		初级检修及修理	安装维修人员	12天	GT					√	√	√	√	√	√	√	√
28		系统压力调控	运行和维护人员	5天	GT						√						
29		管道连接技术	工程管理同事	1天	GT							√					

说明：GT——广州培训中心；ST——山东培训中心；JV——合资公司培训部。

表 I－2－11　市场营销中心月度绩效检讨问题及解决方法

序号	存在问题	解决方法	预期效果	配合部门	实施时间及状态											
					1月	2月	3月	4月	5月	6月	7月	8月	9月	10月	11月	12月
1	员工欠缺对专业工具、器具的了解，对较专业的客户提出的问题无法回答	安排员工到各品牌厂家参观学习，或者由厂家到我司培训	员工了解器具制作、构造分解、优缺点，加强对专业知识的掌握，更有效地说服客户	市场部												
2	新员工对安装、维修的工序不了解	定期安排新员工对安装、维修的工序进行外出学习	加深新员工对安装、维修的工序的认识，提升新员工的业务水平	客户服务部												
3	部分员工服务意识薄弱	安排员工对服务用语、主动打招呼、主动向客户提出询问等进行学习	加强员工主动性的服务意识	市场部												
4	员工服务不到位，导致客户投诉	定期对员工进行专业知识考核	增加员工的专业知识，让每位客户都感觉到我们专业的服务	市场部												
5	员工日常工作中遇到较难缠的客户	对员工进行专业谈判技巧培训，加强行动学习	提高员工谈判技巧	人力资源部												
6	新老员工水平参差不齐，影响整体服务水平	让新老员工共同列出日常工作中遇到的难题，让新员工自行找出解决方法，然后以总结解决方法的形式进行培训	提升新员工的业务水平，平衡整体服务水平	市场部												

续表

序号	存在问题	解决方法	预期效果	配合部门	实施时间及状态											
					1月	2月	3月	4月	5月	6月	7月	8月	9月	10月	11月	12月
7	员工不了解客户的购买心理，不能在与客户沟通中很快了解对方购买需求，欠缺销售技巧	对员工进行销售技巧培训，或者将成功的销售经验以内联的形式向员工推荐	提高员工销售技巧	市场部												
8	新员工较多，对优质服务流程和标准不了解	对新员工进行初级培训	加深新员工对优质服务流程和标准的认识和了解	优质服务计划（SQS）培训												
9	员工消防意识薄弱	安全知识培训和消防演习	加强消防意识	风险管理												
10	员工危机感薄弱	危机处理演习（假设客户中心发生抢劫事件）	加强保护意识	风险管理												
11	店长欠缺一定的管理能力	安排店长参加领导力与人事管理和客户服务与管理的培训	提升店长的管理能力	人力资源												
12	员工欠缺团队精神	检讨有关激励制度的有效性；访问部门和员工、客户，制定相应的制度	加强各部门的沟通	各部门												
13		定期组织各小组成员进行服务经验的分享，定期组织各部门一起学习	加强团队的凝聚力，能更好地提高服务素质	市场部												
14		定期安排知识交流，倡导共享、共创、共成长的文化	加强各部门的沟通	市场部、客户服务部												

四、业务决策者的责任

（1）了解培训与人力资源开发管理的职能特征，有利于就具体培训与人力资源开发工作和 HR 专业人员进行协商沟通。

（2）明确、坦诚且公开地表明对于培训与人力资源开发职能的完满达成的期望。

（3）具体负责本部门的培训与人力资源开发项目的谋划，包括人员的安排、时间和课程的建议，并向 HR 部门提交年度培训需求以及其他培训与人力资源开发需求。

（4）了解员工培训与人力资源开发的基本流程和需求，鼓励员工积极提升自己。

学习小结

关键能力/技能	● 能设计简单的培训与人力资源开发部门职能、组织架构 □ ● 能设计简单的培训与人力资源开发计划、基本流程□ ● 通过案例学习和思考，能提出解决问题的基本思路□	模块二 新时代培训与人力资源开发职能概述 基本知识：职能特征一 战略性；职能特征二 服务化；职能特征三 赋能型 问题导学：什么是培训与人力资源开发的部门职能及其运营；什么是利益相关者视角的培训与人力资源开发职能；什么是培训与人力资源开发的战略规划、计划和流程	自我回顾所学，然后： ● 在本书中找到支持“关键能力/技能、核心素养和必备知识”的相关内容 ● 对于相关学习目标的掌握程度进行自我评价 ● 评价完后请在左边的小方框中打上“√”
核心素养	● 通过学习新时代培训与人力资源开发职能特征，学会正确把握和平衡企业发展与员工个人发展的关系□ ● 理解国家对于人才培养的倡导思想，企业建立学习型组织的作用，培养前瞻眼光和开阔的视野□		
必备知识	● 实际工作过程与理论学习内容□ ● 培训与人力资源开发的战略规划、年度计划及职能特征□ ● 培训与人力资源开发部门职能及利益相关者视角的职能期望□ ● 培训与人力资源开发的基本流程□		

看企业实际运作

腾讯的HR三支柱体系之中的培训与人力资源开发架构和职能运作

2010 年为了更好地落实企业的战略目标，腾讯正式建立了 HR 三支柱的组织架构，即人力资源专家中心、共享服务中心和人力资源业务合作伙伴（HR Business Partner，HRBP），后来共享服务中心升级为共享交付中心（见图 I－2－12）。

整个企业集团的人才识别、领导力培养、职业发展等培训与人力资源开发的工作由腾讯大学负责总体研发、策划，由 HRBP 具体执行，并反馈业务需求。

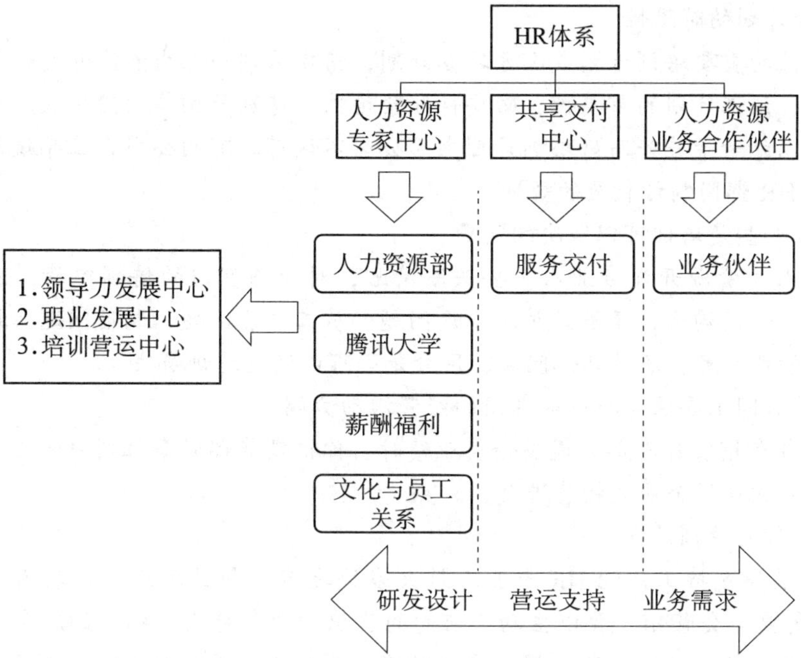

图 I－2－12　腾讯的 HR 三支柱

资料来源：陈伟．腾讯人力资源管理．苏州：古吴轩出版社，2018.

理论联系实践指引

如何撰写一份高质量的培训计划书

培训计划是依据一定的顺序，根据组织的战略目标以及培训与人力资源开发战略规划，在科学的培训需求分析基础上做出的对培训目标、培训预期成果、培训内容、培训时间、培训地点、培训者、培训对象、培训方式和培训费用等的规范性、制度性安排，在企业实战中最终呈现的基本成果包括培训计划书、培训计划安排表，有的还有培训作业流程图、预算表、培训师介绍、课程表、培训考核方案以及学员满意度调查表等。在实践中要注意以下几点。

1. 制订培训计划的原则

（1）思想上要有服务的意识，即服务员工、服务业务。

（2）必须时刻保持经营思维。一份好的培训计划书要解决组织和员工的问题，不仅要“好看”，更要“有用”。

（3）确定利益相关者。赢得高管支持是培训管理者的关键任务。起草培训计划书前获得高层、中层的支持很重要。

（4）要考虑培训计划应适应员工的需要和个体差异。

2. 区分计划的时限性

如长期性的重要培训计划或人才培养计划，需要培训与人力资源开发部门提前单独撰写建议书，论证计划的重要性、必要性和紧迫性，特别是预算的使用及培训或培养后的效果等，以免辛辛苦苦写好培训计划书后公司不认可。有的公司在三年规划或五年规划中也要求HR部门制订相应的规划。

3. 区分哪些是培训可以解决的问题

培训与人力资源开发专业人员要头脑清醒，对业务部门的培训申请，不应照单全收，要与业务部门沟通，了解是员工意愿问题、员工技能问题、制度问题、该业务部门主管自身的管理问题，还是其他问题，区分是否可以通过培训解决。

4. 实施时间上要注意与业务部门的经营活动协调

当销售部在销售旺季奋力提高销售业绩时，你把销售部同事拉到课堂上，他们是坐不住的，而且耽误了企业的销售进度。

5. 营销你的培训计划

做惯了服务支持工作的HR专业人员大多缺乏市场营销思维和行动力。新时代的HR专业人员要学会营销，要以主动、前向的意识向业务部门推销你的服务，这样才能传播优秀文化、推广最佳实践、提升自己的内外影响力，更重要的是赢得业务部门的工作支持。比如，给培训项目取个有吸引力的名称，找出前期受训的学员业绩提升、态度转变、能力加强等实际案例，等等。

模块三　实训、探究与成效检验

本模块的设计思路是：结合应用型本科的特点，以社会、企业所需的素质要求以及大学本科国家质量标准（人力资源专业），回溯设计训练内容。这些训练内容具有理论性与实战性兼顾的特点，目的是让学生在学校里形成和提升所需素质，以达到社会的要求和大学本科毕业的素质要求，同时也为学生就业做准备。

| 实训操作与成效检验 |

一、关键能力提升

（1）上网查询任一家公司的培训与人力资源开发部门的职能、架构、岗位设置和职责等，在课堂上进行讨论。讨论重点是：

1）是否符合公司总体人力资源管理战略？

2）是否与公司的竞争战略相匹配？

（2）撰写一份培训计划书。假如你是一名培训与人力资源开发经理，今年招聘了一批应届毕业生，需要对他们进行新员工培训，请你撰写一份新员工入职培训计划书。

二、核心素养培养

（1）访问一家公司，对该公司的培训与人力资源开发工作进行资料查阅、网络查询、现实观察、专项访问等，结合所学理论知识（包括但不限于本书），就所感所悟写一篇 800～1 000 字的调查报告。

（2）观点辩论。就以下观点先思考，必要时查阅资料，然后与他人进行对话、讨论甚至辩论。

> 培训的关键不在课堂而在课后。

三、必备知识巩固

（一）单选题

1. 你认为员工工作意愿可不可以通过培训来改进？（　　）

A. 可以　B. 不可以　C. 不一定　D. 可以，但需要其他人力资源管理职能方面的配合

2. 美国著名科学家、著名科学工作管理者、美国科技创新体系的奠基人范内瓦·布什（Vannevar Bush）说："一切新产品和新工艺都不是突如其来、自我发育和自我生长

起来的。它们皆源自新科学原理和科学概念。新科学原理和科学概念必须来自最纯粹科学领域坚持不懈的艰难探索。如果一个国家最基础的前沿科学知识依赖他人，其产业进步必然异常缓慢，其产业和世界贸易竞争力必然极其孱弱。”范内瓦的远见卓识昭示了人类创新历史上一个最基本的规律，即划时代的科技和产业创新必定源自划时代的思想创新。唯有创新的思想才能激发创新的技术、产品和服务。思想创新的重要性高于一切。正如伟大的法国科幻作家儒勒·凡尔纳所说：凡是人能想到者，必有人能实现之。

现代培训与人力资源开发管理者扮演着组织学习、组织发展、组织创新与企业文化倡导者的角色。阅读以上文字，你认为作为新时代的培训与人力资源开发管理者，应该具有什么样的思维？（ ）

①创新思维 ②好奇心 ③持续改进与学习 ④坚持独立思考与学习他人相结合 ⑤脚踏实地地做好最基础的工作 ⑥正确的行动必须先有正确的思维

A. ①②③⑥ B. ①③④⑤⑥ C. ①②③④⑤ D. ①②③④⑤⑥

（二）多选题

1. 从用户思维角度看，你认为培训与人力资源开发的客户有（ ）。

A. 公司总经理 B. 公司销售经理 C. 公司送货员

D. 公司保安 E. 人社局工作人员

2. 新时代培训与人力资源开发面临的挑战有（ ）。

A. 不确定性世界直接影响到企业对培训需求的精准把握以及对员工素质要求的更迭

B. 如何让新生代产生内驱力并全心投入组织设计的培训与人力资源开发活动中来，更快、更高效地提升自身的能力

C. 如何在新技术飞速发展的背景下，培训与人力资源开发精准施策从而提升员工的核心竞争力而不致落伍，增强员工的职业安全感

D. 新的商业模式、新的商业生态要求组织具有超级能力、超级团队和超级员工，这种趋势给组织的培训与人力资源开发带来重大的挑战

E. 新生代员工具有易变性职业生涯，忠诚度降低，培训与人力资源开发在组织投入与回报上存在风险

| 课外修学与我的探究 |

一、悦读秒扫

（一）课外悦读

新冠肺炎疫情期间，名企在做什么

2020 年 4 月 18 日华为在深圳举办主题为“数通万物 引领未来”的华为 Datacom 认证线上发布会，正式发布了华为 Datacom 认证。华为 Datacom 认证是华为打造的面向未来数据通信人才的培养标准，未来 3 年华为将培养 15 万名 Datacom 认证工程师，构建

数通网络人才生态。

随着企业数字化转型的深入，多元化的业务对网络提出了新的要求，网络架构发生了本质的变化。华为面对挑战，提出了自动驾驶网络（ADN）的概念，通过自动化和人工智能技术的融入，构建智慧网络；面向园区、数据中心、广域网络、WLAN及网络安全等主力场景，提出“四大引擎”品牌战略，产品和解决方案在行业占据领先地位。为满足社会对新型网络人才的需求，适应当下网络从业人员能力模型的变化，华为结合自身多年数通产业引领者的经验，开发出一套数据通信人才培养标准。

华为Datacom认证是原有华为路由交换认证的全面升级版，它在传统路由交换技术的基础上，提供“华为数通网络解决方案＋网络新技术”相结合的培养方案。学员通过学习，不仅可以掌握数通原理，而且能够构建在不同网络场景中规划、部署、运维网络的能力。该认证为学员在数通网络领域中的多元化发展提供助力。

华为企业业务人才生态发展部部长冯宝帅提出：“华为Datacom认证将体系化、标准化、可扩展地培养适配当今网络发展的专业化人才，帮助运营商和企业构建更有效率的网络，支撑数通网络产业的繁荣发展！”

资料来源：华为发布Datacom认证 未来3年将培养15万数通网络人才.（2020-04-18）.https：//www.huawei.com/cn/news/2020/4/certification-datacom-network-talent.

（二）前沿话聊

2020年人力资源趋势：在数字颠覆的时代重塑技能

如果HR不采取行动支持数字化转型，组织将面临落后的风险。学习不只是训练。HR可以建立一种持续学习的文化并提倡利用工具和领导的支持来改善各种组织结果。

洞察1

如果HR不采取措施支持数字化转型，其组织就有落后的风险。在支持数字化转型的过程中，HR有机会改善各种关键成果，其中着重于员工发展的措施具有最广泛的影响。

洞察2

员工对数字化转型能力的熟练程度很低。在吸引或发展这些能力方面，大型组织比小型组织困难得多，这表明小型组织有较强的灵活性，它们能够更快地适应变化。

洞察3

学习与发展不仅支持个人技能提升，还使组织不断创新，提供更好的员工体验，提高支持变革的能力。持续学习能带来积极的结果。具体措施如下：

- 使用准备就绪的工具来开发未来的关键技能。
- 通过制定整体的学习与发展战略和采用持续学习方式来提高人力资源的效率。
- 通过创建和利用技能清单来提高竞争优势。
- 让管理者参与到员工的发展中来。

资料来源：HR COFFEE社群.McLean & Company.人力资源研究报告.

二、我的探究

（1）学习完本章后，我的思考是：____。

（2）回顾“项目工作场景”，我的收获是：________________________________。

（3）学习本项目后，我想与老师或同学探讨的问题是：____________________。

（4）经过社会实践，我提出的观点是：__________________________________。

每位同学填写好以上“我的探究”后，建议与同学们分享、交换观点。
“思考”可以与他人讨论
“收获”可以当众分享
“问题”可以与同学共商
“观点”可以与他人交换

项目二

培训与人力资源开发的实务基础

教育不是注满一桶水，而是点燃一把火。

——叶芝

本项目知识图谱

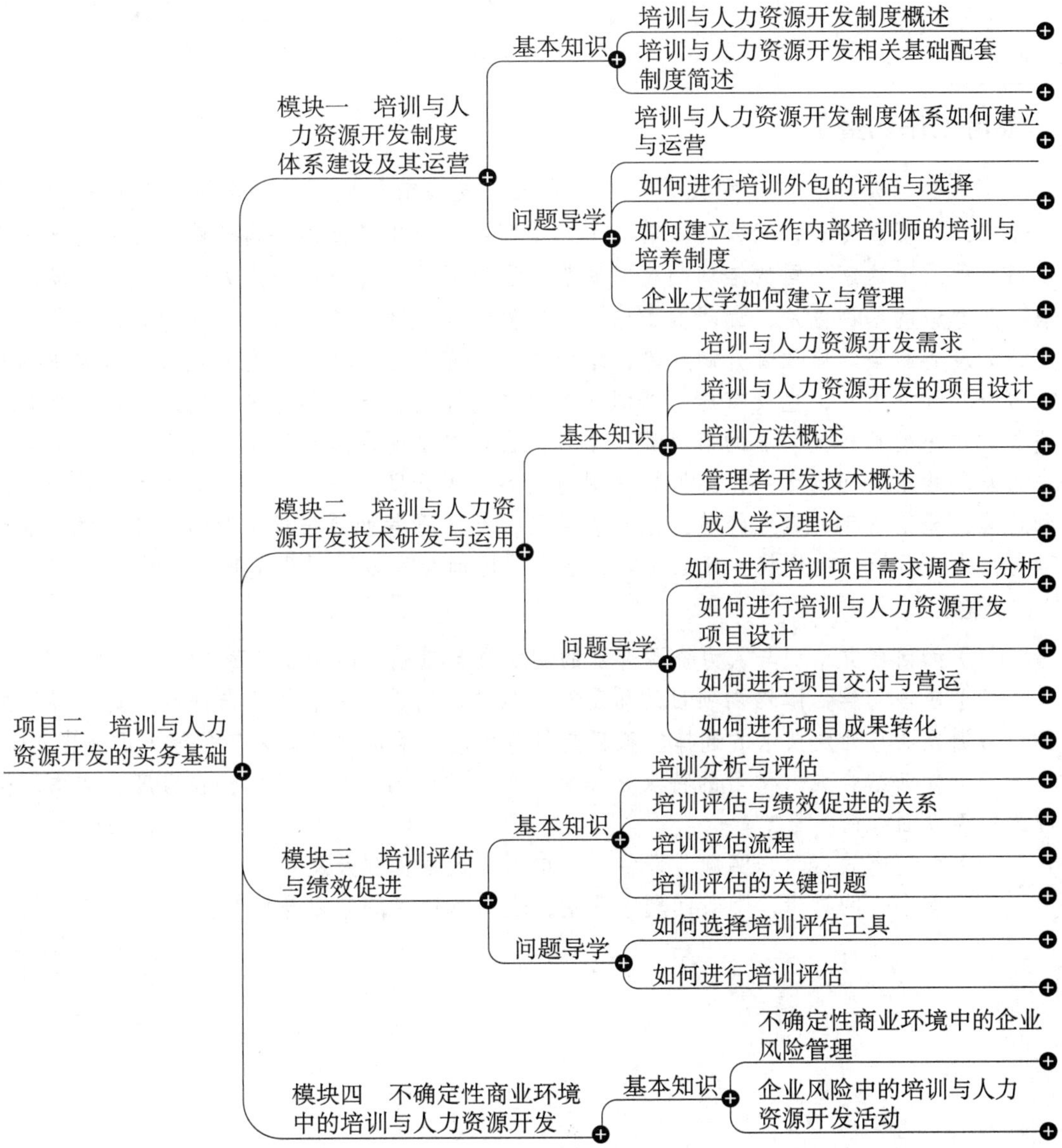

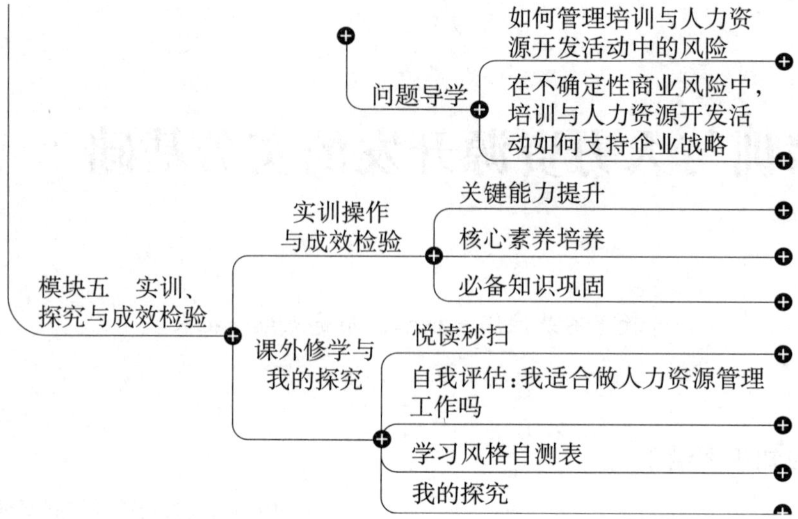

【项目工作场景】

京北公司是一家中小型民营高科技企业，发展前景良好。小李毕业于一所应用型大学的人力资源专业，来公司之前已工作了四年，今年跳槽到公司任培训经理。第一天上班，他发现这家公司的培训制度有缺陷：没有成系统的培训与人力资源开发制度，只有一些零散的培训办法，如新员工培训管理办法等；缺乏培训与人力资源开发的基础制度，如没有健全的职位晋升制度等；培训与人力资源开发部门没有专业人员研究培训与人力资源开发技术，也没有建立培训外包机构的鉴别、选择制度等。他想国内建立时间不长的中小型高科技企业的情况都差不多，公司在快速发展过程中，人力资源管理必将成为发展的重大问题之一，要做好培训与人力资源开发工作，建立制度体系是基础。想到这里，凭借多年的专业经验，他没有慌张，开始思考如何分析企业的内外环境以及培训与人力资源开发的现状，建立高效、适宜的培训与人力资源开发制度体系。

问题：

（1）如何建立培训与人力资源开发的制度及其基础保障制度体系？

（2）应该怎样保障培训项目的质量？（从培训需求调查、项目与课程设计、师资配备、培训方法与开发技术的选择、项目交付与营运、培训项目效果转化等方面考虑）

（3）如何结合成人学习的特点来编制一个合理的培训项目计划？在进度、成本、资源配置等方面如何考量？

（4）如何有效启动、实施与评估一个培训与人力资源开发项目？

请跟着小李的脚步，带着问题来课堂，进入本项目的学习与探究。

模块一　培训与人力资源开发制度体系建设及其运营

| 学习目标 |

关键能力 / 技能

- 能制定培训与人力资源开发有关制度
- 能准确分析、理解培训与人力资源开发制度及其配套支撑制度的关系，并能正确理解其逻辑连接点

核心素养

- 在制度的制定、沟通过程中培养严谨的职业态度和团队协作精神
- 在制度的制定与运作中，具有有效借鉴国际、国内标杆的务实与创新精神

必备知识

- 实际工作过程与理论学习场景
- 培训与人力资源开发制度构成及其相关基础配套制度内容及建立要点

一、基本知识

（一）实际工作过程与理论学习场景

1. 实际工作过程

本模块的实际工作过程如图 II－1－1 所示。

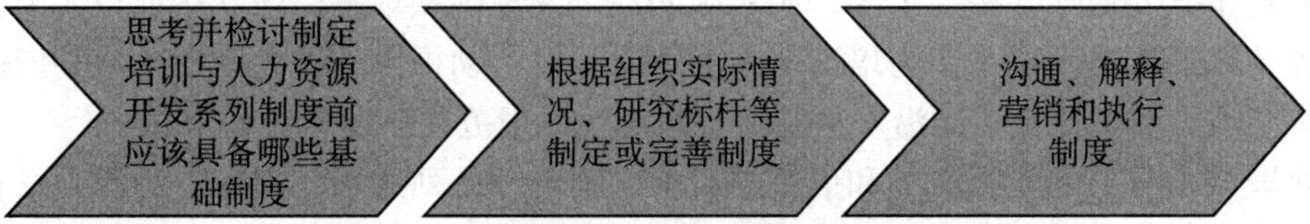

图 II－1－1　实际工作过程

2. 实际工作过程与理论学习场景

本模块的工作过程与学习场景矩阵如表 II－1－1 所示。

表 II－1－1　工作过程与学习场景矩阵

学习场景		工作过程		
		思考并检讨制定培训与人力资源开发系列制度前应该具备哪些基础制度	根据组织实际情况、研究标杆等制定或完善制度	沟通、解释、营销和执行制度
是什么？为什么？	培训与人力资源开发制度概述	√	√	

续表

学习场景		工作过程		
		思考并检讨制定培训与人力资源开发系列制度前应该具备哪些基础制度	根据组织实际情况、研究标杆等制定或完善制度	沟通、解释、营销和执行制度
是什么？为什么？	培训与人力资源开发相关基础配套制度简述	√		
为谁做？怎么做？	培训与人力资源开发制度体系如何建立与运营		√	√
	如何进行培训外包的评估与选择	√		√
	如何建立与运作内部培训师的培训与培养制度	√		√
	企业大学如何建立与管理	√		√

（二）培训与人力资源开发制度概述

欲成方圆而随其规矩，则万事之功形矣。而万物莫不有规矩。议言之士，计会规矩也。

——韩非子

培训与人力资源开发制度是企业培训与人力资源开发活动高效实施的根本保证，是企业和员工共同遵守并按一定的程序实施的规定、规则和规范。建立培训与人力资源开发制度体系的根本作用在于为培训与人力资源开发活动提供一种制度性框架和依据，促使培训与人力资源开发活动沿着法制化、系统化、规范化轨道运行。

企业根据自己的实际情况和形势的要求，制定一系列的培训与人力资源开发管理制度及其配套的工作流程或规范化操作性文件等。这个制度体系一般包括：

- 企业关于培训与人力资源开发的总的政策指引。
- 员工入职培训制度。
- 培训与人力资源开发的课程设计制度。
- 培训与人力资源开发项目组织实施制度。
- 培训与人力资源开发的外包选择及师资开发制度。
- 培训与人力资源开发费用使用制度。
- 培训与人力资源开发档案管理制度。
- 培训与人力资源开发服务制度。
- 培训与人力资源开发激励和考核制度。

- 培训与人力资源开发奖惩制度。
- 培训与人力资源开发的效益评价及风险管理制度。

在实际企业操作中，有的将以上制度整合在一个制度体系文本里面，有的单独成册。

[练习与思考]

请你在企业或其他组织实践时，注意观察：企业或组织的培训与人力资源开发制度体系是如何安排的？具体执行情况如何？又有哪些新的模式或内容？

（三）培训与人力资源开发相关基础配套制度简述

人力资源管理是一个系统化的运作过程。要想使企业的培训与人力资源开发有关制度的制定有依据、有基础以及实施有效果，就必须建立并完善有关配套制度，如战略制定与管理、组织架构设置与调整、工作分析及胜任素质、人员评价及晋升、任用、奖惩、绩效考核等制度。下面简述这些和培训与人力资源开发制度密切相关的基础制度，帮助你形成连贯性的认知框架，更好地面对将来进入企业真实场景中必须考虑的现实问题。

1．职位管理制度及员工晋升制度

（1）职位管理制度。职位管理制度是公司针对职位设置、职责分配、任职条件、绩效标准、晋升通道及条件、序列级别等制定的规范的管理制度，最终的成果是制度文本、职位职级序列表、有关操作流程和相关表格等。要制定出符合公司实际的职位管理制度，前期要做的工作包括工作分析、撰写岗位说明书、岗位评价等。

设岗原则：按需设岗、因事设职、结构合理。

（2）员工晋升制度。员工晋升制度是为了满足组织的需要，保证岗位工作有序完整地开展，鼓励员工不断提升素质和能力，充分调动员工的主动性和积极性，并在公司内部营造公平、公正、公开的竞争机制和企业文化而制定的管理制度。目前企业采用最多的形式是双通道晋升制（双线晋升制）。要做好员工的晋升管理，职位管理与员工职业发展规划是其必备的基础之一。

晋升原则：德才兼备、公平合理、能上能下。

[练习与思考]

1．要做好职位管理工作，工作分析是必不可少的基础工作之一。回顾所学的有关理论知识，请问：工作分析为培训与人力资源开发提供了哪些必要的依据？

2．上网搜寻一家公司的职位管理制度、职级分类表等，分析其合理性。

2．胜任素质模型与人员素质测评

（1）胜任素质模型。在传统的人力资源管理中，通过工作分析确定职位说明书的职位要求，其主要关注点是该职位所需的知识、技能、经验等，但有了这些并不一定能很好地完成职位工作。现代人力资源管理引入了胜任素质模型来分析并确定完成工作所需的深层次特征，以弥补工作分析的不足。

管理者胜任素质模型与人才素质测评

笔者曾任某集团下属公司的运营总监，同时也是集团人才库（talent pool）管理人才培养后备军与接班人计划成员之一。长达2～4年的培养周期，其主要的内容和流程是：

第一步，建立制度。集团划分了四个管理者层级（总部 / 集团经理、部门总监、一线经理、个人），分别建立了胜任素质模型（分为商业技能、领导及执行三方面共12项素质，对应于四个管理者层级有不同的要求）。

第二步，人才识别。主要是针对胜任素质模型应用人才测评技术对候选者进行测评。主要指标是动机、职业性向和领导胜任能力，并结合过往业绩和表现，由各公司推荐，确定人选。

第三步，回馈面谈。上司和自身分别针对胜任素质模型的要求进行评价并反馈。

第四步，撰写计划。撰写个人发展计划。

第五步，投入人才库中进行孵化。培训与人力资源开发部门全程跟踪。

胜任素质的提出者美国心理学家麦克利兰（David C. McClelland）认为，胜任素质包括以下六方面的内容：

- 知识。
- 技能。
- 社会角色。
- 自我概念。
- 特质。
- 动机。

其中，知识和技能是最基本的内容，后四方面是决定人的行为和表现的关键因素。

以某集团为例，该集团在进行全国扩张前就建立起了高层、管理团队和核心员工的胜任素质模型，给集团的人才招聘、干部培养等提供了坚实的依据（见图Ⅱ－1－2）。

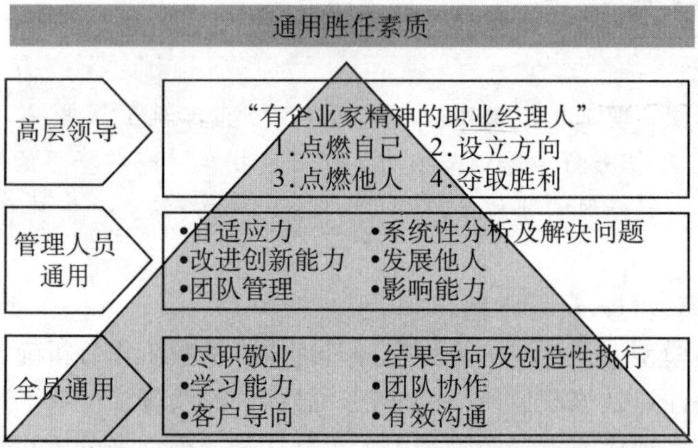

图Ⅱ－1－2　某集团胜任素质模型

[练习与思考]

该集团胜任素质模型的建立与运作，对于培训与人力资源开发工作的支撑作用具体表现在什么地方？

胜任素质模型的建立意义重大，它为人才测评、寻找素质差距、培训与人力资源开发需求分析、培训与人力资源开发课程开发与设计提供了基础依据。

（2）人员素质测评。组织能否对所属人员的素质做出准确的评价和预测，已经成为组织人员选拔、考核、调配、诊断、培训、开发的一项重要的基础工作。人员素质测评是指测评者针对被测评者某一方面的素质测评指标体系进行测量和评估的人力资源管理活动，测评需要综合运用心理学、管理学、测量学、社会学及计算机技术等知识，并要求测评者采用科学的方法收集被测评者的综合业绩表现。

人员素质测评的内容主要集中在以下方面：

- 品德素质。
- 心智素质。
- 能力素质。
- 文化素质。
- 身体素质。

以上素质在人力资源管理各功能模块中都有应用，其中在培训与人力资源开发中的应用主要是：

- 诊断员工当下各项素质与岗位要求的差距，给各类员工培训提供依据。
- 诊断人员的能力、职业性向、动机以及发展潜质等，为管理人才培养提供依据。

3．绩效考核及激励制度

（1）培训需求很重要的来源就是员工绩效考核结果。一方面，绩效考核结果显示员工的技能、态度、能力等素质与岗位和未来一段时间的要求有哪些差距，针对这些差距设计适宜的培训项目。企业需要进一步完善绩效管理实践，强化并提升管理者与HR专业人员的绩效管理责任与能力。因此，企业绩效管理机制、程序、方法的有效性直接决定着培训的效果。另一方面，企业通过绩效考核可以加强员工培训效果：在培训的各个环节加强对员工的考核和监督，督促他们珍惜机会、努力提升自身的素质，以适应岗位要求；同时，加强过程考核和结果考核也是企业获得投资收益的保障措施之一。

（2）及时建立和完善培训与人力资源开发和激励制度之间的联系机制，促使员工的能力提升、职业发展和企业核心竞争力之间形成良性互动与协同。

（3）除了建立独立的绩效管理制度外，企业可以将培训的考核专门列入企业的培训制度中。员工培训的过程和结果考核指标，除了员工本人需要承担责任外，其直接上司也应承担责任。

[练习与思考]

绩效考核和培训与人力资源开发的逻辑关系是怎样的？

4．内部培训师

（1）内部培训师的概念、分类与角色。内部培训师是在培训部门的领导或指导下，负责培训课程的开发与设计，通过课程讲授、技能辅导等向组织内部员工传授岗位所需的知识、技能及能力，提高员工的整体素质水平，并通过企业内部知识的共享和传递协助推动学习型组织的打造。

内部培训师在企业实际运作中分为两类：一类是培训与人力资源开发部门的专职岗位人员；另一类是各业务部门有某一领域专长并经过一定认证程序认证的专业人员，实质是其在完成本职工作外的“兼职”。

内部培训师应扮演的工作角色如下。

● 编曲者：在实施培训之前，培训师要根据目标和学员情况，研究学情和培训大纲，编写有关培训课件和教案等教学材料，采取适宜的教学方式，使用与授课内容相符合的现代培训设备等。

● 指挥家：这个角色相当于电影导演，主要是在培训现场按事先设计好的流程开始培训工作，有效控制和引导培训现场，要让整个培训群体活跃、积极地参与到培训活动中来，以圆满完成培训任务。

● 演奏家：培训师在现场进行培训、演讲或演示时，要像现场演奏家一样有丰富的表现手段和演讲技巧、过硬的实战功夫及亲切的语言和态度。

● 教练：培训活动不是培训师的“一言堂”，培训的主要目的不是看培训师的“精彩表演”，而是受训员工真有收获，得到启发。因此，培训师要像教练那样指导、示范、训练学员。

● 导师：培训师的素质要求是内外兼修，其品德品行、举止行为无不影响着受训员工的学习成果。一般企业的内部培训师大多是有一定业务资历和处在某一职位的管理者，有的还在行业里有一定的名气，他们面对的学员大多是年轻人或应届毕业生，培训师的一言一行会很强烈地影响着他们对公司的印象以及培训的主动性和积极性，进而影响到培训成效等。因此，培训师要像循循善诱的长者、充满魅力的师长那样，给予学员的不仅是技能和知识，而且是心灵上的启迪。

（2）建立内部培训师资源的意义。企业内部培训师能以企业自己的语言和熟悉的案例或故事诠释培训的内容，总结、提炼自身和企业内部有益的正反两方面的经验以及成果，有效地传播企业真正需要的知识和技能。

企业建立内部培训师资源的作用和意义至少有以下五方面：

● 提高员工技能。通过培训提升员工岗位工作技能，增强整个组织的竞争力。

● 加强文化传播。内部培训师是企业内部的一分子，他们是对企业文化最认同的群体，可通过培训将企业文化潜移默化地融入员工培训中。

● 提升企业沟通效能，推进知识传递与共享。培训活动可加强管理者与员工的沟通、部门之间的沟通，同时也可加强知识在组织内部的高效传递和复制，促进学习型组织的建设，提升组织的学习竞争力。

● 强化激励作用。由于内部培训师是企业的管理、技术骨干，建立内部培训师的激励制度对于这部分群体的职业发展、精神追求都有正面作用。

● 提升内部培训师自身能力。“教学相长”，通过培训讲授、辅导学员等活动，培训师也提升了自身能力。一般内部培训师都是兼职的，这对他们回到工作岗位后做好本职工作、开阔眼界、充实理论知识与提升实践能力都有很好的促进作用。

（3）内部培训师的素质要求。由于企业及其业务特点不同，每家企业对于自己培养的内部培训师有不同的要求。一名合格的内部培训师应该具备以下基本素质：

● 正直的品德和积极的态度。
● 基本的与培训方向相关的学历背景。
● 具有一定的理论水平和丰富的行业从业经验。
● 熟悉组织内的业务流程。
● 持有相关行业认证。

内部培训师应具备的能力素质如下：

● 沟通与表达能力。
● 应变能力。
● 组织与协调能力。
● 观察与总结、归纳能力。
● 学习能力。
● 抗压能力。

［练习与思考］

你在社会实践中有没有作为学员受训的经历（比如成为一名暑期实习生或到校企合作企业实习等）？请注意观察培训你的都是哪些人，他们具备的哪些能力素质令你印象深刻？为什么？

5. 培训外包

（1）培训外包概述。外包（outsourcing）是指基于核心竞争力的充分发挥，组织专注于自身的业务专长和核心优势，将自己不擅长的事交由外部专业机构承担的一种模式。人力资源外包随着 IT 服务的外包而迅速发展。劳务用工、招聘选择、培训与人力资源开发等都属于人力资源外包形式。

培训外包是企业为获得专业化服务，以委托代理的形式将全部或部分培训职能交给外部专业机构来完成的一种形式。实际上培训外包使人力资源部门的职能和人员得以精简，在降低成本的同时集中精力聚焦人力资源管理的核心业务。

培训外包的“外”是个相对概念。比如，对于有的较大规模的集团化企业，特别是当前集团化企业逐步向商业生态圈进化的背景下，培训外包有可能还是在核心企业的集团内部，如企业大学，抑或是商业生态圈内外包。无论哪一种形式，对于发包方来说，都可以降低成本，提升效率，“让更专业的人做专业的事”。

（2）培训外包的优势和劣势。培训外包最初的目的是降低成本。随着互联网技术的发展，培训外包已成为企业人力资源管理的重要战略举措之一。

培训外包的优势如下：

● 为发包方提供专业化、规范化和前沿化的培训技术和指导。

- 降低发包方的有关成本，培训效果更好。
- 给发包方带来新的思想和意识。
- 一些课程内容更易于为发包方员工所接受。
- 培训的灵活性和系统性较强。

培训外包的劣势如下：

- 某些外包公司或外部培训讲师的费用较高。
- 培训成果不易量化评估。
- 缺少对培训过程、效果的监察。
- 外包方与发包方目标不一致导致潜在冲突。
- 对于发包方来说，一旦“用惯用熟”一家外包方以后，就存在一定的依赖性。

（3）新时代培训外包的发展前景展望。随着社会、技术的发展，行业＋数字化的企业商业模式广为发展，目前企业外部的培训行业还有广阔的数字化赋能的发展空间。如有一家名为“极客空间”的数字化外包培训机构，已经开发出成系统的高科技企业的数字化培训课程，相信很快诸如研发、营销、销售、新零售等岗位的知识体系会被构建出来，这将是培训行业的一个巨大变革。这就带来一个问题，即如果企业所有岗位的培训体系建设及课程交付都被类似“极客空间”的培训机构承接，组织的培训部门将受到很大的挑战。

［练习与思考］

1. 上网查询行业发展的最新情况，了解目前最热的行业情况。对照外包的知识进行分析。

2. 调查你感兴趣的公司有没有类似培训外包的情况？请尝试分析。

3. 对于培训外包的优势和劣势，请举出例子来说明分析。

6. 企业大学

（1）企业大学概述。1927 年通用汽车创建的通用汽车设计和管理学院是世界上第一个在企业内部创建的大学，是企业大学的雏形。1955 年华特 · 迪士尼首次提出企业大学的概念。20 世纪 80 年代西方企业的人才培训理念逐渐发生变化，企业大学逐渐走向成熟。

2020 年 8 月 27 日建行大学与厦门大学合作成立资本市场教研中心签约挂牌仪式在厦门举行，双方将合作共建资本市场教研中心，将其打造为资本市场研究和人才培养的产教融合平台。此次成立的资本市场教研中心是建行大学资管与投行研修院与厦门大学管理学院合作共建的资本市场业务产教融合实践平台，教研中心主要定位于研究与合作培训，将以项目合作的方式开展教学和研究等相关工作，共享优质教育资源，向社会赋能，让产教融合成果成为活跃经济细胞的新动力，助力新金融发展。

教研中心还将立足人才培养，开发中国建设银行资本市场专业人才培训课程体系，推动“财务金融分析师”资格认证体系，培养一支高素质的专家人才队伍。

建行大学是中国建设银行于 2018 年 12 月 17 日在北京正式成立的一所企业大学。

建行大学既是面向内部员工的职业教育平台，也是以“新时代、新金融、新生态企业大学”为发展愿景，以“专业化、共享化、科技化、国际化”为办学理念，推进产教融合、赋能社会的教育培训平台。

资料来源：东方财富网，https：//finance.eastmoney.com/a/202008281612547447.html。有删节。

1974 年美国摩托罗拉创办摩托罗拉大学，开始向世界各地的员工提供较为系统的教育服务，并开展知识研发活动，这标志着第一所现代意义上的企业大学诞生了。此后，企业大学迅速崛起，许多企业纷纷建立起自己的企业大学。我国第一所企业大学是 1997 年创办的春兰学院。截止到 2019 年底，我国企业大学数量超过 3000 家，如腾讯大学、阿里巴巴商学院、建行大学等。

企业大学依托企业，面向本企业内部员工、客户或合作伙伴等关系企业利益的群体，其根本目的是提高企业的竞争力，获得更大的收益，促进员工自身的发展。概括起来，企业大学是由母体企业建立，服务于企业利益群体，以促进其服务对象发展及自身经济效益提高的一种组织形式。从终身学习的角度出发，广义上的企业大学是学习型社会的支柱，是我国终身学习体系的重要组成部分。

中国的企业大学发展历程如图 II－1－3 所示。2019 年中国最具价值企业大学排行榜前十位如表 II－1－2 所示。

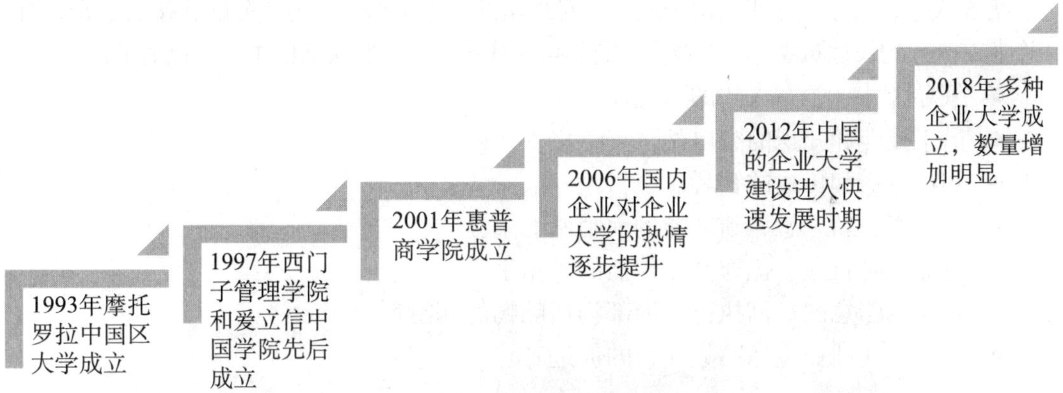

图 II－1－3　中国的企业大学发展历程

资料来源：https：//www.qianzhan.com.

表 II－1－2　2019 年中国最具价值企业大学排行榜前十位

排名	企业大学	企业名称
1	阿里学院	阿里巴巴
2	华为大学	华为
3	海尔大学	海尔
4	同仁堂健康大学	同仁堂
5	新华三大学	新华三集团
6	海底捞大学	海底捞

续表

排名	企业大学	企业名称
7	腾讯大学	腾讯
8	正大企业大学	正大
9	华润大学	华润
10	网龙大学	网龙网络

资料来源：硅谷动力，http：//www.enet.com.cn/article/2019/0720/A20190720951140.html.

企业大学一般有如下特征：

● 独立性。表现为独立核算、自主经营，具有企业性质。

● 战略性。表现为服务企业总体战略，是人才培养、学习型组织建立、文化传导、知识生产与传播等的重要平台。

● 服务性。表现为服务企业、服务员工、服务客户、服务关系群体。

当前根据国家有关政策，有些企业大学正在成为产教融合的战略落地平台，通过提前布局，抢占人才新高地。例如，百度云智学院积极与各大高校合作，开设软件工程、网络工程、电子商务三大专业，培养具有创新能力的应用型本科人才。

（2）企业大学的优势。在企业发展过程中，企业大学在不断演化，如从传统的识别人才、培养人才、留住人才职能逐步演化到对战略的支撑更深入，与业务的连接更紧密，有利于企业对人才的长远布局等。企业大学有不可替代的优势，它扮演的主要角色如下：

● 领导人才、领军人才的孵化器。

● 员工技能和知识的充电站。

● 知识生产和传播的智者。

● 新技术、新思想、新动能的前哨所。

● 企业品牌打造、优秀文化传播的号角手。

● 企业战略意图贯彻执行、内部沟通顺畅的润滑剂。

● 加强企业商业生态圈战斗力的促进者。

[练习与思考]

1. 上网查询一家你感兴趣的企业大学，了解该大学的日常运作中呈现出以上哪些优势。

2. 怎样理解企业大学是“企业品牌打造、优秀文化传播的号角手”？

（3）企业大学的发展及面临的挑战。当前企业大学的发展存在一些问题，如有的企业不明白企业大学和传统的培训部门之间的区别，只是将其换个牌子；有的企业仅仅为了提高其知名度和信誉度而建立企业大学；有的企业大学只是采用一般商学院的传统公开课程，照搬跨国公司的教材或案例，难以进行质量和监控管理，很多培训是临时或非正式安排的，对新知识的获取和分享缺乏有效的跟踪；有的企业大学与战略目标无法匹配；等等。

企业大学在企业人才培养、组织能力提升、文化促进等方面发挥着积极正向的作用。然而，随着数字技术、在线教育技术的广泛应用，在MOOC教学、碎片化学习（fragmented learning）、移动学习、新冠肺炎疫情期间在家办公与学习、培训场景前移与大学的相互嵌入等新形势下，原来相对封闭的企业大学的办学模式受到了很大的挑战，企业大学需要创新运行方式。比如，数字化技术和趋势促成了虚拟企业大学的形成。虚拟企业大学（virtual corporate university）是以组织的战略业务目标为依据，应用网络技术、现场学习、行动学习等方法开发员工、潜在客户和供应商的战略工具。

展望企业大学的发展，我们可以发现以下趋势。

第一，除了创建学习型组织或者促进员工的发展之外，企业大学需要从知识传授的角色转变为知识的传授和生产，即为企业和客户提供解决方案，帮助企业和合作伙伴更快、更有效、更开放地完成任务。2019年和2020年的中国企业培训与发展年会分享的主题内容显示，企业大学正逐步实现培养场景化、学习泛在化（ubiquitous learning）、内容产品化、功能网络化、智库生态化和价值经营化的进化图谱。

第二，企业大学从传统的成本中心升级为价值创造中心、组织能力赋能中心。企业大学管理者将以价值创造、组织赋能为核心，力争将有限的资源配置到能创造最大价值的关键工作中，为企业创造更多价值。

第三，企业大学将帮助组织打造适应数字化、智能化社会的平台化、敏捷化的超级组织，培养多能化、自主化的超级员工，这是企业大学紧跟时代、赋能组织的重要变革。

［练习与思考］

1. 上网查询在数字化时代什么是“学习泛在化”？请举例说明。

2. 在企业员工培训中如何利用此现象调整培训策略。

7. 业务部门的工作规程、技术标准和操作规范

各专业职能部门制定的标准化操作手册、职位说明书、工作流程等是培训与人力资源开发的基础资源之一，对于技术或专业培训是权威可信的培训依据。培训与人力资源开发部门平时应与业务部门建立沟通机制，及时留存备份并更新，了解行业标杆的最新资源情报。这不仅让培训与人力资源开发专业人员和业务前沿不脱节，保证培训计划的及时性和有一定的前瞻性，也便于寻找外部专业的培训师。

［练习与思考］

作为培训与人力资源开发部门人员，通过哪些渠道或方法可以了解本企业所处的行业技术或业务前沿信息？了解这些信息对于培训与人力资源开发专业人员有什么好处？

二、问题导学

（一）培训与人力资源开发制度体系如何建立与运营

1．制定相关制度的要求

无论是起草还是修订培训与开发制度体系，应体现如下要求：

（1）连接人力资源和企业战略。管理者制定和修订培训制度时要从战略眼光和思维出发，建立一整套规范和具有弹性的制度框架。

（2）保证制度的相对稳定性和连贯性。培训与人力资源开发是一项人力资本投资活动，要用长远眼光来看待，制定制度体系要坚持以人为本的指导思想。保证制度的相对稳定性和连贯性有利于制度的有效执行，降低执行成本。

（3）开展制度标杆研究，保持一定的弹性。标杆研究（benchmarking）又叫作基准化分析法，是将本企业各项活动与从事该项活动最佳者进行比较，从而提出行动方法，以弥补自身的不足。“现代营销学之父”菲利普·科特勒（Philip Kotler）说：“一个普通的公司和世界级的公司相比，在质量、速度和成本绩效上的差距高达 10 倍。标杆研究是寻找公司执行任务时如何比其他公司更出色的一门艺术。”标杆研究是一种高效提升企业竞争力的方法。华为在 1997—2007 年斥巨资向 IBM 虔诚拜师学艺，这种胸怀、格局与意志力在中国企业发展史上无疑是空前的，这正是华为走向世界通信科技巅峰的关键因素。任正非曾感慨：IBM 教我们爬树，我们爬上树摘到了苹果。

需要说明的是，利用标杆研究方法时，要注意自己企业所处的宏观环境和微观环境，如行业特点、国家政策、自身的特点和局限等，不能生搬硬套。

（4）明确性、规范性和可操作性。制度是指引日常工作的指导性文件，制度应有明确、具体的内容或条款，特别强调可操作性，充分体现管理与实施的需要。

（5）适用性和简明性。制度的适用性有两层含义：一是制度要对特定的组织有针对性，通过标杆研究学习他人，也要注意“消化吸收”，特别是学习最佳实践的。二是关注制度的执行成本。企业是讲成本效益的，制度的执行也不例外。制度的建立和执行都要有一个切合企业实际情况的“度”。制度的简明性是指制度的文本和解释应当简洁明了，要让普通员工、一线员工都能理解和易于执行，不能引起误解。

2．培训与人力资源开发相关制度的结构

培训与人力资源开发部门在起草一项制度时，应当检讨其结构和内容的完整性、一致性、可行性。一项培训与人力资源开发相关制度至少应包含以下基本内容。

- 制定制度的背景及依据。
- 目的或宗旨。
- 具体实施办法的条款。
- 制度的批准、施行时间及适用范围。
- 制度的解释与修订权限。
- 意见反馈、申诉等渠道。

3. 培训与人力资源开发相关制度的沟通与执行

制度经企业批准后即进入实施阶段。没有有效的执行，再好的制度也是空中楼阁，不起任何作用。培训与人力资源开发管理者不仅要制定有效的制度文本，更要在有效执行上花大力气。

在制度正式颁布实施前，企业应进行有效的宣传、培训与沟通活动，以利于制度有效、顺利地实施。一项制度的运行一般遵循如图Ⅱ-1-4所示的循环。其中，第二步"研究制定"应包括制度制定团队开展内外部的调查、收集建议或意见、综合研究、起草初稿征求意见后反复修改等工作环节。

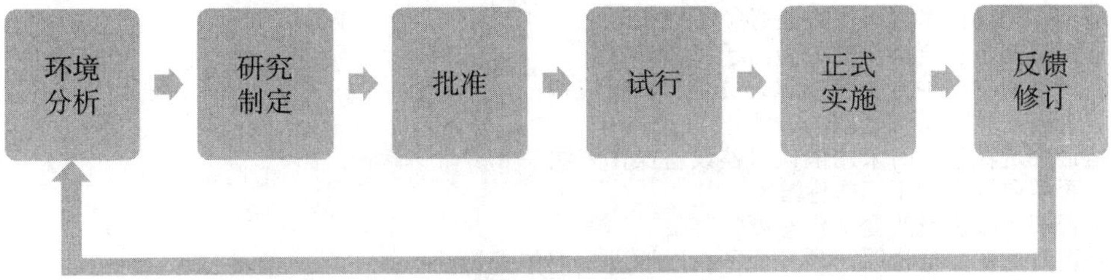

图Ⅱ-1-4　制度制定循环

[练习与思考]

为什么在制度正式颁布实施前，企业应进行有效的宣传、培训与沟通活动？

4. 培训与人力资源开发相关制度的反馈修订

一项制度要在执行过程中及时收集利益相关者的意见和建议，以利于及时修订。正如享誉全球的管理大师肯·布兰特所说："反馈是冠军的早餐。"好的利益相关者不只是镜子，还是管理者身边最宝贵、最无价的指导老师，他们甚至比管理者更了解自己，帮助管理者看到盲区。获得利益相关者意见和建议的途径有很多，比如，除了每次培训活动完结后及时的意见反馈之外，很多企业都有员工满意度调查项目，可以利用这样的途径收集员工的意见和建议。

（1）企业培训与人力资源开发制度示例如表Ⅱ-1-3所示。

表Ⅱ-1-3　企业培训与人力资源开发制度示例

某公司员工教育培训计划

第一章　总则

第一条　本教育培训计划以系统性为特征，目的是完善本公司的员工培训。
第二条　凡本公司为储备人才的长期培训或短期培训，均需依本教育培训计划所列之条例进行。

第二章　培训目标

第三条　本章所列培训目标，是人力资源部进行培训时的参考。
第四条　凡计划培训时，首先确定这一培训是新进员工培训还是在职培训。
第五条　订立培训目标时应注意如下事项：
一、是否希望改进在职人员的工作效率？
二、是否希望通过培训改进员工工作表现？
三、是否需要为在职人员未来发展或变动工作做准备？
四、是否需要通过培训使员工有资格晋升？

五、是否为培养减少意外、加强安全的工作习惯？
六、是否为改变在职人员的工作习惯，尤其是减少浪费的习惯？
七、是否需要改善材料处理加工方法，以打破生产技术上的瓶颈？
八、是否培训新员工以适应其工作？
九、是否需要教导新员工了解全部生产过程？
十、是否培养在职人员的指导能力，以便在公司扩充时指导新员工？

第三章 学习方针

第六条 确定培训目标后，需确定学习主题。下列各项可以帮助在职人员了解其义务、责任与学习态度。
一、是否可以用工作分析来配合培训？
二、是否有品质标准以供培训者学习之用？
三、是否有某些技术或工作方法必须予以指导？
四、是否有关于安全操作的方面需予以指导？
五、是否可建立一种方法使在职人员减少材料浪费？
六、是否需要教授材料处理的方法？
七、是否决定在学习时采用最佳机器设备操作方法？
八、是否需要制定员工工作标准？
九、是否期望改进或改变工作态度？
十、是否需对业务员说明产品及业务，以增进其工作成效？
十一、是否包括工具的使用方法及放置位置在内的训练项目？
十二、是否需要教导业务员本身工作以外的业务？

第四章 培训形式

第七条 教育培训还需考虑培训形式，有了正确的培训形式，方可达到培训目标。
第八条 下列各项可提供一些参考：
一、是否为不脱产培训？
二、是否需要一间教室和一个专职教师？
三、是否采用实地工作培训和教室授课相结合的方式？
四、是否采用实地工作培训和函授课程以达到培训目标？

第五章 教学方法

第九条 本公司业务员教育培训的教学可采用授课或示范的方法。
第十条 决定采用授课方法时必须注意以下两点：
一、授课是传授知识的最好方法。
二、示范是教导技能的最好方法。
第十一条 计划教学时必须注意下列各点：
一、教学主题是否只需一次特别讲课或一系列讲课？
二、教学之后是否需要讨论？
三、教学主题是否需要示范？
四、操作上的问题能否在教学中解说明白？
五、能否在工作中直接进行指导？

第六章 培训视听教具

第十二条 视听教具可以帮助说明授课意图和使受训者了解学习重点。
第十三条 采用视听教具时应注意下列各点：
一、是否需要一本教导手册？
二、是否在培训时发一份计划大纲？
三、除课本外，是否发放其他印刷教材？
四、如果培训需要电影或幻灯协助，能否获得此类资料？
五、能否利用机器设备或产品的图片、照片，放大作为教学之用？
六、能否利用机器设备的模型来做教学示范？

第七章 培训设备

第十四条 确定培训设备时，应根据培训的内容及形式选用。
第十五条 施教地点的选择应在确定培训设备时完成。
第十六条 确定培训设备时应注意以下几点：

一、培训如果不能在工作场地进行，是否有适当的会议室或餐厅可以利用？
二、培训是否可以在邻近的学校、饭店等地进行？
三、培训需要的教学设备是否充足？
四、是否要让受训者自带一些用具及设备，以降低培训成本？

第八章　培训时间

第十七条　教育培训时间的长短应根据培训业务需要确定，并依学习资料、师资力量及学员素质而定。
第十八条　确定培训时间应注意以下几点：
一、是否必须在上班时间实施培训？
二、是否应确定每次讲习时间长短和每周进行次数？

第九章　教师的选定

第十九条　必须聘请一位以上的专家来执教。
第二十条　师资优劣是决定培训工作成败的重要因素，师资必须是相应培训科目的专家或经验丰富者。
第二十一条　聘用教师时必须注意以下两点：
一、聘用的教师是否有足够的时间和能力来施行教学？
二、是否可以由精良的技术工人来担当教学之任？

第十章　受训人员的选择

第二十二条　凡选择受训人员除了基于培训目标外，其他如受训人员的个性、工作经验、态度等都应加以考虑。
第二十三条　选择受训人员时应注意以下几点：
一、对新员工是否需施以培训？
二、新员工的培训是否可作为雇用的先决条件？
三、是否希望受训者有一些工作经验？
四、员工在换岗或晋升时是否必须施以培训？
五、是否为因工作受伤的人员予以特设的培训来协助他们继续在原单位服务？
六、是否允许员工自动参加培训？

第十一章　培训经费

第二十四条　在培训计划实施前应计算全部费用编列预算，以便有充足的培训费用，以利于推行计划和依照编列的预算来检核培训成果。
第二十五条　确定培训经费的预算时应注意以下几点：
一、是否在培训场地、器械、材料上花费费用？
二、受训时，受训工资是否计算在培训费用中？
三、若教师是本公司员工，其薪金是否计算在培训费用中？
四、筹备培训计划阶段的费用是否计算在培训费用中？
五、由于培训而造成次品及误工费，是否应计算在培训费用中？

第十二章　培训计划的核验

第二十六条　培训的成果，必须核验是否达到原定目标。
第二十七条　核验及检讨培训计划时必须注意以下几点：
一、培训成果是否达到原定目标？
二、是否有标准学习时间，以供核验受训者的学习进度？
三、能否备有学员在受训前、受训期间及受训后工作能力的记录？
四、学员进步情形是否需要做成记录？
五、是否需对受训者所获知识与技能施以测定？
六、是否应由受训者的直接主管对受训者进行长时期的定期观察，判定其培训成效，并将结果反馈给培训部门？

第十三章　公布培训计划

第二十八条　培训计划完成后，必须公开发布以便激发员工的进取意识。
第二十九条　培训计划公布时应注意以下几点：
一、如果培训计划需向员工公布，是否准备在培训开始前或者在施行时宣布？
二、培训时间、地点、方法是否形成制度性文件下发？
三、培训结束后是否会发结业证书？

第十四章　附则

第三十条　本教育培训计划如有未尽事宜，应随时做出修改。

（2）培训作业流程。某集团的新员工入职培训管理流程（总部级）如图Ⅱ-1-5所示。

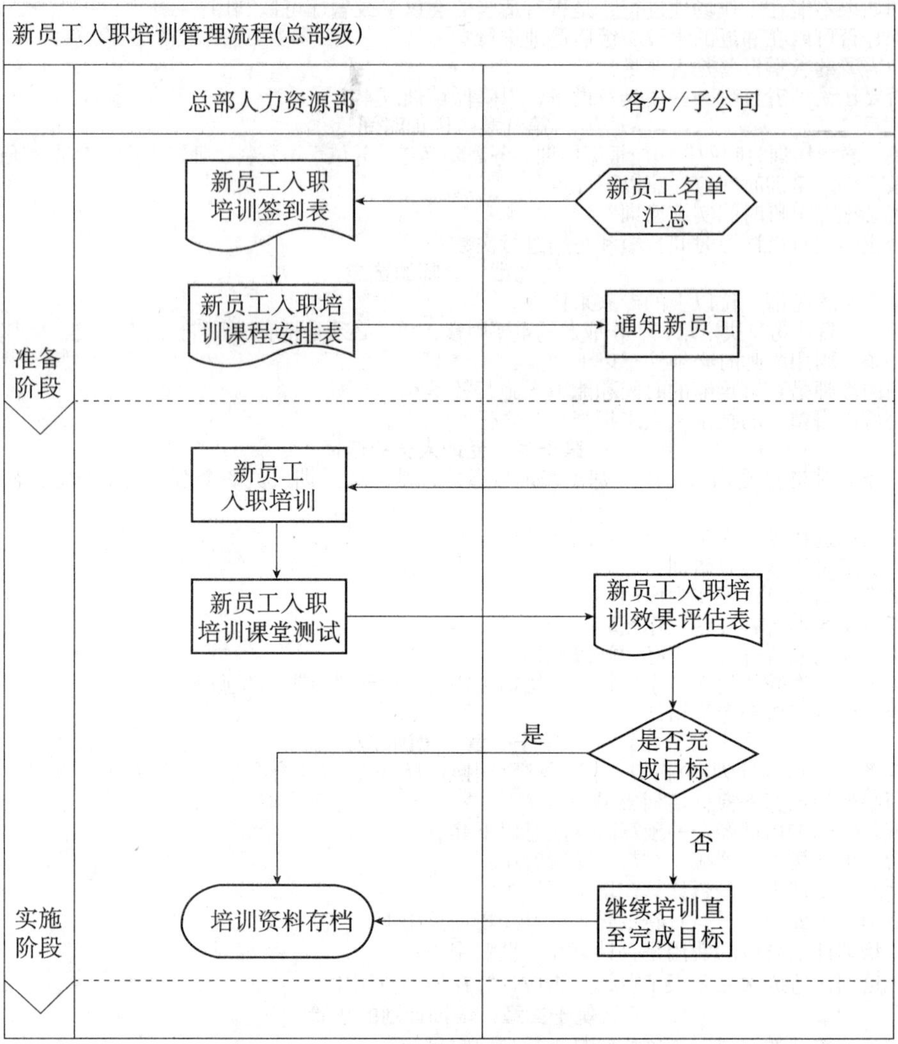

图Ⅱ-1-5 新员工入职培训管理流程

（二）如何进行培训外包的评估与选择

1. 培训外包的决策

企业是否实施培训外包是一项重要的人力资源管理决策，要考虑的因素如下：

（1）成本。在确定培训需求后，首先确认企业内部是否具备自主实施培训的物质资源和人力资源，若缺乏某一项资源，可以选择购入，如果购入资源后，实施培训的成本较低，考虑内部培训，成本较高则选择外包。如师资资源，如果内部培训师的成本低于外包师资，培训收益和效率相当于或高于外包师资，选择内部培训师。

（2）专业水平。如果企业自身专业资源不如外部资源，则选择外包，如一些高管培训课程，或一些宏观理念方面的课程等。

（3）限制条件。如一些软件培训、ISO认证培训、职业资格认证培训等，外包机构比内部部门更专业、更具权威性，考试通过率一般有一定保证。比如华为提供的相关技术认证培训。

（4）基于战略考虑。如企业拟借助外部力量的推动来进行企业内部的创新变革，或拟引入新思想、新技术，则选择符合条件的外包机构；或者基于核心竞争力理论而将非核心的、事务性的、程序性的工作予以外包，以提高企业的核心竞争力。

（5）市场竞争因素。当外包市场竞争强时，自然外包费用较低，且培训质量和服务水平一般来说也高些。

2. 培训外包项目开展的一般过程

一般情形下，对于培训发包方来说，企业的培训外包按以下流程进行。

（1）环境分析。根据企业竞争战略、人才发展战略以及培训与人力资源开发部门自身的发展战略，分析企业培训与人力资源开发的优劣势，界定培训与人力资源开发职能的"自营""外包"范围以及程度。

（2）进行培训需求分析、内外资源评估以及成本效益评估，做出培训外包决定。

（3）起草项目培训计划书送企业审批。

（4）合理评估、选择外包培训服务商。

（5）签订合同。

（6）及时有效地与外包培训服务商进行沟通。企业必须让员工了解培训情况并为他们提供这个重要领域的及时有效的培训，因此进行及时有效的沟通就成了保证外包活动成功的关键。沟通应当是及时的和持续不断的，应当收集并分析员工对每项外包培训计划质量的反馈。

（7）监督培训质量。在培训外包后，企业要建立特定机制来定期对服务费、成本以及培训计划的质量等进行跟踪监控，以确保培训计划的效果。

（8）培训结束，撰写总结报告等。

图Ⅱ-1-6、图Ⅱ-1-7是培训承包方视角的培训外包流程的两个示例。

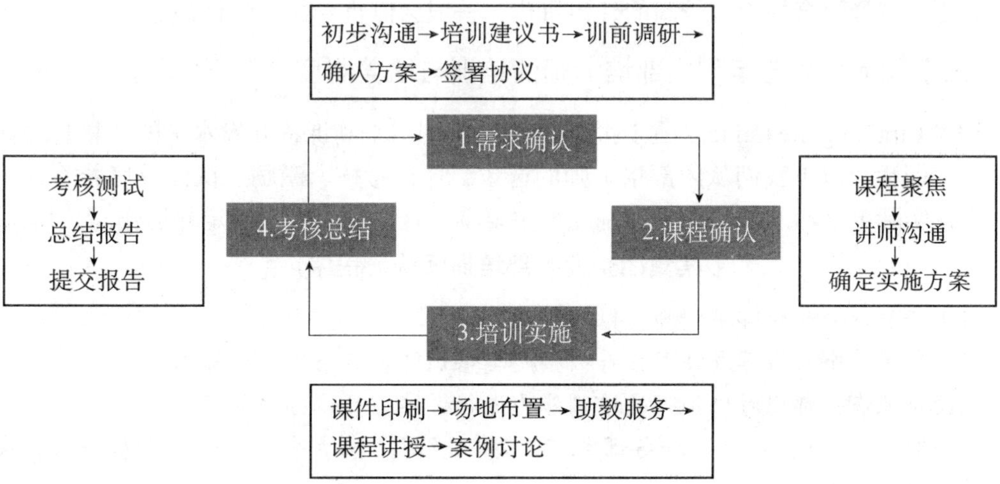

图Ⅱ-1-6　承包方视角的外包流程

资料来源：http：//www.icucp.com/%E5%9F%B9%E8%AE%AD%E5%A4%96%E5%8C%85.

图 II－1－7 NITT 国际化培训服务内容

资料来源：https：//niit.fugumobile.cn/zh/a-journey-of-comprehensive-ld-transformation-cn/.

3．培训外包的评估与选择

成功进行培训外包，建立一套评估与选择外包机构的标准很重要。对于外包机构的评估主要考虑以下因素：

（1）服务的匹配性。考察拟外包培训项目的目标、内容等与外包机构强势业务的匹配性。

（2）外包机构的行业经验。有同行经验自然就有培训的针对性。

（3）外包机构的过去成功案例调查。对外包机构提供的成功案例，不管是行业内的还是其他行业的培训案例，一定要组织调查，在多家机构中择优。

（4）外包机构的品牌知名度。

（5）讲师水平与知名度。

（6）培训的硬件设施。

总之，选择综合性价比较高的外包机构，一般会侧重合作过的机构。

（三）如何建立与运作内部培训师的培训与培养制度

TTT（training the trainer）是让培训师提高授课水平和课程开发水平的一整套培训及资格认证课程。以下我们从内部培训师的选拔、评估考核、激励、认证及培养等方面展开讨论，实际上企业的培训师管理制度也主要围绕这些方面做出规定并运作。

某集团企业内部培训师认证程序

（1）分类。分为金牌培训师与银牌培训师两类。

（2）选拔。个人自荐或公司推荐，按两类培训师基本条件进行筛选。

集团企业有关部门对培训师的培训能力进行考察。具体办法如下：

1）调阅培训档案：对包括备课笔记、培训教材、学员手册、评估问卷和课堂录像等资料进行抽样调阅。

2）现场评估：一年内完成每人一次现场评估，对未合格者安排强化培训，通过到各公司旁听课程或安排公开课及跨公司内训课程进行。

3）参加集团企业有关认证培训课程，顺利完成课程并通过考核者将获得课程证书，成为见习培训师，考核不合格者等待参加下次培训。

4）集团企业有关部门根据上述资料综合评价后于14天内提出认证意见，通过认证者成为银牌培训师，未通过者继续见习，见习期半年，等待参加下次认证。两次认证不合格需要重新受训。

（3）认证。

1．内部培训师的管理

（1）内部培训师的选拔。培训师资源是企业培训工作的核心资源之一，也是企业大学的核心竞争力之一。培训师的有效选配是培训活动取得成功的关键因素之一。

内部培训师选拔的基本标准如下：

- 对教学意愿度高。对培训业务发自内心地喜欢，内驱力是首要要求。
- 有行业背景，实战能力强。这是培训师必备的硬件。
- 学习与创新的能力与意识。紧密与技术或管理的前沿接触、学习，不断打磨自己的课程体系与教学方法，保持与时代同步，才能传授、辅导学员最新、最实用的技能与技术。
- 教学能力与沟通表达技巧。自身硬件强还不足以做好培训师工作，还必须善于传授、辅导等工作，这样才能使学员真正受益，帮助企业解决实际问题。
- 课程设计理论与实践能力。能够根据企业的实际，独立开发课程，使传授的知识、技能具有实用性、先进性和前沿性。
- 人格魅力。作为一名公开站在讲台或工作演示台前的讲师、教练或辅导员，其一言一行都影响着学员，正向、积极的人格特征无形中为培训师树立好的形象，有利于学员更好地接受其所传授的内容。“先接受人，才能接受他所讲的内容”是有道理的。

（2）内部培训师的评估考核与激励。在对内部培训师进行评估考核前，企业应该建立并完善内部培训师的岗位职责、工作标准与胜任能力素质等基础文件。评估考核主要针对其岗位职责以及以产出为导向的实际表现。

表Ⅱ－1－4、表Ⅱ－1－5是某集团公司内部培训师的评估考核与激励措施（节选）以及内部培训师评估表。

表Ⅱ－1－4　内部培训师的评估考核与激励措施示例

某集团公司内部培训师的评估考核与激励措施（节选）
一、建立档案 建立培训师个人档案，对培训师进行培养和管理。 二、培训师的工作职责 （1）协助培训部门开展所在业务领域的培训课程。 （2）配合培训及发展部对内部培训师的管理和统筹。 （3）协助推行企业文化。 三、基本工作量规定 培训师每年需完成的培训任务量：培训时数40小时以上，培训50人次以上，学员满意度4分以上的≥60%。

四、过程考核

（1）各公司每季度汇总本公司培训师开展培训情况，填写内部培训师培训情况季度汇总表，并于下一季度首月 10 日前以电子文档形式交集团培训中心。

（2）培训师每年 1 月 10 日前完成上年度培训工作总结，所在公司培训主管部门添加意见后上报集团培训中心。

（3）培训师年度开展培训情况作为个人 BSC 之绩效考核的加分项目。

（4）培训师连续两年未完成培训任务或授课现场考核不合格者将被取消培训师资格。

五、激励措施

（1）评选先进。评选采用积分制，分基础分和加分两项，基础分项目考核年度培训量，加分项目考核学员满意率等。

（2）奖励办法。设优秀培训师颁奖环节，颁发奖牌，金、银奖获得者及连续两年获奖者可获得一次外派培训机会（集团外培训机构提供的培训），学费由内部培训师专项经费支出，差旅费由所在公司支付。

六、其他

（1）同等条件下，内部培训师可优先享受外派学习的机会。

（2）各公司在进行人才培养及职位晋升时，同等条件下优先考虑表现优异的内部培训师。

表 II－1－5　内部培训师评估表示例

内部培训师评估表

课程背景	课程名称		时间	
	学员性质		地点	
培训师	姓　　名		所属部门	
	业务职位		培训师级别	

评估内容

一、课程内容		极佳	良好	较好	一般	需改善	不合格	点评
1	熟悉所授内容	6	5	4	3	2	1	
2	主题清晰、重点突出	6	5	4	3	2	1	
3	讲授准确、指导有效	6	5	4	3	2	1	
4	层次分明，条理清楚	6	5	4	3	2	1	
二、培训技巧		极佳	良好	较好	一般	需改善	不合格	点评
5	演示技巧	6	5	4	3	2	1	
6	鼓励学员	6	5	4	3	2	1	
7	理解学员需求	6	5	4	3	2	1	
8	回应问题，不拖堂	6	5	4	3	2	1	
三、培训方法、工具使用		极佳	良好	较好	一般	需改善	不合格	点评
9	配合主题、方法适宜	6	5	4	3	2	1	
10	熟练掌握工具使用	6	5	4	3	2	1	
11	灵活多样，有针对性	6	5	4	3	2	1	
12	准备充分，先进适用	6	5	4	3	2	1	

续表

四、活动练习		极佳	良好	较好	一般	需改善	不合格	点 评
13	主旨准确、符合课程特点	6	5	4	3	2	1	
14	控场能力与反应力	6	5	4	3	2	1	
15	总结扣题、言简意赅	6	5	4	3	2	1	
16	趣味性和活跃度	6	5	4	3	2	1	
五、课程总体效果		极佳	良好	较好	一般	需改善	不合格	点 评
17	进程控制恰当	6	5	4	3	2	1	
18	对学员有吸引力和感染力	6	5	4	3	2	1	
19	易于学员理解和接受	6	5	4	3	2	1	
20	对学员有启发和帮助	6	5	4	3	2	1	
六、时间管理		提前结束□，提前____分钟；准时□；超时□，超时____分钟						
单项最低分							总分	
综合评价意见： 签名：								
培训师意见反馈： 签名：								

内部培训师的职业发展有两方面：一是结合其原专业岗位的激励制度，如原岗位是软件研发工程师，遵循其原有的职业晋升通道；二是企业应建立内部培训师的晋升通道，给予不同的授课课酬和相应的荣誉称号。

如笔者原所在集团建立了金牌培训师、银牌培训师、见习培训师等不同级别的培训师岗位序列，还建立了针对不同级别岗位序列的任职资格，这样内部培训师不但在原有的技术专业序列上享有职业发展机会，而且在培训师的专业序列上同样有机会获得职业发展机会。

2. 内部培训师的认证

（1）认证的目的是提供一系列培训支持，搭建交流平台，培养优秀的内部培训师队伍，使管理者也成为培训者，更好地传承企业文化，积淀和传递企业知识。认证机构一般为企业的人才发展与培养的主管部门。

（2）认证程序。内部培训师的资格认证要坚持“效果为导向、客户为中心、能力为基础”的原则。内部培训师选拔的成效将直接影响内部培训师队伍的质量，把好选拔入口关尤为重要，需要构建完善的内部培训师能力素质模型。依据任职标准建立试讲及认证程序，并制定内部培训师的职级升降、资格取消的淘汰机制和配套的课酬给付办法等。内部培训师的认证一般经过自荐或推荐、评估、筛选、批准、认证、公布等过程。

以下是北京彼得·德鲁克管理研修学院的教师认证体系简介。

北京彼得·德鲁克管理研修学院的教师认证体系

学院拥有严格、完善的“德鲁克认证讲师”（Certified Drucker Educator，CDE）认证体系，只有获得学院认证的“德鲁克认证讲师”，才有资格教授学院的德鲁克系列管理课程。

目前拥有德鲁克课程授课资格的讲师来自各个领域，包括商学院教授、企业的高层管理者、对德鲁克管理思想有深入研究的专业学者等，初步建立了实践及教学经验丰富的认证教师队伍。

资料来源：http：//www.pfda.com.cn/.

3. 内部培训师的培训与培养

对内部培训师的培训与培养，我们可以从两方面来实施：一是培训，指培训师参加满足岗位基本要求、紧跟行业技术前沿的胜任素质培训、学习；二是培养，指培训师在满足岗位基本胜任素质基础上的职级或职位晋升、能力提升等职业发展。

对于通过胜任素质模型选拔的内部培训师队伍，要建立一整套在岗培训机制，通过岗位技能培训、授课技巧培训、课程开发培训、业务拓展培训、前沿视野拓展等途径，提高内部培训师的综合素质。具体要求是：

（1）慎重选拔，严把入口关。以岗位胜任素质模型为基础进行内部培训师的选拔和聘任，是保证内部培训师质量的关键。

（2）有效激励，增强内驱力。有效的激励制度使内部培训师保持对职业的忠诚和敬业，从内心热爱这份工作，爆发出强大的能量，增强工作投入度。

（3）关注过程，宜动态评估。通过建立对内部培训师的课程动态评估机制，及时掌握内部培训师需要提升之处，制订有针对性的培训改进计划。

（4）提高技能，培训要及时。一方面，培训内部培训师的课程设计、课程开发技能。通过反馈发现员工所需，有针对性地开发课程，针对员工培训需求选择培训内容。另一方面，培训内部培训师的现场控制技巧和课程教学能力，包括课堂讨论设计、课堂提问技巧、课堂应答技巧、课堂点评技巧、现场掌控技巧等，这样培训可达到事半功倍的效果。

（5）思维进步，常更新知识。加强对内部培训师宏观思维和知识体系更新的培训，要结合企业实际，对内部培训师进行新技术、新工艺、新知识的培训，保证内部培训师的课程是最新的，才能保持对员工的吸引力。

（四）企业大学如何建立与管理

杰克·韦尔奇称“GE 是一家人才公司”“没有克劳顿管理学院就很难领导 GE”。企业大学归根结底要始终围绕企业战略目标，以实战为根本，以人的培养为关键，以提升组织竞争力为己任。据有关组织的评价，2019 年中国最具价值的企业大学的共同点是紧紧地围绕企业的发展战略，以实战和实用为根本，并随着时代不断进化。当前的趋势是企业大学将从学习与发展、支持辅助进化为以知识库、思想库、人才库流转为驱动的“企业大脑”。

（1）企业大学的成立。企业大学不是简单地将人力资源部的培训部门换个招牌而已，而是从内到外“升格”，企业大学的定位、规模、使命、目标和运作都不同于培训部门。企业在决定设立或升格企业大学时，要把握时机、明确定位、设置功能、设计模式与结构等。

要把握企业大学的建立时机：第一，企业的业务规模和业务的多样性与复杂性、技术的先进性与迭代快速性以及员工规模是重要因素，此时，外部培训已无法满足企业发展需求，内部培训已无法满足过大的内部培训需求。

第二，企业需要在学习型组织建立、对外品牌宣传、企业文化打造等方面提升。企业建设企业大学的过程就是实现企业文化优化、整合与传播的过程，就是企业高层长远战略思想传递、落实和统一的过程，也是组织高层管理者和员工沟通的最佳空间，它实现了企业内部知识的积淀、传播和创新，使内部员工以更低成本更快速地进行知识更新和技能武装，提高个人工作效率，进而提高整个组织的生产效率。现代管理大师彼得·圣吉（Peter Senge）曾说：“21 世纪企业间的竞争，实质上是企业学习能力的竞争，而竞争唯一的优势来自比竞争对手更快的学习能力。”企业将企业大学作为建立学习型组织强有力的平台，是提升企业组织学习能力的有力措施。

第三，企业在行业内已拥有一些专有的技术专利或难以复制的技术能力，这时通过独立核算、独立运作的企业大学可以建立对外提供专业服务的渠道，甚至成为政府主管部门指定的行业职业技能认证培训机构。如华为大学利用华为自身强大的技术能力为社会培养专业人才，与高校合作推出培训课程等。

第四，围绕核心企业的商业生态圈的形成和发展，核心企业需要以统一的技术标准和服务规范向终端客户提供服务。企业大学的建立可以将合作伙伴和终端客户纳入核心企业的培训、学习、更新知识和技能的范畴，紧密地连接合作伙伴和终端客户，将核心企业的服务文化、服务标准全面彻底地推送至终端客户，促进整个价值链和商业生态圈向学习型企业转变，增强价值链和商业生态圈的核心竞争力。

（2）企业大学的营运。

1）战略地图。要有愿景、目标与战略。

企业大学要有明确的定位、发展方向和目标。明确的定位要与企业的发展战略保持一致，明确定位决定了企业大学的服务对象和发展方向，进而决定了培训内容和方式。

在考虑定位时，企业要重点考虑企业大学与原培训部门的业务分隔，如业务重点是侧重于服务内部还是外部，或者内外兼顾；资金来源与人员配备；行业标杆；本行业技术的发展；等等。

企业大学的营运模式一般有内部营运模式、外部营运模式、内外结合营运模式三种。

企业大学专家马克·艾伦（Mark Allen）认为，企业大学成功的关键在于清晰的愿景、使命、价值观和一个能够体现客户为中心、运营效率和个人发展相统一的战略。利用哈佛商学院会计学教授罗伯特·卡普兰的战略地图思想，我们可以将企业大学的愿景、使命、目标以层层递进、逻辑支撑的关系进行描述，如图 II－1－8 所示。

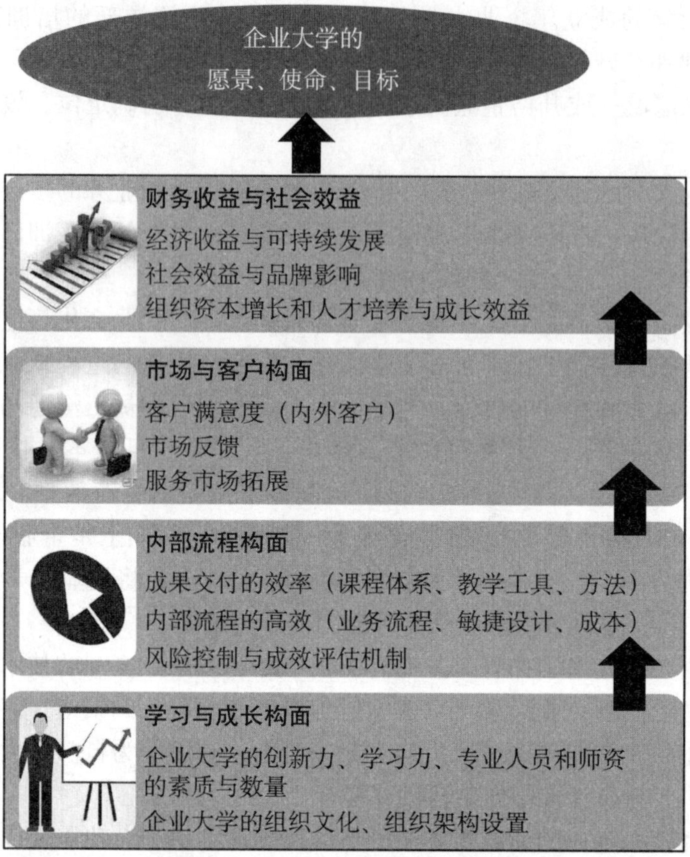

图 II－1－8　企业大学的战略地图

我们从企业大学的战略地图可以看到，战略地图给企业大学的营运提供了一个实现价值的路线图，几乎涵盖企业大学有效运作的方方面面。其中，学习与成长构面展示了企业大学有效实现价值最基础的驱动力——人力资本和组织资本等无形资产的战略准备度，推动内部流程构面的有效实施——创新和建立组织内部的战略优势和效率，使企业把特定价值带给市场客户，从而实现股东价值和产生社会效益。

企业由于行业、商业模式、发展战略不同，其企业大学各有不同的定位、发展方向和目标，企业大学要结合自身的情况制定独特的战略地图，如在内部流程构面有三个关键的战略主题：课程体系、师资体系、管理体系。没有建立和高效运作这些关键的战略主题，就不可能给市场客户提供特定的价值。

2）技能地图。要建立人才识别的技能清单和技能图谱。

技能清单针对员工当前的技能与知识，即“当前有什么”；技能图谱针对员工未来的技能与知识，即“应该有什么”。

人才识别从技能盘点开始。技能清单是对员工当前技能的盘点，目的是找出员工当前与对应岗位胜任素质的差距。

人才培养以人才识别为基础。技能图谱是对某岗位所应该具有的任职资格所做出的技能规定。图 II－1－9 是某公司的岗位技能图谱（部分）。每个岗位的技能图谱皆注明满足本岗位任职资格要求的技能类型、技能水平、技能数量等信息，员工一目了然。

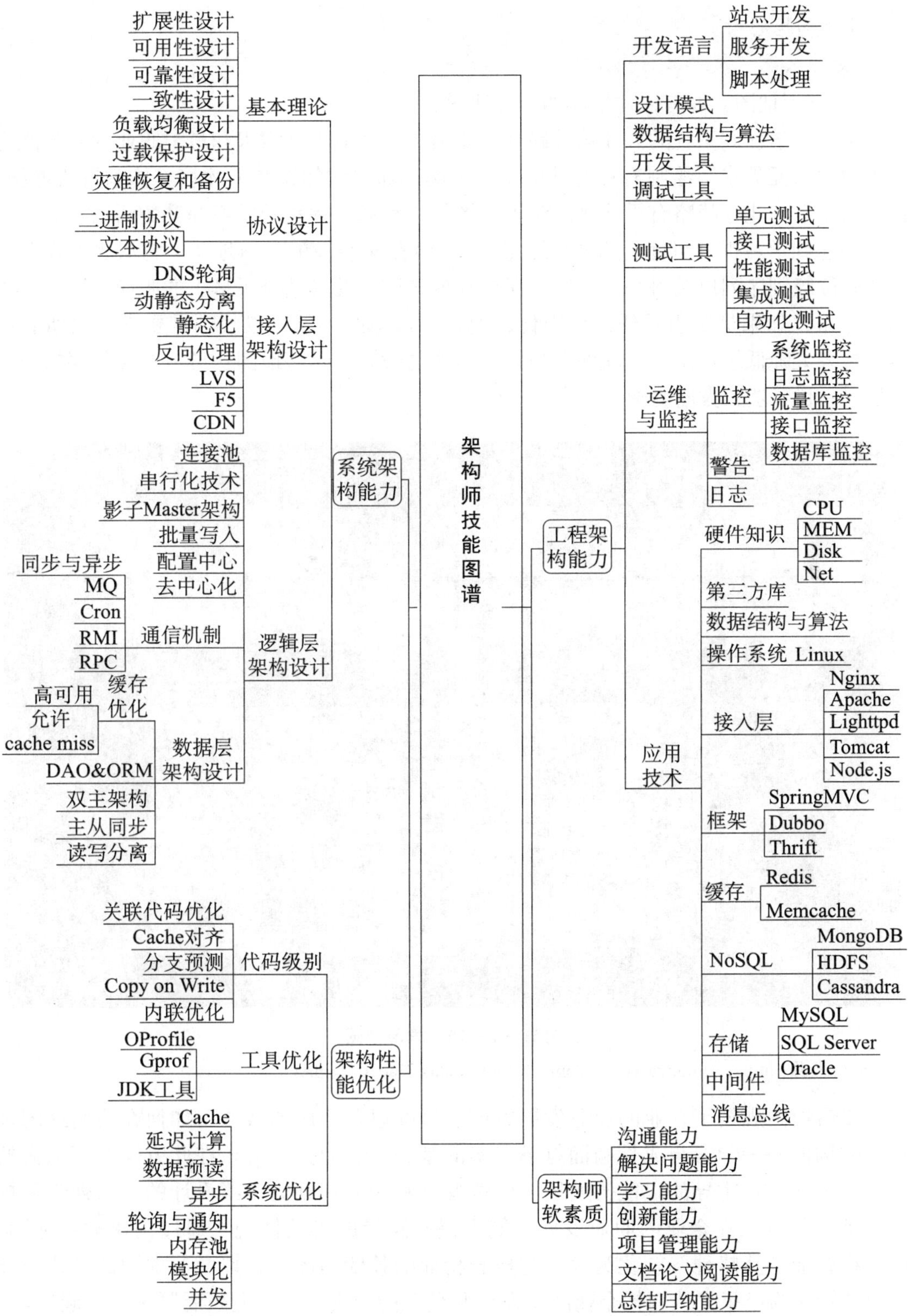

图 II－1－9　岗位技能图谱（部分）

资料来源：https：//www.jikexueyuan.com/.

[练习与思考]

为什么说“人才识别从技能盘点开始”？

3）学习地图。要有人才培养的学习地图。

企业大学强调系统的人才培养路径，紧紧围绕企业发展需求和员工职业发展与能力要求的“双元需求”绘制有针对性的学习地图，让培训体系与人才培养体系有机连接，让培训体系与业务战略有机连接。学习地图是一种通过优化的学习提升的活动、流程和方法来达到学习提升目标的路径。图 II－1－10 是某企业的学习地图，它清楚地表明企业的岗位级别序列以及每一岗位序列所要求的技能，并且结合了员工的职业发展。对于知识体系，如果员工想胜任这个岗位，他在学习地图上就可以找到需要学习的所有内容，这大大降低了员工在互联网上搜索与甄选的时间。学习地图让员工对岗位要求与职业发展一目了然，方向明确。

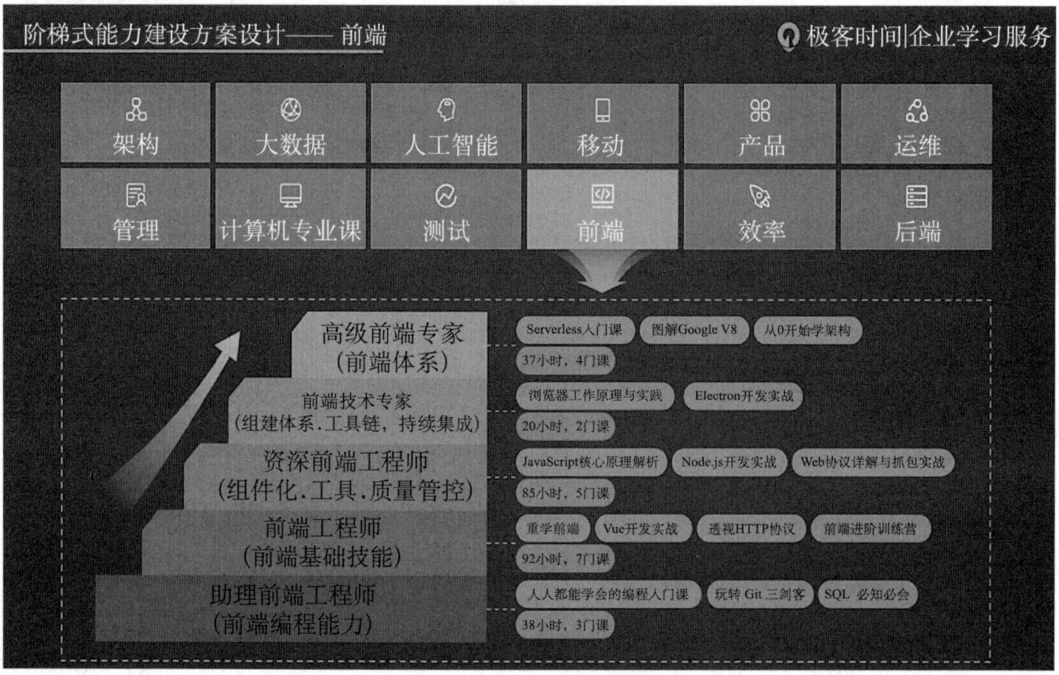

图 II－1－10　学习地图

资料来源：https：//mp.weixin.qq.com/s/MQDs7qclaxBJae2CU_ipAQ.

战略地图规划了企业的业务发展方向、目标以及相应的战略，如何在战略地图最基础的构面——学习与成长构面打下坚实的基础？企业大学应该在此方面发挥强大的作用。企业大学主导的以能力发展、职位晋升和职业规划为主线设计的一系列学习提升活动，是员工在企业内职业发展、能力提升路径的直接体现。通过构建学习地图，可以将企业的战略地图转化为学习与成长构面的技能地图，再以学习地图的形式将技能地图转化为成果，从而把企业战略发展和员工能力提升、职业发展紧密连接起来。

当然，企业大学的良好运行离不开本身高效的日常经营管理。

三、基于证据的HR最佳实践

以下介绍四所国内外不同行业著名的企业大学，四所大学各有特色，在连接组织战略、人才培养和文化传承等方面可说是行业的最佳实践。

（一）GE 克劳顿管理学院——全球第一所企业大学

1955 年 GE 克劳顿管理学院正式成立。GE 克劳顿管理学院被《财富》杂志誉为“美国企业界的哈佛”，是 GE 高级管理人员培训中心，有人把它称为 GE 高级领导干部成长的摇篮。出自 GE 跻身《财富》500 强的 CEO 就多达 137 位，可以说克劳顿管理学院与 GE 共成长。

GE 克劳顿管理学院有明确的使命：创造、确定、传播公司的知识，以促进 GE 的发展，提高 GE 在全球的竞争能力。具体地说，就是为 GE 员工的成长与发展提供培训，向 GE 各业务部门传播最佳实践、公司的举措以及学习的经验，传播公司的文化与价值观。①

（二）腾讯学院

腾讯学院成立于 2007 年，标志着腾讯为员工打造专业的成长发展之路，为企业打造学习型组织新的里程碑。以“成为互联网行业最受尊敬的企业大学”为愿景，腾讯学院通过设计职业发展通道和对应的完善培训体系，努力成为腾讯员工的成长顾问与业务团队的发展伙伴，为腾讯的现在和未来培养人才。②

（三）海尔大学

海尔大学始建于 1999 年 12 月，是在海尔提出的以市场链为纽带的业务流程再造背景下，在信息化时代新经济的浪潮中为满足海尔国际化战略转移而成立的，是海尔培养员工管理和创新能力的基地。创建伊始，海尔 CEO 张瑞敏就提出了海尔大学的定位：不在于有多少好的设施和硬件条件，关键在于其内涵和软件，要成为海尔员工思想锻造的熔炉和能力培训基地，要以 GE 克劳顿管理学院为榜样，成为中国企业界的典范。它主张从学习影响到商业影响，最具特色的是课程多样精彩，而且很有激活力。海尔大学有文化类“坚持文化自信，做中华优秀文化的忠实守望者”“人文素养系列书法鉴赏”；有针对当下新知识的课程，如“区块链的划时代意义及其最新发展及应用情况”“5G 技术的趋势与应用”“物联网应用趋势”“中美贸易战争解读与经济大趋势”“零售时代：核心是社群平台”；还有很多乐趣课程，如“创业的征途：创业七要素”“肩颈理疗瑜伽体验”“伐谋”。这很好地将公司价值观、文化倡导有机融入培训课程中。③

（四）微软人工智能商学院

微软于 2019 年 8 月与清华大学经济管理学院、长江商学院和中欧国际工商学院联合成立了微软人工智能商学院（Microsoft AI Business School）。它启动全球首个线下互动教学与线上课程相结合的项目。课程内容涵盖定义人工智能战略、拥抱人工智能文

① https：//www.sohu.com/a/197193132_99963065.

② https：//daxuepc.com/page/598643.

③ https：//wiki.mbalib.com/wiki/%E6%B5%B7%E5%B0%94%E5%A4%A7%E5%AD%A6.

化、培养尽责与可靠的人工智能以及掌握商业领袖必备的人工智能技术四大模块，旨在帮助企业领导者充分发掘人工智能最大潜力，推动全球各地、各行业现代企业实现数字化转型。[①]

四、业务决策者的责任

业务管理者或直线经理应承担的责任是：

（1）在培训与人力资源开发制度建立或完善过程中，主动将自己负责部门的人员数量情况、人员工作技能情况、人员能力与专业领域知识情况和培训与人力资源开发部门沟通交流，同时将本部门专业的现状同发展和培训与人力资源开发部门进行沟通，分析本部门人员在技能、能力、专业知识以及思维意识等方面和当前岗位任职要求与未来发展要求之间的差距，就如何通过培训与人力资源开发活动来弥补这些差距等取得理解与达成共识。

（2）配合人力资源部门开展人才盘点、人才测评、人员绩效考核等活动，主动关注本部门各类人员的职业发展，在人力资源部门专业指导下做好本部门人员的职业发展路径、技能清单、技能图谱和学习地图的开发与运作。

（3）在由人力资源部门主导的各项培训与人力资源开发制度的制定过程中，积极提出自己的意见和建议，使人力资源部门制定的各项政策符合本企业的实际情况与企业发展要求。

学习小结

<table>
<tr><td>关键能力/技能</td><td>● 能制定培训与人力资源开发有关制度□
● 能准确分析、理解培训与人力资源开发制度及其配套支撑制度的关系，并能正确理解其逻辑连接点□</td><td rowspan="3">模块一 培训与人力资源开发制度体系建设及其运营
基本知识
培训与人力资源开发制度概述
培训与人力资源开发相关基础配套制度简述
问题导学
培训与人力资源开发制度体系如何建立与运营
如何进行培训外包的评估与选择
如何建立与运作内部培训师的培训与培养制度
企业大学如何建立与管理</td><td rowspan="3">自我回顾所学，然后：
● 在本书中找到支持“关键能力/技能、核心素养和必备知识”的相关内容
● 对于相关学习目标的掌握程度进行自我评价
● 评价后请在左边的小方框中打上“√”</td></tr>
<tr><td>核心素养</td><td>● 在制度的制定、沟通过程中培养严谨的职业态度和团队协作精神□
● 在制度的制定与运作中，具有有效借鉴国际、国内标杆的务实与创新精神□</td></tr>
<tr><td>必备知识</td><td>● 实际工作过程与理论学习情景□
● 培训与人力资源开发制度构成及其相关基础配套制度内容及建立要点□</td></tr>
</table>

① https：//www.mbachina.com/html/tsinghua/201909/196839.html.

看企业实际运作

华为基于胜任素质模型的员工培训与人才开发

华为胜任素质模型从搭建到应用是一个不断优化的过程。该胜任素质模型已成功地融入华为的人力资源管理实践之中（见图 II–1–11）。

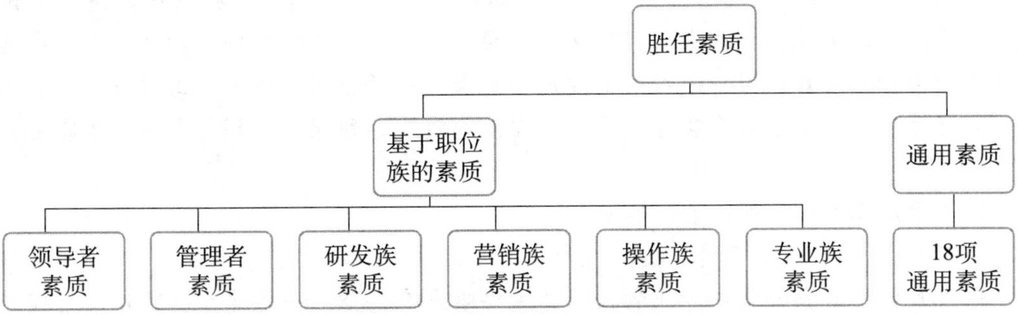

图 II－1－11 华为胜任素质模型

1. 华为胜任素质模型的分类

华为胜任素质模型分为两大类：通用素质模型与基于职位族的素质模型。

（1）通用素质模型。通用素质模型包括成就意识、演绎思维、归纳思维、信息收集、关系建立以及团队精神等 18 项。

（2）基于职位族的素质模型。在华为，领导和管理是一个职位族，但是为了对干部与一般管理者进行区分，华为又做了领导者素质模型、管理者素质模型，这样一来，基于职位族的素质模型就包括领导者、管理者、研发族、营销族、操作族、专业族的素质模型。在此基础上，各个职位族还细分为更小的族。比如，专业族还细分为计划、流程管理、人力资源、财经、采购、秘书等族，每个细分的族系都有各自专门的素质模型。

2. 胜任素质模型在人才培养中的应用

不管是通用素质模型还是基于职位族的素质模型，华为都做得非常细。针对职位特点做出来的素质模型，广泛应用在华为人力资源管理的各个层面。

（1）胜任素质模型在培训和发展中的应用

方法：根据胜任素质模型中各素质层级要求与员工素质之间的差距确定培训需求，员工根据素质的描述来决定从哪方面发展自己。

（2）胜任素质模型在职业发展及后备干部计划中的应用

方法：辨认关键的岗位—测评—建立个人档案（包括岗位和个人的素质要求），根据档案进行评估、选拔和发展。

华为将以上素质模型各类素质要求嵌入华为的任职资格管理中，二者共同发生作用。

镜子作用：员工可以以此照出自己的问题。

尺子作用：量出与标准的差距。

梯子作用：知道自己该往什么方向发展和努力。

驾照作用：一有新岗位，可以竞聘相应岗位——上岗凭证。

理论联系实践指引

胜任素质是人力资源管理各项职能的基础，在员工素质提升、人才甄别培养、接班人计划、职业发展等培训与人力资源开发领域发挥基础作用。我们在本书中仅从理论上阐述“是什么”“为什么”等常规、规范的知识，对于“如何做”根据一般情况做出常规性阐述，但是企业在实践中面临的问题复杂得多，要考虑的影响因素也很多。在真实企业场景中，如何真正将一个好的制度建立起来并成功推行？我们不仅要多阅读、多交流、多思考，还要紧密联系实际，反复从理论到实践再到理论，知行合一，才能真正掌握知识。

1. 关于建立企业的胜任素质模型

（1）“自己弄”还是“请外援”

建立胜任素质模型需要专业的技术，主要难点有三个：一是建立的胜任素质模型如何最大限度地既符合自己的实际，又有一定的行业先进性；二是如何将抽象的、模糊的某一素质概念变成可观察的、可评估的关键行为；三是建立好胜任素质模型后如何去评估相应的人员达到了哪一层级的素质要求。

“自己弄”还是“请外援”没有统一标准的答案。要考虑企业的管理水平、人力资源管理专业水平、发展阶段、规模实力等条件，分析胜任素质模型建立的难点和重点，综合判断决策。

（2）什么时候建立

一般来说，胜任素质模型在企业成熟、有规模、管理水平较高时建立较为合适，在企业初期建立成本相对较低，易于检验与改进，在企业规模扩张后更易于被员工接受，沟通阻力较小，推广成本也相对较低，还可将企业创办人或高层的价值导向、创业文化、创办人精神等贯彻到员工的行为中，具体实施时可以先从主要职位开始，以简单易行为原则，且与职位说明书结合，在任职资格中嵌入关键的胜任素质。

（3）是否按教科书所述方法建立

教科书所述的建立方法主要是行为事件访谈法，但在企业实践中也会采取高层访谈法、问卷调查法、推导＋归纳法、借鉴＋修订法等。这些都是企业实践中具体采取的胜任素质模型建立的方法。主要原因有：一是成本与时间问题；二是行业标杆企业的成功经验可以借鉴；三是可以利用外部专业咨询的资源；四是企业内部的人力资源管理人员的专业水平受限。当然，将以上方法结合起来效果更佳，这需要具体考虑企业的实际情况予以决策。

（4）应建立什么样的胜任素质模型

胜任素质模型一般有岗位类、职级类、职能类和通用类四种类型的胜任素质模型。企业在建立胜任素质模型时，是像华为那样胜任素质模型几乎覆盖所有职位族，还是根据二八原则仅制定关键职位的胜任素质模型？抑或结合通用（核心）类素质＋管理职级组合？等等。这要考虑以下因素：

● 必须综合考虑实施成本和所带来的效益。

● 中小企业和处于初始阶段的企业不适合建立覆盖面广的胜任素质模型，因为样本量太小，此时可以借鉴咨询公司的数据库，或向外围专家请教。

● 即使是有条件建立覆盖面广的胜任素质模型的企业，也建议先从局部开始试行，如先从各级管理岗位开始，采取“小步快跑，大胆试错，迅速迭代”的方式加以推广。

● 在建立胜任素质模型时，一要注意避免不顾企业实际盲目套用外资公司或行业标杆企业的模型；二要注意同样的素质名称，对于其含义和要求，各家公司可能有不一样的解释。

2. 关于运用企业的胜任素质模型

我们主要讨论和培训与人力资源开发有关的应用。

（1）应结合其他专业工具。如在利用胜任素质模型鉴别人才时，要结合动机、职业性向等工具，因为不管应用什么模型或工具来进行人才识别和人才培养，都是先了解员工，不仅了解员工的能力和技能情况，还有员工的职业动机、职业性向、工作价值观等信息，从而预测员工的工作投入度、工作意愿等，才能使今后的培养方向、职业发展途径更具针对性，同时也减少企业风险。

（2）明确的反馈。在具体评估时，特别强调直接上司的面谈反馈，对于员工的能力或技能与胜任素质要求的差距、改进重点以及途径等进行真诚的交流，为制订员工培养发展计划打好基础。明确的反馈不仅是第一次评估时，更在于平时及时的反馈和辅导。如笔者曾以师徒制（Mentor Program，也称导师计划）方式应用胜任素质模型进行人才培养。

模块二　培训与人力资源开发技术研发与运用

| 学习目标 |

关键能力 / 技能

- 依据实际工作过程正确运用培训与人力资源开发的方法或技术进行培训的实训与操作
- 能理解并分析具体的培训与人力资源开发方法或技术的适用性与有效性
- 能判断企业管理问题是否可以通过培训与人力资源开发解决
- 能制定培训与人力资源开发的工作分解结构（Work breakdown structure，WBS）并且能制定合理的培训目标
- 能制定简单的培训课程设计
- 能进行有效的培训需求调查与分析
- 能制定简单的培训转化方案

核心素养

- 在制定或运用各类培训与人力资源开发方法、技术时能有意识地开阔视野，具有国际化与本土化有机结合意识
- 在方法与技术的学习过程、案例研究中有独立思考，面对公众敢于表达自己的观点，并能表现出一定的创新思维

必备知识

- 实际工作过程与理论学习场景知识点的连接
- 培训项目与课程体系的内容与设计的有关知识
- 培训需求分析过程的知识
- 成人学习的特点
- 培训方法的内容、特点
- 管理者开发技术的内容、特点
- 培训转化的影响因素及一般步骤

一、基本知识

未有知而不行者，知而不行，只是未知。

——王阳明

管理是一种实践，它的本质不在于知，而在于行。

——彼得·德鲁克（Peter Drucker）

（一）实际工作过程与理论学习场景

本模块的内容是本书的重点，是学习项目三的基础。

1. 实际工作过程

本模块的实际工作过程如图 II－2－1 所示。

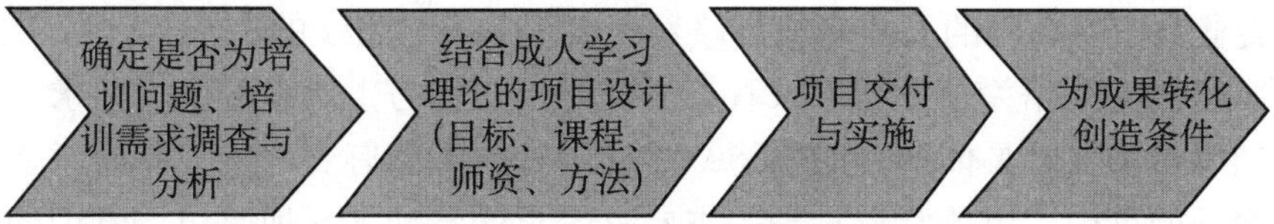

图 II－2－1 实际工作过程

2. 实际工作过程与理论学习场景

本模块的工作过程与学习场景矩阵如表 II－2－1 所示 。

表 II－2－1 工作过程与学习场景矩阵

学习场景		工作过程			
		确定是否为培训问题、培训需求调查与分析	结合成人学习理论的项目设计（目标、课程、师资、方法）	项目交付与实施	为成果转化创造条件
是什么？为什么？	培训与人力资源开发需求	√			
	培训与人力资源开发的项目设计		√		
	培训方法与管理者开发技术概述		√		
	成人学习理论		√		
为谁做？怎么做？	如何进行培训项目需求调查与分析	√			
	如何进行培训与人力资源开发项目设计		√		
	如何进行项目交付与营运			√	
	如何进行项目成果转化				√

（二）培训与人力资源开发需求

市场营销旨在识别目前尚未满足的需求和欲望，估量和确定需求量的大小，选择和决定本企业能最好服务的目标市场，并决定适当的产品、服务和计划，以便为目标市场服务。

优秀的企业满足需求；杰出的企业创造市场。

——菲利普 · 科特勒

互联网行业从业者有两种思维，即跨界思维和用户极致思维，在人力资源管理者身上同样适用。人力资源管理的实质是市场营销，不但要满足客户的需求，而且要具有一定的前瞻性去发现业务所需，从而创造性地满足客户可能还未能预知的需求。培训与人力资源开发是人力资源管理的重要职能之一，其实质也是市场营销，不但要满足业务当下的培训与人力资源开发需求，而且要具有战略性眼光和前瞻性的思维和能力，去发现、挖掘企业竞争所需要的人才培训与培养、组织学习与发展的需求。

从市场营销学的相关理论知识来看，需要是指人们与生俱来的基本要求；欲望是指人们想得到满足需要的具体产品的愿望；需求则是指人们有支付能力并愿意购买某种具体产品或服务的欲望。市场营销管理的本质是需求的管理。交换是市场营销的核心。交换过程的顺利进行，取决于营销者创造产品和价值满足客户需求的程度。可见，需求对于市场营销的重要性。

对于培训与人力资源开发的需求概念的认识，总结当前人力资源管理学界的定义，代表性的有："企业要求具备的理想状态（理想的绩效状况和职位对知识、技能和态度的要求）与现实状态（员工对所要求的知识、技能和态度的实际拥有程度）之间存在的差距就是培训需求。""培训需求源于企业希望员工达到的技能或素质、水平或状态与员工现有的技能或素质、水平或状态存在的差距。""培训需求是指特定工作的实际需求与任职者现有知识、能力之间的距离，即理想的工作绩效与实际的工作绩效的差距。"

以上三种定义的实质类同，即培训需求是员工现实的知识、技能和态度（knowledge，skill，and attitud，KSA）与企业理想中的KSA的差距。实际上，这是失之偏颇的，因为不是每个员工现实的KSA与企业理想中的KSA的差距都可以用培训与人力资源开发来解决。有些差距就不是培训需求，有可能是激励不够、工具不能满足工作需要、意愿不强、投入度不够等。培训需求是整个培训与人力资源开发活动的起点和依据，如果我们对培训需求不能正确地认识和科学地定义，培训与人力资源开发工作就不会达到理想的效果。

由以上分析及参考市场营销学对需求的定义，并且通过对企业现实的考察，本书认为培训需求是指经过科学调查与分析后，综合考虑企业发展、业务需要和个人发展三方面的需要及意愿，确定的那些可以并且必须通过培训与人力资源开发解决的当前岗位和未来企业发展以及市场竞争所需的KSA与员工当前所具有的KSA之间的差距。

[练习与思考]

对于培训需求的含义，你的理解是什么？

（三）培训与人力资源开发的项目设计

我们在项目一中所讨论的有关培训与人力资源开发的战略规划和计划内容，是较为宏观的有关培训与人力资源开发计划安排。本项目所讨论的培训与人力资源开发目标、项目、课程设计与交付是在培训与人力资源开发的战略规划和计划下的具体活动的操作。

在本模块的学习中，我们重点讨论需求调查与分析、项目设计、项目交付与实施、成果转化四方面的内容。我们将在下一个模块专门讨论效果评估。

培训与人力资源开发项目活动的基本流程如图 II－2－2 所示。

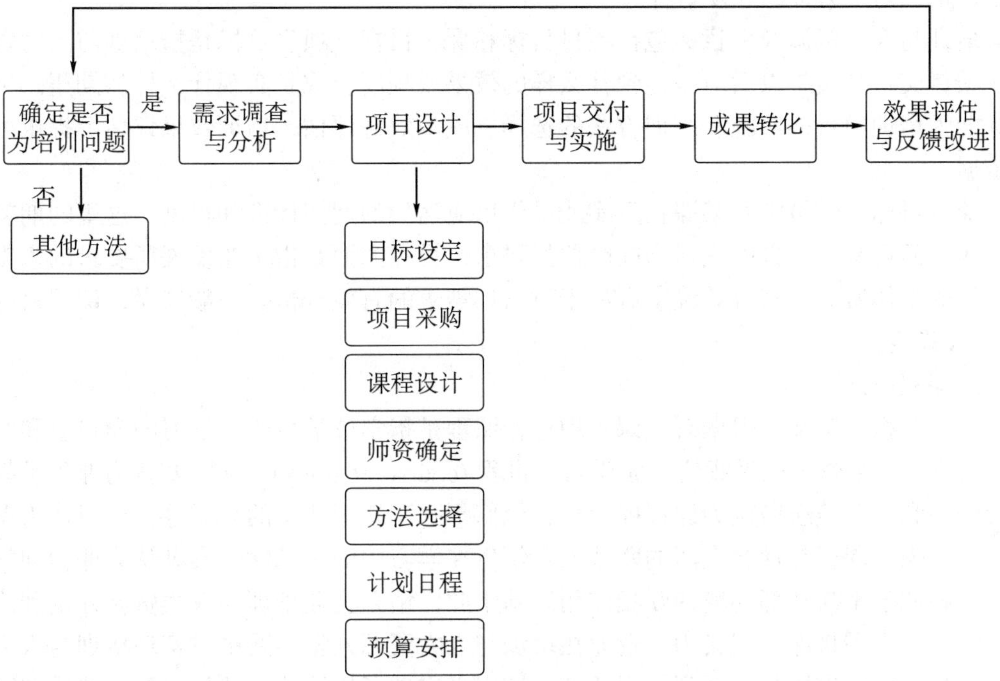

图 II－2－2　培训与人力资源开发项目活动的基本流程

1. 培训与人力资源开发项目设计

根据项目管理理论，项目是为创造独特的产品、服务或成果而进行的临时性工作。美国项目管理协会（Project Management Institute，PMI）认为，项目是指在一定的约束条件下（主要是限定时间、限定资源），具有明确目标的一次性任务，也可以理解为是在一定的时间和一定的预算内所要达到的预期目的。项目是一个动态的概念。

项目的基本特征如下：

● 项目运作是为了实现特定目标。

● 项目要综合考虑范围、时间、成本、质量、资源、沟通、风险、采购及相关方等的整合。

● 项目有一定的复杂性和一次性的特征。

● 项目是以客户为中心的。

● 项目是要素的系统集成，实际上是一系列工作，应该分解成具体的工作包。当每个工作包完成后，将由这些工作包组成的可交付物交付给客户。

明白项目的概念及其基本特征后，我们就可以很容易地理解培训与人力资源开发项目以及在进行培训与人力资源开发项目设计时要考虑的问题了。比如，培训与人力资源开发项目设计时要考虑时间、时限和时机、成本、质量和风险等因素。

由此，培训与人力资源开发项目是指根据企业发展战略，在一定的限定条件下

(时间、成本、资源等)对培训与人力资源开发项目的目标设定、项目采购、课程设计、师资确定、方法选择、计划日程、预算与资源等方面进行设计和安排的一系列工作。

2. 培训与人力资源开发目标

培训与人力资源开发目标包括项目目标和课程目标。项目目标是指培训与人力资源开发项目交付与实施以后应该达到什么样的效果或程度,或是实现什么样的期望。项目目标能为培训项目的实施、培训方法的选择、成本效益评估、培训效果评估等提供可靠的依据。

课程目标是学员学习某课程且实践操作后应达到的期望标准和程度。这里的期望标准有两方面含义:一方面是指当前岗位的要求;另一方面是指企业发展所要求的未来一定时间的工作所需。其有效设定有赖于对培训需求的有效分析。一般来说,课程目标根据 KSA 设定。

3. 课程设计

(1)课程的定义。根据有关课程理论,课程是指学校学生所应学习的学科总和及其进程与安排。最常见的课程定义是学习的进程 (course of study)。斯宾塞认为课程是教学内容的总和,夸美纽斯认为课程即教材,他们都强调知识体系的完整性;杜威认为课程即活动,强调课程与社会生活的联系以及学生在学习中的主动性;泰勒认为课程即学习经验,强调学生与外部环境的互相作用。基于此,结合企业培训与人力资源开发和成人学习特点,本书将课程定义为:企业在培训与人力资源开发实践中对实现培训与人力资源开发目标发生作用的一系列学习活动。该定义突破了传统认为课程仅是上课或在固定空间培训、演练的框架,将课程扩展到企业真实环境中的培养与人力资源开发活动,如为管理者的能力提升提供的工作轮换、挂职锻炼等活动都属于课程范畴。相应地,我们可以将课程划分为培训课程和人力资源开发课程。另外,本书将培训方法和开发技术从课程设计中分离出来,单独进行讨论。

(2)课程的作用。培训与人力资源开发活动的整个过程主要是围绕课程开展。课程的有效实施是实现培训与人力资源开发目标的基本途径。课程是培训与人力资源开发活动中传授与学习相互作用的中介和纽带,连接并受制于培训与人力资源开发目标,并且连接并制约着培训与人力资源开发方法,课程及其内容决定要采用相应的培训与人力资源开发方法。

(3)课程设计的特征。

- 目标导向:课程设计内容和使用的方法或技术都必须以培训与人力资源开发设定的目标为准则。
- 实用为主:不同于大学理论学习,培训更多强调内容和方法的实用性、实践性。
- 共性与个性结合:课程设计既要考虑从企业整体利益出发的共性要求,又要兼顾个体的需要,在管理开发活动中更是如此。
- 动态性与灵活性结合:市场千变万化,竞争日益加剧,要求组织和个体的知识和能力必须应时而变、应势而动,课程设计也必须与时俱进。比如,在新冠肺炎疫情叠加世界经济震荡的背景下，很多行业受到重挫，但是不同企业有不同的市场表现，那些在快速反应、产品迭代、商业模式、服务形态等方面转型迅速的企业在不同程度上抵消了外部环境的冲击，有的还逆势上扬，其中人的作用特别是领导者和管理者能力的进化起到了关键的作用。课程设计应敏锐地感知、精确地提炼相关知识，并反映在课程内容上。

● 适当超前：一是课程设计从开始到培训结束后，进入应用并产生效益有一定的时间延滞；二是企业竞争策略必须体现一定的超前布局；三是因应技术的飞速发展必须进行技能的预测和分析。三者都要求课程设计具有一定的超前性。

（4）课程设计的主要内容。课程设计的底层逻辑是目标管理法（management by objective，MBO）或成果导向教育（outcome based education，OBE）理念，以企业期望的结果或产出为导向进行设计。培训课程体系是对培训课程或人力资源开发课程的管理体系。本书认为课程设计的主要内容包括：

● 培训课程：内容的设计（主要是课堂学习内容）、培训课件制作、讲义教案编写、技能图谱和学习地图的建立、实习实践材料、上机操作设备的准备、学习方式等。

● 人力资源开发课程：内容的设计（课堂理论学习内容和工作实践锻炼内容）、课件与教案编写、基于岗位胜任力的测评与筛选、职业发展评估与选择导向、技能图谱和学习地图的建立、具体开发技术应用、培养活动安排、学习方式等。

水无常形，教无定法。课程的研发与设计是一项全面系统的项目工作，具有艺术创造的过程，也是实践、探索和务实创新的过程。

［练习与思考］

和企业培训与人力资源开发活动一样，在大学里学习时，除了教学内容要紧跟时势外，你觉得教学中还有什么因素也应紧跟时势？

4. 项目交付与营运

项目交付是指培训与人力资源开发项目设计完毕，具备项目营运的状态。其后一个步骤是项目实施。项目交付类似于一个工程建设项目请设计院设计好图纸，项目各项资源准备妥当，即将进场施工的状态。

（四）培训方法概述

企业完成培训需求调查与分析并做好课程设计后，企业员工培训的效果在很大程度上取决于培训方法和技术的选择。如同厨师，了解客户的饮食偏好并做好饮食搭配、进餐地点、时间和环境的设计后，接下来客户满意度还取决于厨师用什么样的制作方法和烹调技术将这些原料烹饪，最终制作出客户喜欢的菜品。

员工学习体验化和碎片化的时代已经来临。企业现在逐步认识到，从创新到财务绩效，员工体验可以对业务成果产生广泛而有意义的影响。

请阅读以下案例并思考问题。

碎片化学习时代需要新的平台

2017 年，安全环保公司安技服数字化转型项目组受中国海洋石油集团有限公司的人力资源部委托负责“海学”平台运营工作。根据员工发展所需，项目组深入挖掘课程资源，策划形式多样的运营活动，积极配合各级单位建立健全员工培训发展体系。持续更新迭代，在不断积累的过程中，开发海油自主品牌课程，健全完善线上的培训管理制度和流程，以满足人才发展和培训工作的要求，致力于打造海油体系内最受欢迎的平台。

“海学”平台是中国海洋石油集团有限公司内部唯一的在线学习平台，平台学习资源覆盖思想政治、海油文化、领导力发展、综合管理、专业技术等 9 个大类，58 个二级分类，包含 4 470 余门课程，近 500 项知识，80 余个学习专题和 17 万道线上试题。

平台向员工提供体系化课程、内部交流和碎片化学习服务，向内部学习、竞赛、测评活动的组织者提供平台和一揽子运营服务，向内部讲师和课程提供分享交流的机会，向培训管理和人力资源管理者提供员工学习数据和分析洞察。

资料来源：https：//www.sohu.com/a/391914813_699124.

问题：

1. 员工移动数字化学习方式在学习体验、轻学习、快速学习方面的优势有哪些？

2. 你认为这种学习方式需要避免哪些不利因素？

1. 培训方法的基本概念与特点

在前述内容中我们讨论了培训与人力资源开发的区别，下面将分别讨论培训方法和开发技术。

培训方法是指培训者与受训者为了达到培训目标，结合受训者的特点及可利用的资源，在员工培训过程中具体采取的教学、培训的行为方式的总称。组成这一方法体系的基本要素是：培训师的教导、辅导与传授，学员的学习、实践与感悟，以及信息传输的载体（如语言、文字、视觉、工具、设备、平台等）。在理解这一概念时，要注意以下三点：

- 培训方法体现了特定的培训价值观，并指向特定的培训目标。
- 培训方法受到特定培训内容、具体组织形式的影响和制约。
- 培训方法实质上包含了培训者的“教”法，也包含了受训者的“学”法。

现代培训方法应该体现时代特征，包括受训者、技术发展、思维变化等。现代培训方法具有以下特点，也是我们在实际培训工作中应该秉持的原则。

- 因材施教。对于不同的工种来源、不同年代的员工、不同的管理层级、不同的文化背景的受训者，即使是同样的培训项目也需要采用不同的方法，应考虑到受训者的特点。比如新生代的员工就比较能接受数字化的培训方法，“有视频就不看图片，有图片就不看文字”体现了新时代员工的偏好。又如管理层人员需要接受一定的理论知识和进行大量的案例讨论研究，所在公司的成功和失败的案例可作为很好的面对面讨论的案例培训教材，“讲授 + 自学 + 研讨 + 考察 + 行动”的方法对于管理层人员来说就是一个比较好的培训方法组合。培训设计者要考虑不同受训者的特点来设计培训方法，才能收到较好的培训效果。

● 内容导向。对于不同的培训内容应选择相应的方法。比如，一线员工的技能培训需要采用现场示范的教学方法；管理者管理能力的培养既需要一定的课堂理论学习、案例研究，也需要到标杆企业参观、访问、座谈、交流等，更需要在工作实践中学习，岗位实践（on the job training，OJT）方法就是一种很好的从理论到实践的培训方法。

● 有机组合。培训方法的选择并不是固定不变的。企业可以根据特定的需求或培训目标灵活组合不同的方法，或者是对某一种方法进行调整。特别是一些跨界、跨领域的知识和技能更需要方法的组合使用。如新冠肺炎疫情期间企业与客户进行远程沟通需要克服不能面对面交流的一些障碍，对为客户服务、沟通交流的技能提出更高要求，在这种特殊商业场景下，客服人员需要加强对提供的产品或服务的技术上的把握，既要具有很强的表达、展示、说服能力，又要有较强的抗压能力和较好的心理素质。这些都需要员工具备跨界、跨领域的知识和技能。

● 教研融合。新时代技术发展日新月异，管理思维与技术不断创新，培训师大多是某一技术专业或管理领域的专家或行家，他们在平时的工作中就有不断创新实践的要求，一些新技术、新做法、新思维都是在实践中不断产生，这些创新实践又通过培训师的课程设计和培训教学进入培训活动中，从而及时地将最新的技术和最佳管理实践传递给学员。

2. 培训方法的分类

培训方法的分类依据有多种，如培训内容或目的、师生关系、培训载体、受训者岗位特点、培训时间长短等。下面将简述按培训内容或目的、培训载体对培训的分类。

（1）按培训内容或目的划分。一是适合知识、信息传递的培训方法，如常见的讲授法、研讨法、专题讲座或会议论坛报告会等；二是适合技能传授的实践性培训方法，如 OJT，包括工作指导、岗位轮换、师徒制、特别任务、实习等；三是适合综合素质提升与开发的体验式培训方法，如案例研究、头脑风暴、仿真模拟、管理培训计划（management training program，MTP）、行动学习、管理游戏、工作坊（workshop）、特别任务小组、沙盘推演等；四是适合态度转变、行为调整与心理训练方面的培训方法，如角色扮演、团队拓展、行为展示与模仿、敏感性训练等。

（2）按培训载体划分。一是传统培训方法，如讲授法、案例研究、实操演练、工作实践、团队拓展等；二是新兴培训方法，如短视频网络直播、数字化学习、虚拟技术等。

3. 几类主要培训方法的特点

不同的培训内容适用于不同的培训方法。不同的培训方法有不同的特点，在实际工作中要正确地应用这些方法，达到理想的效果，就必须先了解各类培训方法的特点与适用范围等。表 II－2－2 列出了有代表性的培训方法及其比较。

表 II－2－2　培训方法比较

培训方法		含义	实施要点	优点	缺点	适用范围
知识传递类	讲授法	培训师按既定的教学方案，按讲稿系统地向受训者传授知识	1. 了解学员，讲授内容有针对性 2. 培训师要有较强的语言表达能力 3. 应与其他方法相结合	1. 比较系统、全面 2. 成本较低 3. 利于快速传递知识 4. 对培训环境要求不高	1. 不利于互动 2. 理论与实践可能脱节 3. 较枯燥单一	1. 知识类、前沿理论以及相关法规、技术规程的传达 2. 受训人员较多
	专题讲座或会议论坛	与讲授法类似，一般是一个专题	1. 内容系统、完整、凝练 2. 培训师有较丰富的专业领域知识和较强的语言表达能力	1. 集中某一专题，易于员工深度学习和掌握 2. 形式上比较灵活，不占用学员太多时间 3. 快速传达信息	1. 互动性较差 2. 个性化学习缺失 3. 学员之间缺乏交流	1. 快速了解行业、政策、商业环境方面的信息知识 2. 重大制度政策的宣贯等
	互联网视听 / 在线技术	基于网络的在线学习，主要形式有企业自有学习平台、各大在线学习平台等	1. 适宜的在线平台 2. 各职级、岗位的学习地图的开发与建立 3. 建立适宜的学习评价方式 4. 需要与其他培训方式结合	1. 随时随地、方便快速 2. 内容丰富，可以碎片化学习 3. 内容具有前沿性和实用性 4. 费用较低	1. 个人学习成果评价有一定难度 2. 需要学员有较强的自我管理能力 3. 课程有时针对性不强 4. 不适合需要讨论的场景	各类人员
掌握技能类	工作指导	有经验的技工或管理者在工作中对受训者进行指导、培训	1. 准确界定关键工作环节 2. 对指导者的专业能力和指导技术要求较高 3. 及时反馈和纠偏	1. 培训效率较高 2. 学员易于掌握专有技术 3. 需求与实施精准对接	1. 指导者可能有所保留 2. 对指导者的指导技术要求较高 3. 可能对受训者创新有利	1. 适用范围较广泛 2. 技术和管理领域皆可
掌握技能类	岗位轮换	受训者在不同岗位工作以获取不同的经验和能力	1. 注意岗位与受训者职业发展的结合 2. 要通盘考虑组织内的岗位安排 3. 做好受训者训前的评估与测评 4. 工作业务与培训、培养有机结合	1. 有利于人才的快速成长，为后备人才找到合适的发展位置 2. 成本较低 3. 可以兼顾工作与培养人才 4. 具有一定的激励功能	1. 可能会对送出和接受部门双方工作安排造成一定的困扰 2. 受训者职业发展与岗位特点匹配有一定的难度 3. 一般以纵深专业发展为主的专业技术人员不适合	1. 管理人员 2. 往管理方向发展的技术骨干

续表

培训方法		含义	实施要点	优点	缺点	适用范围
综合素质提升类	案例研究	经真实场景课程化处理后，在导师的指导下，学员进行研究和讨论，在研讨过程中培养学员分析、判断、决策等多种商业能力	训前： 1. 考量现实问题 2. 结合现实问题，准备案例（视情况可以提前公布案例，让学员提前思考） 3. 准备有关理论 4. 设计讨论流程 训中： 1. 宣布培训目的和流程 2. 学员认识与热身 3. 回顾相关理论 4. 分析组织可能发生的问题或现实问题 5. 公布案例后开展讨论，形式多样。在讨论过程中，导师要及时发现问题和给予学员指导，并控制时间 6. 小组或个人展示研究成果或方案，接受其他学员和导师的质疑和提问。学员相互之间也可以讨论和评价 7. 得出结论，导师总结 训后： 1. 可以在线上学习群继续讨论或导师回应学员问题 2. 可以给学员布置思考题或实际调研问题	1. 互动性强，有利于深度思考和学习 2. 模拟真实场景的案例研讨，有利于学员学以致用 3. 可以训练学员多种能力，效率较高	1. 案例的开发成本较高 2. 准备和研讨时间较长，若案例选择不当，则效果不佳 3. 对导师要求较高	1. 决策层 2. 管理人员 3. 技术人员 4. 职能人员
	仿真模拟	利用VR/AR技术生成实时的、具有三维信息的人工虚拟环境开展培训	1. 适宜的培训设备 2. 与工作业务直接连接	1. 仿真性强 2. 自主性强 3. 感受性强 4. 效果好 5. 可重复 6. 高专注度	1. 不是所有培训项目都适用 2. 需要特定的环境和设备 3. 普遍使用性低 4. 开发成本较高	适用范围广泛

续表

培训方法		含义	实施要点	优点	缺点	适用范围
综合素质提升类	行动学习	以组织面临的实际问题为载体，通过团队行动实践分析解决现实问题来达到培训学习与人力资源开发和组织发展的目的	1. 团队组建 2. 问题分析与解决 3. 课题成果提炼 4. 复盘与总结 5. 在行动过程中要不断进行验证，才能对企业产生的问题有实质性的解决方案	1. 实用性强 2. 学员积极性高、参与度高 3. 从中发现人才 4. 解决方案不仅可以解决实际问题，而且可以有效降低成本 5. 有利于促进学习型组织建设	1. 项目设计较为复杂 2. 对培训师要求较高 3. 强调结果，可以忽视过程性学习	一线管理者培训或骨干员工一线解决问题
态度转变、行为调整类	角色扮演	在模拟真实环境中，学员模拟某角色处理工作事务，从而提高处理问题能力	1. 研究真实工作场景 2. 工作课程化——设计角色场景 3. 导师指导与点评 4. 学员互相点评与反思	1. 参与性强 2. 增强培训效果 3. 学员感受性强	1. 场景的人为性可能会降低培训效果 2. 与真实情况还是有差距 3. 场景设计有一定挑战	各种适合角色开发行为能力的训练
	团队拓展	以现实自然环境下的体能、团队训练为主	1. 培训目的与主题确定 2. 拓展承包商选择 3. 准备各种安全风险预案 4. 团队活动 5. 总结反思	1. 心理训练 2. 团队精神、协作进取精神 3. 挑战自我，训练意志	1. 时间较长 2. 费用较高 3. 有一定风险	各类人员

[练习与思考]

现在你已经准备好自己的简历了吗？如果学院或系里以简历撰写为主题开办一次培训课程，你认为哪一种培训方法合适？为什么？

（五）管理者开发技术概述

1. 管理者开发技术的概念及特点

（1）范围界定。

● 管理者培训与管理者开发。本书项目一对“培训”与“人力资源开发”做了区别，在企业实际工作中对二者所应用的方法或技术也有所不同，但区别并不十分严格，随着培训的战略重要性持续提升，二者时有交叉，如管理者培训与开发，既有采用适宜的培训方法如案例研究，也有采用适宜的开发技术如结合管理者职业发展的人才库。造成这种区别的主要原因是，培训着重于员工（或初级管理者）短期知识、技能或能力的完善，主要满足企业的需要，我们可以理解为“着眼于当前的补短板”；人力资源开发主要针对中高层管理者或核心技术骨干（技术管理者），着重于员工的职业发展与企业需要的“二元满足”，是员工“自愿”加上企业“愿意”。另外，相对于培训活动来说，人力资源开发活动较为系统和长远，我们可以理解为“着眼于未来的拔长板”。

● 管理者开发与管理者职业开发。职业开发是组织确保员工个人职业规划与组织职业管理目标相一致，用以实现员工个人需要与组织需要的最佳结合，通常包括职业规划和职业管理。随着社会的发展，无边界职业生涯和易变性职业生涯正在影响以往的就业观，即职业开发规划系统（development planning system）。这样的职业开发更加考虑到员工个人的需要，员工的职业成功可能不是与晋升联系在一起的，而是与员工个人有意义的目标达成有关，此时，员工与组织是一种积极的伙伴关系，员工对组织有较高的承诺，同时，员工在个人的职业生涯发展中可以有相当的控制力。本项目重点讨论以提升管理者未来所需的综合素质为主的一系列人力资源开发活动。

（2）管理者开发（management development），又称管理开发。目前理论界对于这一概念没有统一的定义。管理开发培训是针对员工管理能力、综合素质提升的一整套培训与人力资源开发计划和管理过程的总称，是组织为了提高其生产力和盈利能力，确定和持续追踪高潜能、高绩效员工，帮助组织内经理成长和提高的项目。其实质就是以开发、发展为中心的在职培训，也可以称为管理开发（石金涛，颜世富，2019）。

正如彼得·德鲁克所言：“管理者的开发是管理者自己的责任，尽管他的上级和公司有重要的作用。开发不是一个孤立的任务，而是有两个相互关联、相互影响的任务。任务之一是管理的开发，目的是要保证企业的健康、生存和成长。任务之二是管理者的开发，目的是要保证管理者作为组织的成员和一个人的健康、生存和成长。”

本书将管理者开发定义为：组织经过对有潜力管理者的评估后，采用适宜的开发技术，结合企业战略目标以及管理者的职业发展，设计并实施合适的人力资源开发课程，有意识地为管理者提供学习、培养、成长和发展的机会，使管理者掌握当前和未来发展所需的能力素质，借此增强企业人才竞争力，提高企业的生产力和盈利能力。

（3）管理者开发的特点。对于组织发展来说，管理者开发是一项战略性任务。它具有以下特点：

● 战略性。没有一个组织不需要管理。管理者对于组织的作用毋庸置疑。管理者的素质高低决定了组织发展质量的高低，决定组织活动的成败。对于管理者的评估、培养、发展和继任是任何一个组织的关键战略性任务之一。

● 长期性。管理者开发着眼于组织未来所需的能力素质，强调的是要保证组织有效运作的长期性和持续性，而不只是满足当前组织工作的需要；强调的是“人才辈出”，建立一支管理者梯队，使高效的管理活动具有延续性和接替性，而不只是一批管理者。管理者素质的提升、能力的提高、知识的迭代不是一朝一夕的事，是一项长期坚持的工程。

● 系统性。管理者开发不同于一般员工的培训，不是“缺什么补什么”的一招式活动，管理者培养的长期性、战略性决定了其培养与开发过程必须是一项系统、规范、有序的活动。

2. 管理者开发原则

（1）符合企业战略原则。开发人员理解企业战略方向和重点，将这些作为管理者改善行为和提高能力的起始点，并且在实现企业战略目标的活动中寻找开发机会。

（2）遵循经验学习圈的原则。管理者开发遵循这样的过程：实践体验—反思总结—理论概念—实践检验。

（3）敏捷原则。确保管理者开发具有灵活性，这种灵活性体现在对业务需求和组织正面临或即将面临的问题迅速做出反应。

（4）开发与发展结合原则。管理者开发活动要考虑管理者个人的特质，如职业性向、职业兴趣、个性特征等，以便将个人的发展与组织的需求协同配合。

经验学习圈

经验学习圈由大卫·库伯 (David Kolb) 提出。他认为经验学习过程是由四个适应性学习阶段构成的环形结构，包括具体经验（concrete experience）、反思性观察（reflective observation）、抽象概念化（abstract conceptualization）、主动实践（active experimentation）。具体经验是让学习者完全投入一种新的体验；反思性观察是学习者在停下时对已经历的体验加以思考；抽象概念化是学习者必须达到能理解所观察内容的程度并且吸收它们使之成为合乎逻辑的概念；主动实践是学习者要验证这些概念并将它们运用到制定策略、解决问题中去。

资料来源：https：//baike.baidu.com/item/%E5%AD%A6%E4%B9%A0%E5%9C%88%E7%90%86%E8%AE%BA/598209?fr=aladdin. 有删节。

3. 管理者开发技术分类

目前对于管理者开发技术分类没有统一的标准，更多地与培训方法融合在一起。本书以经验学习圈理论为基础将管理者开发分为以下类别：

（1）以管理者知识、思维、视野拓展等为主的教育，如 MBA 教育、EMBA 教育、在职经理人短期进修班、各行业协会的管理技能短期课程、讲座论坛、参观考察等。

（2）以管理者能力提升为主的培训，如企业大学的学习、企业内部举办的研讨会、企业自己设计的培训课程、案例研究、管理游戏与仿真模拟、角色扮演、行为建模、管理培训计划（Management training program，MTP）、复盘。

（3）以管理者在职实践为主的培养，如系统的领导力开发技术、项目式学习、工作历练（on the job experiences，OJE）、导师 - 教保技术、任务指派、岗位轮换、特别任务、行动学习、管理会议、人才库等。

人才库

人才库，即企业（团体）储备各类人才的场所，也称人才池。人才库是展示企业（团体）员工各种能力的人才池。在现代企业中，每一位员工经过各项能力评估后，进入人才库管理，并按技术序列、职衔等级排序。企业（团体）有规律、周期性地对各类人才进行能力评估，确定其职衔等级。人才库也是企业（团体）组建团队、承接任务、选拔角色时重要的人才源头。

资料来源：https：//baike.baidu.com/item/%E4%BA%BA%E6%89%8D%E5%BA%93/2357426.

4. 管理者开发的理论基础模型

学生既要掌握一定的理论基础知识，又要有较强的实践操作能力。在学习管理者开发的具体操作前，我们有两个“必要”的建议：一是对管理与领导有效性的基础理论做一简述；二是及时了解当前最前沿的实践情况。这样做的目的有两方面：一是为接下来项目三操作实务内容的学习提供依据；二是对相关理论知识融会贯通，做到“知其然，知其所以然”。

（1）经典理论模型。组织行为学认为，要实现有效的领导，关键是领导者（管理者）在被领导者（被管理者）心中有威望，这种威望来自领导者的影响力。领导者的影响力又分为权力性影响力和非权力性影响力，权力性影响力来自组织赋予，非权力性影响力则来自领导者个人的品德、才能、学识、专长等，它比权力性影响力对员工具有更大、更深远的影响。

“现代人力资源之父”戴维•尤里奇提出，企业需要建立领导力培养的五项规范，即战略制定能力、人才管理能力、人力资源发展能力、执行能力和个人能力，其中个人能力又包括系统思考、自我激励、自我认知和自我学习。

亨利・明茨伯格 (Henry Mintzberg) 的管理者角色模型包括：

- 人际角色：代表人角色、领导者角色、联络者角色。
- 信息角色：监督者角色、传播者角色、发言人角色。
- 决策角色：企业家角色、资源分配者角色、冲突管理者角色、谈判者角色。

明茨伯格认为，管理者开发要让管理者在面对不同的问题情景时迅速意识到并改变他们的认知方式，即在培训中要通过情景模拟等方式让管理者意识到在真实场景中他们必须从事的管理任务和应该采取的相应行动。

另一个管理者角色模型是PAEI，由美国管理学家、企业生命周期理论创立者、组织变革和组织治疗专家伊查克・爱迪思（Ichak Adizes）提出。他将管理者角色分为绩效创造者（producer）、行政管理者（administrator）、企业家（entrepreneur）、整合者（integrator）。爱迪思眼中的完美管理者可以扮演所有的角色。

美国当代著名心理学家和管理专家弗雷德・菲德勒 (Fred E. Fiedler）在大量研究的基础上提出了有效领导的权变理论。他认为不存在一种普遍适用的领导方式，任何形态的领导方式都可能有效，其有效性完全取决于领导方式与环境是否适应。

- 职位权力，即领导者权力的影响程度。具有较高职位权力的领导者比缺乏这种权力的领导者更容易得到他人的追随。
- 任务结构，即群体工作任务的明确程度和部下对任务的负责程度。任务清楚，工作的质量就比较容易控制，也更容易为组织成员规定明确的工作职责。
- 领导者与被领导者的关系，即领导者受到下级爱戴、尊敬和信任以及下级情愿追随领导者的程度。

菲德勒的研究显示，提高领导者有效性的方式有两条途径：替换领导者以适应新环境，改变环境以适应领导者。菲德勒采用的管理者开发策略重在让领导者意识到其所处情景并对之进行调整和改变。

美国俄亥俄州立大学工商企业研究所提出了领导行为四分图模型。研究结果认为，领导者的行为是组织与体贴精神两方面的任意组合，即可以用坐标图来表示。用四个象限来表示四种类型的领导行为，它们是：低组织低体贴、低组织高体贴、高组织低体贴、高组织高体贴（见图 II－2－3）。该模型在管理者开发培训中的作用是让每个学员意识到自己的管理风格以及这种风格对员工所产生的影响，也即根据员工的职业成熟度来相应采用不同的管理方式，同时加强与同事合作的能力、团队解决问题的能力以及通过指出不足来更快地学习的能力。其后的布莱克和莫顿的管理方格图是在领导行为四分图基础上提出的，在此不赘述。

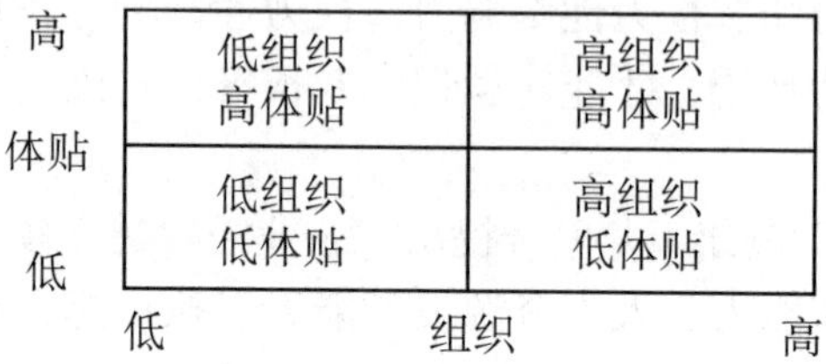

图 II－2－3　领导行为四分图

以上经典的有关管理者自我角色认知、管理行为权变等方面的理论为管理者开发提供了理论基础。理论指导实践，我们在实际工作中可以根据相关理论，结合组织实际情况设计相应的实际操作方案。

（2）新时代对管理者的新挑战。新时代给管理者带来了严峻的挑战，比如：如何在组织数字化加速转型中体现新的领导能力？如何在大量新生代进入组织中运用适当的权变管理？如何在不确定性环境下快速变革？（见图 II－2－4、图 II－2－5）。

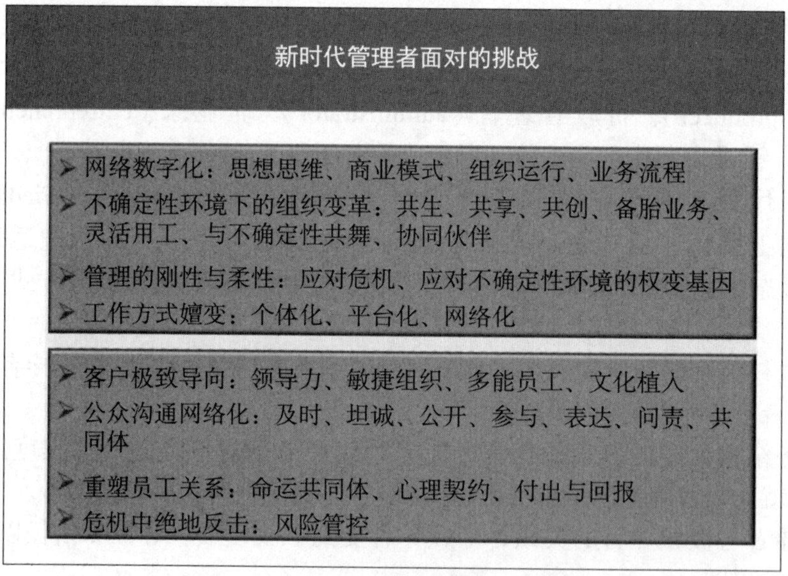

图 II－2－4　新时代管理者面对的挑战

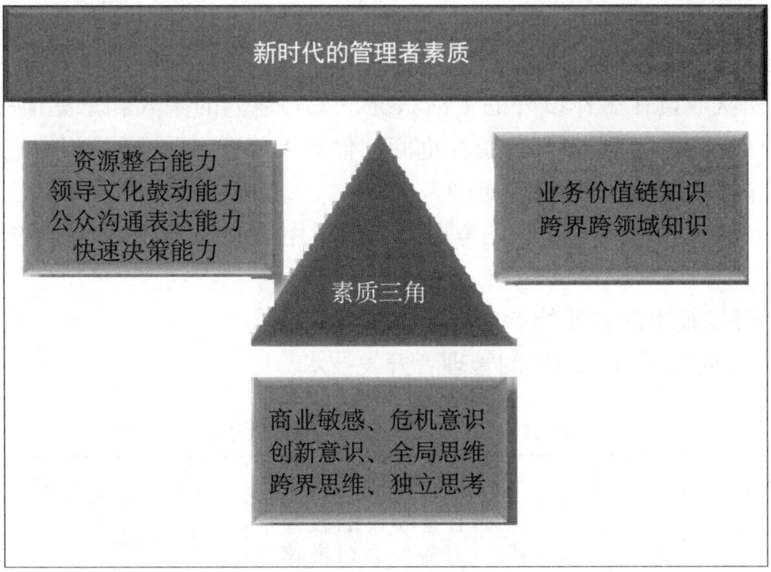

图 II－2－5　新时代的管理者素质

在新时代，我们只有在管理者能力方面投入更多精力，才能跟上新时代的发展节奏。如《2020 德勤全球人力资本趋势报告》所言：一些组织正在把它们的关注点从培养技能转移到优先培养员工能力。如培养承担风险能力和创新能力，以发展领导者对未来工作的备战力、敏捷力和反应力；培养在“颠覆时代”成为领导者所必需的能力，例如解决问题能力以及利用多元思想和观点的能力。

《万亿美金教练》（*Trillion Dollar Coach*）的作者比尔·坎贝尔（Bill Campbell）是硅谷著名的创业教练，曾担任硅谷众多企业领袖的精神导师，其中包括史蒂夫·乔布斯和拉里·佩奇。比尔·坎贝尔在书中提到了领导者的角色把握和素质修炼。以下是比尔·坎贝尔对“把人放在第一位”的主张以及在全球领先企业中具体实践的领导力原则或要点，事实证明它们卓有成效。

1）不做独裁者，不是告诉团队要做什么，而是倾听、关注，让团队成员感到和你一起工作是有价值的。

2）经理的首要工作是帮助团队成员在工作中变得更高效、积极成长和发展。通过创造一个充分支持、尊重和信任的环境，让想要做好并且有能力做好的员工充分地释放能量。

● 支持：提供团队成员所需要的工具、信息、培训和教练，持续地提升他们的技能。

● 尊重：理解团队成员有独特的职业生涯目标，对他们人生的选择足够敏感，用与公司需求保持一致的方式，帮助团队成员实现职业生涯的目标。

● 信任：让团队成员自主地工作和做决策，相信他们想做好并且能做好。

3）倾力思考和关注如何让团队成员更幸福和成功。

4）坚信所有人都有价值，不是因为他们的职位或者角色，而是因为“他们是谁”，即这个人本身有价值。

5）关心团队成员在工作以外的生活状况，关心他们的家人和家庭情况，当遇到困难时提供及时的帮助。关心不仅停留在询问“你家人怎样？”，而是与他们的家人互动，了解他们家人的特点并提供必要的支持。

6）在遇到要解决的问题时，先考虑人，包括用适合的人和对人的影响，再考虑事情和问题本身。

5. 管理者开发技术的主要特点

表 II－2－3 列出了有代表性的管理者开发技术。

表 II－2－3　管理者开发技术比较

开发技术		含义	实施要点	优点	缺点	适用范围
以管理者知识、思维、视野拓展等为主的教育	EMBA 教育 / 在职经理人短期进修班	由公司推荐，利用业余时间集中上课，课程内容广泛，注重案例教学和案例讨论，理论与实践相结合，其实质是在职培训	1. 有学位的教育学习需经公司推荐进行入学考试 2. 没有学位的短期进修需进行选才 3. 签订有关培训协议 4. 建立培训评估与跟踪机制	1. 理论与实践兼顾 2. 有利于学员开阔视野，提升综合素质 3. 学习较为系统	1. 对教师的挑战性更大 2. 费用较高	各级管理者
	评价中心与发展中心	将学员置于某一工作场景中，采用多种测评技术，对学员完成任务的情况、所表现的行为及其心理反应进行观察与评价	1. 人员选择 2. 选择方法测评 3. 得出结果并给出发展建议 4. 适岗适用决策	1. 测评与培训结合 2. 全面、系统且高效 3. 预测效度较高 4. 成本效益较好，有助于制订人员开发计划	1. 不同组织有不同模式，有一定的局限性 2. 主观评分有局限性 3. 方案设计需要时间且有时成本较高 4. 时间跨度较长	管理人员的选拔或能力开发
以管理者能力提升为主的培训	研讨会	学员在培训导师的指导下，以团队的形式对工作中的问题进行讨论并提出解决方案	1. 问题陈述 2. 问题分析 3. 讨论与方案选择和决策 4. 结果 5. 应用计划	1. 参与性和积极性较高 2. 有利于解决实际问题，培养多种能力	1. 对培训师要求较高 2. 要求控制聚焦问题，不能偏题 3. 事先准备要充足，包括问题材料的提炼等	各级管理者

续表

开发技术		含义	实施要点	优点	缺点	适用范围
以管理者能力提升为主的培训	MTP	一种经典管理培训方法，旨在提供系统的管理理论和方法，针对实战性管理技能进行相关培训，让管理者深刻理解管理原理从而提高管理能力	1. 70%的内容为案例分析和角色演练及课后的实际操作指导 2. 训前学员填写学前评估问卷以测试训前学员水平 3. 训后学员填写MTP行动计划表及为学员提供跟踪服务，实现训练从课堂到工作实践的延伸 4. 主要内容有管理基础、工作场景改善、高效管理原理、下属激励与培养、管理方式、人际关系处理等	1. 实践性较强 2. 较系统和全面 3. 知行合一的高效结合	1. 对培训师要求较高 2. 占用管理者时间较长 3. 需要训前、训中、训后全程跟踪，成本较高	中层或基层管理者或有潜质员工、管理培训生等
	复盘	一套行动后审查的学习机制，包括： ● 应该是，即把这样做的意图表达出来，当初要的是什么以及做了哪些 ● 实际是，即主要描述实际发生了哪些情况、什么原因导致的 ● 改善法，即给出一个明确的改善办法 ● 下一步应该做什么	1. 回顾目标，群策群力，分析：哪些是无效的行动？哪些是有效的行动？如何改进？下次怎样可以做得更好？ 2. 评估结果 3. 分析原因 4. 总结经验	1. 强调行动与反思 2. 聚焦问题，效率较高 3. 有利于管理者加强思维与有效处理问题的训练 4. 传承好的经验与做法	1. 需要有开放的心态与实事求是的自我剖析 2. 可能由于个人原因不能完整和全面地分析事情为什么发生 3. 时间较长	一切需要总结复盘分析的场景
以管理者在职实践为主的培养	项目式学习/行动学习	以组织面临的重大实际问题为内容，通过管理团队行动实践分析解决现实问题来达到培训学习与人力资源开发和组织发展的目的	1. 团队组建 2. 问题分析与解决 3. 课题成果提炼 4. 复盘与总结 5. 在行动过程中要不断进行验证，才能对企业产生的问题有实质性的解决方案	1. 实用性强 2. 学员积极性高、参与度高 3. 解决方案不仅可以解决实际问题，而且可以有效降低成本 4. 有利于促进学习型组织建设	1. 项目设计较为复杂 2. 对培训师要求较高	中高层管理者

续表

开发技术		含义	实施要点	优点	缺点	适用范围
以管理者在职实践为主的培养	导师－教练技术	以企业目标为导向，通过导师与学员的策略性和方向性的对话、启发、训练与指导，学员能认识自己，启发思维，发现潜能，掌握认识问题和解决问题的管理技术	1. 基本理念：采取引发引导、协助启发、辅助与指导方式 2. 基本方式：聆听、发问、区分与回应 3. 基本流程：厘清目标；认清现状；确定问题关键因果链；行动方案与计划；行动后改进	1. 有利于挖掘员工内在的动力和潜力 2. 有利于有效激励员工 3. 提升管理者的综合能力 4. 符合新生代员工和成人学习的特点	1. 对导师要求较高 2. 管理者作为教练，存在传统管理者思维，不利于教练行为的实施 3. 外部教练则存在了解本企业情况不足的缺陷 4. 教练工具应用难度较大	各级管理者或管理培训生

下面我们提供两个案例供参考学习。

管理者综合技能提升培训（MTP）
课程大纲

MTP 背景介绍

MTP 是为有效提高企业管理水平而研究开发的一套培训体系。MTP 的成功源于它深厚的管理学、心理学、行为学基础，MTP 最突出的特点是建立了知行合一的训练构架，注重实际管理问题的解决，对训练成效给予明确的承诺和保证。

本课程是讲师专门针对中层管理人员管理能力提升与发展的需要量身定做的。课程内容围绕管理者在企业内的两个价值定位即“创业绩、带团队”来展开模拟演练课程，主要内容包含管理者角色认知、组织管理原则、计划、组织、沟通、协调、激励、指导、控制、授权、团队建设与冲突管理艺术等。

【课程收益】

一、掌握管理者的基本内涵和任务

二、认识管理者的角色与职责，在工作中发挥应有的功能

三、培养管理者应有的正确态度

四、发挥组织效能，以团队力量完成企业目标

五、能够以科学的思想与方法，掌握 PDCA（计划、实施、检查、行动）的程序，做好工作管理

六、培养主动积极发现问题的意识，以求新、求好、求变的精神在工作中进行必要的改善

七、了解培养人才的重要性，并能在职场上对部属进行工作指导与训练

八、学习沟通的技巧与方法，建立良好的人际关系，通过有效沟通高效完成任务

九、掌握人性特点，能够带人带心，激发部属工作意愿，提升工作士气

十、建立自我领导意识，发挥领导力，培养成为具有影响力的优质领导者

【培训对象】

储备干部、部门经理、总监、副总、总经理等中高层管理者

【培训课时】

2～4天（6小时/天）

【课程大纲】

第一篇　管理自我（做人：魅力）

一、管理者的角色认知

1. 管理者的角色转变

（1）案例研讨：李明的烦恼。

（2）小练习：写字的新感觉。

2. 管理者的角色定位

测试：盖洛普Q12。

3. 管理者的角色错位：土皇帝、传声筒、民意代表、自然人

案例分析：任务没完成的原因是什么。

4. 管理者的团队角色

（1）测试：贝尔宾团队角色分析。

（2）研讨：管理者如何加快角色转变。

二、时间管理

1. 时间排序的管理工具

（1）西瓜芝麻法。

1）注重质量，追求高回报活动。

2）抵抗诱惑，放弃低回报活动。

3）时间排序的“+－×÷=”。

（2）要事第一法。

1）确定目标，通过排序列出最重要的事件。

2）制定时间计划表，坚决执行。

3）处理工作的合理顺序。

2. 时间分配的管理工具

（1）WLB（work–life balance，工作和生活平衡）3223法。

1）在工作和生活上投入的时间量分配平衡。

2）在工作和生活角色中投入程度平衡。

3）关于工作和生活的满意度平衡。

4）职场人士每年时间的分配。

（2）四维矩阵法。

1）列一份计划清单。

2）绘制矩阵草图。

3）确定它们的优先顺序及分配计划时间。

第二篇 管理工作（做事：执行力）

一、目标与计划管理

1. 目标设定

（1）找到目标：内外部分析。

五个维度确定目标来源。

（2）分解目标：纵横协奏曲。

1）要素分解，系统全面。

2）措施分解，横向关联。

3）立体分解，上下贯通。

（3）定义目标：SMART 原则。

1）3 个量化指标：时量、数量和质量。

2）SMART 原则。

3）SMART 表述标准用语。

2. 工作计划

（1）项目计划：明晰路线图。

1）制订项目工作计划的原则。

2）WBS。

3）WBS 实施技巧。

4）责任矩阵。

5）甘特图。

（2）授权委派：产生责任感。

1）选定需要委派的工作。

2）选定能够胜任的人。

3）工作授权。

4）检查下属的工作进展。

5）情况验收与奖惩。

3. 过程追踪

（1）行为导航：树立里程碑。

1）周期性节点与流程性节点。

2）关键行为导航图。

3）项目里程碑。

（2）修正偏差：回归轨迹线。

1）衡量工作进度及其结果。

2）发现偏差，找出和分析原因。

3）对下属的工作进行辅导。

二、问题解决：突破瓶颈

1. 什么是问题

案例演练：三个问题。

2. 解决问题的六步法

（1）明确并选择问题。

互动演练：问题陈述的练习。

（2）确定根本原因。

工具：鱼骨图。

（3）制订并筛选方案。

互动演练：九点连线。

（4）制订计划。

工具：直方图、控制图。

（5）执行行动方案。

工具：检查表、趋势图、控制图。

（6）评估并标准化。

工具：关联图、亲和图、矩阵图。

3. 案例应用演练

（1）某问题案例演示。

（2）某电影案例。

互动演练：团队执行力弱，问题在哪里？

三、项目管理：执行利器

1. 项目困局

2. 项目管理的核心理念

（1）关注十大知识领域。

（2）注意六重约束。

（3）三种组织结构的利弊。

（4）明确需求的九种方法。

（5）执行力的 11 步法。

1）问题 1：如何选择优秀的项目经理？

2）问题 2：如何控制满意度？

3）视频：《甲方的需求》。

3. 项目章程与启动会

（1）项目章程的要点。

（2）启动会的注意事项。

4. 干系人管理

5. 核心工具：OPPM（one page project management，一页纸项目管理）

（1）WBS 的三大原则。

（2）制作 OPPM 的 12 个步骤。

（3）用 OPPM 做工作报告的五个步骤。

1）互动演练：OPPM 制作。

2）案例：部下的工作计划表。

6. 管控变化

案例 1：一个失控的项目。

案例 2：一个好的变更。

四、执行力

1. 执行力问题

（1）“布朗运动”现象。

（2）执行力不足的表现。

（3）糊弄、胡干、胡说现象。

（4）想 = 说 = 行 = 果 = 效。

（5）执行力：向前与向后。

2. 执行力缺失的原因

（1）问题在下面，根子在上面。

（2）激励不充分，检查不到位。

（3）问题猴子。

（4）鞭打快牛。

（5）六大障碍：能力不足、内心阻力、人际摩擦、沟通不良、工作瓶颈、执行盲点。

案例：美军的降落伞。

五、执行力提升技巧

（1）六大对策：突破盲点、积极心态、化解冲突、主动沟通、突破瓶颈、六大技能

（2）六大技能：时间管理、MBO、会议管理、沟通说服、问题解决、项目管理

（3）高效执行力的“十字法则”：目的“明”、目标“刚”、规则“细”、责任“清”、流程“精”、培训“透”、文化“劲”、机制“公”、作风“硬”、精神“恒”

（4）提升执行力的七个技巧：请示工作说方案、汇报工作说结果、总结工作说流程、布置工作说标准、关心下级问感受、管理冲突讲道理、检查工作问过程

1）案例 1：孙武训练女兵。

2）案例 2：冒顿单于鸣镝弑父。

第三篇　管理团队（带队：领导力）

一、团队管理五步法

（一）选择人：定义素质、追踪行为

1. 认识四种性格的人

（1）测试：风格测试。

（2）案例分析：为什么他偏偏和我不一样。

（3）互动：西游记的角色风格分析。
2. 如何与不同风格的人沟通
（1）案例分析：葡萄规则。
（2）研讨：不同风格之间如何看待对方。
（3）小组演练：如何与他共事。
（二）要求人：界定结果、掌控进程
1. 诊断下属的发展阶段
小组演练：CEO 的特别指令。
2. 分析自我的领导弹性
（1）案例分析：夏季工服。
（2）角色演练：举办一次训练课程（经理）+（下属）。
3. 有效委派五步法
（1）why：说明目的与背景。
（2）what：提出目标与要求。
（3）how：明确步骤与方法。
（4）action：确定行动计划。
（5）support：表达信任与支持。
角色演练：交代培训任务（经理）+（下属）。
（三）激励人：及时赞赏，激发动能
1. 了解员工真正的激励需求
测试：激励因素还是保健因素。
2. 赞赏的益处与挑战
3. 如何进行有效的赞赏
（1）互动游戏：寻宝。
（2）练习：怎么赞扬小李。
（3）工具：赞赏百宝箱。
（四）辅导人：在岗课程、建设反馈
1. 态度型辅导：建设性反馈
2. 技能型辅导：在岗训练
（1）案例：在岗培训的故事。
（2）互动研讨：OJT 工具箱。
（五）评估人：肯定进步、面向发展
1. 绩效考核的常见问题及解决方法
2. 如何进行绩效评估面谈
3. 绩效考核结果的应用
（1）研讨：绩效考核与绩效管理的区别。
（2）小组练习：与 A 类优秀员工进行评估面谈。

（3）小组练习：与 B 类达标员工进行评估面谈。
（4）小组练习：与 C 类待改进员工进行面谈。
（5）案例研讨：这笔奖金如何分。
二、团队管理情景沙盘
（一）沙盘情景设置
（二）沙盘推演
1. 团队形成期：共启愿景
2. 团队意识期：以身作则
3. 团队激荡期：激励人心
4. 团队震荡期：消除冲突
5. 团队规范期：挑战现状
6. 团队成熟期：使众人行
（三）总结感悟、提升认识：沟通管理
1. 沟通困局：沟通难在哪里
（1）沟通困局。
互动游戏：关灯打劫。
（2）沟通障碍。
互动演练：总经理的特别指令。
2. 沟通的理念与原则
（1）沟通的价值。
（2）沟通模型、漏斗与方法。
（3）沟通中的非语言技巧。
1）案例：文艺评论家与部长。
2）互动游戏：眼神。
（4）单向与双向沟通。
互动游戏：你说我画。
3. 如何提升沟通技巧
（1）呈现的技巧。
1）3S 表达法
①案例 1：联想公司口号与谋杀案谣言。
②案例 2：IBM 会议禁用语。
③问题研讨：如何让信息简单有效？
2）表达法（左脑结构 + 右脑力量）。
①左脑结构——6 个基本的左脑框架（用逻辑的左脑帮助组织你的思想）。
②右脑力量——6 个基本的右脑框架（用感性的右脑帮助推进你的思想）。
互动游戏：测试表达能力。
（2）倾听的技巧。

（3）反馈的技巧。

（4）说服的技巧。

1）FABE 说服法。

2）提问题代替批评。

3）建议代替直言。

互动游戏：荒岛求生。

（5）沟通的技巧。

1）“但是”换成“也”。

2）有效沟通的九大原则。

案例：情景对话。

（6）演讲的技巧（像 TED 一样的演讲）。

互动演练：我的理想 / 我的奋斗。

4. 性格与沟通技巧

（1）沟通的四种风格（支配型、表达型、亲切型、分析型）。

测评：性格试题。

（2）支配型（老虎）的沟通技巧。

案例演练：如何与老虎型沟通？

（3）表达型（孔雀）的沟通技巧。

案例演练：如何与孔雀型沟通？

（4）亲切型（考拉）的沟通技巧。

案例演练：如何与考拉型沟通？

（5）分析型（猫头鹰）的沟通技巧。

案例演练：如何与猫头鹰型沟通？

5. 向上、向下、横向管理沟通技巧

（1）高品质的向上管理沟通技巧。

（2）高品质的向下管理沟通技巧。

（3）高品质的横向管理沟通技巧。

案例：史上最牛女秘书的沟通困局。

6. 绩效面谈沟通技巧

GROW（目标、现实、选择、意愿）辅导沟通模式。

（1）案例 1：积极的反馈。

（2）案例 2：不愿承担责任。

（3）案例 3：用事实反驳。

（4）案例 4：准备离职。

互动演练：令狐冲与任盈盈的绩效面谈。

三、向上、向下、横向管理情景沙盘

1. 如何带领部属？让你的管理得心应手！

2. 如何激发团队管理氛围？让你的员工有归属感！
3. 如何与上司相处？让你成为上司的左膀右臂！
4. 如何进行跨部门沟通？让你办事左右逢源！
5. 如何掌握有效的管理手段？让你真正拥有管理权威！
6. 如何进行自我修炼？让你的管理走向卓越！

资料来源：http：//www.nlypx.com/gkk_detail/39568.html.

京东方："不走寻常路"，让教练角色深入人心

教练技术自引入国内以来一直备受关注，但实际应用效果大不相同，原因可能有以下几类：（1）动力不足：不少管理者习惯于指令型或领跑型的领导风格，一时难以接受其他风格，更不会主动使用。（2）环境不适应：很多企业在导入教练技术时，仍然以职业教练技术体系为主，难以适应当前的应用环境。（3）工具难度大：职业教练的工具体系细致庞大，管理者没有足够的时间与精力学习，并且工具灵活应用的难度较大，难以深入掌握。（4）场景不够聚焦：学完之后，管理者无法分辨哪些场景应用教练方式更高效，因此需要典型场景作为抓手，培养做教练的习惯。经过不断地总结、反思、尝试、再探索，京东方大学逐步明确了企业管理者教练的角色定位与价值输出方式，提炼并开发了增效教练课程，帮助管理者转变领导风格，提升领导力，赋能团队，成为优秀的赋能型管理者。

增效教练与职业教练的区别

增效教练是基于对话技术，通过启发、指导、关怀，帮助个人和团队增强信心、释放潜能、克服障碍，最终达成绩效目标。增效教练与职业教练相比，在角色定位、关注点以及过程特点上都有明显的区别（见表 II–2–4）。

表 II－2－4　职业教练与增效教练比较

	职业教练	增效教练
角色定位	启发者	启发者、指导者、关怀者
关注点	更关注被教练者个人，帮助被教练者实现个人目标，追求人生价值	更关注企业内的任务和绩效，既解决问题又赋能，帮助被教练者在企业中成长
过程特点	由被教练者自己提出对话主题 教练过程以提问为主，一般不给建议和经验 单次教练时长为 45 分钟	教练者或被教练者均可提出对话主题 教练过程包括提问、分享成功经验、反馈、疏导被教练者的心理情绪等 单次教练时长根据双方时间及场景需要灵活调整

其中，角色定位最为核心。传统的职业教练以启发为主，通过一系列提问，激发被教练者自主寻找答案；增效教练提出了"三位一体"理念，即管理者在做教练时，在启发者、指导者和关怀者之间自如切换，不同的角色代表不同的价值输出方式（见图 II–2–6）。

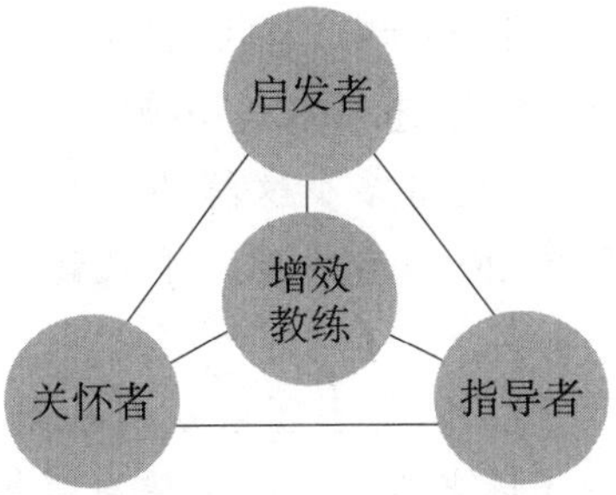

图 II－2－6 “三位一体”理念

增效教练“三位一体”理念

启发者：不直接告知被教练者答案，通过高质量的提问激发其自主寻找解决方案和行动计划。启发者是增效教练的中心角色，一次教练对话多是以作为启发者开始，即使中间转换到指导者或关怀者，最后都要重新回到启发者，通过多次启发循环，催化下属成长。

指导者：此角色传递成功经验和工作方法，并将正确的思维/行为方式进行固化。在教练对话中，若启发过程遇到阻碍，管理者应从启发者角色切换到指导者角色，通过成功案例的讲解，向下属传递成功经验。

关怀者：教练对话过程中经常会遇到情绪阻碍，关怀者角色主要对下属进行同理心关怀和鼓励，帮助其消除心理情绪障碍，更好地打开思维，发挥能力。

基于对增效教练三种角色的理解，京东方大学结合企业中的典型应用场景，通过深入调研与需求分析，对与角色相匹配的工具做了二次开发，便于管理者更好地上手。

启发者：激发他人，开启智慧

对于启发者角色来说，保持中立、深度倾听与有力提问是核心方法。其中，保持中立决定倾听质量，倾听质量决定提问水平，提问水平决定启发效果。

保持中立：保持中立是对管理者做教练最基本的状态要求，可以分为口头中立和内心中立。口头中立意味着管理者在未充分启发前，不直接下指令或告知对方解决方案，不对其意见进行打压和批判，保持正向关注、耐心倾听，并在提问中澄清事实；内心中立则不仅指口头上的中立，更应该是内心的中立，即内心先不做出任何评价，让对方把话说完，不要急着表达自己的观点。

深度倾听：管理者中立状态越好，倾听也就越深入。根据难易程度，可以将倾听划分为三个层次——听事实、听情绪、听假设。

三层次倾听的前提是自然状态下听，也就是不带着评判听。其中，听事实意味着针对对方讲到的客观信息，不评判、不曲解、不臆想；听情绪是指能够分辨对方在陈述事实时的情绪状态，可以判断出讲话者的情绪强弱程度；听假设难度最大，需要管理者具备一定的教练习惯，且对技巧方法较熟练。

案例一：如何听假设

某人向自己的领导抱怨："团队氛围不好，到处都是偷懒的、懈怠的'戏精'。"领导问："你觉得团队里有多少这样的人？"这人犹豫了一会儿，说出了两个人的名字。当时团队有20多名成员，她只看到两个人就觉得团队"到处都是'戏精'"，明显夸大了事实。

在案例中，某人把两个人等同于团队所有成员就是一种假设。在深度倾听时要格外注意两点：第一，目光柔和，跟下属有眼神交流；第二，通过点头、记录、重复关键词、提问等方式，适时给予对方回应。这些都会让下属感到被尊重、被理解，进而放下心理防备，融入教练过程。

有力提问：有时提问远比指导意见更能建立责任感。强有力的提问会促进对方积极主动地思考和保持专注。

提问方式一般有两种：开放式提问与封闭式提问。开放式提问可以让被教练者有更大的回答空间，教练可以收集更多信息；封闭式提问更具有指向性和针对性。教练对话如同一个"漏斗"，通常从开放式问题开始，逐步深入，用封闭式问题来做判断和澄清。提问过程中需做到以下几点：（1）简单明白：提问时直指核心，简单直接，不要绕弯子。（2）一次一问：若一次多问，对方通常会针对最后一个问题或较容易的问题做回应。（3）多问what，少问why：what型的问题多在挖掘、澄清信息，强调事实；why型问题多深入人心，挖掘动机和想法，强调价值观。若why型问题过多，容易激发对方的心理防备，为自己辩护，出现这种情况就很难再开展教练。

指导者：赋能他人，传递经验

指导者的重要作用是分享经验和有效反馈，目的有两个：一是直接输入；二是在互动评价中，帮助对方固化优秀的思维和行为。

分享经验：在对方工作经验不足、经过反复启发无效的情况下，需要管理者转换到指导者角色进行成功经验和方法的输入。通常经验和方法需要一个案例做载体传递，即分享经验也是在分享成功案例，整个过程可分为五个步骤。

第一步，介绍背景。管理者简述案例的时间、地点、人物、事件，让对方了解整体情况。

第二步，说明任务。管理者清晰指出在事件中需要完成的工作内容及工作要求，特别是自己拿到这个任务后，可能面对的挑战和风险有哪些。

第三步，拆解行动。按照任务实施过程，分步骤陈述管理者采取的行动，并适度剖析行动背后的思考逻辑。此时，管理者需要分享在实施过程中遇到的挑战以及自己的解决之道。

第四步，总结成果。说明事件的最终成果，自己对整个事件的反思和管理者自己独到的发现。

第五步，启发提问。分享经验后，管理者要从指导者回到启发者角色上，启发提问，激发对方思考，尝试迁移经验去解决自己的问题。比如："听完这个案例，你觉得哪些方法可以应用到你现在的问题上？""现在我们重新看这个问题，你觉得我们可以怎么做？"

有效反馈：在教练过程中，对方提出自己的想法和解决方案时，需要管理者对其想法进行评价，即修正反馈。反馈的目的在于固化优秀的思维和行为，改正错误的思维和行为。此时，通常采用“汉堡包”原则进行综合评价：上层面包指出人的优点，中间的牛肉是还需要改进的项目或方法，下层面包则是一种鼓励和期望。采用“汉堡包”原则评价一个人的不足，可以让人在受到尊重的前提下，认识到自己的缺漏，并产生改进的动力。

关怀者：同理他人，唤起信心

在倾听和指导的过程中，管理者应该始终保持关怀之心。其中，同理回应与正面鼓励是两种有效的关怀方式。

同理回应：在员工出现心理情绪障碍时，同理回应可以让对方放松下来，与管理者产生情感共鸣，帮助对方表达内心的真实情绪和想法。此时，管理者需要做到两点：一是心理情绪同步，即在沟通中懂得换位思考，揣摩对方心理感受并与对方积极探讨解决办法。二是身体状态同步，即语调、语速以及肢体语言同步。当然，同步并不是指同时进行，只有间隔 5～7 秒才会发挥最佳效果。

正面鼓励：当对方不自信、出现畏难情绪时，正面鼓励可以起到提振士气的作用。但虚泛化的赞赏难以将好行为持续固化，因此赞赏需要言之有物，以观察为前提，发现对方在行为细节及内心品质方面的闪光点。这要求管理者在做正面鼓励时，首先说明对方哪些细节做得好，然后说明这些细节反映出对方哪些值得赞赏的能力素质或性格品质。

掌握了增效教练技术的理念与技巧之后，管理者还要识别典型的应用场景，接下来才能使用对话流程指导员工。

三个场景，最为典型

并非所有的场景都适合教练技术且能发挥高效管理作用。京东方大学经与企业内外管理者深度调研与访谈，总结出三个适合应用教练技术的场景。

新任务交付场景：这里的“新”有两层含义：一是新人；二是全新的工作任务。一部分新人会对新的工作内容有期待，感觉兴奋，但大多数人在新任务场景中都会有压力。从培养人的角度看，挑战性的任务、高质量的教练是员工成长的加速器。因此新任务交付场景非常适合采用教练方式管理。

关键任务追踪场景：每个部门在特定时期都有关键项目，有些管理者会兼任项目经理，也会委派信任的下属担当重任。在项目实施中，管理者需要阶段性跟踪项目进度，协助解决遇到的各种挑战。此时，采用教练方式做连续性跟踪辅导，可帮助下属和整个团队提升能力。

痛点问题解决场景：和前两个场景相比，此场景有两个显著特点。一是场景多元化，即痛点问题来源于下级工作中遇到的困难，并非单一场景。例如，员工 A 的痛点问题是如何争取其他部门的同事协助自己的工作，员工 B 的痛点问题是解决技术难题。二是员工遇到问题主动向上级求助，此时管理者会在该场景下先了解事情的情况，再帮其制定相应的目标。

“4+3”模式在手，教练对话不愁

京东方大学将增效教练的三种角色理念与 GROW（目标、现状、方案、行动）四步流程相融合，构成了独具特色的“4+3”教练模式。

在每个环节，指导者从启发者出发，遇到能力障碍转换为指导者角色，遇到心理情绪障碍转换为关怀者角色，障碍消除后继续展开下一个环节。这里通过一个案例来详细介绍增效教练的完整流程（见图 II–2–7）。

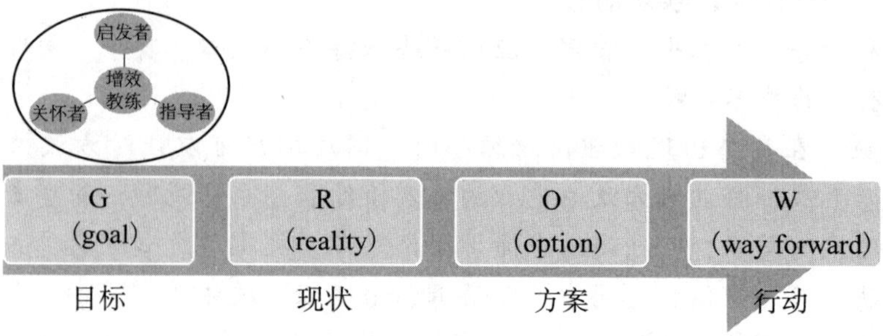

图 II－2－7　增效教练流程

背景：王部长为某部门负责人，近几年团队人员不足，为了给明年做好准备，王部长在上个月向 HR 提交了招聘申请。3 位候选人通过初试，将在下周进行第二次集中面试。但王部长突然接到出差通知，于是他打算把面试重任交给身边的老员工史蒂文。史蒂文业务比较熟，但没有任何招聘经验。

这是一个典型的新任务交付场景，王部长要把任务交给没有任何招聘经验的下属。此时，该如何展开教练对话呢？按照 GROW 四步流程，我们把教练过程分为确立目标、厘清现状、制订方案和确认行动四个步骤。

第一步，确立目标。开展教练对话之前，明确目标很重要，管理者要以目标为导向与对方展开对话。若上级给下级安排任务，则目标是明确的；若目标不够明确，则需要管理者采用启发者角色帮助下属梳理目标。在这一阶段，管理者不用特别和学员强调现在可以做什么，只需要关注目标实现的可能性。最重要的是，向学员确认这个目标是否可以通过他的努力实现。

第二步，厘清现状。明确现状与目标的差距，并知晓差距产生的影响，对于被教练者来说至关重要。在增效教练三大场景中，后两个场景会把厘清现状作为教练的第一步。在此环节，教练通常会提出以下问题：“现在工作推进情况怎么样？与原定计划相比有哪些偏差？”“阶段任务目标达成情况如何？”根据下级对问题的反馈，再做进一步事实挖掘，直到现状完全清晰后再进入目标确立环节。其中，现状应该是描述性的而非批判性的，以确保客观与精准。

第三步，制订方案。此环节的关键是帮助下属打开思路，发散思维，并基于目标产生解决方案或工作思路。管理者可以借助白板或研讨墙之类的工具，将下属的想法记录下来，有助于和他一起进行后续的方案共创。为了帮助下属打开思路，管理者可以先抛出几个问题，如“针对这个目标，你有什么工作思路？”“你觉得有哪些可行的方案？”“在常用的几种方案里，你更倾向哪个？”。

案例二：制订方案计划

王部长：史蒂文，下周四我出差在外，有一个面试的环节，想请你帮我做一下这部分工作，你觉得怎么样？可以先说说你的想法。

史蒂文：面试别人，我以前没接触过，这么重要的事，我担心自己做不好。

王部长：别担心，虽然以前没做过，但在平时的工作中，我观察到你人际能力很强、观察总结也很到位，我对你很有信心。

史蒂文：既然领导这么信任我，那我试试看。

王部长：我可以先分享几点经验供你参考。面试整体上分为两部分：一是看简历；二是面谈。看简历时可注意三点：第一，浏览简历看全局；第二，重点经历做标记；第三，跳槽换岗多留心。面谈时，如果你是考官，会问哪些问题呢？

史蒂文：我可能会从候选人处理过的一个案例入手，问问他在那件事情里的角色，都做了什么工作，取得了哪些成绩。

王部长：非常不错，很快就抓住了重点！

在以上案例中，管理者首先进入启发者角色，询问下属想法。当下属缺乏自信时，转而进入关怀者角色，通过正面鼓励为其增加信心。在沟通中，下属遇到问题，领导者再进入指导者角色为其分享经验和方法。为避免下属过度依赖上级给出答案，管理者可适时重新回到启发者角色，再度提问，激发其思考。

第四步，确认行动。

最后阶段是将讨论方案落地到行动的过程，需要管理者定义行动计划、时间表和衡量任务的完成机制，帮助扫清实施中潜藏的风险和障碍，促进行动落地。在该环节，管理者常问的问题主要围绕时间、地点、标准、数量以及潜在风险等关键因素。比如："你打算什么时候开始？第一步想怎么实施？""如果我们马上开始行动，还有哪些准备工作？""实施中如果有人对计划提出挑战，你会怎么做？"

教练是一个持续的过程，一次对话结束后，管理者可以根据任务难度和下属的状态考虑进行周期性跟踪。管理者明确了企业中教练的角色定位与方法技巧后，找准企业典型的应用场景，就可以场景为抓手做应用突破，感受教练带来的价值，逐步养成教练习惯。只有将教练技术落地到企业管理的实际情景，变成管理者的工作习惯，才能把方法转化为人的能力，最终转化为生产力（见图 II–2–8）。

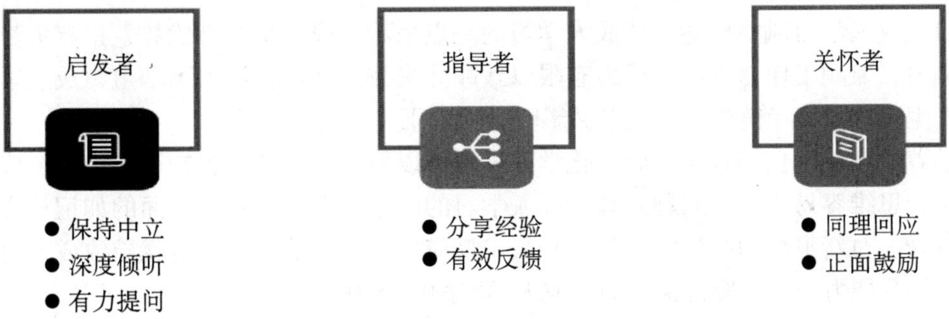

图 II－2－8　增效教练七项核心工具方法

资料来源：侯涛，霍炜．增效教练 成就赋能型管理者．培训，2020（2）．

（六）成人学习理论

请思考以下问题：大学生学习与员工学习有什么不同之处？

请先思考大学生与企业员工在身份、角色、责任等方面的不同点，然后思考二者的学习有何不同。

可以与同学讨论，并写下你的要点。

1. 成人学习理论的概念及特点

美国心理学家桑代克（E.L.Thorndike）的《成人学习》（*Adult Learning*）一书的出版标志着成人学习理论的诞生。20 世纪 70 年代美国著名教育学家、有“成人教育之父”美誉的马尔科姆·诺尔斯（Malcolm Knowles）创立了成人教育学，目的是帮助成人实现高效学习，以应对这个复杂社会带来的各种挑战。成人教育学理论有六大特点：

（1）自我认知与自我导向。“我的地盘我做主”，成人学习者有强烈的自我意识，基本具备自己选择学习内容的能力，没有人比你更了解你到底需要学习什么。

（2）实际工作经验丰富并向经验学习。“人生没有白走的路，每一步都算数”，这句话正是强调了经验的重要性。原有的知识和经验有助于成人对现有学习内容的理解和把握，调动过去的经验积累以激发联想、比较、思考、总结等心理来接受和理解现在的学习内容。

（3）强调实践。和青少年的学习模式不同，成人学习成果的衡量标准并不是试卷分数而是实践成果。

（4）聚焦于解决实际问题。问题导向是成人学习的基本模式。学习的本质是解决问题。

（5）内在驱动。内在驱动包括渴望改变自我、想要自我实现，获得他人认可等，不包括公司的制度规定、领导的强制要求、KPI 的考核或者是各种证书类的考试等。

（6）学习的环境影响。成人学习的过程实质上是学习者与教育环境相互影响和制约的过程，当二者协调一致时，教与学才会很好地发生。学习环境包括培训师、培训方法、内容与工作有机结合、培训时机、学员关系等。

［练习与思考］

成人学习的特点对于企业搞好员工培训有什么启发？

2. 成人学习者与学习风格

（1）成人学习风格概述。从成人学习的特点来看，成人学习有优势，也有劣势，如时间紧迫，兼顾工作与学习，精力有限以致顾此失彼，在这种压力下学习，成人学习者容易产生焦虑与烦躁情绪，反过来又影响学习效果。

随着数字化时代的到来，碎片化学习虽然可以使人快速地吸收知识，但也造成学习不系统、思维容易变窄的问题。其他成人学习的问题还有生理年龄方面的如记忆力和感知力下降、对新事物的接受力不如年轻人、反应速度不如从前等，这就导致成人对自己的学习接受能力产生怀疑，也影响到成人学习的内驱力。

从成人学习的优劣势来分析，一方面外部环境对成人学习造成影响；另一方面成人作为学习主体当然也具有主观能动性，无论是主动调适还是被动适应，都涉及成人在学习中体现出个体的感情因素、心理行为以及与学习环境相互作用所产生的学习方式的偏爱，即学习风格。学习风格是学习策略和学习倾向的总和。学习策略指学习方法，学习倾向指学习者的学习情绪、态度、动机、持久性以及对学习环境、学习内容等方面的偏爱。

- 个体的学习策略、学习方式存在不同。
- 学习风格具有一定的稳定性。
- 学习风格具有个体差异性和独特性。

下面介绍两种经典的学习风格理论。第一种是库伯的学习风格模型。第二种是邓恩夫妇 (1978) 的学习风格理论。

（2）库伯学习风格模型。库伯强调经验的作用。他认为会从原有的经验中获得有价值的东西，又会以某种方式改变今后的经验质量。他对学习风格的研究立足学习本身，围绕经验和变化来展开，在成人学习的整个过程中重视经验的挖掘、提炼、改造以及总结、推广。他认为经验学习过程是由四个适应性学习阶段构成的环形结构（经验学习圈），包括具体经验、反思性观察、抽象概念化、主动实践。

他认为对每一个学习者来说，都必须经历上述四个学习环节。根据学习者对这四个学习环节的偏爱程度，他将学习者分为四种主导的学习风格：经验型学习者、反思型学习者、理论型学习者和应用型学习者。库伯认为，这四种类型的学习风格不存在优劣的价值判别，它们之间有一定的互补性。个人的内在性格、气质的差异性以及生活、工作阅历、教育知识背景的差异性，导致每个学习者学习风格的不一致。正因为如此，在设计教育和培训项目时要考虑到这种不一致的存在。

（3）邓恩夫妇学习风格理论。邓恩夫妇认为不同的学员有不同的学习偏好，这体现了不同的学习风格，其影响因素是多方面的，包括学习环境、学习期望、教师期望和其他的外部特征。邓恩夫妇学习风格理论主要关注影响学习的刺激因素，包括：

- 环境的：噪声、光线、温度和教室设计。
- 情感的：动机、持久性、责任和结构。
- 社会的：学习小组、以不同的方式学习、权威人物的出现。
- 生理的：知觉、吸收、时间和灵活性。
- 心理的：整体与分析、冲动与反思、脑半球优势。

根据以上影响学习的刺激因素，邓恩夫妇区分了 21 种独立的学习风格因素，虽然学习者并不会受以上所有 21 种因素的影响，但一般来说，其中有 6～14 种因素会影响学习者的学习。当老师运用与这些学习风格偏爱一致的教学策略时，学习效果更好。

二、问题导学

学习和培训是不同的，培训是推动学员去学习，学习则是主动参与的过程。因此，学习者必须具备好奇心，才能有力地驱动学习。对企业来说，具备学习好奇心的员工往往更加热情主动、乐于交流，这对提升工作表现十分有益。传统“学习＋考试”的“大锅饭”学习模式已经落伍，培训者在设计课程时必须改变思路，站在学员的角度，思考如何增强学员在学习中的主动性。

——埃利奥特·马西（Elliott Masie）

本模块的讨论逻辑按培训与人力资源开发的基本流程（见图Ⅱ－2－2）进行。

在基本知识部分，我们学习了表Ⅱ－2－1“是什么？”和“为什么？”的问题。接下来，在问题导学中，我们以问题为导向，讨论解决“为谁做？”和“怎么做？”的问题。

（一）如何进行培训项目需求调查与分析

让我们先阅读以下有关内容。请思考：技术的发展对于培训项目的需求与项目设计有哪些影响？

（1）人工智能会在一些特定的场景里，比如工厂的流水线、安保、疾病的诊断等多方面，通过成千上万次训练，在大数据计算的赋能下逐渐超越人类，替代人类完成大部分重复性、机械性、烦琐的工作。在逻辑尝试、创新能力、人文关怀方面，人工智能还远远无法替代人类，也就是说，离大家所说的通用人工智能（artificial general intelligence，AGI）还有很长一段路。①

（2）红杉资本全球执行合伙人沈南鹏表示，人工智能带来的将是人类双手和大脑的又一次大解放。工作的意义将真正从“劳动”变为“创造”。更多的头脑将用来思考科技创新的新“燃点”，以及致力于深化对整个世界的人文关怀。他同时强调，人工智能和人脑智能将相辅相成，实现共生，我国已经处在人工智能大变革的前夜，唯有主动拥抱变化，抓住人工智能创造的巨大红利，未雨绸缪，应对好人工智能带来的难题和挑战。如何提前让整个中国社会尤其是人才培育体系做好充分准备，让教育和职业培训模式以及劳动力结构适应人工智能即将带来的各种挑战和变化，将是我国面临的一个重大课题。②

根据前述内容，“培训与人力资源开发需求”指经过科学调查与分析后，综合考虑企业发展、业务需要和个人发展三方面的需要及意愿，确定的那些可以并且必须通过培训与人力资源开发解决的当前岗位 KSA 和未来企业发展以及市场竞争所需的 KSA 之间的差距。

衡量任何一项企业管理活动的必要性和重要性的第一标准就是这项管理活动对企业绩效的关联度和贡献度。培训与人力资源开发这项管理活动必须对企业绩效产生关联和贡献，也就是说要有效。要想实现这一点，其需求分析的准确性和完整性对于培训与人力资源开发活动的有效性显得格外关键。本书主要采取 MBO（目标管理法）理念来分析培训与人力资源开发的需求。

1. MBO 理念和培训与人力资源开发活动

彼得·德鲁克在《管理的实践》一书中最先提出了 MBO 的概念。他认为，并不是有了工作才有目标，而是有了目标才能确定每个人的工作。MBO 是以目标为导向、以人为中心、以成果为标准，使组织和个人取得最佳业绩的现代管理方法。传统上将 MBO 分为三个阶段，本书为了讨论方便和易于理解，将 MBO 分为五个循环往复的阶

---

① 《投资人力资本，拥抱人工智能：中国未来就业的挑战与应对》。（https：//blog.csdn.net/cf2SudS8x8F0v/article/details/82836666）。

② https：//baijiahao.baidu.com/s?id=1609606585600635097&wfr=spider&for=pc，有删节。

段：阶段一为环境分析；阶段二为目标的设置；阶段三为过程管理；阶段四为测量与评估；阶段五为反馈与改进。我们回顾“培训与人力资源开发的基本流程”，其实质就是MBO 理念的应用。MBO 的特点是，强调人的主动性与自我激励，强调成果导向，强调人的责任感意识。

下面我们将 MBO 理念应用到培训与人力资源开发活动及其需求调查与分析的具体操作中。我们既可以将培训与人力资源开发活动当作一个项目应用 MBO 理念，也可以将基本流程中的某一个阶段即“需求调查与分析”当作一个项目应用 MBO 理念（见表 II－2－5）。

表 II－2－5　MBO 一般过程、培训与人力资源开发活动过程、需求调查与分析过程

阶段	MBO 一般过程	培训与人力资源开发活动过程	需求调查与分析过程
阶段一	环境分析	培训与开发环境分析和 需求调查与分析	培训与人力资源开发环境分析
阶段二	目标的设置	培训与人力资源开发目标设定	需求调查目标设定 需求分析目标设定
阶段三	过程管理	项目设计、交付与营运 为成果转化创造条件	需求分析过程管理
阶段四	测量与评估	培训与人力资源开发效果评估	需求分析结论评估
阶段五	反馈与改进	反馈与改进	反馈与改进

2. 运用培训与人力资源开发需求分析流程与模型

根据 MBO 的流程与特点，我们确定以下培训与人力资源开发需求分析模型，共分为五个阶段，下面会逐一讨论（见图 II－2－9）。

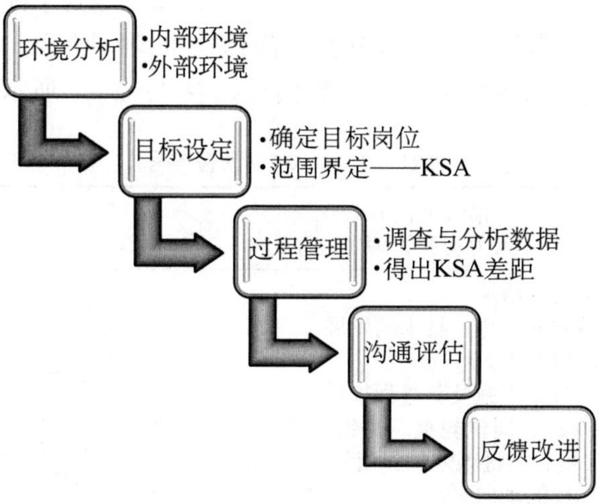

图 II－2－9　培训与人力资源开发需求分析流程

（1）环境分析。需求分析的环境分析阶段是需求分析活动的起始阶段。通过对组织的内外环境分析，主要解决以下四个问题。

第一，赢得各层管理者的支持。培训与人力资源开发需求调查与分析，大到中长期人才竞争与培养规划，小到一次业务培训，其涉及面广、牵涉到的利益群体多，是一项组织上下全范围的管理干预活动，不可能由培训与人力资源开发部门独立完成，为了获得准确的、完整的有效需求，必须得到各层管理者的理解和支持，这是培训与人力资源开发需求调查与分析环节的首要任务。可以采取的措施是：

● 培训与人力资源开发专业人员从思维上进化，调整自己的思路，站在组织层面思考自己的专业如何创造价值，而不是总盯着自己的“一亩三分地”。

● 主动参与到组织战略意图的制定与分析中，主动、提前思考提出见解，而不是被动执行。

● 打造自己的影响力和刷新自己的品牌。提升专业能力，聚焦以产出为导向的成果驱动。

第二，成立工作团队。一般较小的培训与人力资源开发项目由培训与人力资源开发部门来组织，中长期培训与人力资源开发项目、较大规模或重要的培训与人力资源开发项目需要成立专门工作团队来组织，如有的企业成立“人才发展与培养委员会”等机构来组织统筹培训与人力资源开发项目的整体推进。华为在2018年成立了“总干部部”来统筹干部的选拔和培养、继任等工作。

第三，分析组织的战略目标与任务，找出组织当前面临的问题以及未来将要面临的问题，分析判断哪些是培训与人力资源开发可以解决的问题。这个过程一是强调与业务经理协同工作，二是强调培训与人力资源开发专业人员的专业分析能力。在HR三支柱模式中，HR的决策中心可以通过HRBP（HR的前线业务伙伴）收集相关信息，保证一线业务情况准确地、完整地反馈。

第四，深入了解业务痛点，敏锐感知培训预警信号。企业的培训需求一般可以分为被动产生的培训需求与主动产生的培训需求。被动产生的培训需求是指为了应对出现的问题而被动采取的培训活动。主动产生的培训需求是指企业为了配合业务的开展、关键人才的培养与发展或战略的需要而提出的具有前瞻性的培训需求。主动产生的培训需求与被动产生的培训需求常见的一些培训预警信号如表II－2－6所示。

表II－2－6 培训预警信号

培训预警信号	信号的内外表现（人力资源管理者关注）	对培训的影响及采取的行动
正面信号（主动产生的培训需求）	● 业务量大幅增加 ● 商业模式的变化、技术的发展 ● 经营区域的扩大 ● 国际化策略实施及其进程加快 ● 内部升迁、岗位轮换、关键人才培养、接班人计划的实施、关键人才的保留等 ● 竞争标杆的动向 ● 外部的专业机构的组织诊断建议 ● 并购（M&A）过程	● 培训与人力资源开发活动的计划性和前瞻性 ● 与相关业务部门密切配合，以确保培训需求被正确识别

续表

培训预警信号	信号的内外表现（人力资源管理者关注）	对培训的影响及采取的行动
负面信号（被动产生的培训需求）	● 外部环境的急剧变化（如新冠肺炎疫情） ● 工作质量下降（如产品合格率下降） ● 对外投标失败或承包合同不能按期完成 ● 内外客户的投诉率增加 ● 过高的员工流动率、关键人才流失 ● 工作失误率增加 ● 无法按时按质完成公司分配的任务 ● 出现超出组织能力的项目	● 培训需求较为明显 ● 但需要分析、判断培训是否为解决问题的最佳手段或培训能否真正从根本上解决问题

（2）目标设定。需求分析的目标设定阶段主要解决以下两个问题。

第一，确定目标岗位及其目标岗位的 KSA。通过对组织的战略层面进行分析，从当前组织绩效与未来组织竞争所需两方面得出组织面临的人员素质方面的挑战，进而分解落实到职业族，再到具体的岗位。要对目标岗位进行相应的 KSA 分析，具体的分析方法将在下面讨论。

第二，确定采用最适合的需求分析模型。关于培训与人力资源开发需求分析模型，理论界主要有以下五种模型。

一是 Goldstein 组织培训需求分析模型。该模型最大的特点是将培训需求分析看成一个系统，进行层次上的分类，即分别从组织层面、任务层面和个人层面着手，考虑培训需求的原因，使培训需求更加全面化，分析结果更加科学化。

二是培训需求差距分析模型。美国学者汤姆·戈特将现实状态与理想状态之间的差距称为缺口，并依此确定员工的 KSA 等培训内容。培训需求差距分析模型有三个环节：

- 发现需求。理想绩效与实际绩效之间的差距就是需求。
- 进行分析。需要对差距进行分析和初步判断。
- 需求分析。寻找绩效差距，分析的重点是员工目前的个体绩效与工作要求之间的差距。

三是前瞻性培训需求分析模型。该模型是由美国学者特里·莱亚和迈克尔·克里诺提出的。将前瞻性思想运用于培训需求分析是该模型的精髓。他们认为随着技术的不断进步和员工的成长需要，即使员工目前的工作绩效是令人满意的，也可能会因为需要为工作调动做准备、为职位晋升做准备或者适应工作内容要求的变化等提出培训的要求。前瞻性培训需求分析模型为这些情况提供了良好的分析框架。

四是基于岗位胜任素质的培训需求分析模型。胜任素质这一概念是由麦克利兰于 1973 年提出的。胜任素质是指能将工作中表现优异者与表现平庸者区分开来的个人的表层特征与深层特征，包括知识、技能、社会角色、自我概念、特质和动机等个体特征。胜任素质模型是组织当中特定的工作岗位所要求的与高绩效相关的一系列胜任特征的总和。基于岗位胜任素质的培训需求分析模型主要通过对组织环境变化的判断，识别企业的核心胜任力，在这个基础上确定企业关键岗位的胜任素质模型，同时对比员工的能力水平现状，找出培训需求。

五是以员工职业发展为导向的培训需求分析模型。该模型认为，企业发展应建立在员工的个人发展基础上，企业培训和员工职业发展和生涯规划应该相结合。

以员工职业发展为导向的培训需求分析模型的特点如下：

- 尊重并强调员工的个体发展。它将员工的职业发展与生涯规划纳入培训需求中。
- 尊重并强调员工的自主权和参与感。员工真正参与到培训需求分析的过程中，增强了主动性和培训内驱力。

下面我们对以上五种模型进行比较（见表 II－2－7）。

表 II－2－7 培训与人力资源开发需求分析模型比较

需求分析模型	优点	缺点
Goldstein 组织培训需求分析模型	1. 培训需求分析的全面化和系统化 2. 是培训需求分析的理论基础	1. 对宏观政策大环境对培训需求的影响关注不足 2. 仅考虑员工必须培训什么，但对于员工主动想学什么关注不够 3. 缺乏微观方面具体的识别工具
培训需求差距分析模型	1. 聚焦差距，进一步明确了培训需求的可行性 2. 弥补了 Goldstein 组织培训需求分析模型在任务和人员两方面的操作性不强的不足	1. 未能考虑组织战略的影响 2. 有些差距不是培训可以解决的
前瞻性培训需求分析模型	1. 考虑了未来技术、社会的发展对于员工技能的影响，有利于员工职业发展与生涯规划和组织需求相结合 2. 使培训工作具有前瞻性和主动性，有利于组织对员工技能的需要有预见性地采取对策	1. 可能因预见性偏差致使成本效益存在风险 2. 忽视员工职业发展的需求 3. 与组织战略连接不强
基于岗位胜任素质的培训需求分析模型	1. 弥补了 Goldstein 组织培训需求分析模型在任务方面的操作性不强的不足 2. 深入“冰山”下的素质层面，对于员工培训更具深度，增强了培训的科学性和可操作性	1. 素质模型开发较有难度 2. 需要系统科学的员工素质的测评工具与技术
以员工职业发展为导向的培训需求分析模型	1. 关注新时代员工个人发展的趋势 2. 有利于激励员工	1. 培训可能与组织需求存在偏差 2. 需要与其他模型结合

以上五种模型各有优缺点。鉴于企业真实的操作效率和准确性以及互联网时代的要求（如不确定性对于管理思维的挑战、技术快速迭代的挑战等），本书将需求按用途分为培训需求和开发需求两大方向，两大方向各有适合的需求分析模型。本书将以上五种模型按两大方向进行整合后，形成以下综合分析模型。

员工培训需求综合分析模型如图 II－2－10 所示。

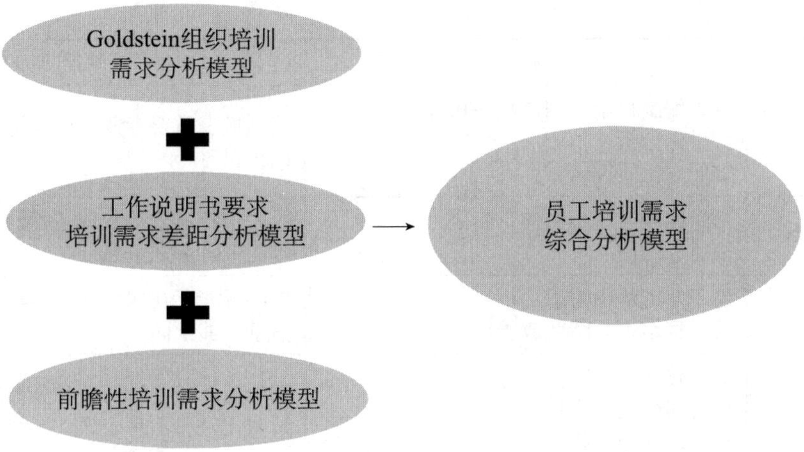

图 II－2－10　员工培训需求综合分析模型

管理者开发需求综合分析模型如图 II－2－11 所示。

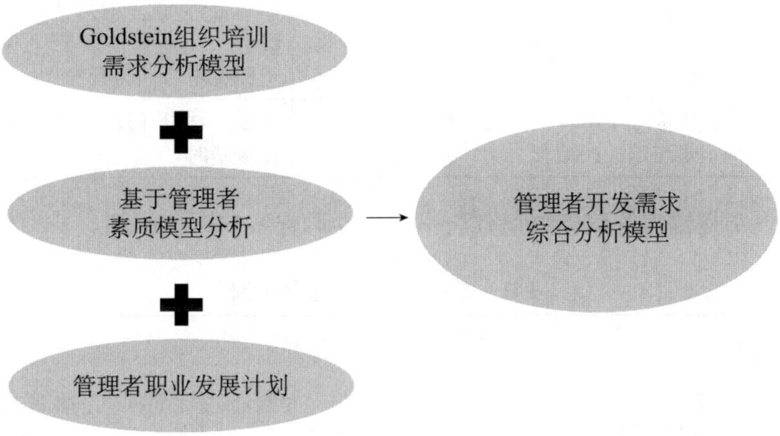

图 II－2－11　管理者开发需求综合分析模型

（3）过程管理。在确定了最适合的需求分析模型后，接下来的工作就是需求分析的过程管理阶段，其主要解决以下四个问题。

第一，确定需求分析的信息、数据的收集方式和范围。培训与人力资源开发管理者必须利用科学的信息采集和加工分析技术，使收集的信息客观、全面。常用的方法有档案、文件分析、访谈、特定人员咨询、关键事件、问卷、标杆研究分析、现场观察、绩效评估材料分析或工作任务分析、评价与测评中心等。表 II－2－8 列出了主要的信息收集方法。

表 II－2－8　主要的信息收集方法

方法	优点	缺点
访谈	易于获得员工信任 得到的信息较为全面和深入	时间较长 受制于访谈人的访谈技巧 所获得信息可能有偏差，不易于量化分析

续表

方法	优点	缺点
测试	量表编制科学，测试结果可靠 可量化分析 方便对比研究	编制量表需要专业人员支持 比较费时
特定人员咨询	信息比较客观、具体，特别是直接上司 快速、简便	得力于特定人员发现问题的能力 可能带有主观偏见
关键事件	易于发现培训需求 易于将培训与绩效改善结合	事件可能存在偶然性，不具代表性 信息不够全面
问卷	成本较低 短时间内获取大量信息 易于统计与分析	问卷设计需要针对性和分析能力 结构化问卷不易于深入了解信息
现场观察	较为深入、全面了解工作要求 所得的信息与培训需求相关性较高	对观察者要求较高且要求不带主观色彩 适用范围有限 需时较长，且被观察者可能受影响
绩效评估材料或工作任务分析	针对性比较强 易于找出真正的问题 结论可信度高	个性化信息，不易于整合成整体培训设计 可能混淆培训与管理
评价与测评中心	获得信息系统、全面且较深入 定量与定性相结合	对相关技术开发要求较高 比较费时

表 II－2－9 是常用的信息收集方法——问卷调查法的一个示例。

表 II－2－9　问卷调查法示例

员工培训需求调查表

姓名：　　职务：　　部门：　　司龄：　　填表时间：
职级：　　直接上司：

职位主要工作内容：

年度主要 KPI：
1.
2.
3.

完成 KPI 或工作任务情况：

未能完成的原因分析：

工作中经常遇到的问题：

希望公司提供的培训：

附：
以往曾参加的培训：
1.
2.

第二，根据以上需求分析阶段的目标，有效提取需求信息。对于采用适宜的方法收集的信息要进行必要的分析、分类和归纳提炼工作，一般按照组织需求、岗位工作需求和员工发展需求三方面进行分类综合。

第三，汇总有效需求信息，确定需求的优先次序。这一步的主要任务是按轻重缓急确定优先次序，以便为接下来的培训与人力资源开发计划、项目设计、课程设计提供依据。

确定优先次序主要考虑的因素有战略需要与战术需要两大类，其中战略需要的因素有市场竞争、技术准备、关键人才培养、接班人计划等；战术需要的因素有非关键岗位的技能差距、设备工具、场地、时间、外包商、费用等。

在确定优先次序的过程中，培训与人力资源开发部门应与业务部门加强沟通，如建立"培训与人力资源开发咨询顾问组"等类似跨部门、跨专业团队，以便准确地判断优先次序。同时，这些跨部门、跨专业团队的成立也有利于让业务部门积极主动地参与到员工培训与人力资源开发工作中来，增加对培训与人力资源开发工作的支持力度。

第四，避免过程管理中的常见误区。需求分析对于培训与人力资源开发工作的重要性毋庸置疑，但在实际操作过程中存在以下误区，我们在工作中要注意避免。

一是培训与人力资源开发管理者对业务的痛点不了解，来自一线的需求已经非常明确了，但仍按程序走一遍，犯了教条主义的毛病。

二是缺乏战略考量，对培训与人力资源开发的战略性和优先次序安排不当。

三是数据收集后分析不到位。比如，问卷调查是企业常用的调查方法，但可能缺乏对各级员工的指引，问卷设计千篇一律，没有随形势而变，导致收集来的信息难以整理和归纳。

四是对于个人需求与企业整体需求的把握不到位。尤其是信息量比较大时，往往将注意力集中在岗位或个人需求上，忽视了组织整体的目标，导致走入只见树木不见森林的迷局。

五是在整体培训与人力资源开发需求调查与分析过程中，认为员工无须参与，这只是管理者的事。互联网企业有一种精神叫作"共享、共创、参与"，互联网经济本身就是体验经济，同样适用于其他行业的企业，特别是新生代员工进入企业，没有参与、没有体验就难以有发自内心的驱动力，也就不会体会到培训与人力资源开发工作是企业和员工双方共享、共创、参与的平台。

［练习与思考］

在校企合作模式下，大三或大四的学生进入企业实习，你认为如何获取实习生的培训需求？为什么？

（4）沟通评估。在调查分析完成，确定培训需求以后，接着应撰写培训与人力资源开发需求分析报告。在撰写报告过程中，主要有两点工作要求：

一是培训与人力资源开发部门应与业务部门进行沟通、确认，双方就培训需求以及相关的具体事项达成一致，并就具体培训时间、地点等进行沟通，为下一步项目设计打下基础。

二是对先期需求信息的萃取、排序等处理后进行合理性评估。评估的主要内容一般是调查分析的过程、调查分析使用的方法、需求信息结果、需求的时间与地点、方式等预安排。如果出现与现实情况不符或与企业方向有偏差等情况，要及时做出调整。

（5）反馈改进。及时有效的反馈对于改进培训与人力资源开发工作、提升有效性大有裨益，同时也易于得到业务部门的支持。在培训与人力资源开发各个阶段都应安排反馈环节，主要指培训与人力资源开发部门获得高层、业务部门、员工的反馈意见或建议，有的反馈也来自客户、合作伙伴、商业生态圈等。反馈环节重点应在以下七个阶段：

- 一是了解和理解企业战略与业务职能战略阶段；
- 二是中长期人才培养与开发规划制订阶段；
- 三是年度培训与人力资源开发计划制订阶段；
- 四是需求调查与分析阶段；
- 五是撰写培训与人力资源开发需求分析报告阶段；
- 六是具体培训与人力资源开发项目实施阶段；
- 七是具体培训与人力资源开发项目结束阶段。

［练习与思考］

业务部门的培训需求总是在不停变化，如何应对这一状况？

3. 如何撰写培训与人力资源开发需求分析报告

完成了培训与人力资源开发需求分析环节，就应撰写培训与人力资源开发需求分析报告。需要说明的是，对于不同类型的需求，不应教条地照搬某一种模式，应考虑培训与人力资源开发的具体情况。比如，对于企业的中长期关键岗位人才的培养与发展，培训与人力资源开发需求分析报告就应该翔实、有据、有力，包括标杆研究、政策研究等，有的还应考虑留才策略和人才配置策略等；对于一些一线岗位“补缺类”的技能操作类培训，培训与人力资源开发需求分析报告则强调简洁、快速、直截了当。

撰写培训与人力资源开发需求分析报告实际上是将需求调查、分析的过程形成文字，规范成文件的过程。报告既为培训与人力资源开发项目的设计、实施和评估提供依据，又是向管理层提出工作申请、部门间沟通的有效文件材料。特定项目的培训与人力资源开发需求分析报告还是中长期人才培养与发展投资或年度培训预算申报的基础支撑材料之一。

培训与人力资源开发需求分析报告应包括以下内容：

（1）背景。

（2）目的。

（3）调查与分析方法和过程简述。

（4）需求汇总。

（5）调查得出的实际情况与预期情况的差距及提升、改进方案。

（6）培训可行性方案的制订，包括培训对象选择、时间、地点、方式、费用等安排。

（7）附录，包括收集信息的图表、问卷、分析表等。

表 II－2－10 是一个培训需求分析报告示例。

表 II－2－10　培训需求分析报告示例

一、背景

公司业务高速发展，对公司的管理提出了高要求。为了提升管理人员的管理能力，配合年度预算的制订计划，2020 年 5 月公司人力资源部对中层管理人员进行了培训需求调查。

二、调查对象

公司各职能部门经理，共计 135 人。

三、调查方式及主要内容

1. 访谈

本次共访谈 110 人。

2. 问卷调查

本次共发放问卷 135 份，回收 128 份。

3. 调查主要内容及其分析

（1）岗位任职时间。从岗位任职时间来看，54% 的管理人员在岗时间不足一年，管理经验有待提高。

（2）管理幅度。20% 的管理人员的管理幅度是 10 人，80% 的是 4～6 人，角色认知是管理人员培训的重点。

（3）工作计划。从访谈结果来看，大多数管理人员仅制订短期计划，对于如何制订中长期计划，以确保符合公司发展战略仍有不足，而且对于工作时间管理有不足。

（4）关于授权及激励。从调查来看，100% 的管理人员愿意向下属授权，但对于怎样授权，有 40% 的管理人员感到迷惘。

（5）高效团队的建设。调查数据显示，在带队伍方面，60% 的管理人员表示缺乏相应的技巧。

（6）培训或指导下属。本次调查中，10% 的管理人员制订了培训计划但没有落实；70% 的管理人员对培训计划执行得较为随意，因为工作忙而忽视培训；20% 的管理人员表示没有时间培训或指导下属。可以看出大部分管理人员缺乏培训或指导下属的技巧。

四、培训计划建议

1. 时间安排

考虑到业务的情况，拟安排在 7—8 月，共计 3 天。

2. 培训课程设计

培训课程设计如下：

培训课程	培训课时	费用预计（元）	培训方式
管理人员的角色认知与职责	2	××	外请导师讲授＋情景
部门工作计划的制订与执行	4	××	公司内训师＋高层示范
有效授权与员工激励	6	××	外请导师讲授＋案例
辅导技巧	4	××	外请导师讲授＋案例＋情景
高效团队建立	2	××	外请导师讲授＋案例
有效沟通	4	××	外请导师讲授＋案例＋情景

五、附件：调查表及访谈大纲（略）

编制：　　　　　　审核：　　　　　　批准：

时间：

[练习与思考]

在企业的实际操作中，很多情况是这样的——企业一般是在当年的七八月做来年的财年预算，培训与人力资源开发预算作为人力资源管理预算之一，由人力资源管理部门通知业务部门上报来年的培训与人力资源开发计划。业务部门按照人力资源管理部门提供的表格填写各自部门的培训与人力资源开发需求（一般情况仅涉及技能技术培训这部分内容）。

1. 分析业务部门上报的需求，为什么一般都是技能技术培训？
2. 分析业务部门依据什么填报培训需求？
3. 培训与人力资源开发部门收到培训需求后如何处理？
4. 在发出有关填报表格前，培训与人力资源开发部门应做些什么？
5. 我们在本模块学习了有关需求调查与分析的模型，在真实场景中如何应用？

（二）如何进行培训与人力资源开发项目设计

假设你是培训经理小李，下午2：00你回到办公室，收到开发部张经理的内部邮件，内容大意是趁工作间隙拟对近期入职的新员工进行一次培训。

请思考两个问题：第一，你需要给张经理回复邮件，如何回复他？第二，你需要设计、规划此次新员工入职培训，工作如何切入？

李经理：

您好！

感谢贵部的大力支持，我部今年急需的15名员工顺利招聘入职。目前趁工作间隙，我打算请贵部安排一次新员工入职培训，这批新员工上周五已体检完毕，我和我部的重要主管在下周一下午到下周三上午有空。请安排并回复，谢谢！

开发部　张平

在确定培训与人力资源开发需求后，就进入了针对这些需求的项目设计阶段。

如前所述，培训与人力资源开发项目设计是指根据企业发展战略，在一定的限定条件下（时间、成本、资源等）对培训与人力资源开发项目的目标设定、项目采购、课程设计、方法选择、师资确定、资源分配等进行设计和安排的过程。

1．培训与人力资源开发项目范围界定和工作分解结构（WBS）

我们完全可以将一项培训与人力资源开发工作——需求分析、师资安排、课程设计、培训实施、评估反馈等完整的循环——当作一个项目来管理。培训与人力资源开发项目资源规划是指确定完成项目所需资源的种类（课程、师资、资金、方法技术、教学案例、平台设备等）和每种资源的需求数量以及投放的时间，该过程和培训与人力资源开发的费用估算紧密相连，它的主要输出结果是一份培训与人力资源开发项目资源需求清单。

根据项目管理有关理论知识，要确定资源需求，首先就要确定项目范围。项目范围管理是为了实现项目的目标，对项目的工作内容进行控制的管理过程。它包括范围的界定、范围的规划、范围的调整等。培训与人力资源开发项目的项目范围是由 WBS 定义的。WBS 总是处于项目计划过程的中心，也是制订项目进度计划、资源规划与需求、成本预算、风险管理计划和培训采购计划等的重要基础。下面我们先讨论培训与人力资源开发项目的 WBS。

（1）创建培训与人力资源开发项目的 WBS。项目范围的确定通过创建 WBS 来实现。WBS 是把项目工作按阶段交付物分解成较小的工作单位（项目管理专业术语称作工作包），更易于管理的。分解成工作包有利于责任归属和费用预算。

培训与人力资源开发项目任务可以分解如下（图 II－2－12 的 WBS 仅分解到第三级，可以往下继续分解）。工作分解得越细，对管理和控制越有效，但过细的分解又会造成资源浪费，因此，不是所有的工作都要分解到最低层级。分解的层级以满足培训与人力资源开发项目管理需求为准，若相关管理者可以进行有效管理，就可以不再往下分解了。

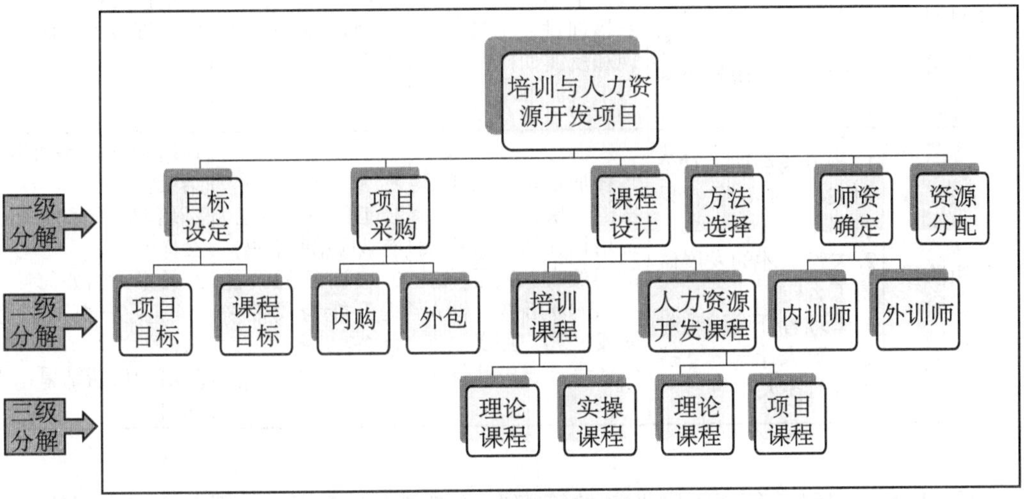

图 II－2－12　培训与人力资源开发项目的 WBS（部分）

［练习与思考］

1. 你如何理解培训与人力资源开发工作的交付物？
2. 试着画出新员工培训的 WBS。

（2）关键项目干系人识别与期望分析。组织的培训与人力资源开发项目会涉及许多人，这些直接或间接的个人与组织就是项目利益相关者（stakeholders），称为项目干系人。项目干系人分为内部干系人和外部干系人。明确培训与人力资源开发项目的重要意义在于培训与人力资源开发组织者和管理者可以清楚他们的期望和要求，然后设法满足和影响这些需求、期望以确保培训与人力资源开发项目成功。项目的主要涉及人员有：项目经理、项目组成员、各层级管理者、员工、培训外包商或供应商、反对项目的人、施加影响者等。可以说，识别培训与人力资源开发项目干系人的工作从需求分析开始，贯穿整个培训与人力资源开发项目过程。对于组织的培训与人力资源开发项目，我们列出主要的内部干系人需求与过程矩阵，如表 II－2－11 所示。

表 II－2－11　培训与人力资源开发项目内部干系人需求与过程矩阵

培训过程	内部干系人			
	高层管理者	业务管理者	员工	人力资源管理者
项目启动阶段	1. 需求分析真的符合公司的战略导向和业务需求吗？ 2. 能给业务发展带来哪些支持和效益？	1. 我所属人员的技术能力的需求分析到位吗？ 2. 课程设计符合我部门的需求吗？ 3. 哪些是培训可以解决的问题？	1. 这个培训对我有何益处？ 2. 培训会影响我的工作吗？	1. 需求分析完整有效吗？ 2. 课程设计、培训师选择、外包机构等决策符合整体 HR 策略吗？ 3. 培训预算怎么样？
项目执行阶段	1. 培训项目在符合战略导向和业务需求方面执行得是否有偏差？ 2. 培训部门与业务部门的配合与协作效率是否高效？	1. 培训安排与工作协调好了吗？ 2. 培训过程中员工表现和反馈如何？	1. 课程收获是什么？ 2. 如何应用到工作中？	1. 培训过程顺利吗？ 2. 培训效果如何？
项目结束阶段	1. 花了钱培训，对公司发展的实际效果在哪？ 2. 关键人才的发展做得怎么样？ 3. 管理者开发活动对于接班人计划的支持力度有多大？	1. 参加培训的员工真实的效果如何？ 2. 培训完后能解决我部门的有关问题吗？（如市场拓展、产品研发、客户服务、工作效率、积极性等）	1. 工作环境可以有效应用所学吗？ 2. 培训后的技能提升能为我带来什么？	1. 培训项目是否顺利结束？ 2. 培训预算使用怎么样？ 3. 效果评估如何？ 4. 与业务部门沟通怎么样？ 5. 培训反馈结果如何？

组织中不同层级、负责不同业务的管理者基于各自的利益，对培训与人力资源开发项目的关注重点会有不同，了解并理解他们的关注重点，加强与他们的日常沟通应该成为培训与人力资源开发项目管理者的工作常态。

[练习与思考]

尝试举例说明，在培训项目启动阶段，培训承包商的关注重点是什么？

（3）基于 WBS 的工作计划——工作责任矩阵。培训与人力资源开发项目一旦立项批准，相关培训与人力资源开发管理者就要安排人员、明确责任。工作责任矩阵是界定工作与有关人员工作关系常用的工具。在培训与人力资源开发项目设计过程中，项目管理者可以此来确定相应的工作应由谁来负责以及负什么程度的责任。表 II－2－12 是一个培训项目的工作责任矩阵（部分）示例。

表 II－2－12　培训工作责任矩阵（部分）示例

交付物（工作包）	项目工作				
	培训总监	HR 总监	培训专员	直线经理	高层
项目培训目标确定	■	●	★	☆	●
项目培训采购决策	★	■	☆		
课程设计或选择	● ■		★	▲ ☆	
培训方式确定（如线上线下、外包或内部等）	■		★		
培训费用预算确定	▲	■	★		
培训师确定	■	▲	★	▲	
培训后勤（场地、时间、餐饮住宿、交通等）	■	▲	★	● ▲	

注：★——负责；☆——协助；●——咨询；▲——知会；■——批准。

2. 培训与人力资源开发项目的目标设定

学习了上述 WBS 的相关内容后，我们不但知晓了项目利益相关者的期望，也界定了工作责任。下面从培训与人力资源开发项目目标开始进入项目整个过程的学习之中。

本书将培训与人力资源开发项目的目标分为项目目标和课程目标，二者相对独立而又密切相关。

（1）项目目标。项目目标对应于培训与人力资源开发项目整体，关注的是项目干系人的需求与期望，课程目标仅是项目目标中一项重要的子目标。项目目标是考核评估培训与人力资源开发项目整体成效的基础，其主要针对关键项目干系人中的中高层管理者而言。其主要目标举例如下：

- 项目预算的使用情况。
- 项目各里程碑达到情况。
- 项目的风险预测控制。
- 项目满足各干系人的期望（如培训体系建设、培训需求分析、预算、评估、课程等目标）。

（2）课程目标。在确定培训与人力资源开发需求后，还要进行课程目标的制定。课程目标是培训与人力资源开发活动期望的结果，来源于员工当前 KSA 状态与岗位标准的状态或与未来要求的状态之间的差距。组织以此为基础选择培训与人力资源开发内容和方法，并且依此对培训与人力资源开发课程实施效果进行评估。其主要针对关键项目干系人中的管理者和培训对象而言，二者的具体目标关注重点不同。其主要目标举例如下：

- 需求分析的有效性。
- 课程支持培训需求。
- 课程设计的有效性。
- 培训师选择的符合性。
- 课程效果如何。

（3）如何制定合适的课程目标。我们从培训对象的角度来界定课程目标，也就是说培训对象学习完某一课程后应该达到的学习效果或标准。课程目标设定后也为课程的效果评估提供了基本的依据。

这里所指的“目标”应理解为“目标体系”，即包括目标、指标和指标值（标准）三个要素。比如我们设定“提升客户服务水平”这一目标，其衡量的指标之一是“客户满意率”，其指标值可以是“比上年提升 5%”。

［练习与思考］

1.“提升客户服务水平”还有其他什么指标可以衡量？

2. 假设为了实现以上业务目标，业务部门经理找到你（培训经理），请你给他所属员工设计一系列课程，在经过需求分析后，你发现前线员工“缺乏处理投诉技巧”。接下来你设计了相应的培训课程。那么，你的课程目标会是什么？

课程目标一定要反映业务目标。这里我们要明确三个问题：

一是课程目标本身要反映培训需求分析中所发现的问题。

二是课程目标是即时目标，反映的是课程结束“那一刻”学员应该达到的学习效果。

三是若要实现业务目标，也就是说学员学以致用，还需要有其他条件配合，才能达到业务目标，这就是我们后面要讨论的关于培训转化和培训评估的问题。

［练习与思考］

培训经常有此现象：“听起来激动，想起来冲动，回来就没动”。

我们可以参照布鲁姆的教育目标分类理论设定培训课程目标。

● 课程目标的构成。目标主要由四个领域构成：（1）知识；（2）技能；（3）行为、态度、素养；（4）能力。目标要有层次，如：

知识目标层次：记忆、理解、应用、分析、评价、创造。

技能目标层次：模仿、操作、精炼（精确）、协调（迁移）、自然化。

行为、态度、素养目标层次：接受、反应、价值化、内部组织化（排他）、性格化。

能力层次：理解、运用、内化、效益。

● 制定目标的原则及判定。遵循 SMART 原则，可以用以下标准来判断某一课程目标设定的合理性。

第一，目标必须是具体的（specific）。

第二，目标必须是可衡量的（measurable）。

第三，目标必须是可达到的（attainable）。

第四，目标要与考核的目的具有一定的相关性 (relevant)。

第五，目标必须具有明确的截止期限（time-bound）。

比如，“员工编程技能水平达到 A+”“客户投诉处理现场评价合格”“操作知识考试合格”等目标设定是有效的；“员工编程技能水平提升很快”“学员表现很好”等类似目标的设定则不符合 SMART 原则。

表 II－2－13 是一个培训课程目标设定示例。

表 II－2－13　课程目标示例

本课程希望学员学习后达到如下目标： （1）可以清楚陈述战略规划制定的原理、过程和方法 （2）能够灵活运用相关理论工具制定战略规划 （3）能够结合本部门业务特点和内外环境，制定本部门业务发展规划

3. 培训与人力资源开发项目的项目采购

培训与人力资源开发项目的项目采购是指在培训与人力资源开发目标确定以后，培训与人力资源开发管理者具体选择课程内购还是外包的决策过程。项目采购要考虑的主要因素有：

（1）培训所需的专业知识和技能，本组织是否可以满足，如合适的培训师等。

（2）成本因素。

（3）课程培训内容是否为组织的机密或敏感性话题。

（4）一些培训内容或认证培训请外部机构较为合适，如 ISO 认证培训、华为的专用技术认证培训等。

（5）在特定条件下，是否可以以线上平台培训员工。

［练习与思考］

新冠肺炎疫情对培训外包造成了很大的冲击，加上各类线上、移动端学习平台的蓬勃发展，你认为培训外包机构应该有何变革与创新行动？

4. 培训与人力资源开发项目的课程设计

先看以下某集团企业的课程体系。

该课程体系包括非技术和技术两大类，覆盖 11 个类型，共 250 门课程（见表 II－2－14）。

表 II－2－14　课程分类

序号	非技术课程（共计 50 门）	技术课程（共计 200 门）
1	客户服务类	
2	内部培训师类	
3	文化类	专业技术类
4	管理类	新产品类
5	个人发展类	管道技术类
6	专业类	安全风险类
7	销售市场类	

培训与人力资源开发项目的目标和采购决策一经确定，就进入课程设计阶段。

本书将课程明确为培训课程与人力资源开发课程两大类，对二者共同之处统一讨论，对不同之处分开讨论。

（1）课程体系设计与课程设计。当前各行业标杆企业越来越重视以技能图谱结合职业发展阶梯构成的学习地图作为课程体系的主要内容。本书不囿于传统的单一的课程设计思路，将企业整体课程体系和单一的课程设计一并讨论。实际上，企业整体课程体系的建立与运作更为重要。

本书对课程体系的定义是不同专业、不同岗位性质的相应课程按照一定规则进行排序、组合的各类课程总和。课程体系设计是组织根据各岗位 KSAC 要求、各级职位族胜任素质要求以及公司发展需求对培训与人力资源开发课程体系进行设计的过程，是相对静态的过程。课程设计是就某一培训与人力资源开发目标，针对特定的培训与人力资源开发对象，具体对某一课程进行开发或再开发的过程，是相对动态的过程。

课程体系设计主要有两种思路：第一种是基于工作岗位任职资格和任务的课程体系；第二种是基于不同级别职位族胜任素质的课程体系。

基于目前企业实际情况，本书的观点是将二者结合起来，称为基于岗位序列和胜任素质融合的课程体系设计模型（简称 KSAC 模型）。其成果主要为一张学习路径图，即学习地图。其设计步骤如图 II－2－13 所示。

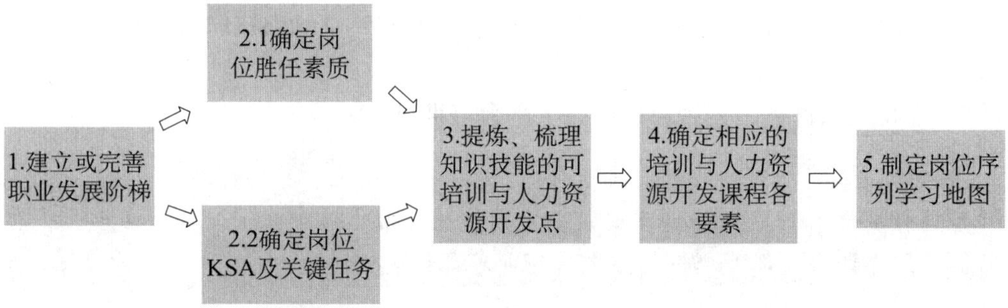

图 II－2－13　KSAC 模型之课程体系设计步骤

我们已经学习了岗位胜任素质。岗位 KSA 及关键任务由工作分析技术得出。以下我们重点讨论“提炼、梳理知识技能的可培训与人力资源开发点”“确定相应的培训与人力资源开发课程各要素”“制定岗位序列学习地图”三个步骤。

第一，提炼、梳理知识技能的可培训与人力资源开发点。我们分两方面展开讨论。一方面，针对岗位的课程 KSAC 要求，首先针对 KSA 建立各岗位的技能图谱。其中技能又分为专业和基础管理、通用技能。一般地讲，企业在发展的不同阶段对于岗位 KSA 的要求都有所不同，但从总体上看可以划分为以下几类。

- 通用或专业知识类，如各岗位专业知识、行业现状与发展、公司发展等。
- 通用技能类，如计算机基本操作、外语、办公软件、时间管理、效率提升、人际沟通、5S 等。
- 态度包括企业文化类，如职业化、思维训练、企业核心价值观、合作精神、工作与生活平衡等。
- 基础管理技能类，如项目管理、工作分配、下属沟通与管理、质量管理、战略管理等。
- 专业技能包括各专业的技能，如营销、生产运作、人力资源、财务等。

通过每个岗位的工作分析，确定其任职资格条件，然后判断哪些条件是可以通过培训与人力资源开发活动达到的。人力资源管理的重要基础工作之一的工作分析就显得尤为关键。

分析岗位的工作任务后形成的岗位说明书或工作说明书相对比较静态，不能及时满足外界竞争环境的迅速变化带来的员工技能培训的需求，因此，培训与人力资源开发管理者还要注意运用动态工作任务和工作流程分析技术弥补仅以岗位说明书所获取的可培训与人力资源开发点的不足。

比如，在新冠肺炎疫情下，许多企业积极开展自救，从商业模式、产品开发、价值链重组、协同等方面开展业务，如餐饮业大力扩展外送业务，企业转型生产抗疫物资等，这需要员工从原来岗位工作相对固定转变为适应多岗位工作，企业就要想办法让员工尽快地掌握新技能，同时拥有工作交叉技能。这些新技能包括员工的工作技能和管理者的一些管理技能。

［练习与思考］

在新冠肺炎疫情下，餐饮业大力扩展外送业务开展自救，你认为这给餐饮企业的培训带来了哪些挑战？尝试以某一岗位为例，说明如何运用工作任务与工作流程分析技术动态地分析适应外部环境的可培训与人力资源开发点。

当我们通过工作分析得出各岗位所要求的 KSA 及关键任务，建立了各岗位的技能图谱后，接下来就进入梳理、提炼、确定什么样的学习课程可以满足或提升这些岗位要求的 KSAC。下面我们以银行客户经理岗位为例来说明（岗位说明书仅截取任职资格条件部分，如图 II－2－14 所示）。

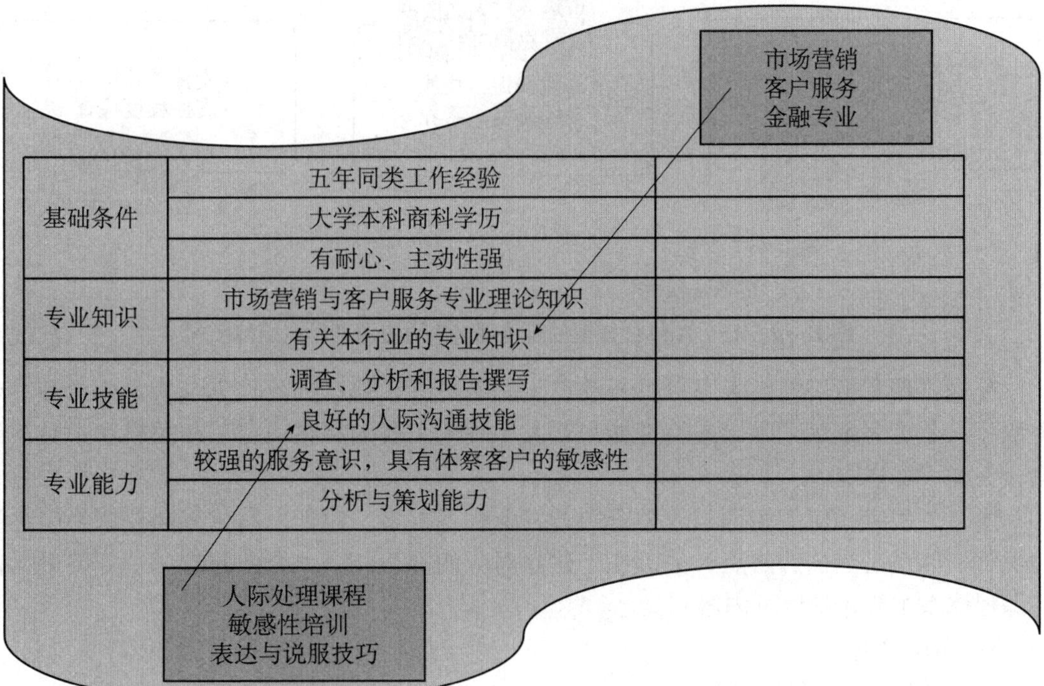

图 II－2－14　可培训与人力资源开发点提炼

最后，通过建立课程－KSAC 矩阵来检查课程与 KSAC 之间的支撑关系及支撑程度（见表 II－2－15）。

表 II－2－15　课程　－KSAC 矩阵

		KSAC			
		知识	技能	态度	素养
课程	课程一				
	课程二				
	课程三				
	课程四				

我们用图 II－2－15 来总结以上工作步骤。

素养要求可以按岗位，也可以按岗位序列来划分、确定。比如企业运用最普遍的领导管理职位族序列，可以将素养分为以下两类：

- 核心素养，指从组织核心价值观推导出来的素养要求，如开创精神、组织文化认同等。
- 专业素养，指与领导或管理有关的素养要求，如激励下属、结果导向等。

在实际操作中，以上素养也应列入岗位的技能图谱中，以统一规范岗位的任职资格。

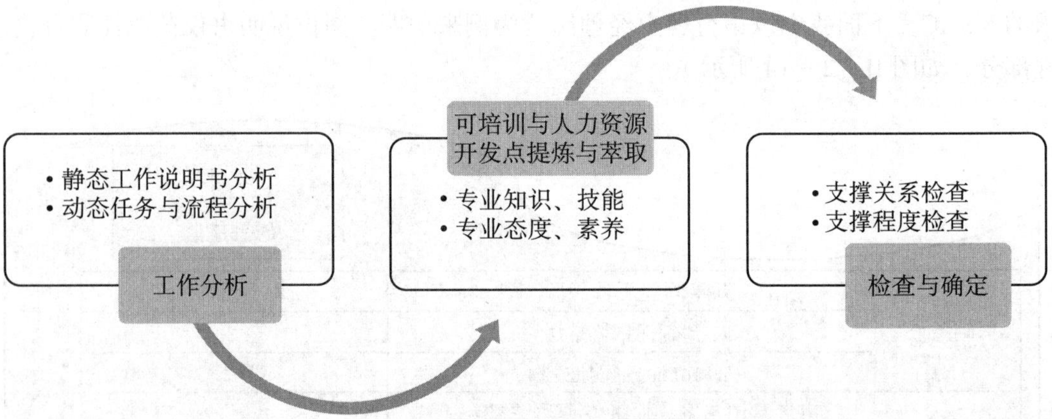

图 II－2－15　KSAC 模型的可培训与人力资源开发点提炼步骤

提炼管理者可培训与人力资源开发点与提炼岗位 KSAC 的可培训与人力资源开发点类似，只是更多聚焦于领导或管理能力开发课程上。我们将在项目三相关模块中具体讨论，在此不赘述。

第二，确定相应的培训与人力资源开发课程各要素。建立以岗位或岗位族为中心的知识萃取体系是当前的热点，关键在于建立对应的课程体系。企业建立一个完整可操作的课程体系主要包括以下内容：

- 岗位序列。
- 岗位绩效标准或 KPI。

- 岗位 KSAC。
- 每一层级岗位课程组合。
- 课程学习目标。
- 课程学习方法。
- 课程学习形式与安排。
- 评估与考核方式。
- 学习时间。
- 学习资源配备（师资要求、教材、教案、设备、空间等）。

[练习与思考]

新时代的学习方式：时代的发展和技术的进步催生了许多新颖高效的学习方式，如场景化学习、行动学习、竞赛式学习、游戏化学习、混合式学习等。请在网络上搜索某企业的员工培训学习方式，并尝试评价。

第三，结合职业发展阶梯，制定学习地图。将确定好的课程体系与职业发展阶梯结合，就构成了基于岗位序列的学习地图。其没有统一的格式，各企业可以根据自己的情况建立各具特色的学习地图。

一般的步骤是：

- 检讨、厘清岗位职责。
- 梳理、整合关键工作任务：形成每项职责所包含的工作任务。
- 细化工作任务之具体步骤：详细列出有效完成每项工作任务的具体工作步骤或环节。
- 萃取工作要求或标准：提炼每个具体工作步骤或工作环节应该达到的绩效标准和所需要的 KSAC 要求。
- 制定达到要求或标准的学习目标：根据每个工作步骤的绩效标准为每项工作任务制定所需要达到的学习目标，建立工作任务、绩效表现或结果、学习培训目标的对应关系。
- 建立学习地图：根据每项工作任务的学习目标和 KSAC 要求设置对应的课程主题或学习单元，配备不同的学习方式、学习时间和教学资源并设定评估标准，与职业发展阶梯相结合。

学习地图示例如图 II－2－16 所示。

也可以表格形式呈现学习地图，这样信息会更完善（见表 II－2－16）。

企业一般可将全部课程分成四类：管理类培训、专业或技术技能类培训、基本技能类培训、通用知识类培训。以上四类又可按岗位序列细分。

建立基于岗位序列的学习地图对企业的好处有：

- 有利于知识技能的体系化和动态化。
- 有利于加强员工学习的自主性和自驱力。
- 有利于培养组织学习文化。
- 有利于紧跟技术前沿，保持企业竞争力。

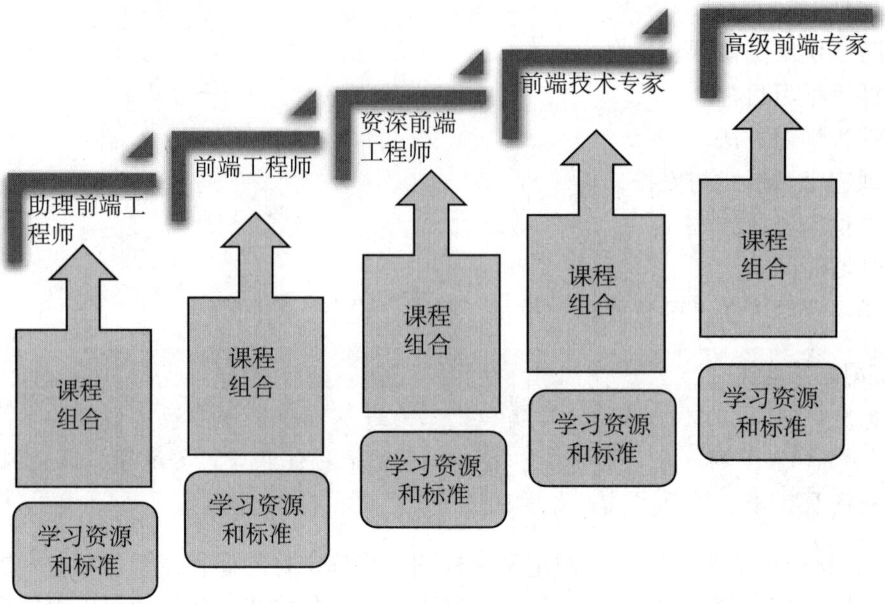

图 II－2－16 基于岗位序列的学习地图

表 II－2－16 基于岗位序列的学习地图示例

岗位序列	学习地图要素											
	岗位及层级	岗位职责	KPI 或目标与关键成果（OKR）	岗位 KSAC	岗位 KSAC 具体要求	岗位课程组合		学习目标	学习方式及安排	学习时间	学习资源需求	评估方式及周期
人力资源管理	HR 总监			专业知识								
				专业技能								
				职业素养								
				核心能力								
	HR 经理			专业知识								
				专业技能								
				职业素养								
				核心能力								
人力资源管理	HR 主管			专业知识								
				专业技能								
				职业素养								
				核心能力								
	HR 助理			专业知识								
				专业技能								
				职业素养								
				核心能力								

● 有利于培训与人力资源开发管理更具适应性、前瞻性和战略支持性。

● 有利于员工明确各岗位层级的要求及对应的学习内容，从而有利于员工的职业发展。

在企业实际操作中，建立好的课程体系并正常运作，应2～3年做一次检讨调整，每年做一次微调。一些行业会加快课程产品的迭代速度，如互联网公司调整频率与使用年限会相应缩短，这就对培训与人力资源开发管理者不断沉浸业务、具备敏捷制造、快速迭代产品的能力提出了挑战。

［练习与思考］

你认为培训与人力资源开发管理者如何体现敏捷制造能力？

（2）课程设计的组成要素。前述内容主要是针对企业整体培训的课程体系来讨论课程设计，聚焦从宏观、横向、广度的层面建立企业培训与人力资源开发的课程学习系统。这里主要是针对开发与设计一门单独的培训或人力资源开发课程而言，聚焦从微观、纵向、深度的层面解剖一门课程是如何开发与设计的。

课程体系由一门门独立的课程组成。要建立完整而有效的课程体系，就必须对每一门课程进行有效的开发与设计。一门课程的开发一般在两种情况下开展：一是在规范统一建立课程体系时开发课程；二是随着业务、技术等的快速变化，新开发一门全新的课程或修订原有课程。

一门课程设计的组成要素有课程主题、课程目标、教学设计、学习对象、课程内容、课程教材或教案、学习模式、效果评价及考核、时间与空间等资源安排、课程实施流程等。如培训课程与人力资源开发课程的组成要素有所不同，但设计程序类似。下面我们分别讨论。

（3）课程设计的程序和方法。企业的课程开发与设计大体可以划分为五个阶段，这五个阶段从低到高，随着企业的规模、实力、竞争、战略等因素发展的需求而产生（见图Ⅱ－2－17）。同时，培训与人力资源开发功能作用也随之提升。企业应根据自身的业务特点进行评估选择。

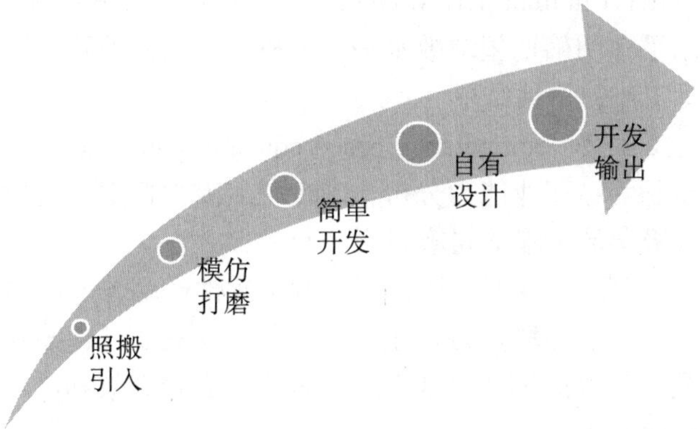

图Ⅱ－2－17　企业课程开发与设计的发展阶段

照搬引入阶段包括前述有关培训外包的内容，对于培训承包方来说，即使有现成的相关课程，也必须进行“本地化”的打磨和再设计。开发输出阶段主要指企业大学或企业商学院自行开发的课程，其培训与人力资源开发业务不仅服务内部员工，也为其他企业或社会提供其课程培训或课程认证等服务。以下内容主要针对自有设计阶段和开发输出阶段的课程设计。

培训与人力资源开发项目的核心产品是培训与人力资源开发课程，培训与人力资源开发课程的核心是如何选择课程开发与设计的模式、方法和技术。适合的培训与人力资源开发模式、方法和技术直接影响到课程开发成果的适用性、先进性，进而极大地影响培训与人力资源开发目标的达成度。成熟的课程开发与设计模型可以简化课程开发与设计过程，极大地提升课程开发的效率。

课程开发与设计模型有很多，如比较经典的 ADDIE 模型、ISD 模型、HPT 模型、CBET 模型、DACUM 模型、霍尔模型、纳德勒模型等。近些年出现了新的模型如项目化课程开发模型、案例式课程开发 (case facilitate trainer，CFT)、多维课程体系构建法（MCS）、基于组织最佳实践的课程开发与设计、敏捷课程开发模型（FDD）等。

当前线下课程的发展趋势已从传统的 ADDIE 模型逐渐变成以微课为主的组合式学习，ATD 主推的 SAM 这种快速迭代的课程开发模型逐步成为新时代课程开发的主流。

- ADDIE 模型。ADDIE 模型是分析（analysis）、设计（design）、开发（development）、实施（implementation）、评估（evaluation）的英文缩写简称，是目前企业培训课程开发领域最为经典的一个理论模型。当前大多培训课程设计模型可说是它的变异再造，即分析培训需求、环境、学员学情等；设计培训题目、大纲、结构、章节等；开发培训教材、教案，包括课件、学员手册、讲师手册等；实施培训教学活动；对培训效果进行评估、反馈改进等。

- ISD 模型。ISD（instructional system design，教学系统设计）模型的过程要素包括：培训需求分析、培训内容分析、培训对象分析、培训课程目标叙述、培训策略制度、培训媒体选择、培训课程设计评价。

相对来说，该模型比 ADDIE 模型更具体，但没有 ADDIE 模型的流程全面。当培训内容相对确定、完善时，可以采用 ISD 模型。

- HPT 模型。HPT（human performance technology，绩效技术）模型的主要步骤为：明确目前绩效水平，明确期望绩效水平，分析产生绩效差距的原因，针对原因提供干预措施，指导实际工作，评估结果。

- CBET 模型。CBET（competency-based education and training，能力本位教育与训练）模型的主要步骤为：职业能力分析，确定统一能力标准，对比统一标准，确定员工等级，针对不同等级学员实施不同培训。

- 敏捷课程开发模型（FDD）。该模型借鉴了软件产品开发的敏捷技术理念。作为敏捷开发的创始人之一、敏捷联盟首任主席，罗伯特·马丁（Robert C. Martin）曾如此定义敏捷技术：它是一套方法论和思维理念，敏捷代表着有效和灵活。我们称那些轻型的、有效的方法为敏捷方法。

以上多种课程开发与设计模型在具体操作中可以借鉴使用或整合使用。本书综合多类模型，结合学习模式的前沿理论与实践，如混合式学习、数字化学习技术、学习课程产品开发等，提出课程开发与设计一般流程（见图 II－2－18），下面我们逐一讨论。

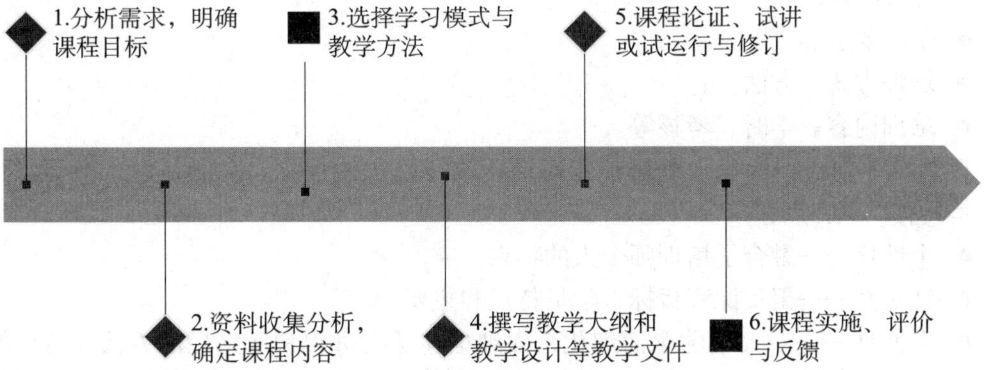

图 II－2－18　课程开发与设计一般流程

第一步，分析需求，明确课程目标。前面我们对此已经进行了讨论。这里的需求是指课程开发时对特定学员开展的需求调研，明确某个培训的预期产出，对培训开展后的目标进行设定。这里要强调的是，在企业实战中，培训与人力资源开发需求的调查一般以年度来开展，这样获得的需求，一是用作现有企业课程体系的完善或修订，二是用作汇总、制订各部门的年度培训计划。在设计一门新的课程或实施一次具体的培训活动前，无论是企业的内训师还是外包机构的外训师都必须重新检讨、回顾培训与人力资源开发需求，以保证需求的适时性、适用性和完整性。

第二步，资料收集分析，确定课程内容。前面我们讨论了建立以岗位或岗位族为中心的知识萃取体系——课程体系的有关内容，这里主要深入讨论具体课程的内容萃取与提炼。

为了让课程内容更有效，支持培训目标，萃取方法一般是：

- 访谈组织内部专家、优秀个体，萃取内部优秀经验、成功和失败典型事件，形成案例库、知识库、经验库等。
- 借力外部标杆企业，引入外部经典实践。
- 借助知名培训承包机构，经本地化改造，形成本组织独特的知识技能库。

第三步，选择学习模式与教学方法。不同的课程内容特点需要灵活采取不同的学习、开发模式和教学方法。我们将本部分内容放在本模块稍后专门讨论学习，主要从培训方法与模式及开发技术与模式两方面展开，解决“如何做？”的问题。

［练习与思考］

请上网查询混合式学习、数字化学习技术、游戏化学习、竞赛式学习、场景化学习有关知识，并尝试评论，如优点与不足、需要的基础条件、成效如何、成本如何等。

第四步，撰写教学大纲和教学设计等教学文件。罗伯特·加涅（Robert M.Gagné）在《教学设计原理》中说：“教学设计的目的是帮助学员以更快的速度与更高的质量获得解决问题的知识或技能。”

教学大纲给培训课程确定了一个方向和框架，并给出了培训课程的主要内容和培训方式、方法等。教学大纲主要包括以下内容：

- 课程名称。

- 课程目标。
- 课程特点。
- 学员要求。
- 培训方式、方法。
- 培训内容、学时、考核等。

教学设计是根据课程大纲进一步对课程执行流程的细化。一般是由培训师自行制定，其具有以下特点：

- 个性化——融合了培训师个人的特点。
- 针对性——聚集课程目标、学员特点和主要内容。
- 全面性——对大纲的全面细化，详细描述课程进程和所采用的方法、考核标准和形式等。

第五步，课程论证、试讲或试运行与修订。课程设计好后，一般都要经过规范的流程进行论证，完成论证后，培训师还要试讲并通过有关专家和主管机构的审核，有不足之处需要修订和重新论证。

第六步，课程实施、评价与反馈。课程评价是在课程执行完后对课程进行的全过程总结和评判，重点在课程本身的质量、培训效果是否达到预期目标、受训者满意度等。此部分内容我们将在培训评估与绩效促进模块讨论。

（4）课程开发与设计案例讨论——情景微课的开发与设计。下面我们结合当前企业课程设计比较前沿的实践——情景微课的开发与设计案例来重温以上课程设计的一般流程。

情景微课，又称场景微课，场景比情景更接近现实工作情景，由微课程 + 场景化生成。情景微课是以视频为主要载体，针对具体工作场景，尤其是工作或业务痛点场景，以解决实际问题为目的，开发 3～10 分钟的课程，形式可以是 PPT 录屏、真人演绎、Flash 动画等，这样开发的课程短小精悍、实用性强、传播广，可选用多种平台发布，符合移动学习和碎片化学习的特征。

由于情景微课多是针对企业的实际问题开发的，其具有定制化、个性化、非标准化、问题导向、课程小型化、内容简洁有趣等特点。虽然微课有诸多优点，但是其在系统和深度学习方面不能代替其他教学形式，具体使用时应结合多种学习形式。

通过微课设计的情景（场景）化，将企业业务知识点有机嵌入不同的实际工作场景中，让员工更快更有效地学习。比如对于“新产品上市”这一场景，我们要进行情景化课程设计，情景微课的主题可以是“新产品操作技巧”“快速引导客户体验技巧”“新产品的典型卖点”“客户投诉处理”等。

下面以“对于新产品使用，客户中心投诉处理”为例来说明如何开发与设计情景微课。

问题场景：某公司新上市一款电热水器，在该公司的客户中心销售。一天上午，一位客户进店咨询热水器事宜。当客户询问有关过热保护的问题时，销售人员对此新技术了解不深，对客户的询问不能给予专业的回答，同时在客户表现出疑惑且不满意时，也未能及时、有效地回应，还未能及时求助他人。

第一步，分析需求，明确课程目标。聚焦情景是指确定微课开发的方向和需求，确定影响业绩提升和问题解决的核心场景、任务和流程，明确目标。

对于以上案例场景，主要从工作任务和人两方面来分析，该案例的培训需求是对销售人员进行新产品培训，提高其人际关系处理能力。

第二步，资料收集分析，确定课程内容。邀请组织内外业务专家，通过分析业务情景，先明确课程开发的对象与目的，定义课程适用的工作场景，深入探究影响案例成功的原因，提炼问题解决办法并回归情景，给出最佳话术和推介建议。

针对该案例中出现的两个主要问题，即新产品培训不足和人际关系处理能力欠缺，提炼问题解决办法，并将其推而广之，应用到其他类似的场景中。

第三步，选择学习模式与教学方法。确定采用情景微课的形式来培训员工，在远距离培训和重复学习方面有很大的优势。

第四步，撰写教学大纲和教学设计等教学文件。在5～10分钟的课程中，开篇点题，直击该案例的痛点问题，吸引学员注意，然后道破痛点问题解决方向，分析原因，最后给出解决方案。其中主要有以下工作：

● 撰写脚本。针对痛点问题，可用讲解、回放等生动形式。目前微课视频的媒体呈现形式多样，如摄制型微课、录屏型微课、软件合成式微课以及混合式微课等。

● 视觉呈现。可以是PPT录屏、真人演绎、Flash动画等。

● 制作图文动画。按照微课制作方式可以分为实景拍摄式、动画式、屏幕录制式和移动App式四种，企业可根据需要选择。

● 录制旁白音效。

● 选择制作工具。

课件转化：PPT。

直播同步录制：umeet会议、Zoom、钉钉。

录屏软件：EV录屏、喀秋莎、UMU、金舟录屏大师、格式工厂、班迪录屏（Bandicam）。

专业视频/课件制作软件：Focusky。

视频编辑App（移动端）：剪映、快剪辑、巧影。

视频编辑软件（电脑端）：Pr、EDUVS、会声会影、Camtasia。

● 导出微课成品。当然，也可外请专业机构制作。

第五步，课程论证、试讲或试运行与修订。主要的工作是：

● 微课脚本评价。

● 微课素材评价。

● 微课旁白评价。

● 微课整体评价。

第六步，课程实施、评价与反馈。已建设好的课程体系的修订、新增等也适用于本程序。

最后，特别强调三点：

一是微课要将线上微课和线下微课相结合，未来课程设计需要将碎片化和体系化结合起来，混合式学习将成为未来企业学习的标准配置。

二是微课毕竟是培训形式，形式要服务于培训内容，在制作炫彩的微课时千万不要忘记针对培训目标解决实际问题的培训内容设计才是关键。

三是移动互联网时代培训与人力资源开发管理者要转变培训理念，适时让学员参与到培训体系的设计、运作过程中来，以适应员工主权化的趋势，增强学员学习的主动性和内驱力。参与的方式可以是征询意见和建议、培训方案有多个选择而不是单项选择、部分内容让骨干员工参与设计、吸收员工进入培训管理委员会等。

以下是企业的微课开发运作实例。

红星美凯龙管理学院：练战结合，创课大赛圆满结束

2020 年 11 月 18—20 日 45 位创课大赛选手经过 2 天 1 晚的微课打磨、1 天的微课现场比拼，在讲师和评委的指导下，融会贯通，“学”“教”结合。

2 天 1 晚——练

11 月 18—19 日 ATT(行动式 TTT) 课程研究院院长、微课设计与制作教学专家张连全老师带领学员开启 2 天 1 晚的“微力无穷——经验萃取与微课制作”赛前辅导创作课程，通过小组讨论、经验萃取、视频演示，让学员从学过到学会，从知道到掌握。

优秀的微课 = 标题 + 内容 + 形式。一门好的微课在选题、设计、制作和应用方面要抓住两个核心：微而精 + 自主学习。要清晰微课受众，结合自己熟悉的业务领域梳理热点或痛点，萃取经验，聚焦一个知识点。

经过 48 小时打磨，选手致力于创思维、创设计，创造出属于自己的精品微课，参加总决赛。

1 天——战

在 11 月 20 日的总决赛评比环节，评委从微课的选题、导入、内容、呈现四个维度进行打分，并为选手提出改进和完善建议，最终评选出“金牌微课”“银牌微课”“铜牌微课”；从微课设计和传播价值维度评选出单项奖——“最佳教学奖”和“最佳呈现奖”；从选手的个人表现、微课制作能力维度评选出“创课达人”。经过 1 天的评审，最终有 36 位选手通过认证，被授予“创课达人”证书。

最佳教学奖：微课选题上“微而精”、直击痛点，给要点和工具，即学即用。

最佳呈现奖：视频呈现效果丰富，可多角度地应用制作软件的功能带来的视觉效果。

创课达人：具备萃取工作中实战经验的能力，并能将实战经验转化为系统专业的微课，“懂业务、善提炼、乐分享、易传播”是他们的代名词。

创课达人在大赛现场制作了 36 门精品微课，未来他们还将制作更多微课。红星美凯龙管理学院将联合各个条线、各业务专家对微课进行完善，并上传至数字化学习平台，供一线业务人员学习和转化，全面加速一线业务人员业务能力的提升。

资料来源：https：//mp.weixin.qq.com/s?search_click_id=2022400153082351679-1645688971327184198&__biz=MjM5OTc2OTQ4MA==&mid=2651327171&idx=1&sn=e47a28acd9edc31699848669ef51dce4&chksm=bccace248bbd47326cd23bca047054cb3c05a43adda62c5404b6078a5af2462e51b97a821698&scene=19&subscene=10000&clicktime=1645688971&enterid=1645688971&ascene=65&devicetype=android-30&version=280133d&nettype=cmnet&abtest_cookie=AAACAA%3D%3D&lang=zh_CN&exportkey=A0Gb6Y914pLQZQI%2Fwg94Jo0%3D&pass_ticket=L%2Bi1ru5hvrFqfuex9AyPa4SL9su5C9LUyp3qM7YRcmFVvSQTXoZgdfjrTJwTdSWD&wx_header=3.

（5）如何将成人学习理论应用于人员培训与开发中？组织的培训与人力资源开发的服务对象都是成人，在开展培训与人力资源开发各项实务前，不但要知道成人学习理论有关内容，更重要的是如何在各项培训与人力资源开发实务中有效运用成人学习理论，以提升培训与人力资源开发的效率与效益。因此，有必要对成人学习有关理论的具体应用进行学习。这里主要介绍培训界著名专家的理论与实践。

1）梅尔·希尔伯曼的提升学员积极性的七大策略的应用概述（见表Ⅱ－2－17）。梅尔·希尔伯曼（Mel Silberman）是美国坦普尔大学名誉教授，曾获得坦普尔大学"伟大教师奖"。梅尔·希尔伯曼提出一个非常重要的观念：在课堂培训中，培训师有两个非常重要的任务，首先他们需要让学员对所教的内容感兴趣，其次培训师要懂得如何协同学员的头脑充分运作，并能在理解的基础上产生记忆。

表Ⅱ－2－17　梅尔·希尔伯曼的提升成人学员积极性的七大策略

七大策略	有什么获益	怎么操作
策略一：从一开始就调动学员主动学习	让学员体验自己是学习的主人 让学员主动在课堂中去实践、去思考、去参与	激发学员思考 鼓励学员应用所学 让学员参与
策略二：善用成人学习心智模式	以成人愿意接受的方式学习效果更好	着重应用和有用 案例生动且务实等
策略三：系统而聚焦的讨论方法	热烈而有序的讨论或辩论更引起深度学习 更易于破解问题的根源 学员的参与度更高	善于挖掘问题 从学员身边发生的案例入手等
策略四：促动学员发问	发现问题、分析问题、解决问题 由被动模式进入探索模式，学习更有效	善于发问，善于引导学员发问
策略五：让学员相互学习	学员之间相互学习、借鉴有利于团队协作，加深理解，更利于集思广益 默契的关系运用到实际工作中配合更佳	鼓励小组讨论、项目式学习 团队成果展示和效果考核 鼓励从不同角度看待问题
策略六：用实践和经验强化学习	符合成人和职业人士的学习目标性 更好地理解理论和接受理论	深入联系学员的工作实践 从学员过往的经验中找出理论连接点
策略七：做一个印象深刻的总结	有利于学员系统、全面地回顾和总结所学，便于知识的理解与迁移	让学员自己总结所获 让学员画出知识结构图 让学员提出应用于实践的案例

2）提雅吉的互动培训的应用概述。提雅吉是互动培训权威大师，曾担任北美（教学）模拟和游戏协会、美国绩效促进协会和美国特殊教育技术协会的主席。

他主张体验、探索、设计、开发、评估并优化实施不同的培训模拟活动：

- 模拟游戏——把工作中的内容转化成可控和安全的培训活动。
- 互动故事——把学员从被动听故事转变为主动参与到故事中。
- 团队反思活动——引入行动学习技巧，提供实时反馈。
- 案例分析——鼓励学员分析实际工作挑战并进行有效决策。

● 角色扮演——帮助学员演练适当的行为，从而学习如何应对工作挑战。

● 分析学习活动——活动完成后如何发现学习活动与实际工作的联系。

3）鲍勃·派克的 EAT 的应用概述。鲍勃·派克是非常有影响力的演讲家、培训大师和人力资源研究领域的专家，被 ATD 称为“培训师的培训师”，著有《重构学习体验：以学员为中心的创新性培训技术》一书。下面选取其中两点。

第一点，EAT 的阐述和讨论。EAT 是体验（experience）、认知（awareness）和理论（theory）的英文缩写简称，是创新性培训技术中一个重要的组成部分。它的理论基础是建立在成人特有的学习模式之上的，在成人教学中更倾向于体验式教学。

● 体验：学员的一段亲身经历与体会，需要学员参与。

● 认知：促使学员体验升华的关键时刻，关键在于体验活动的感悟、总结、提炼，结合成人原有的经验，体会出现实世界发生事件的原因，感悟出道理。

● 理论：老师想通过体验活动带给学员的理论知识点、理念或技能。

体验之所以具有如此的魅力，是因为它能够让我们认识到自身思维与行动的特点，能够刺激我们的情感，这些都有助于启发我们的思维。设计学员的体验，关键是用学员的感受刺激他们思考。体验在课程设计中可以是活动设计、换位思考、艺术创造、手工制作、模型展示、填写活动等，在管理开发活动中的工作轮换、顶岗实习、临时岗位等实质上也是一种工作学习的体验。

第二点，五项成人学习法则（见表 II－2－18）。

表 II－2－18　派克的五项成人学习法则及其操作

学习法则	含义	操作
1. 成人是长着高大身躯的小宝宝	人类幼年时一些天性依然存在于成人意识中	按照人类生理和习惯设计的课程。比如：色彩的运用，动手尝试和感知的体验，让学员在自己的观察中进行学习等
2. 人们不和自己的数据争辩	不是你说得对就行，要学员认可才会有学习效果——让学员自己说出来	体验式教学。比如：（1）态度类培训：模拟一个真实的案例情景。（2）知识类培训：先讨论碰撞，然后启发引导，得出结论。（3）技能类培训：没有提示的情况下去实际操作，然后示范、反思、讲解与总结
3. 学习效果和学习过程的有趣度成正比	学习过程要有趣，让学员参与	深度理解“有趣”，并不仅是看起来“好玩”。比如：培训场景化和工作化；培训游戏化，设计一些通关任务；团队竞赛、角色扮演等
4. 行为转变，学习发生	不只要讲，更要让学员去做	行为有助于促成结果，行为是可以被观察和测量的 成人培训不只是学习知识，更重要的是促成其行为的转变
5. 教授他人是能力的最高证明	让学员具有成就感地传播，能向他人传递所学	成就自己，成就他人，辅导他人，团队方可成功 学习如何学习的能力，学习教练技术

［练习与思考］

回想课堂上老师的某一次授课或者自己的一次社会实践、企业实习经历。EAT 是否有顺序？实际培训中是否一定按照先 E，然后 A，最后 T 呢？为什么？

4）凯勒（J.M. Keller）的 ARCS 动机设计模式的应用概述。ARCS 动机设计模式是由美国佛罗里达州是大学的凯勒教授提出的。他认为影响学生学习动机的因素有四类：注意（attention）、切身性（relevance）、自信心（confidence）、满足感（satisfaction）。教师在进行教学设计时应该进行适当的动机设计，即针对学员的动机状况和教学内容的特点设计相应的动机策略，建立起教学内容、手段与学员之间的有机联结，使学员产生并维持对学习的自信心，获得满足感，教学就能激发学生的学习动机。

● 注意，指要引起学员对一项学习任务的注意和兴趣。如精心设计培训开场第一课，采取情景式学习与合作探究式教学等。

● 切身性，指要让学员理解完成这项学习任务与他密切相关或符合其个性特征等。成人把培训、学习视为一种达到某种目的的手段，而不是把学习本身当成目的。学习内容必须有直接的、工具性的价值，否则成人不会对它感兴趣。切身性方面主要的关注点在于学习内容和教学方式。如培训与晋升的连接等。

● 自信心，指要使学员觉得自己经过努力可以完成这项学习任务，从而产生自信心。如适当的奖励，设置问题式教学，在解决问题后获得自信心，以及必须经过严格考核才能结业等。

● 满足感，指要让学员产生完成学习任务后的满意感、满足感和成就感。如物质和精神激励与荣誉，课程体系按从易到难安排，适时的反馈和给予学习建议等。具体应用时要注意一般按 A—R—C—S 顺序强化学员动机，环环相扣，缺少任何一个环节都将影响学员的学习驱动力。

5）库伯的经验学习圈的应用概述。库伯认为，四类学习风格不存在优劣的价值判别，它们之间有一定的互补性（见表 II－2－19）。正因为如此，在设计教育和培训项目时要考虑到这种差异的存在。下面介绍该理论在实际中的两种应用。

表 II－2－19　库伯的四类学习风格

学习风格	主要特点	操作要点
经验型学习者	聚敛者（convergers），偏好抽象概括与行动应用。以亲自做实验的方式获得知识，长于解决问题、决策和将想法应用于实际方面。聚敛者在具有单一标准答案的问题情景下表现最好	● 聚敛者较会控制情感，偏好处理技术性的工作与问题而非社会人际议题 ● 建议的培训方式为演讲、文献研究、项目设计解决问题等 ● 建议的开发方式为自学、MBA、工作中学习等
反思型学习者	发散者（divergers），偏好具体体验和反思观察。其注重观察，想象力和感情丰富，对意义与价值察觉性强。发散者喜欢自主开放的学习活动，在类似“脑力激荡”的情景下表现最佳	● 发散者对人深感兴趣，倾向于用想象和感觉来解决问题 ● 建议的培训方式为实验、示范、练习、观摩等 ● 建议的开发方式为内部导师 － 教练技术、OJT、公开课、MBA 等
理论型学习者	同化者 (assimulators)，偏好抽象概括与反思观察。其长于理性推断和创造理论模式，将来自各方的观察做出统整解释。和聚敛者相比，同化者对人的关注更少，更关心想法、观点和抽象概念，较不在乎实用性	● 对同化者来讲，较重要的是理论的逻辑性和精确度 ● 建议的培训方式为小组讨论、文献研究等 ● 建议的开发方式为公开课程、MBA、文献研究等

续表

学习风格	主要特点	操作要点
应用型学习者	适应者（accomodators），偏好具体体验、主动。其长于动手实践、实现计划、参与新事务体验。适应者喜欢寻找机会、冒险和行动，也较为依赖他人给建议，常用直觉和尝试错误方式处理问题，容易适应环境	● 适应者易于与人相处，较适合同侪之间彼此互动学习的形态 ● 建议的培训方式为小组学习、面谈、实验、练习、观摩等 ● 建议的开发方式为内部导师 - 教练技术、OJT 等

其一是根据不同学习风格的学员采取相应的学习方式。

有了以上不同学习风格的判断，我们就可以在具体培训活动中根据学员情况更好地做到因材施教，最大限度提升培训效果。其操作性意义在于：

● 培训师可以有针对性地选择最适合的学习方式。

● 有意识地、尽可能地避免相抵制的学习方式，从而防止精力与时间的过度使用却效果不佳。

● 由于不同的学习风格的差异，可以在不同的阶段和不同的团队目标上合理搭配人员，从而产生最好的绩效。

● 可以适当结合各种类型学习风格者，方便从各自的讨论分享中取长补短，更好地尊重差异，达到最好的学习效果。

其二是学习四阶段特点的运用。1984 年大卫 · 库伯在《体验学习：让体验成为学习和发展的源泉》(*Experiential Learning*: *Experience as the Source of Learning and Development*) 一书中提出了经验学习圈理论。他把体验学习阐释为一个体验循环过程：具体的体验和经验→对体验的反思或反思性观察→形成抽象的概念→积极实验或行动实验。如此循环，依照让学员获得体验→引导学员进行反思→过渡上升到理论知识→引发学员将培训所得应用于实践四个步骤设计并实施培训。经验学习圈理论对于培训的操作意义在于：

● 培训管理者应确保培训项目活动形成一个完整的学习过程。研究证明，如果遵循这个学习过程，人们的学习会更为有效，学习成果保留的时间会更长，还会有利于培养更有效的行为技能。

● 将培训按照经验学习圈进行设计和实施，可以最大限度地兼顾各种学习风格的学员的学习兴趣及学习需求，达到培训收益最大化。

[练习与思考]

1. 请你总结以上有关成人学习理论的共性和得到的启发。

2. 请用以上有关理论解释为什么在职研究生招生时都需要学员有一定的工作或管理经验。

3. 试举例说明库伯经验学习圈的应用。

5. 如何选择与运用培训方法开展人员培训

请阅读以下内容，思考并讨论问题。

新时代的移动互联网学习方式

新冠肺炎疫情不但改变了企业的商业模式和运作方式，也深刻地改变了人们的出行、工作、生活和学习方式，还进一步推动在线办公、在线业务、线上教育、远程医疗等新业态跳跃式发展。组织培训与人力资源开发管理者纷纷开展线上平台的培训学习，帮助员工提升技能、增加知识。培训主要有以下变化：

（1）思维与理念的转变。

（2）培训方法的变化。

（3）培训手段的加强。

（4）培训资源的丰富。

（5）培训学习的碎片化。

问题一：针对以上变化，你认为在组织的培训与人力资源开发工作中应该有哪些创新变革行动？

问题二：请列举一个你参加过的线上学习培训平台，并尝试评价。

如前所述，本书将培训与人力资源开发相对分开来讨论，所以培训方法与开发技术也分开讨论，但二者并非水火不容，在管理者开发活动中也会用到适宜的培训方法，在员工培训活动中也会用到开发技术。下面我们主要就两方面展开讨论：一方面，在培训方法上，主要是指对基层员工 KSA 等的培训，着重于组织对当前员工的要求；另一方面，在开发技术上，主要是指结合职业发展的管理者能力素质的开发，着重于组织对未来管理者的要求与管理者未来职业发展的需求相结合。

以下案例反映了华为管理者培训方法的务实有效。

华为干部后备队案例学习的四个阶段

第一阶段，从启发式学习开始，先读好教义，最好每天都考试一次，来促进学员通读。

第二阶段，自己演讲。演讲的内容不能说我学了好多理论，要讲你在实践做了哪些事以及符合不符合华为的价值观。只要学员自己讲，都是合格者。

第三阶段，大辩论，把观点和故事都讲出来。凡是讲没有实践的纯理论性的东西，就不要让学员上讲台，讲纯理论性的东西就扣分。演讲完了大家辩论，不一定要拥护华为的文化，华为的文化没有特殊性，是普适的，都是从别人那里学来的、抄来的。大辩论中有反对的观点，要授权给管理老师，让反对者过关，华为允许有反对者。

第四阶段，写论文和答辩。你写的论文应是非理论性的，只要是理论性的就是零分。论文要写你的实践，即实践了没有、实践的例子是什么。没有实践的，你可以写看别人做了一件事情做得特别好，你从中学到了东西。

资料来源：https：//wenku.baidu.com/view/f29138dece2f0066f533229c.html.

关于培训方法的选择与运用，我们在本模块的基本知识部分学习了培训方法的基本概念和分类等，这里重点探讨“如何用？”的问题。

在培训与人力资源开发中，选用何种培训方法，一般考虑的因素主要有：

- 培训的内容或目标。培训目标对培训方法的选择有重要且直接的影响。一般说来，培训目标若为了解一般的知识或信息等有关内容，则程序化的教学如讲授法、自主学习、多媒体教学、演讲、个案研读等方法均能采用，新技术如互联网短视频教学、MOOC 教学等更受年轻人欢迎；若学习目标为掌握某种应用技能或特殊技能，则 OJT、演示示范、跟班实习、角色模拟等方法应列为首选，新技术如 VR+ 沉浸式培训，成本相对较低，易操作。

● 所需的时间。有的培训方法需要较长的准备时间，如多媒体教学、微课教学；有的培训方法实施起来时间较长，如自我学习与提炼总结。这需要根据企业、学习者以及培训师所能投入的时间来选择适当的培训方法。

● 培训经费。有的培训方法需要的经费较少，有的培训方法则需要的经费较多。如内部交流、演讲、小组讨论、读书分享会等需要的经费一般不会太多；有的互动学习、多媒体教学或外请培训师则需要的经费较多，如各种配套设备购买等需要投入相当的资金。因此，需要考虑企业与学员的经济承受能力。

● 学员的数量或规模。当学员较少时，一般小于 30 人的小班，小组讨论、案例研究、角色扮演、工作坊等是较佳的培训方法；当学员较多时，如超过 100 人，演讲、多媒体教学、互联网视频如 MOOC 教学、大型的研讨会可能比较适当。

● 学员的个人特点。如库伯的学习风格理论所述，学习者的个人情况影响培训方法的选择。其他的个体情况如学员缺乏现代计算机或互联网应用知识，互联网远程操作指导或直播培训就不太适用；当学员的受教育水平较低时，自我学习的效果就不会很好；当学员分析能力欠佳并不善于表达时，辩论或小组讨论的方式将难以取得预期的效果。因此，还应考虑学员本身的知识状况和应对能力。

● 技术手段。有的培训方法需要相关的科技知识或技术工具或设备予以支持。例如，计算机训练自然需要硬件和软件的配合；互联网短视频互动学习至少要会用电脑；多媒体教学则需要更多的声光电器材的支持，远程直播教学还要求网速和接收终端的配合。培训组织能否提供相关的技术和器材，将直接影响是否运用利用科技手段的培训方法。

其他影响培训方法选用的因素还有特定企业的文化、培训师的个人风格与偏好、员工与工作岗位的可离度、培训场地等。

[练习与思考]

企业文化如何影响培训方法的选择？请举例说明。

在具体培训项目中如何运用这些培训方法？下面我们以 ROPES 学习模式和移动学习模式这两种分别代表传统和前沿的学习方式来举例说明。

（1）ROPES 学习模式。ROPES 是回顾 (review)、概述 (overview)、展示 (presentation)、练习（exercise）、总结（summary）的英文缩写简称，利用该模型可以构建有效的学习活动。该学习模式一般用于一线员工的知识、技能培训，可以是课堂培训和现场培训场景。其操作的主要步骤如下：

第一步，回顾。

● 破冰——培训师自我介绍、学员相互认识。

● 鼓励学员做与主题有关的分享。

所用到的培训方法可以是：演讲与学习相互点评、管理或培训游戏、讲解与问答等。

第二步，概述。

● 培训师介绍培训主题、培训目标、主要学习内容以及培训程序等。

● 如果是对企业已发生的真实事件的复盘学习，则培训师应自己或请当事人回顾事件的发生经过等。

● 让每一位学员清楚本次培训的价值。

所用到的培训方法可以是：讲解、启发式问答、复盘、视频回放等。

第三步，展示。

● 培训师进行相关学习引导、小组讨论、学员之间相互点评或讨论等。

● 培训师指导演示、理论讲解或示范。

● 过程中进行问答等。

所用到的培训方法可以是：讨论法、互联网视听技术、启发式讲解、行为示范、角色扮演、情景剧等。

第四步，练习。

● 让学员练习新技巧、新技术或新方法等。

● 培训师适时指导和纠偏。

所用到的培训方法可以是：练习复述、现场指导、示范演示、过程复盘等。

第五步，总结。

● 总结本次培训。

● 答疑、反馈或培训后的学习、练习建议等。

所用到的培训方法可以是：问答、分享演示等。

[练习与思考]

请尝试运用 ROPES 学习模式创建一次案例分享活动，你是一名课堂上的“临时”老师，让真正的老师和同学们作你的评价者。准备好了就开始你的表演吧！

（2）移动学习模式。新冠肺炎疫情加速了企业数字化转型或技术应用的步伐。数字化转型将在商业模式、客户体验、流程改造、产品创新、员工生产力等方面为企业创造价值，也将为企业培训和人才发展带来新的机遇和挑战。在企业培训领域，随着 5G 商用大规模落地，智能手机硬件性能越来越强，在移动端应用深度学习技术的案例将越来越多。结合工作场景的移动学习是大势所趋，已成为企业学习项目设计中不可或缺的要素之一。

移动学习为学习者提供了随时随地学习的灵活性和便利性，具备培训成本低、易于组织、趣味性等优势，有助于大幅提升培训效率。此外，能够强化学习者体验的是游戏化。游戏化有利于学习者进行探索和决策，用户原创内容（UGC）的发展提高了学习者的参与度和自我成就感，使学习者充分利用社交媒体的特性如扩散性和竞争性，激励自主学习，促进对学习内容的协同讨论。

新冠肺炎疫情加速了企业的数字化学习进程，数字化学习中影响最大的是直播互动培训。比如，主流视频学习平台都具备双向视频互动教学功能，可打造极致同屏互动学习体验。在设计此类课程时，可以灵活运用配图、配乐、配视频讲解与示范操作，课堂互动讨论及答疑等培训方法。

［练习与思考］

移动学习模式有何局限？请分别就大学学习和企业培训两种情景来分析。

6. 如何选择与运用技术进行管理者开发

这里讨论的开发技术主要指组织在对管理者的管理技能和能力进行开发活动中所运用的技术、方式或方法等，部分技术也融入了管理者职业开发的内容。本部分内容聚焦于管理者开发的普适性问题，具体的内容我们将在项目三专门进行学习。

下面简述笔者在某大型集团企业中的相关实战——KMF(key management focus) 管理层研究项目。

KMF 管理层研究项目

每年集团都在各区域公司总经理中发起名为“MF”的管理层研究项目，基本做法是由一名总经理或总监牵头组成研究团队，一般组员由几家公司的总经理或总监以上级别的管理人员担任，在为期一年的项目研究过程中，项目小组要就公司运营中的重大战略、人才、营运、财务、供应链、设计研发等关键管理领域解决实际中的重大问题。在此过程中管理人员得到历练。许多项目经理成长为日后的区域总经理或高级副总裁等更高级别的领导者。

关于技术的选择与运用，我们分两方面进行讨论。

第一，开发技术选择要考虑的关键因素。首先回顾本模块的基本知识讨论的几种有代表性的管理者开发方法的特点和适用范围等内容，然后讨论在选择管理者开发技术时的注意事项。

在管理者开发中，选用何种技术、方式与方法，一般考虑的因素主要有：

一是管理者的层次。从两方面理解，不同层次的管理者对能力或技能的侧重点不同；同一种能力或技能对不同层次的管理者的要求或程度也不尽相同，所以具体应用开发技术时应该采取有针对性的开发技术。

二是开发的目的。比如，是提升某项能力还是实施接班人计划，是着重改进当前能力或技能的差距还是为未来所需做准备等。

三是管理者开发本身的特征。能力或技能的开发与职业发展有机结合是管理者开发最重要的特征，所以选择开发技术时应该注意将二者有机结合起来。

四是管理工作的特点。管理能力的提升是为了更好地执行组织战略，所以管理者开发更强调学习的自主性、实践性和交流协调性，这就对开发技术提出了相应的要求。

第二，管理者开发技术运用的重要原则。

其一是以成果或战略为导向。虽然不同的管理者开发技术有特点和实施差异，但必须聚焦组织的战略目标的达成。将技术的运用是否有利于组织战略实施作为最重要的考虑因素。笔者推荐基于 BSC+ 战略地图为管理者开发的基础框架，在此基础上推导各级管理者的胜任素质模型，然后选择适宜的开发技术和培养手段实施管理者开发活动。

其二是体验与理论有机结合。“管理就是实践。”如同前述体验学习的有关内容，成人学习有其特点，其中体验就是非常重要的一点。在选择开发技术时应注重体验技术的应用安排。

在管理者开发实践中，有一个“721 定律”，即员工的培养与成长，70% 靠岗位实践与锻炼，20% 靠辅导与反馈，仅有 10% 靠课堂面授。比如，GE 的业务管理课程（BMC）值得借鉴，即为期四周的项目学习，除了第一周在 GE 克劳顿管理学院外，剩下三周学员会分成不同小组针对同一个主题，在全球不同国家进行调研访谈。如针对某个主题，学员汇集了全球不同国家的观点，最后形成多样化的解决方案。

其三是能力培养与职业发展有机结合。从我们对管理者开发的概念界定来看，管理者开发须将能力培养与职业发展结合起来，这要求在选择具体开发技术时应考虑当前管理技能、未来所需能力或技能以及个人职业发展方向三者的平衡。

其四是坚持经验复盘与标杆学习有机结合。一方面，管理者的工作经验、成功经验与失败教训是宝贵的学习财富，这里也包括组织在成长中所经历的重大事件及其经验总结，优秀的学习型组织应该对它们及时复盘与反思，总结、提炼成培训与人力资源开发活动的材料。另一方面，行业中的竞争对手或不同行业的标志性企业的先进商业模式、竞争策略、管理方法、企业文化等都是可以借鉴学习的资源。管理者培训应该注意结合以上两方面，采用适合的技术培训管理者。

在具体开发项目中如何运用这些开发技术？下面我们以教练技术和复盘技术为例来说明。

（1）教练技术。教练技术起源于美国，20 世纪 80 年代引入企业管理领域。企业教练（enterprise coaching）技术是将体育教练的理念、方法、技术应用到企业管理实践中而产生的一种全新的企业管理理论、方法。企业教练可以是公司的同事，也可以是外部专业企业教练。企业教练主要有三大作用：一是为员工提供一对一训导；二是帮助员工自驱式学习；三是提供资源。

企业教练通过应用聆听、发问、区分和回应技巧，了解和判断被教练者行为是否有效，并给予反馈，使其审视内心、洞察自身、调整心态、厘清目标、激发潜能、创造业绩。其基本操作要点是：

第一步：厘清目标。先要清楚你做事的真正目的，即“我是谁？”“我要往哪去？”，这是教练的指南针作用，可以让学员最有效地找准目标并实现目标。

第二步：反映真相。让学员知道自己“在哪里？”“当前状态如何？”，这是教练的镜子作用。

第三步：调整心态。这是“我如何去？”的问题。一个人有什么样的心态，就会有什么样的行为。教练与传统的顾问最大的不同就在于：教练针对学员的心态，而不会教学员具体方法。

第四步：目标行动。这是“我开始我的行动了！”的问题。教练会要求学员制订出切实可行的计划，并让学员看到自己的潜能以及新的可能性，挑战自己。

[练习与思考]

1. 企业教练技术的适用范围是什么?
2. 在你社会实习过程中有哪些组织在应用教练技术?应用在什么方面?效果如何?
3. 你认为要成为一名优秀的企业教练,应该具备什么胜任素质?

(2)复盘技术。复盘也称复局,是棋类竞技领域的专有名词,指对局完毕后,复演该盘棋的记录,以对每步棋的得失进行分析和判断,反思成功与失败之处,并尝试找到改进的最佳方案,从而提高对弈水平和减少重复性错误。

任正非曾说,任何一个合同,任何一次交付,一定要复盘,复盘才能知道我们哪些事做对了、哪些事做错了。在培训与人力资源开发领域,我们一直强调"在做中学",但是"在错中学"和"在赢中学"同样重要。组织和管理者对过去的失败反思学习,提炼可复制、可借鉴的成功"亮点",对培训与人力资源开发活动和组织学习两方面都大有裨益,这就是复盘技术的价值所在。

复盘技术可分为自我复盘和他人复盘,他人复盘可以和上述的教练技术相结合。

复盘技术可以借鉴 STAR 法则开展。

处境 / 环境(situation):当事人所面临的内外环境、机遇、挑战以及衡量的标准。

任务(task):需要解决的问题、完成的任务。

行动(activity):当事人行为的详细展现,即处理问题或任务时具体付出的行动。

结果(result):当事人的行为带来了有效的或无效的结果或变化,这些结果或变化产生了何种影响以及是否达到了设定的标准。

在利用 STAR 法则进行复盘时要注意以下三方面。

第一,反馈要及时。人力资源开发活动一结束,立即用 STAR 元素进行复盘,可以帮助学员反思行为。

第二,问题要具体。无论是学员表现好的地方还是未能达到标准的地方,都要具体指出,明确反馈。

第三,正反要兼顾。指的是鼓励和鞭策要"两手硬",先扬后抑,找到要点,有的放矢。

[练习与思考]

了解美国培训认证协会(AACTP)的有关复盘技术的知识,并思考问题。

AACTP 项目复盘四步法:回顾目标—评估结果—反思过程—总结规律。在运用复盘四步法的过程中,可结合运用复盘画布,将思维集中体现在一张画布上,让复盘更加系统化、标准化。

问题:你认为组织在复盘操作的哪个环节最容易出现难点问题?如何解决?

7. 培训师资的确定

在培训与人力资源开发活动中,培训师的重要性毋庸置疑,可以说培训师的综合素质是决定培训与人力资源开发活动成功的关键因素之一。ATD 的一项研究表明,当培训师既是专门培训项目专家,又是培训高手时,培训与人力资源开发活动是最有效的。

在本项目的基本知识部分我们论述了关于内训师和培训外包的内容，这里主要讨论在具体选择时的注意事项。

第一，一些行业出于技术专有和技术保密，或者是激励人才和留住人才的考虑，或者是出于成本考虑等，企业有加大内训师培养的趋势。此时培训管理应特别注意内训师制度的建立，加强内训师团队人员的选拔、培养、激励和任用。

在制度安排上，建立内训师分级管理制度，如笔者原所在集团建立了助理内训师、银牌内训师、金牌内训师的级别激励阶梯，对各阶梯的人员进行评价、定级、培养和聘任等。

在人员选择上，本着“能者上”的原则，根据培训目的和培训内容，从一线员工到 CEO 都可以成为内训师。这也是建立和倡导新时代学习型组织所应有的优秀企业文化。

在人员培养上，建立 TTT 制度，在课程开发与设计、培训团队互助、制定教案、试讲、外出学习、集体备课等方面反复操练以达到相关标准。

在人员类型上，建立专职内训师和兼职内训师体系，并与企业大学的有关体系相衔接。

在人员能力上，特别要注意培养内训师掌握新时代的培训方法和方式，如混合式学习的设计、网络教学直播、线上学习方案的设计等。

第二，选聘优秀的外训师，要广开门路，多方评估。培训班、高校专家讲座、行业内专业培训机构、年度培训大会等渠道都是考察、选择外训师的好机会。

在外训师所在公司的选择上，企业要有采购目录，建立外包机构评估选择机制，并适时评估更新，要选择那些对本行业有深度理解、品牌形象和历史业绩好的机构。

在外训师的选择上，特别要注意对其行业认知度的考察，应经过试讲考察才能进入备选目录。

8. 培训与人力资源开发资源策划

一项培训与人力资源开发活动顺利地、有效地进行并取得预期成果，相应人、财、物配套资源的事先策划必不可少。下面我们结合企业实践，着重对培训与人力资源开发项目成本预算、项目实施条件、课程资源等展开讨论。

（1）基于 WBS 的培训与人力资源开发项目成本预算。关于培训与人力资源开发项目成本预算，一般来讲，企业从两方面来规定：一是年度培训与人力资源开发项目总预算，通常并入人力资源总费用预算中；二是单独培训与人力资源开发项目预算，在年度培训与人力资源开发项目总预算下制定，一些重大的或突发的项目会单独制定预算。下面我们主要讨论单独培训与人力资源开发项目预算的制定。

一般年度培训与人力资源开发项目总预算先由财务部发起，各部门根据业务计划上报预算，在确定具体费用时，根据企业的不同情况，可以采取一般预算法或零基预算法，其主要考虑因素是：

- 同行水平。
- 本公司历史情况，如人均费用数据。
- 年度培训需求（各业务部门报给培训部门的培训费用预算大多按此报）。
- 根据本公司的销售额设定一定比例。

● 根据年度战略重点考量。

如前所述，依据培训与人力资源开发项目的 WBS（见图 II－2－12），我们可制订基于 WBS 的资源分配计划，然后确定项目成本预算。具体步骤如下：

第一步，根据培训需求制订培训计划，并制定培训项目的 WBS。

第二步，根据 WBS 制定培训项目的资源分解结构（resource breakdown structure，RBS）。RBS 是按照资源种类和形式划分的资源层级结构，是培训项目成本预算制定的基础。

图 II－2－19 是一个 RBS 示例。

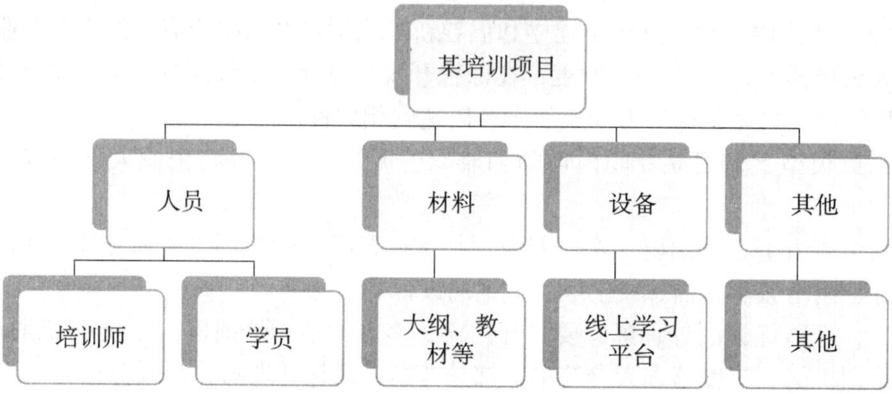

图 II－2－19 培训项目的 RBS 示例

第三步，根据 RBS，制定培训项目成本预算，注意要与年度培训与人力资源开发项目总预算相协调。

项目成本预算制定完成，经审批后就可以实施了。

> ［练习与思考］
> 在企业实践中，经常会出现以下现象，某公司的某一培训项目预算未用完或超支了，你觉得是什么原因？如果是年度预算呢？如何尽量减少此种情况的发生？

（2）培训时间、培训场地、培训设备等资源安排。项目资源方面，对于培训内容、培训对象、培训师、培训预算我们已做了讨论，下面对培训项目的其他辅助资源的筹划与安排进行讨论。

首先，确定培训时间。确定培训时间时必须考虑相关因素如学员的工作安排、培训时间长度、是休息日安排还是下班后安排、是连续安排还是间断性安排等。

其次，确认培训场地和设备、材料等。关键要考虑是选择公司内部还是外部租借场地，需要什么设备，准备教材等学习材料、证书、签到本，等等。如果是线上直播或录播、MOOC 教学等方式，设备、软件的适用性以及网络的通畅等。

最后，精心布置培训场地。培训内容、培训对象和采取的培训方式、方法不同，相应培训场地的布置应有所不同。对于同样的空间，可以有 U 形布置、臂章形布置、环形布置、圆桌形布置等不同设计。另外，还可以将培训场地安排到室外、工作场所等社会环境中，以充分利用空间资源。

[练习与思考]

对于工作坊式研讨培训，你认为什么样的室内布置最佳？为什么？

（3）课程、教材、教案、案例资源库建设。培训与人力资源开发管理者对于本机构常用的课程、教材、教案、案例资源库以及企业特有的自编教材和自编案例等资源应有储备，并建立定期或不定期的检讨程序，保持这些资源的有效性和适用性，以方便有效利用。同时，一些资源如课程学习资料应同时呈现于本机构的内部线上学习平台，以适应互联网和移动学习的需要。

首先，教材资源的来源主要有以下三种。

一是购买市面上现成的培训教材。

二是改编教材。根据企业自身情况进行必要的修改。

三是自编教材。根据企业实际情况自行编写培训教材。企业大学一般都有自己的教材，一个显著优点是针对性强。内容素材来源方面，特别要注意将企业经验教训整合进案例资源库。企业应建立制度，要求业务部门提供工作案例。另外，因应网络时代和新生代员工的特点，受训者也可以成为内容开发者或提供者。

对于建立案例资源库，华为的做法是对错误进行记录，形成经典案例库，并组织员工学习。华为有很庞大的经典案例库，记录着各个项目中犯过的典型错误，以及开发过程中典型问题的解决方法。经典案例库的建设方式是强制加鼓励，公司要求每个部门每个月都要提交案例，由公司筛选后对提交人进行奖励。

其次，其他培训资源主要有电子媒体、课件、测评软件系统、试题、培训工具包、文献等。

[练习与思考]

建立公司自己的案例资源库与我们上述所学的哪些学习技术应连接？你认为如何有效连接？

（4）资源配备检查表。在完成以上各类培训与人力资源开发资源准备后应进行检查，可利用如表 II－2－20 所示的资源配备检查表进行检查。

表 II－2－20 资源配备检查表

检查内容	资源要求（数量、质量）	时间要求	是否具备	需改进之处	责任人

（三）如何进行项目交付与营运

意识与行动之间的差距远远大于知道和不知道的差距。

——玛吉·布兰查德（Margie Blanchard）

1. 培训与人力资源开发项目交付

培训与人力资源开发管理者应具有产品经理思维，培训与人力资源开发项目交付给客户要力求做到三点：解决痛点，激发痒点，引发爽点。

解决痛点——解决客户当下的迫切问题。培训与开发经典产品，必须首先要做到这一点。

激发痒点——具有前瞻眼光，提前判断，要有商业意识和业务眼光，发现客户未发现之处，激发客户的有效需求。

引发爽点——交付的项目不但要达到客户的要求，而且要超出客户的预期，让客户心情舒畅。

（1）培训与人力资源开发项目交付物。项目交付物是指项目实施全生命周期过程管理综合成果的结晶，是衡量项目实施过程质量的重要标尺之一。培训与人力资源开发项目交付物是项目实施过程中体现项目成果的重要依据，因而项目执行过程中项目交付物管理非常重要。根据培训与人力资源开发项目的 WBS（见图 II－2－12），每一层都应有完成工作的成果即项目交付物，并且应该签证通过。具体要求如下：

一是每一项项目交付物应该具有可见、可验证的特性。

二是应该有书面的成果完成证据。比如课程设计，应具有完成的设计方案、辅助资料等，具备实施的条件。

三是培训与人力资源开发管理者应对每一个培训与人力资源开发项目的成果进行检查、评审，然后进行验收，必要时邀请业务部门有关人员共同验收。

特别强调的是，当某一培训与人力资源开发项目为外包机构实施时，发包方需严格进行评审与验收后再具体实施。

（2）培训与人力资源开发项目交付签证。项目交付签证应由培训与人力资源开发管理者和客户（如业务经理）一起进行，防止发生理解上的偏差，避免为后续项目的实施带来不利影响。通常采用培训项目核验表的方式对每一项内容进行核实，最终通过项目的验收。项目核验表一般包括以下内容：

一是项目目标是否合适。确定是否满足客户（一般是内部业务部门）的需求。目标须回答：做什么、何时做、做到什么程度及费用等。

二是项目交付物是什么。项目交付物包括培训与人力资源开发项目的完成时间、效果达成标准、数量、培训场地布置、安全事项及突发事件处置、后勤工作等。

三是项目评估标准以及进度安排。

四是与客户一起进行验收。双方签字作为同意项目的成果。

2. 培训与人力资源开发项目营运

（1）课程计划的制订与实施。课程设计好后在正式实施前应该制订详细的课程计划，以便让学员明确培训课程的安排。图 II－2－20 是华为大学对外培训认证的课程计划。包括以下工作：

一是确保在制订和发出课程计划之前满足以下条件，如课程、教材、教案、场地、师资、费用已经确定以及项目交付签证已经完成，特别重要的是要与业务部门沟通好培训时间。

二是课程计划是培训项目具体实施的流程与注意事项详细的安排，一般以表格的形式呈现，也可以配上流程图，并应准备纸质版和电子版。

课程列表

每页显示 5 记录

关注	课程名称	课程标签	认证	发布时间	课程简介	课程时长	开班计划
	HCS-Pre-sales-intelligent Computing	Level2-售前-IT	是	2020-06-15	本课程为智能计算售前专家证 (HCS-Pre-sa...)		查看计划
	HCS-Pre-sales-Cloud	Level2-售前	是	2020-04-30	为什么选择华为虚拟化解决方案？华为虚拟化...	1小时	查看计划
	HCS-Pre-sales-IP(DCN)	Level2-售前-数...	是	2019-03-11	主要介绍DCN认证基础知识	10分钟	查看计划
	HCS-Pre-sales-IP(Secunity)	Level2-售前-数...	是	2019-03-06	主要介绍安全售前产品和基础测试方案，通过...	40分钟	查看计划
	HCS-Pre-sales-IP(WLAN)	Level2-售前-数...	是	2018-03-22			查看计划

图 II－2－20　华为大学对外培训认证的课程计划

三是课程计划一般作为培训通知的附件一并发出。

表 II－2－21 是一个培训课程计划示例。

表 II－2－21　2020 年某公司新员工入职培训课程计划

<table>
<tr><th>课程</th><th>课时</th><th>时间</th><th>地点</th><th>培训师</th></tr>
<tr><td>欢迎词</td><td rowspan="4">3</td><td rowspan="4"></td><td rowspan="4"></td><td rowspan="4">公司领导
HR 经理</td></tr>
<tr><td>公司历史、发展、文化介绍</td></tr>
<tr><td>组织机构与业务概述</td></tr>
<tr><td>发放公司资料</td></tr>
<tr><td>HR 制度培训</td><td rowspan="3">2</td><td rowspan="3"></td><td rowspan="3"></td><td rowspan="3">HR 经理
培训主管
财务主管</td></tr>
<tr><td>财务制度培训</td></tr>
<tr><td>员工手册</td></tr>
<tr><td>部门介绍</td><td rowspan="2">1</td><td rowspan="2"></td><td rowspan="2"></td><td rowspan="2">部门经理</td></tr>
<tr><td>同事介绍</td></tr>
<tr><td>……</td><td></td><td></td><td></td><td></td></tr>
</table>

（2）项目实施前的准备工作。当课程计划发出后，应该立即着手项目实施的准备工作。准备工作包括协议、通知、场所、布置、设备设施、环境后勤等。

一是成立培训项目小组。对于培训规模较小的培训项目，不必专门成立培训项目小组，由培训部门的团队人员兼任即可。应召开培训前工作协调会，布置工作，明确责任。

二是签订培训协议书。对于由公司全资出资或公司与个人分担出资的情形，公司与个人都应签订培训协议书，目的是保障双方的权益，明确双方的责任。

培训协议书根据协议主体的不同，可分为员工培训协议书和外包培训协议书两类，有的还包括企业集团内部的企业大学与各业务部门所签订的培训协议书。下面以员工培训协议书为例来说明。

员工培训协议书主要包括以下内容：

- 培训目的和要求。
- 培训费用构成和支付。
- 培训期限。
- 培训期间的待遇。
- 奖惩规定。
- 培训结束后的责任。
- 约定的服务年限及违约责任。

表 II－2－22 是一个员工培训协议书示例。

表 II－2－22　员工培训协议书示例

员工培训协议书

甲方：

乙方：　　　　　　　　　　　　　　身份证号码：

甲乙双方根据平等自愿的原则，达成以下培训协议，协议与合同具有同等法律作用，任何一方违反本协议，对方均有追究赔偿损失及法律责任的权利。

一、甲方的权利与义务

1. 根据乙方自愿申请和公司有关部门的推荐，甲方同意乙方参加培训学习。具体学习内容由人力资源部安排。

2. 此次培训由甲方为乙方提供培训学习相关费用（培训费，包括路费、食宿费及其他各类实际发生的费用等，按完成培训后乙方报的实际票据统计）。

3. 培训结束后，甲方组织有关培训部门对乙方的培训结果进行综合评价。

4. 对参加完培训之后的人员，甲方将其作为技术骨干，在今后的后备干部提名、任职、待遇等方面优先考虑。

二、乙方的责任与义务

1. 乙方自愿参加甲方安排的____________培训学习，愿意接受甲方所提供的条件与费用并遵守本协议的所有内容。

2. 培训期间，乙方需努力掌握培训的相关知识或达到培训的目标要求，乙方在培训中务必掌握技术要点，并做认真详细的记录。

3. 培训期间，乙方必须服从培训组织领导的工作、学习安排，遵守公司、主办单位或委托培训单位的各项管理制度，积极维护公司形象和利益，遵守所在国家的法律法规，如果由于自己不慎或故意行为导致自身或甲方利益受损，所有赔偿均由乙方承担。

4. 乙方参加完培训之后，必须服从甲方安排，到甲方所规定的岗位上工作，乙方为甲方服务年限为3年，即___年___月至___年___月，若因甲方公司内部变更，需缩减合同时间，则以甲方变更为准。

5. 乙方严格执行公司保密制度，未经公司许可，不得将培训中所得到的专业技术外泄或传播给集团以外的人员，培训期间所有培训相关资料均交还公司保存。

6. 乙方签订培训协议后再次参加公司安排的外部培训，必须重新签订协议，按照新的服务期限执行。
7. 培训学习结束后，乙方如一年内辞职应向甲方交纳公司负担培训费用的 80%；如两年内辞职，应向甲方交纳公司负担培训费用的 40%；如三年内辞职，应向甲方交纳公司负担培训费用的 20%。因违纪被公司辞退的员工亦照此办理。
8. 本协议一式两份，甲乙双方各执一份。
甲方签章：
乙方签章：
法定代表人签名：　　　　　　　　　　　　签订时间：

[练习与思考]

请阅读以下案例，思考双方应该如何处理才合规且合理。

小王是某贸易公司的业务经理，2009 年 7 月 1 日入职该公司，合同为期 5 年，截至 2014 年 6 月 30 日，试用期为 6 个月。2013 年公司准备进军美国市场，经公司领导研究，决定将小王送美国某语言学校全封闭培训半年，提升其英语能力，往返机票及培训费、生活费等共计 36 万元。

出国培训前双方签订了培训协议书，约定小王培训结束后要为公司服务满 5 年，若违反约定提前辞职，则要支付公司 50 万元违约金。2013 年 9 月 1 日小王学成归国。2014 年 6 月 1 日公司发出续签劳动合同意向书，准备和小王再续签 5 年，小王提出加薪的要求，公司以暂未到调薪时间为由不同意加薪，小王遂提出离职。公司向劳动争议仲裁委员会申请仲裁，要求小王依据培训协议约定支付公司 50 万元违约金。小王想寻求一个更好的解决方案。

资料来源：http：//bbs.hrfree.cn/hr-38058-1-1.html.

三是培训场地选择和布置。通常根据学员规模、培训内容、培训方式和经费预算来考虑场地和布置，其主要影响因素有：

● 培训物理空间。一般公司利用会议室作培训室，也有公司有专门的培训室。其空间要适合培训人员和培训内容。

● 交通与食宿。外出培训要考虑学员的交通与食宿安排等，如果在员工培训协议中有约定则从其约定，如果是由公司统一安排的培训活动，则由公司统一安排。

● 经费预算限制。根据不同的培训内容和培训层次等因素选择场所，培训管理者必须注意经费的安排，而且应在培训项目计划中清晰列明。

四是培训的后勤工作。为保障培训活动正常进行，后勤工作必不可少，主要包括以下内容：

● 准备教学设备及各种辅助教具。
● 安排培训师。
● 安排设备技术维修人员。
● 安排茶点及膳食。
● 列明指导学员的注意事项。

● 安排学员的自由活动时间。

● 配备场地的安全设施。

（3）项目实施过程中的控制。项目实施过程中的控制原则上主要包括两方面：一方面是项目具体活动进程的控制，目的是保证培训活动正常进行；另一方面是学员学习过程中的督促与激励，目的是保证培训学习效果的达成。

项目实施过程中存在一些变数，有些可以预见，有些是突发的，所以培训管理者要有风险意识，提前并尽可能地准备相关处置预案。其主要工作如下：

● 安全第一，责任到人。在实施中除了要提醒学员加强安全意识和防范风险外，培训管理者还应建立必要的责任机制，将安全工作落实到个人，并加强过程检查和控制。

● 任务细化，纪律约束。由于培训工作事务繁多，培训管理者应建立日常培训小组或临时性的项目小组来负责各项具体事务的安排与协调，同时，要明确告知学员在培训过程中必须遵守的学习纪律，以尽可能减少人为干扰因素。

● 线上线下，服务到位。对于那些培训管理者控制力相对较弱的工作之余安排的培训，特别是移动学习、互联网学习，要做好过程控制，如学习小时数、阶段性学习报告、工作场所表现等指标的监控等，同时，适应新时代的特点，加强正面鼓励和游戏化学习很有必要。

实践中可以使用培训项目工作责任矩阵来安排检查工作任务（见表Ⅱ－2－23）。

表Ⅱ－2－23　培训项目工作责任矩阵

工作项目	人员一	人员二	人员三	人员四
场地与布置、资料准备	■	▲		▲
培训师安排			■	
交通与食宿			▲	■
现场检查与巡视	▲	■		▲
……				

注：■——负责；▲——协助。

（4）项目实施完毕的收尾及反馈、总结。项目结束后应及时处理有关事项并做好总结。其主要工作如下：

一是场地清理与人员安排。

二是做好培训调查与总结。包括学员满意度调查和对业务领导的调查，做好相关培训考核成绩统计分析与公布，并及时撰写培训总结报告。

三是做好业务部门的回访。就培训学员的各方面表现与业务部门领导进行沟通，并就下一步的有关工作达成一致。

四是与业务部门沟通协调，及时跟踪学员在实际工作中的表现。针对学员工作的反馈及时修正培训方案或调整培训项目等。

（四）如何进行项目成果转化

要想使培训更上一层楼，就要多关注培训成果的转化，不要将最强武器沦为最弱的一环，成为制约培训目的的最大暗器。

——鲍勃·派克

［练习与思考］

作为培训与人力资源开发管理者，你认为培训与人力资源开发项目最重要的环节是（　　）。

A. 培训需求分析　　B. 培训项目实施　　C. 培训效果评估　　D. 培训成果转化

1. 问题现状

培训与人力资源开发是组织的一项重大投资。无论是营利性商业组织还是非营利性的政府、事业、公益组织，投资都必须以“投资效果或投资回报”为导向，这是每一位职业人士必须关注的重大问题。企业主真正关注的是培训会为企业带来哪些价值和收益。在现实中，我们往往看到这样的现象：培训与人力资源开发活动调查很是隆重和认真，项目执行过程也令人满意，在进行完培训学员满意度调查后，提交了培训与人力资源开发总结报告，整个培训与人力资源开发活动就结束了。有研究表明，国内的培训转化率约为 15%，说明有约 85% 的成果都被浪费了，这对企业来说是一种很大的损失。我们认为，此时培训与人力资源开发活动并没有结束，反而是培训与人力资源开发活动真正产生效果和发挥作用的开端！

目前明确建立和运营良好的培训成果转化策略的企业还不多，可以说这是当前企业培训价值链中最薄弱的一环。事实上，这一环恰好是确保培训效果最重要的一环。培训的唯一目的便是产生效果，产生效果的关键就是为培训项目的成果转化设计策略方案。

2. 解决问题的方法论——成果转化理论模型

（1）美国管理学者雷蒙德·诺伊（Raymond A.Noe）提出的培训转化模型。根据此模型，要提高培训的转化率可以利用适应性培训转化（如培训项目的设计和工作环境）和刺激转化（如受训者的动机和能力）这两种方法。

（2）美国 Fort Hill 公司开发的 6D 法。这个方法得到 GE 认可，GE 克劳顿管理学院曾正式开设 6D 法课程，其主要流程是：

- 定义企业获益（define business outcomes）。
- 设计完整的学习体验（design the complete experience）。
- 交付应用 (deliver for application)。
- 推动学习转换 (drive learning transfer)。
- 提供业绩支持 (deploy performance support)。
- 制度化成果 (document results)。

（3）同因素理论。同因素理论认为培训转化只有在受训者所执行的工作与培训期间所学内容完全相同时才会发生。达到最大限度的转化，取决于任务、材料、设备和其他学习环境的特点与工作环境的相似性。

（4）激励推广理论。激励推广理论理解问题的方法是开展一种强调重要特征和一般原则的培训，同时明确这些一般原则的适用范围，因此当工作环境（设备、问题、任务）与培训环境有差异时，仍能实现培训转化，即依据培训中所学的重要特征与一般原则，在工作环境中应用所学技能，也就是所谓的远程转化。

（5）认知转换理论。认知转换理论认为可通过向受训者提供有意义的材料来增加受训者将工作中遇到的情况与所学知识相结合的机会，从而提高转化的可能性，转化效果取决于受训者恢复所学技能的能力。这一理论向受训者提供对所学技能进行编码记忆的技能，这样他们就能轻而易举地恢复这些能力了。信息的储存和恢复是这一理论的关键因素。

认知转换理论的影响可从培训的应用练习中看到。许多培训项目都要求受训者找出工作中遇到的问题或状况，然后讨论培训内容的可能应用。应用练习可以让员工在工作环境中发现适当的线索（问题、状况），增加其回忆起培训内容并运用于工作中的可能性。

通过以上分析可知，培训与人力资源开发活动最重要的不是“教得好”而是“学得好”和“用得好”。一般来讲，培训转化分为个人培训转化（学得好）和组织培训转化（用得好）两部分。个人培训转化是指个人通过培训将外在的知识、技能等转化为自身内隐的知识、技能等。组织培训转化是指个人将在培训中所学到的知识、技能等应用于实现组织目标的活动中，即我们所讨论的培训成果转化。

相对来说，组织培训转化比个人培训转化难度更大。组织需要在员工转化过程中发挥激励的引导作用，这是培训转化中激励作用的重点。对于个人培训转化我们已在前述相关模块有所讨论。本模块的内容集中在组织培训转化方面。

3. 培训转化中的关键因素——人

鲍勃·派克在《鲍勃·派克的培训大师手册》和《重构学习体验：以学员为中心的创新性培训技术》中提到，约翰·纽斯特罗姆 (John Newstrom) 和玛丽·布罗德 (Mary Broad) 在研究成果“培训转化矩阵”(transfer of training matrix) 中总结了影响培训效果转化的三类人——他们的行为直接关乎培训效果的转化，这三类人在影响培训内容能否进行转化时经历了三个阶段：训前、训中、训后（见表 II－2－24）。

表 II－2－24　培训转化中人的因素

培训角色	训前	训中	训后
业务管理者	1 ● 与学员沟通学习目标和难点并提出要求和给予鼓励等 ● 创造必要的应用平台或条件	8	3 ● 与学员一起盘点工作，根据学习内容和学员一道重温行动计划 ● 确定保障行动计划实施的措施，并给予学员适当的和适时的关注、辅导和鼓励 ● 当学员应用新技术开展工作出现失误时予以恰当的指导和包容
学员	7	5	6

续表

培训角色	训前	训中	训后
培训师	2 ● 对管理者提出的课程目标和实施过程进行提炼 ● 与受训者一起参加训前会议，并在会上为学员提供必要的教练式引导	4	9

注：数字的顺序代表三类人在不同阶段对培训知识和技能转化到现实工作中的影响程度（1代表最重要，9代表最不重要）。

表Ⅱ－2－24列出了鲍勃·派克认为的三个最关键的当事者和行为，从中可以看出，训前的业务管理者、培训师和训后的业务管理者对培训转化影响最大。但在现实工作中往往发现，这三个部分可能是最不被重视的，这给我们的实践操作带来了很大的启示。

4. 解决问题的实战步骤

（1）总的思路。以产出为导向，将业务结果作为培训的最终目的，针对实践与应用来设计培训项目，转变思维，加强转化环境建设，提供绩效支持，从而最大限度地将学习内容转化为业务结果。为此，培训与人力资源开发管理者必须有商业思维、产品思维和售后思维。

（2）实战步骤简述。综合以上经典理论，结合当前企业培训的前沿动态，在组织培训转化方面，以培训价值链为导向，本书提出培训转化模型（见图Ⅱ－2－21）。

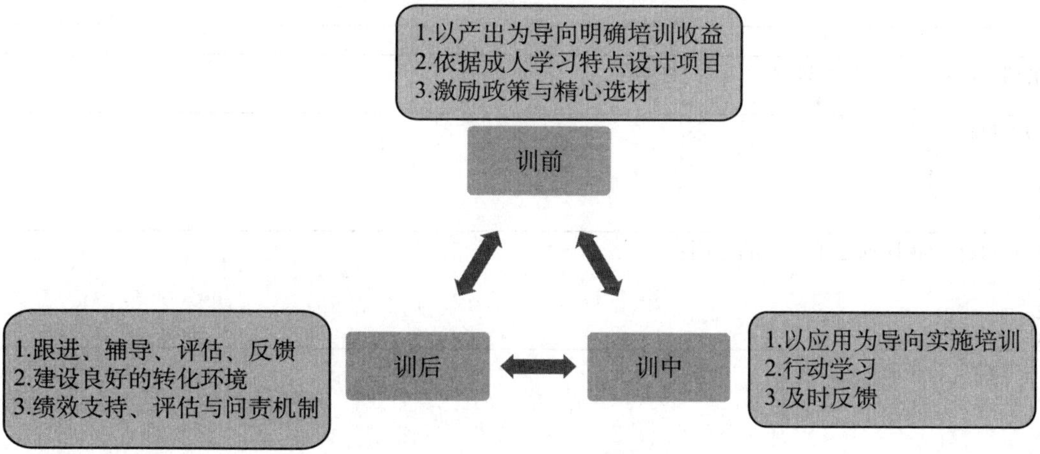

图Ⅱ－2－21 培训转化模型

1）训前。

● 学员、管理者和业务经理要清楚地认识到培训与人力资源开发活动的目的——为组织产生价值。具体可通过业绩评价的KPI设置、问责机制和文化倡导“一软一硬”措施来强化有关人员对于培训转化的责任。

● 项目设计以产出（业务成果）为导向，反向设计课程、培训方式和方法、选择师资等。

● 建立激励机制，精心选择培训“原料”。对于岗位必需的技能，要以有关制度约束学员；对于关键人才的开发，管理者要对现有人员做好盘点与筛查工作，撰写技能清单和评估报告，以便让最合适的人才参加人力资源开发活动。

2）训中。

● 开展行动学习，“做中学”和“学中做”结合起来。实践环节将有利于培训转化。

● 业务经理要及时反馈，将工作中的表现、技能的掌握和能力的提升信息及时与学员进行沟通。

3）训后。

● 建设有利于培训转化的软环境和硬环境，主要包括晋升和发展的激励制度、学习文化、包容和风险担当的企业文化、管理者的示范与支持和鼓励、运用技能的机会和技术支持等。

● 建立及时有效的跟踪与评价机制。在此，我们推荐和绩效计划与评价或个人发展计划结合。

比如，和绩效计划与评价结合的简单做法是在月度或年度员工绩效评价表中设计相关的跟踪与评价内容：一是在绩效计划中融入有关业务经理与受训员工双方对于培训成果转化的内容；二是绩效评价中融入有关跟踪与评价、反馈内容。

表 II－2－25 是一个培训项目行动计划示例。

表 II－2－25　培训项目行动计划示例

培训主题和内容：
培训时间：　　　学员姓名：　　　职务：
培训目标： 1. 2. 3.
针对目标，我计划在工作中的运用： 1. 2. 3.
运用的效果评估： 1. 2. 3.
运用的效果好与不好的分析： 1. 2. 3.
我的建议：
直接上司： 学员： 成果检查时间：

如表 II－2－26 所示，在管理者年度业绩评价表中融入有关培训跟踪内容。

表 II－2－26　年度业绩评价表（部分）

第三部分：综合评估（直接上司填写）
表现突出之处（建议提供相关事例作说明）： ____________________ ____________________
需留意或改善之处（建议提供相关事例作说明）： ____________________ ____________________
上一年参与的培训项目评估： ____________________ ____________________
未来一年需培训或发展之处： ____________________ ____________________

- 打造学习型组织与知识管理网络。学习型组织是一种组织文化和可操作的制度体系，它不仅注重个人层面的提升，而且注重团队和组织层面的可持续发展。

[练习与思考]

1. 如何将大学四年所学的理论知识进行有效的转化？
2. 依据本书内容，界定什么是理论知识转化。
3. 将所学课程分类，列出其特点，然后提出转化途径。

三、基于证据的HR最佳实践

（一）大疆的人才培养

当前大疆的技术和产品在全球无人机行业中具有无可取代的地位与实力。

大疆 CEO 汪滔曾经说过："我们的经历证明，一个初出茅庐的年轻人不去曲意逢迎、不去投机取巧，只要踏实做事，就一定能取得成功。我们相信，那些回归常识、尊重奋斗的人，终将洞见时代机遇，并最终改变世界。"

大疆对人才成长的重视早已形成切实的明文制度。大疆能给员工创造多大的成长空间？一个普通的实习生也能发起和主导千万级的公司战略级项目。如"悟" Inspire 就是由在大疆实习不足三个月的实习生提出并打破常规拿到公司重量资源，历时两年组建团队、主导研发，最终完成的作品。

与 Inspire 相比，推出不久的 Osmo Pocket 也再次证明了只要踏实做事，就一定能取得成功。据说 Osmo Pocket 起初只是大疆某款新型云台的二代产品，本意是为几名产品经理新人创造在新项目中实践成长的机会。出人意料的是，负责项目的几名产品经理对项目想法丰富，时常下班后还主动找时间聚在一起讨论产品设计方案。凭借一腔热情和专注投入，Osmo Pocket 的研发进度甚至反超一代产品，在产品、技术和设计等方面都比一代做得更为出色。最终，经过内部多次评估讨论后，原本应是二代产品的 Osmo Pocket 成为大疆 2018 年推出的重磅惊喜。

资料来源：https://baijiahao.baidu.com/s?id=1622709692290217883 & wfr=spider & for=pc。

请小组讨论：大疆的人才培养方式对你有什么启示？

（二）链家的培训与课程体系

链家在培训与人力资源开发职能下设培训管理部、课件研发部和能力认证部，主要培训对象是职能和运营人员，运营主要面对经纪人和店经理两类人员。

其职级晋升阶梯如图 II－2－22 所示。每一层级皆有相应的培训学习要求和课程。课程体系主要包括两类，即通用管理类和专业技术类。培训课程的学习成效与能力提升和职级晋升挂钩。

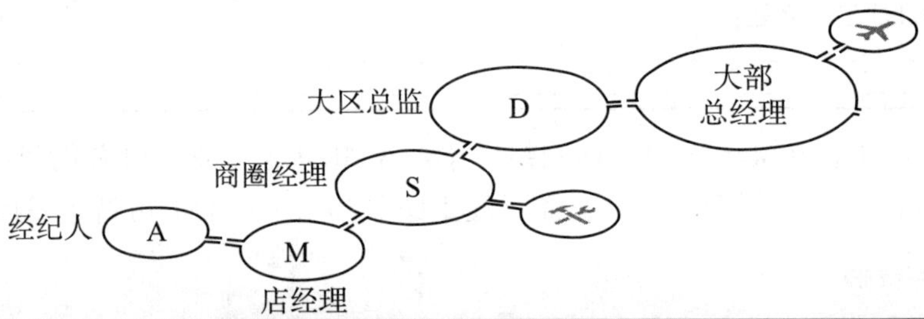

序列	A	M	S	D
职级	A0～A10	M2～M10	S1～S8	

图 II－2－22　链家的职级晋升阶梯

四、业务决策者的责任

就培训课程设计、执行以及结合成人学习理论运用于培训实践等方面，从戴尔的案例中你能得到什么启发？请你予以总结。

太太式培训

全球电脑直销公司戴尔有许多值得其他企业学习和借鉴的培训方法，比如其独创的著名的太太式培训。戴尔培训销售人员采取太太式培训。所谓太太式培训就是把销售经理比喻为销售新人的“太太”，销售经理像太太一样不断地在新人耳边唠叨、鼓励，才能让新人形成长期的良好销售习惯，从而让销售培训最终发挥作用。培训由培训经理和销售经理一起完成。销售新人不仅向直线经理汇报，还要向培训经理汇报。培训经理承担技能培训和跟踪、考核职能，每周给销售新人排名，用 E-mail 把排名情况通知到他们。销售经理承担教练和管理职能，通过新人的最终执行，达到提高业绩的目的。先是为期三周的集中培训，由专家讲解销售的过程和技巧，邀请有经验的销售人员来分享经验；然后每周末召开会议，销售经理与培训经理都参加，检查新人上周进度，讨论分享工作心得，分析新的销售机会，制订下周的销售计划。销售经理与培训经理、新人一起讨论新人的成长、下一步的走向。最终，“销售经理”在工作中能够自觉指导新人运用销售技巧，及时鼓励新人，有效管理新人。

销售经理在其下属的培训和发展方面起着至关重要的作用。销售经理比其他人更了解其下属的长处和短处，更清楚下属的培训需求，也常常拥有帮助其下属改进工作绩效所必需的技能。培训经理在培训的过程中经常与销售经理进行有效沟通，往往能使培训达到事半功倍的效果。“三分教，七分学”，要使培训达到预期效果，培训的主体必须是学员而非培训师。销售人员在培训方法的选择上可以尝试体验式培训。学员通过个人在培训活动中的充分参与获得个人的体验，然后在培训师的指导下进行团队交流，分享个人体验，提升认识。

资料来源：https：//baike.baidu.com/item/%E5%A4%AA%E5%A4%AA%E5%BC%8F%E5%9F%B9%E8%AE%AD/9807745?fr=aladdin，有节选。

学习小结

<table>
<tr>
<td>关键能力/技能</td>
<td>● 依据实际工作过程正确运用培训与人力资源开发的方法或技术进行培训的实训与操作□
● 能理解并分析具体的培训与人力资源开发方法或技术的适用性与有效性□
● 能判断企业管理问题是否可以通过培训与人力资源开发解决□
● 能制定培训与人力资源开发的 WBS 并且能制定合理的培训目标□
● 能制定简单的培训课程设计□
● 能进行有效的培训需求调查与分析□
● 能制定简单的培训转化方案□</td>
<td rowspan="2">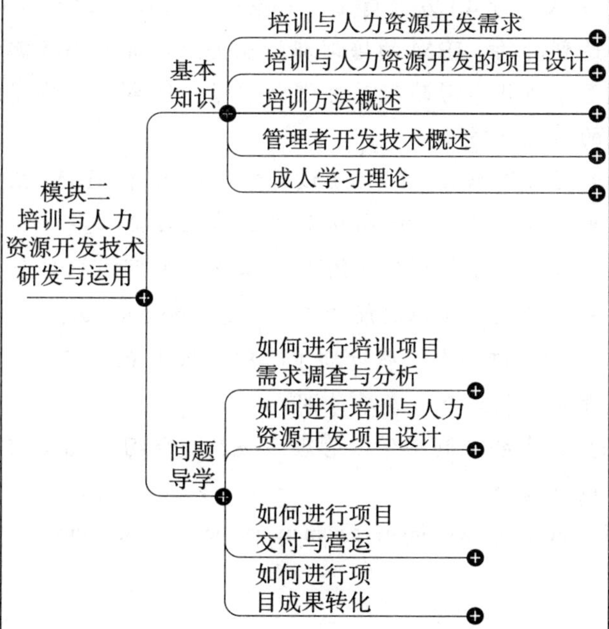
</td>
<td rowspan="2">自我回顾所学，然后：
● 在本书中找到支持“关键能力/技能、核心素养和必备知识”的相关内容
● 对于相关学习目标的掌握程度进行自我评价
● 评价完后请在左边的小方框中打上“√”</td>
</tr>
<tr>
<td>核心素养</td>
<td>● 在制定或运用 类培训与人力资源开发方法、技术时能有意识地开阔视野，具有国际化与本土化有机结合意识□
● 在方法与技术的学习过程、案例研究中有独立思考，面对公众敢于表达自己的观点，并能表现出一定的创新思维□</td>
</tr>
</table>

必备知识	● 实际工作过程与理论学习情景知识点的连接□ ● 培训项目与课程体系的内容与设计的有关知识□ ● 培训需求分析过程的知识□ ● 成人学习的特点□ ● 培训方法的内容、特点□ ● 管理者开发技术的内容、特点□ ● 培训转化的影响因素及一般步骤□		

看企业实际运作

IBM 被誉为当今商业界跨国企业变革创新的典范。

任正非曾说，只有谦虚、认真、扎实、开放地向 IBM 学习，我们这个变革才能成功。

IBM 在全球有近 40 万名员工，如果采用过去的培训管理方式，无法实现按需学习的模式。为达到目的，IBM 的培训部门在企业内部提倡按需学习的业务模式，为每个员工量身打造了个性化学习路径，并借助学习管理系统，构建体系化的学习地图，为员工创造个性化的学习环境。

在利用学习管理系统（LMS）设计学习地图时，IBM 主要结合以下背景：

● 基于职级及岗位，清晰解析其对应的能力要求。

● 通过职业发展框架评估（PDFA) 工具，定期组织对个人的能力评估。

● 通过对比与现有岗位的能力差距（competency gap），提供智能化学习方案。

● 员工定期制订个人发展计划（IDP)，基于未来职业发展目标，获得发展建议，并与其直线经理共同制订个人发展计划。

IBM 的实践表明，利用学习管理系统构建学习地图框架，是为员工提供个性化学习解决方案的最好选择。

资料来源：https：//www.jinyueya.com/magazine/33694358.htm.

模块三　培训评估与绩效促进

| 学习目标 |

关键能力 / 技能

- 掌握并运用培训评估工具分析具体实例
- 能够对各类评估工具的适用性进行评价与选择

核心素养

- 在关注组织经济效益的同时关注人的发展与个体价值的实现，具有人文精神与人性关爱理念
- 具有国际视野与产出导向的效益思维
- 培养具有严谨、科学的理性思维，同时也具有灵活、应变和人文关怀的感性思维

必备知识

- 理解培训与评估的概念
- 了解培训评估与绩效促进的关系
- 熟悉培训与评估的操作流程

一、基本知识

（一）实际工作过程与理论学习场景

1. 实际工作过程

本模块的实际工作过程如图 II－3－1 所示。

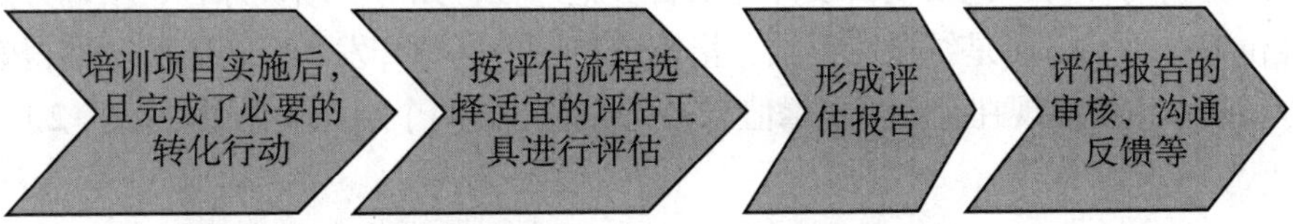

图 II－3－1　实际工作过程

2. 实际工作过程与理论学习场景（见表 II－3－1）

表 II－3－1　工作过程与学习场景矩阵

学习场景		工作过程		
		按评估流程选择适宜的评估工具进行评估	形成评估报告	评估报告的审核、沟通反馈等
是什么？为什么？	培训分析与评估	√		
	培训评估流程	√		√
	培训评估的关键问题		√	√
为谁做？怎么做？	如何选择培训评估工具	√		
	如何进行培训评估	√		

（二）培训分析与评估

中国企业的数字化学习应用已不再只是针对传统培训模式的优化，而是更加聚焦业务场景，并对最终业绩进行评估。

——《2020 企业数字化学习趋势洞察蓝皮书》

根据本书培训与人力资源开发基本流程（见图 II－3－2），在一项培训项目完成并且组织实施了必要的转化行动后，管理者应进行培训项目的效果评估与反馈改进环节的工作，这也是培训与人力资源开发基本流程的最后一个环节。

1. 问题界定

（1）本书对培训分析与评估的范围界定。一方面是过程性评估，指培训与人力资源开发项目本身的分析与评价，包括项目设计与项目实施过程，如对于培训课程、培训方法、考核手段的评价等；另一方面是结果性评估，指培训与人力资源开发项目实施后所取得效果的分析与评价。效果主要体现在企业价值增值与员工价值增值两个层面（见图 II－3－2）。

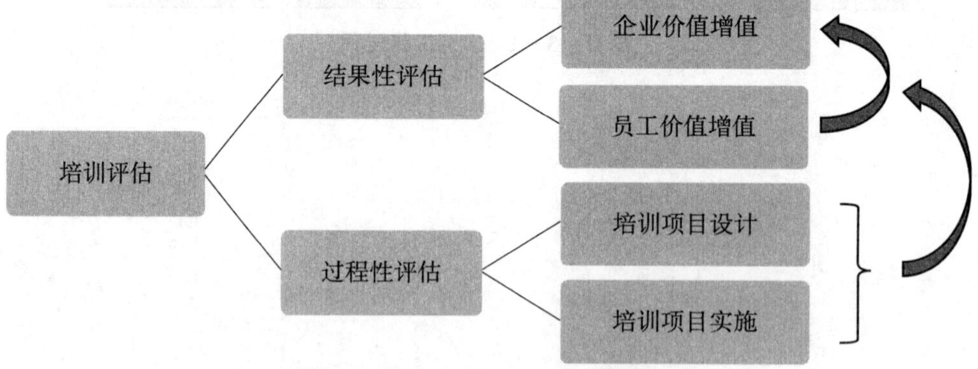

图 II－3－2　培训评估范围模型

（2）培训评估的阶段。按培训的时间顺序，培训评估可划分三个阶段（见表 II－3－2）。

表 II－3－2　培训评估三阶段

培训评估阶段	评估要点	对应评估范围	作用
阶段一：训前	1. 对学员的 KSAC 进行准确摸底，记录信息和数据 2. 对培训的项目整体设计进行确认	过程性评估	为训后评估提供基础参照
阶段二：训中	1. 对培训的项目执行过程进行适时评估 2. 对学员过程性的学习培训情况做出记录	过程性评估	1. 为训后评估提供基础参照 2. 发现问题，及时纠偏
阶段三：训后	1. 对学员的 KSAC 进行评估，对照训前情况做出判断 2. 对组织从中所获得的价值提升做出分析判断	结果性评估	1. 总结性评估效果 2. 为培训有关决策提供依据

2. 定义与目的

（1）培训评估。从本书对培训评估的分类来看，培训评估是运用科学的方法和技术对培训项目过程和实际成果进行系统的分析和评判的过程，而不仅是针对培训项目达到目标的程度做出判定。本书认为这一定义包含两方面：一是评估某一项培训活动的整个执行过程是否达到培训前设定的目标；二是评估某一项培训活动实施后是否对企业和学员产生价值增值。

理解培训评估有助于我们正确地运用评估技术对培训活动进行分析和评估。

（2）评估目的。

- 判断某一培训活动是否达到设定的目标。
- 分析培训活动的优点和不足之处，以利改进。
- 检讨在培训选材方面存在的问题。
- 分析选择对企业和员工有效的培训项目、培训课程和方式等。
- 增加决策层对培训活动的了解、理解和支持。
- 对标行业标杆企业，努力提升培训活动的成本效益比。

（三）培训评估与绩效促进的关系

组织投资培训与人力资源开发活动的目的是促进组织绩效的持续改善，最终目的是为企业价值增值、为员工价值增值。以终为始是学习的基本原则。培训的产出不仅体现在个人 KSAC 的改变增值上，而且体现在整个组织战略转型、文化再造等系统层面增强了组织的系统运行效率和产出增值上。

从当前组织实践最前沿的动态来看，从员工的培训与开发、组织的学习与发展到绩效支持再到绩效改进是一个严谨的逻辑流程，组织的培训与人力资源开发活动自始至终都应以绩效改善为导向。绩效支持（PS）与绩效改进（PI）和培训与人力资源开发活动越发紧密。

绩效导向也为培训评估提供了基本支点。我们将在下面的问题导学中讨论。

（四）培训评估流程

培训评估流程一般由以下步骤组成（见图 II－3－3）。

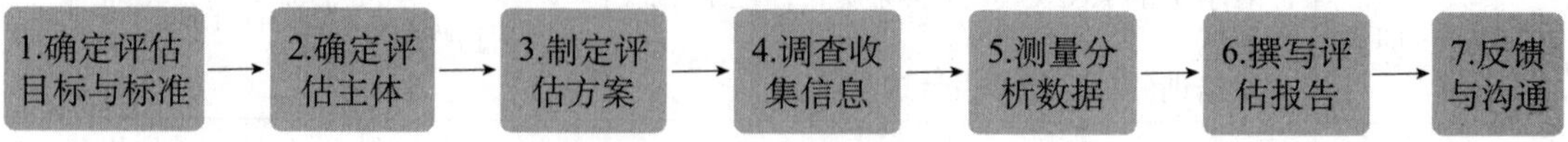

图 II－3－3　培训评估流程

1. 确定评估目标与标准

实施评估前，首先要明确评估的目标。如是针对某一次培训活动还是针对年度培训与人力资源开发项目的整体评估，是着重结果性评估还是过程性评估等。

其次要明确评估标准。如绩效管理中的设定 KPI，根据不同培训项目，要确定哪些评估指标以及指标值（标准）。指标值的取值可以根据行业平均、行业标杆企业、企业自身历史数据、企业本身的期望等综合研判确定。

2. 确定评估主体

评估主体是指主导或参与评估的人员。组织中一般由培训与人力资源开发管理者主导，高层管理者、业务经理、培训师和受训学员参与，具体要根据项目特点和企业情况决定，必要时请外部专业咨询机构作为顾问。比如，某一培训外包项目，可由外包机构给出项目的评估方案并一同参与评估。

3. 制订评估方案

在实际运作过程中，评估方案应包括培训评估流程的所有内容。

4. 调查收集信息

信息收集的内容主要是与评估有关的需求分析、计划、实施情况、学员反馈、客户反馈、测试结果、业务数据、培训与人力资源开发的企业年度预算等。

调查的方法可以选择访问、观察、问卷、绩效评估、工作实绩取证、外部客户反馈等。

特别强调的是，培训前学员测试的有关记录和数据很重要，这些也应是收集的信息，可以将其与在培训结束后或在一段时间内员工的 KSAC 表现进行对比，把对比结果作为培训评估的重要内容。

5. 测量分析数据

评估者将收集到的有关数据、信息进行统计、分析，与评估标准进行比较。

6. 撰写评估报告

撰写评估报告是对前期工作的总结，评估报告将作为管理决策的正式文件之一。这里要注意的是，培训管理者在撰写过程中应该与业务经理进行沟通，听取他们的意见和建议，以利今后报告中的有关决策得到响应和支持。以下是撰写评估报告的一般内容和要求。

（1）摘要撰写，简要概述本次评估的目的、方法和结论等。

（2）导言或背景，介绍评估的目的和性质等。

（3）评估过程与方法，介绍实施过程、数据分析、所用的方法和工具等。

（4）得出评估结果，分析结果与得出结论，并进行必要的解释和提出相应的建议等。

（5）评论本次评估，针对本次评估不足之处进行客观总结，并给出下一步改进措施或方向。

（6）附录，主要是有关评估表、调查表、数据信息收集表、访谈提纲等。

7. 反馈与沟通

应就报告有关问题在公司管理层达成一致，并且以某种合适的形式在公司内公开。同时，培训部门应该做内部工作复盘，形成改进措施和行动计划。我们给出以下有关具体做法的建议：

第一，可将评估信息恰当地反馈给学员，以利于学员了解自己的培训情况。

第二，可将评估信息反馈给业务部门，听取意见和建议，以利于培训管理者改进，并且有利于加强部门间的理解和协作，重要的是业务部门了解本部门学员的有关培训情况，以利于提供合适的培训转化环境。

第三，可将评估信息反馈给内外培训师，以利于他们改进今后的培训方式、方法、课程、组织等。

第四，可将评估信息反馈给高层管理者，以利于他们及时了解培训活动的收益和发挥的作用，并得到他们的理解和支持。

（五）培训评估的关键问题

（1）完整的培训评估的定义应包括两方面：一是培训投资的使用效率，具体表现在同等条件下人均培训费用使用效率的提升；二是人才培训后的社会效益和经济效益，一般表现在同等条件下，学员劳动生产率的提高和组织、社会获得效益的增加。

（2）并不是每一个培训项目都可以计算出 ROI。对于一线岗位技术或操作层面的培训，比较容易计算 ROI；涉及管理方面，ROI 就不太可能准确计算。因此，培训评估对于无形收益的定性评估也是必要的。

比如领导者思想更新方面，以笔者实战经历总结，可以采取两种方法：一是运用行为锚定法将定性描述转化为定量判断；二是运用学员自评 + 上司评估的定性判断。由此可以分析由于领导者思想更新带来创新和变革进程的加快，从而带来经济效益的增长。

[练习与思考]

从培训与人力资源开发的定义和对象的特点来看，你认为培训与人力资源开发的评估有哪些方面的异同？

二、问题导学

请阅读以下经典案例，并思考问题出在哪里？

哈佛案例：高管培训砍不砍

经济不景气，人力资源高级副总裁凯伦提交的高管培训预算被上司削减了超过75%。高管培训果真缺乏价值吗？还是凯伦的上司缺乏远见？

校园简直美极了，阳光从古朴的图书馆大楼的斜顶上一路铺洒下来，花坛里的玫瑰热烈绽放，整个校园沉浸在一种浓浓的学术氛围中，庄严而静谧。可是，坐在校园里的凯伦·巴顿此刻面色凝重，无心领略母校的万般魅力。

凯伦是赞德医药公司的人力资源高级副总裁。两周前她按惯例向她的上司首席运营官（COO）兼执行副总裁戴夫·帕默递交了预算申请。今天早上就在她动身来母校赴院长之约时，她收到了戴夫回复的预算修改方案。在路上打开一看，凯伦不由得大为震惊，戴夫竟把高管培训预算砍掉了75%还多。

半晌凯伦才回过神来。她断定，八成是搞错了！她看了眼手表，才11：50，离会面时间还有10分钟，戴夫现在可能正在去往午餐会的途中。午餐会是CEO杰克·斯托克顿和其他几位高管组织的。这些人自称“六人帮”，每周一定期举行讨论会。凯伦心想这个时候还是给戴夫的语音信箱留个言算了，可没料到，电话拨过去，戴夫倒亲自接听了。

“戴夫，是我，凯伦。刚刚看了你的预算修改意见，我想你是不是弄错了？这里面好像把高管培训预算都快砍光了。”她紧张地干笑了几声。

“没弄错。”戴夫语调中带着些许疲倦，似乎他整个上午都纠缠在类似的追问中。“杰克让我将所有部门的整体预算减少20%。有些项目的削减幅度免不了要大一些。高管培训便是其一……”

“戴夫，”凯伦打断说，“你不是在削减我的预算，你是彻底推翻我的预算。”

戴夫的回答也很不客气，“听着，凯伦，等你在这个行当里和我干得一样长的时候，你就能一眼看出哪些东西纯粹是噱头了。那种外出培训课程我没少参加，但自从20世纪80年代末在Governor’s Point度假区的那次外出会议后，我就再也不参加了。那种课程总是一半时间在玩游戏，另一半时间给你发牢骚。管它是什么，我们明年都没时间和财力再去折腾了”。

凯伦惊诧万分，戴夫竟然把公司以往的外出会议与高管在外参加的培训相提并论。“这两件事根本风马牛不相及。我们的人从课程培训中获益良多，我不认为他们会把培训和玩游戏或是发牢骚混为一谈。”她反驳道。

“我知道你很失望，”戴夫说，“可杰克才是老板。”

“你是说，是杰克特地让你削减了我的预算吗？”不等这位COO开口，凯伦又继续说道，“我想你肯定知道，削减了这部分预算，我的团队设计的内部领导力发展计划就没法再开展了。记得上次我们碰头，你还说你支持这个计划。如果我没理解错，你指的应该是财务上的支持吧？”

“等等，凯伦，”戴夫回答道，“那是6个月以前的事了。半年里还是会发生很多变化的，公司的财政状况也免不了。如果你还记得我曾跟你说过，我需要你对比一下你的内部培训计划和我们目前的高管培训外包项目，并提交一份特设课程的年投资回报预测明细。”

“那份对比分析报告，我在提交预算的时候一起给你了啊。”凯伦一边为自己辩护，一边琢磨戴夫接下去要说什么。

"我看过了，"戴夫实话实说道，"你说内部培训有诸多好处，但都是从定性的角度讲的，很遗憾，能够量化的收益太少。虽然我自己也进行了估算，可对你这项新计划能带来多少回报还是心里没底。我和杰克也聊过，培训投资过去带来了多少收益，我们并不知道，现在如何计算这笔收益，我们也不清楚。说实话，这些原本可是你我之间应该讨论的问题。"

凯伦刚要回应，戴夫马上又补充道："对不起，凯伦，我不想打断你，可我必须得去开会了。"

"我想明天再跟你谈谈。你什么时候方便？我去你办公室。"凯伦问。

戴夫觉得已经没什么好谈的了。"我明天的日程已经排满了。如果你有东西要给我看的话，我是说如果，我会叫助理安排在周三早上。但我希望你明白一点，眼前经济不景气，我们的销售额已经跌了 26%，我们收购普瑞米制药公司的时候还欠下 3 亿美元的债。还有，这次不止你一个人的预算被砍。如果你能拿出数据，告诉我这次高管培训将给公司增加多少利润，那么我会洗耳恭听的。如果你不能，就不要再来问我讨预算了，要知道，今年预算不足的地方多了去了。"

凯伦发现自己和院长约定的时间已经过了。本来她是打算和院长商讨高管培训计划的。现在她心里明白，他们这次会面已经没有什么实际意义了。

资料来源：伊达琳 · 克斯纳 · 哈佛案例：高管培训砍不砍 . 豆丁网 .

（一）如何选择培训评估工具

培训管理者深信培训一定是有效果的，培训也一定是必要的，问题在于如果无法证明这两者之间的关系，组织决策层也许就会首先考虑节约培训方面的开支了。建设一个有说服力的、符合决策层思维的培训评估体系是为学员和组织双增值和提高培训地位、争取更多资源的一个最有效的途径。

我们分别从经典评估工具和可参考评估工具两部分来介绍当今业界比较流行的评估工具。

1. 经典评估工具

从柯氏四级评估模型开始，在此基础上发展起来的培训评估模型各有特色，在针对培训项目活动的过程性评估和结果性评估两方面各有侧重或者综合，在针对培训项目活动带来的效益是影响组织内部还是兼顾影响组织外部方面各有侧重或者综合。表 II－3－3 列出了经典的且最常用的五类培训评估模型。

表 II－3－3　五类培训评估模型

评估模型	评估指标	内容特点	实施难点
1. 柯氏四级评估模型	反应层 学习层 行为层 结果层	● 主要集中在结果性评估方面 ● 四层次层层递进，具有支撑逻辑性 ● 使用改进：反应层可以增加对培训效用大小的评估以及学员对程序性知识的掌握	● 第三层次的学员行为、态度变化的跟踪取证 ● 第四层次的学员在经营、生产率方面提升数据的有效获取

续表

评估模型	评估指标	内容特点	实施难点
2. 菲利普斯（Jack Phillips）五级六指标模型	反应和行动改进、学习、成果应用、商业结果、ROI	● 对于培训引入投资回报率（ROI）概念进行量化评估	● 培训结果的货币价值的测量
3. 斯旺森 – 霍尔顿（Swanson & Holton）结果评价模型	绩效结果 学习结果 认知结果	● 每一个评估结果都有两个驱动因素 ● 强调培训与人力资源开发活动是基于组织战略的论调	● 财务成果的测量 ● 培训活动给客户带来价值的测量
4. 考夫曼（Kauferman）模型	反应、获取、应用、组织输出、社会贡献	● 在柯氏四级评估模型基础上加入第一层次对资源获得可能性的评估 ● 加入了评估社会和客户的反应内容	● 培训对于组织贡献的财务性量化 ● 社会效益评估的操作
5. 高尔文（Glavin）CIPP 模型	情景、投入、过程、产品	● 从培训需求开始到培训活动的结果，相对评估范围更广 ● 加入了对培训项目本身的评估，可用以指导培训项目的优化设计 ● 过程性、反馈性、全程性 ● 对沃尔等 CIRO 模型的补正，强调过程性评估	● 培训管理者需要培训全过程信息、数据的跟踪收集
6. 沃尔（Warr）等 CIRO 模型	情景、投入、反应、产出	● 相对评估范围更广 ● 整个培训活动就是一次评估活动 ● 评估先于培训活动开始之前就已展开	● 培训管理者需要培训全过程信息、数据的跟踪收集

柯氏四级评估模型是由唐纳德·柯克帕特里克（Donald Kirkpatrick）于 1976 年提出的评估模型。柯氏四级评估模型是最为人们所熟知、应用最为广泛的培训评估模型。该模型将培训效果分为四个递进的层次，即反应层、学习层、行为层、结果层，按此层次进行培训评估。

柯氏四级评估模型的主要内容如图 II－3－4 所示。

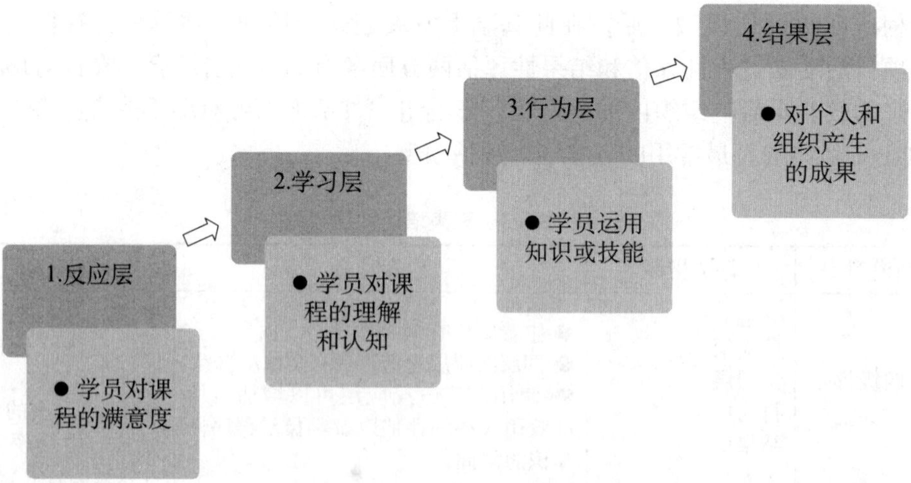

图 II－3－4　柯氏四级评估模型

第一，反应层（reaction）：评估学员的满意度。

目的：评估学员对培训项目的印象。

内容：对讲师和培训科目、设施、方法、内容、自己的收获等方面的看法。

时间：培训项目结束时。

方式：电子或书面问卷调查、电话或面谈访问等。

作用：作为改进培训内容、培训方式、教学进度等方面的建议或综合评估的参考。

热度（使用频率）：★★★★★。

难度：★★。

表 II－3－4、表 II－3－5 是两个较为典型的属于反应层的培训评估表示例。

表 II－3－4　培训评估示例（1）

培训评估表

课程名称：　　　　　　　　　　　受训时间：　　　　　　　　　　　受训地点：
培训师：
评分标准：1 分代表不满意；2 分代表较差；3 分代表及格；4 分代表良好；5 分代表优秀

评估项目	评估内容	评分					例证
		1	2	3	4	5	
1. 课程内容	内容与目标、工作的契合度						
	结构的合理性、有效性						
	教材的适用性						
	难度是否适中，符合学员情况						
2. 培训师	课前准备是否充分						
	专业知识和技能						
	对行业的了解						
	授课技术						
	授课态度						
3. 培训方法	方法是否适合学员						
	是否有助于提高学习热情						
	是否有助于增强学习效果						
	方法与内容是否匹配						
4. 培训条件和环境	场地布置						
	设备设施						
	通风、光线、卫生条件等						
5. 后勤保障	餐饮						
	交通						
	住宿						

续表

评估项目	评估内容	评分					例证
		1	2	3	4	5	
合计							
其他意见或建议							

表 II－3－5　培训评估表示例（2）

特别管理项目问卷调查表

时间：　　　　　　　　姓名（可填可不填）：

说明：特别管理项目是指以部门为单位、由部门负责人牵头（也可以跨部门合作）针对现有的工作进行管理创新与最佳实践的一项管理活动。为完善推行特别管理项目，现对有关问题进行问卷调查。

目的：（1）了解现状；（2）发现存在问题；（3）提出意见和建议并加以改进完善。

一、选择题（请在认同的选项上打“√”）

1）你对公司推行特别管理项目的总体满意度情况：

A. 很满意　　B. 满意　　C. 感觉一般　　D. 不满意

2）你认为公司推行特别管理项目对帮助自己提升管理能力影响怎样：

A. 有很大帮助　　B. 有帮助　　C. 有一定帮助　　D. 有较少帮助

3）你认为公司推行特别管理项目对帮助公司提升整体管理水平影响怎样：

A. 有很大帮助　　B. 有帮助　　C. 有一定帮助　　D. 有较少帮助

4）你认为公司关于特别管理项目评选得出的结果应该如何应用：

A. 和上年一样　　B. 保持与部门奖金挂钩但减少比例

C. 另设立等级奖金、评奖　　D. 其他，请说明：

5）你认为公司下阶段是否应该继续推行特别管理项目：

A. 同意继续目前模式　B. 改善后同意继续　C. 不同意　D. 建议采用其他模式，如：

二、开放式问题（可附页）

1）在实施特别管理项目后，您认为公司、部门或自己有何受益？

2）公司在过去推行特别管理项目过程中是否存在问题或不足，具体有哪些？

3）如果您建议公司下阶段继续推行特别管理项目，请问有何好的意见和建议？

需要注意的是，由于这样的调查一般在培训结束时进行，这时学员大多心不在焉，匆匆忙忙要离开会场，此时发放培训评估表，所得到信息的准确性就会打折扣，主观意见或建议征求栏一般是空着的，没有任何反馈。为避免这种情形，培训管理者可以采取以下做法：一是将培训评估表提前发放给学员，如果培训时间较长，可以在培训中期进行一次调查；二是注意在平时多与学员交流、了解情况，及时改善有关培训工作；三是采用听课和观察的形式了解情况。

第二，学习层（learning）：着重于对学员学习培训的度量。

目的：评估学员对 KSAC 方面的领会、认识和掌握程度。

内容：对 KSAC、原理、概念等的理解、掌握程度。

时间：培训项目训前、训中和训后。

方式：笔试考试、面谈问答、观察记录、现场操作和工作模拟等。

作用：评估学员的培训效果以及有利于培训项目的设计改进、培训师的教学方法改进等。

热度：★★★★。

难度：★★★。

第三，行为层（behavior）：测量学员训后的知识、技能运用情况。

目的：评估学员对 KSAC 方面在实际工作中的运用情况。

内容：对 KSAC、原理、概念情况等的应用或创新应用程度，是否达到培训目标中规定的标准和要求，受训内容是否为工作所用。

时间：培训项目训前和训后几周或几个月。

方式：以评估表形式，进行学员的主观感觉评估、直接上司的评估以及 360 度对学员培训前后行为变化的对比，如月度或年度绩效考核、专门的考察或训后小组讨论等。

作用：重要的培训效果评估指标。

热度：★★★。

难度：★★★★。

在企业实践中，许多企业采用评估效果跟踪表的形式来评估这一层次的培训效果。表 II－3－6 是一个评估效果跟踪表示例。

表 II－3－6　评估效果跟踪表示例

<table>
<tr><th colspan="4">培训评估跟踪检查表</th></tr>
<tr><td>学员姓名</td><td></td><td>所在部门</td><td></td></tr>
<tr><td>职务</td><td></td><td>职级</td><td></td></tr>
<tr><td>培训课程名称</td><td></td><td>培训时间、地点</td><td></td></tr>
<tr><td>培训内容</td><td>知识：
1.
2.</td><td>能力 / 技能：
1.
2.</td><td>态度或素养类：
1.
2.</td></tr>
<tr><td rowspan="2">是否在工作中运用到了所学的知识和技能？请举例说明</td><td>学员自评：</td><td>学员自评：</td><td>学员自评：</td></tr>
<tr><td>直接上司评价：</td><td>直接上司评价：</td><td>直接上司评价：</td></tr>
</table>

续表

你是怎样在工作中创造条件以及督促学员运用培训所学的？请举例说明	直接上司评价：
通过此次培训，学员的工作绩效有了怎样的提升？请举例说明	直接上司评价：
你有何建议？	直接上司评价： 签名：

第四，结果层（result）：着眼于训后产生的经济效益。

目的：从组织的层面评估培训项目带来多大的经济效益。

内容：训后所产生的经济效益或生产率的改善等。结果层评估可以通过一系列指标来衡量，如销售量、客户投诉率、成本节约、合格率、返工率、事故率、生产率、离职率、员工士气以及客户满意度等。通过对这些指标的分析，管理层能够了解培训所带来的收益。

时间：根据岗位工作特点，取决于学员取得业绩的时间间隔，一般为半年、一年或一年以上。

方式：数据跟踪、业绩报告等。

作用：评估学员培训最终效果。

热度：★★。

难度：★★★★★。

这一层次的评估难度系数最高，因为：一是培训管理者没有掌握相关技术；二是培训管理者不知道怎样将培训结果与培训成本进行量化对比；三是培训管理者无法证明有效的培训成果在多大程度上是由培训带来的；四是培训管理者无法取得可信的数据。

由于这一层次的评估客观上存在相当的难度，在考虑评估本身的成本和效益的基础上，应有选择、有目的地进行这一层次的评估。比如，可以通过前三个层次评估的优化和完善来开展这一层次的评估，设计和查找培训实施后行为发生变化的实例或数据，尽可能地弥补无法全面、量化地对培训项目进行评估的缺憾。

对于客户中心人员客户投诉处理技巧培训后的评估，可以收集在同类业务中同类人员或同时段客户实际投诉次数的下降数据来对比培训前后的效果，这是有效的评估。当然，要排除那些明显影响评估数据的因素，如培训学员调换工作后面对不同的产品或客户群体或服务地域等，某些行业的投诉率与产品使用频率有关等。这需要培训管理者在了解业务的基础上做出明智的分析和判断。

综上所述，在柯氏四级评估模型中，企业采用较多的是反应层、学习层评估。一部分企业做到了行为层评估，由于结果层评估的实施难度较大，除了为确保评估结果的信度与效度，需要培训管理者具有较高的专业水准之外，评估操作劳师动众，不但费时、费力、费财，而且培训的收益量化难度大，在企业内用的相对较少。

在衡量指标上，国内企业普遍采用一种变通的方法，即以投入（input）指标代替产出（output）指标，其前提假设为培训的投入越多收益越多，常用的指标有：

- 培训费用占销售收入比例 / 培训经费占薪资总额比例。
- 人均培训费用 / 人均培训时数。
- 培训人时数占工作总人时数比例 / 培训人次数占员工总人数比例。

［练习与思考］

1. 在网上查找一家公司的培训项目，看看其培训评估是怎样做的。你认为哪类培训的效果评估最难？为什么？

2. 国内企业普遍采用以投入指标代替产出指标的方法，你认为其负面影响会是什么？

2. 可参考评估工具

除了经典的培训评估工具外，还可以通过在培训活动与组织、个人绩效之间建立逻辑关联来进行培训评估。

（1）ATD 的培训奖项提报材料。

（2）ATD 培训四个层级的评估：学员满意度、学习应用、行为改变、业务影响。

（3）学习与发展平衡计分卡（BSC）——基于培训与人力资源开发价值链的视角。笔者在企业实践过程中尝试过借鉴 BSC 与战略地图体系来深入探索培训与人力资源开发的投入成本、中间变量、产生绩效之间的相关性。

BSC 与战略地图战略体系由卡普兰和诺顿于 20 世纪 90 年代提出。人们认为 BSC 与战略地图体系是加强组织战略执行力最有效的战略管理工具。它试图改变单一的财务观点，并通过财务（financial）、客户（customer）、内部流程（internal business processes）、学习与成长（learning and growth）四个构面，将各种绩效和企业策略更紧密地结合。BSC 与战略地图体系将组织的驱动指标与结果指标、外部指标与内部指标、领先指标与滞后指标、财务指标与非财务指标、长期目标与短期目标具体呈现，让企业各层管理人（从一线管理干部到高层管理者）。都可以清楚彼此努力达成目标之间的相关性，并呈现出完整的战略实施图与目标实现路径。

为此，我们可以建立学习与发展 BSC，通过对其四个构面的成果驱动关系相关指标的达成度来判断培训与人力资源开发活动的有效性（见图 II－3－5）。学习与发展 BSC 力图从战略的角度考察培训活动的效果与效率，从而构建起企业的培训评估体系。

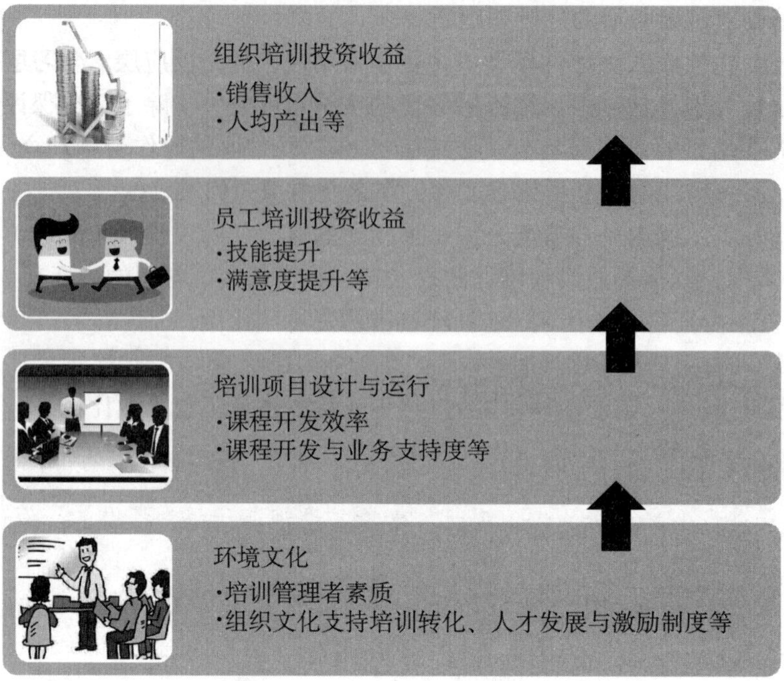

图 II－3－5　学习与发展 BSC

（4）EVA 参照法。

（5）建立人效投入产出分析指标体系。

（6）盖洛普 Q12——最经典的员工敬业度测评工具。盖洛普公司通过 60 余年的实践调查，总结出了 12 个核心问题，这 12 个核心问题始终如一地关联到企业经营的五大业绩指标即员工保留、利润率、工作效率、客户满意度和安全，并且具有前导预测性。通过对 12 个核心问题的分析、分解，得到和培训与人力资源开发活动相关的问题，然后进行评估，以明确培训与人力资源开发活动与这些问题的解决所构成的支撑关系。

盖洛普Q12

1. 我知道公司对我的工作要求吗？
2. 我有准备好我的工作所需要的材料和设备吗？
3. 在工作中，我每天都有机会做我最擅长做的事吗？
4. 在过去的七天里，我因工作出色而受到表扬吗？
5. 我觉得我的主管或同事关心我的个人情况吗？
6. 工作单位有人鼓励我的发展吗？
7. 在工作中，我觉得我的意见受到重视吗？
8. 公司的使命和目标使我觉得我的工作重要吗？
9. 我的同事致力于高质量的工作吗？
10. 我在工作单位有一个最要好的朋友吗？
11. 在过去的六个月内，工作单位有人和我谈及我的进步吗？
12. 在过去一年里，我在工作中有机会学习和成长吗？

3. 评估工具选用的注意要点

（1）重视定性的无形收益的评估。有些组织指标很重要，也具有绩效驱动性和长远影响性，如组织品牌形象提升、组织学习文化强化、组织凝聚力提升、领导力提升、员工学习能力增强、经验能力提升、部门和员工间沟通协作加强、员工信心增强、创意提案的质量提升等。对这些指标的达成应做评估，为避免掉入“可量化就评估，难量化就不评估”的陷阱，我们可以采取定性的方法进行分析、评估，如 360 度打分、访问等。

（2）培训评估不应“钻牛角尖”。培训管理者应评估培训评估的成本效益，有时候为了评估而评估，或者是评估的成本太高，如数据的跟踪、收集和筛选需要花费大量的资源和时间，这明显不划算。

组织日益认识到培训的重要性，人们已无法满足于简单层次的评估，确定培训的 ROI 成为组织自然要考虑的关键问题。但由于对培训进行定量分析时变量很多，又很难区分工作改进和业绩提升到底是由什么因素带来的或在多大程度上是由培训带来的，所以具体操作存在很大的困难。唐·柯克帕特里克说过：“由于许多复杂的因素在同时起作用，从效率的角度来衡量某一项培训的效果，如果说不是不可能的话，那也是极其困难的。”现今许多企业为了适应激烈的市场竞争，都加大了对培训的投资。一些著名国际大公司每年培训预算已经达到上一年度总销售额的 1%～3%，最高的达到 7%，平均为 1.5%。企业管理者不会满足原有培训评估状况，大部分企业会依据柯氏四级评估模型进行一二层的定性评估。ATD 一项调查显示，在 500 个组织中，77% 的组织对学员的反应进行了测量，36% 的组织对学习成果进行了测量，15% 的组织收集了有关工作行为改变的信息，只有 8% 的组织收集了有关经营成果的数据。面对这样的现实，一般的观点是组织更应加强对行为改变和经营成果两个层面的评估。本书认为这样的观点值得商榷，理由是不同的组织应就培训效果分别进行定义和评估。这就回到了问题的根本：为什么要做培训评估？培训管理者做培训评估最根本地要解决什么问题？

培训评估应从源头找到其目的，每家公司的具体情况不同，绩效文化也不相同，即首先要看你的培训项目是如何产生的。如 ATD 在其培训认证手册中所言，有四个关键时刻（moments of truth，MOT）是培训应该及时发生的。作为连接业务的培训活动必须首先抓住这四个 MOT 来及时、有效地开展，这就聚焦了组织战略和业务需要，必然得到高层的理解和支持，这样培训本身就是业务的一部分，其价值毋庸置疑。

（3）培训评估不能走入另一个极端——本末倒置的陷阱。质量管理领域有一句名言：质量不是检查和评估出来的。培训评估也是如此：培训效果是做出来的，不是被评估出来的。评估过程和结果可以通过管理反思在一定程度上改善培训活动的质量，但不是决定因素。培训评估是整个培训管理工作的难点，但不是重点。因此，我们不能为了评估而评估，不必将大量心血花在评估环节，毕竟培训评估属于事后控制，做好事前控制和事中控制，准确分析培训需求，让培训精确聚焦组织战略和业务需要，做好年度培训计划，制定恰当的培训目标、让课程既叫好又叫座才是培训管理的重中之重。

2008 年 10 月至 2009 年 2 月美国投资报酬率研究所对 451 家大型企业展开了“CEO 如何评估培训成效”的调查。该项调查以《财富》500 强企业为调查对象，将培训衡量指标划分为八个类别，符合柯氏四级评估模型的培训评估层次。前两个类别（投入和效率）为层次 0（考夫曼模型的第一层次），反应为层次 1，学习为层次 2，应用为层次 3，影响和获奖为层次 4，ROI 为层次 5（菲利普斯五级六指标模型的第五层次）。如表 II－3－7 所示，结果表明：

- CEO 心目中最佳的培训衡量指标是影响。
- CEO 心目中最不看重的培训衡量指标是反应。

表 II－3－7　CEO 心目中培训衡量指标排序

指标	本机构目前的衡量指标	未来希望的衡量指标	类别的重要性排序
投入（如员工培训参与率）	94%	86%	6
效率（如人均培训费用）	78%	82%	7
反应（如员工对培训课程的评价）	53%	22%	8
学习（如培训后员工的知识技能显著提升）	32%	28%	5
应用（如应用到工作中的知识技能的百分比）	11%	61%	4
影响（如培训项目提升了多少项重要的组织绩效指标）	8%	96%	1
ROI（如本公司的培训 ROI 平均是多少，处在什么水平）	4%	74%	2
获奖（如获得 ATD 的培训奖项）	40%	44%	3

虽然此项调查已过去十多年，但是在今天仍然有提示意义。当前由于主客观原因，能将 CEO 最看重的两项指标即影响和 ROI 评估做得较好的组织仍是少数，这给我们带来许多思考。

[练习与思考]

"需要做培训评估的项目，90% 都是没有对准顶层业务需求的项目！"你认同吗？

（二）如何进行培训评估

1. 培训评估工具的选用因素

在选择评估工具时要考虑以下因素：

（1）需要数据的完备性和易得性。这就要求组织的基础工作的健全性以及信息系统的可靠性。

（2）培训目标和内容。如果是对于技术掌握程度的评估，操作性测验是一种可靠的评估方法；如果是对于沟通技能的评估，行为观察和 360 度反馈是较好的评估方法。

（3）培训项目的重要性、复杂性及长远性。对于一项技术操作性培训的评估与一项有关高层接班人的开发项目的评估，二者所需的评估时间、成本、技术都有很大不同，选用的评估工具明显应该不一样。

2. 培训成本与收益确定

菲利普斯五级六指标模型在柯氏四级评估模型的基础上增加了第五层次 ROI 评估，

这里我们着重分析培训成本与收益确定问题。

ROI 是将培训结果的货币价值除以培训项目的成本表示的百分比形式。评估的重点是培训项目所带来的货币利润与其成本进行比较。ROI 的计算公式为：

ROI= 培训收益 / 培训成本 ×100%

（1）培训成本的确定。一般来说，一项培训活动的成本可以按直接成本和间接成本划分。直接成本是指企业为员工培训直接付出的各项费用，包括场所使用费用，培训设备、教材、资料及相关物品费用，课程费用，讲师津贴和报酬支付费用，外部机构培训费用，外派培训交通、食宿费用等；间接成本包括员工由于参加培训没有进行本职工作而企业仍要付出的薪酬成本，课程设计费用，培训设备的保养、折旧费用，培训组织费用，管理人员薪酬支付费用等。

从管理的角度，培训成本还可以按训前、训中和训后的成本划分。欧美许多组织的“433”模式就是指训前、训中和训后的培训成本分配比例。企业要重视训前的工作投入。

［练习与思考］

学员的时间成本应不应该计算在培训中？你的观点是什么？为什么？

（2）培训收益的确定。关于培训收益的概念，一般是指企业从培训项目中所获得的价值，如果将此处的“价值”仅仅理解为“经济价值”，那么只有十分有限的内涵，就是指货币价值，如收入、利润。本书认为价值应包括以下方面：

- 货币价值。
- 无形收益。
- 对业务的影响。
- 对组织发展的长期价值。
- 员工个人的价值增值（如技能增长、满意度提升、忠诚度提升、组织公民行为提升等）。

本书的观点是以 BSC 的思想来界定培训收益，按 BSC 的四个构面来定义培训收益。一项培训活动给组织和个人带来的增值体现在以下四方面：

- 财务构面，如 ROI、收入、成本、利润、EVA、人均产值等。
- 客户构面，如客户满意度、投诉率、雇主品牌形象、市场份额、回购率、页面点击率等。
- 内部流程构面，如质量改进、返修率、合格率、生产率、事故率、服务水平提升、客户响应等。
- 学习与成长构面，如员工满意度、员工技能提升、员工主动流失率、管理水平、员工获奖等。

［练习与思考］

你认为 IBM 的 HR 除了通过计算培训投资的 ROI 外还做了哪些工作来证明其培训投资是值得的？

IBM 在 2001 年为员工花费了 300 亿美元，相当于其营收的 35%，其中大约有 10 亿美元用于员工的学习。面对巨额开支，公司高层要求人力资源管理部门评估这项投资是否符合公司的战略目标要求以及是否有足够高的 ROI。为了回答这些问题，人力资源管理部门采取了评估措施，证明对员工的学习投资是很有成本效益的，并强调人力资本作为 IBM 竞争优势的重要性，确保 IBM 吸引、激励并留住人才的战略重点得到实施。

资料来源：http：//www.ceconline.com/financial/ma/8800047145/01/.

3. 实例演示

下面我们以一个实例来讨论如何进行培训评估。

某公司培训成本与收益分析

某公司专门生产建筑材料的镶板。该公司的一个部门雇用了 400 名工人、48 名一线主管、7 名轮值监督管理人员和 1 名部门经理。

该部门的经营曾出现 3 个问题：

（1）每天生产的 2% 的木镶板由于质量太差而被淘汰。

（2）可避免的事故发生率高于行业平均水平。

（3）一线员工的积极性不高。

为了解决这些问题，该公司的 HR 部门与业务部门共同进行了调查分析，得出发生问题的主要原因如下：

（1）一线管理人员的现场管理水平和激励员工的能力与意识不足。

（2）员工对计件类奖励分配办法有异议。

（3）新员工得到的培训不足，技术掌握不够。

于是，管理部门除了责成 HR 部门检讨、完善员工计件奖励政策外，还做出要开展培训的决定。管理部门决定对该部门的管理人员和员工进行如下培训：

（1）一线管理人员的现场管理水平、人际技能和人员激励技术培训。

（2）一线员工的技术培训。

（3）公司文化方面的培训与宣导。

一线主管人员、轮值监督管理人员和部门经理都参加了培训。培训在离公司近的酒店内进行，公司从一家咨询机构购买了项目，其中包括录像资料，由公司内一位资深的培训师讲授课程。

在统计了培训活动的直接成本和间接成本、项目开发成本以及管理费用后，总的培训成本为 328 360 元。

成本收益分析如表 II–3–8 所示。

表 II－3－8　培训成本收益分析

业绩项目	衡量指标	训前结果	训后结果	差异	费用或收益变化
镶板质量	淘汰率	2%，即每天 1 440 块板	1.5%，即每天 1 080 块板	0.5%，360 块板（一块板成本 20 元）	每天节约 7 200 元，每年节约 1 728 000 元

续表

业绩项目	衡量指标	训前结果	训后结果	差异	费用或收益变化
可避免事故	事故直接成本	每年平均24次，每年费用144万元	第二年16次，费用96万元	8次，48万元	48万元
员工积极性与士气	员工满意度	70%	85%	15%	15%

据此，可以计算该培训项目的ROI= 培训利益 / 培训成本 =2 208 000/328 360=6.72。

也就是说，每一元培训投资可带来大约6.72元的收益。至于对此收益的接受度，可以与行业标杆或竞争对手比较，也可以与行业平均水平比较，还可以与本机构的历史数据比较。

另外，培训项目也必须考虑无形收益，如员工满意度的提升、管理人员现场管理水平的提升、供应链协作水平的提升、由于产品合格率的提升带来的品牌形象提升等。

资料来源：周正勇，周彪．员工培训管理实操：从新手到高手．北京：中国铁道出版社，2014.

问题：

1. 你如何评估这家公司的培训需求分析？
2. 这家公司的培训评估具体操作可行性体现在哪些地方？
3. 假设管理层需要一个全面的培训评估报告，试以柯氏四级评估模型设计一个培训评估纲要。

三、基于证据的HR最佳实践

（一）软件公司的培训评估

某软件公司随着业务的快速发展，每年都通过社会招募应届大学毕业生。今年新进大学生30人，公司对其开展培训。借用公司内部的度量系统（记录入职时间、安排的任务提交代码时间等），12个月后公司导出入职的这30名参训人员的新人上手编码的时间，与没有参训的大学生的成绩进行对比，同时排除个体差异、工作环境等影响，量化对比后得出来的数据结果是惊人的。

（二）不要等老板抱怨时才来思考关于培训评估的这三个问题

很多企业在培训后往往会进行“一训一考”甚至“一训N考”。

其实，培训评估有很多讲究，何时评估？评估过程中有哪些注意事项？具体有哪些评估方式？培训管理者要好好思考，才能将培训价值发挥到最大。

把握好评估节点

一、训前测评·做完

学开车之前，我们都会自行学习理论知识。只有先掌握了基础知识，才能跟着教练上路实践，一些不理解的问题在实践中会渐渐地迎刃而解。培训亦然，为真正了解学员训后转化情况，训前测评工作必不可少。

比如，针对某一主题的题目覆盖面应尽量全面、细节详尽，题量建议控制在50～100题，以选择题、判断题为主，考核时间不超过60分钟。合格分数根据培训门槛不同，灵活设定为60～100分不等。

通过测评，培训部门可以有效了解学员的知识掌握情况，同时，也可与训后的效果转化情况做对比。考评可以是线上考核，也可以通过观察学员的行为表现找到现状与期望值的差距。

二、培训现场・做到

不管培训内容是技能操作、关键技术还是解决思路，培训结束后学员能够在现场将学到的内容表述出来、操作出来、思路方案整理出来、行动方案计划出来是最终的培训目的。

根据培训主题、受训对象、业务场景的不同，我们需要选择不同的评估模式。比如在珠宝行业，针对一线员工，我们会采用小组模拟演练PK或1对1通关模拟场景的方式进行现场评估。

在场景模拟考核过程中，培训部门应重点掌握3个关键点。

● 聚焦模拟场景。要求学员能够详细地描述出时间、场地、人物状态与关键问题。

● 明确考核标准。侧重考核课程中的知识和技能，通过现场模拟，反馈学员的吸收程度，并根据考核表进行综合评分。

● 给予正面鼓励和建议反馈。培训部门提炼出好的知识和技能共享给全体学员，并进行回顾示范，增强其理解和吸收。如果针对的是管理层，我们可以给学员一个业务的现状背景，将知识和技能通过结构化的模板，输出行动计划方案。

三、工作场景・做好

培训知识和技能在工作场景中应用、转换是培训工作的巨大挑战。此时不仅要求学员会用，而且要结合真实的业务场景、工作环境以及自身经验用得恰到好处。

这个阶段如何去评估学员的应用情况？设计考核方式之前我们要综合考量培训成果的输出能否为学员减负，最好是在工作过程中就能达成指标，如进行案例输出。需要注意以下三点，才能有效帮助学员完成训后成果的输出。

● 实践背景说明：明确具体需要实践的内容，强调需要运用本次培训中的知识、方法或技能，可以采用STAR法则形成案例梳理的模板结构，能够更清晰地梳理出案例运用过程中的知识点和技能点。

● 实践期限要求：根据不同业务场景的难易程度，规定不同的跟进时长。如知识记忆类或动作实操类的课程，建议实践期为7～15天；团队管理类或者业绩提升类的课程需要一定的周期来达成效果，建议提供1～3个月的实践期。

● 实践评优维度：学员有输出，培训部门就需要有反馈。我们可以通过案例完整性、知识应用灵活度、创新性、上级评价等维度来进行评优。

四、优质实践・做精

好的培训转化往往能将输入的知识和技能转化为当下最有效的经验。这些经验能够为课程迭代、拓展新主题提供不错的实战素材。这个阶段针对20%的实战精英，可以设置一些附加值考核，通过提供线上或线下的共享平台，用反向输出、共享的方式来强化知识和技能的内化。

当然，成果的输出离不开好的实践和用心梳理，制订良好的激励机制方案，给予正向的物质和精神的奖励是必备的，能够让学员在考核中找到培训的乐趣。

评估是为了协助培训达成目标。对于学员来说，考核是从刻意练习的机械复制到场景应用的灵活转化过程；于讲师而言，考核是输入知识和技能与输出实践经验的循环过程。在培训项目中，我们不断践行四阶段评估策略，力求考前思考、考中减负、考后落地。

培训评估的底层逻辑和评估过程的注意事项

一、让所有群体都说对

培训评估目标是多维度的，其利益相关者主要包括员工、培训专业人员与组织三大群体，不同群体对培训评估的诉求不同。

- 员工：最关心的是我学到了什么。
- 培训专业人员：最关心我的培训做得怎么样。
- 组织：最关心员工工作行为和绩效表现对我有何帮助。

评估目标是多层次的。把评估目标定在哪个层次，决定了后续评估工作的难度和复杂性。关于层次的界定，我们可以根据柯氏四级评估模型来衡量。

评估目标与学习目标是紧密相关的，一个描述清晰的、可测量的学习目标可以使评估大大简化。如海尼克（Heinich）在梅杰三元素法（Mager's three elements）的基础上提出了学习目标设计的四元素法，也称为ABCD法——谁（audience）、发生何种行为（behavior）、在何种条件下（conditions）、达到什么样的程度（degree）。用这种方式界定学习目标，在后期也容易被测量与评估。

梅杰三元素法：

梅杰的研究对制定行为学习目标产生了深远的影响，他建议该类学习目标必须包含三个重要元素：行为、条件和标准。

- 行为：明确学习者出现什么样的行为可以证明其达到了学习目标。
- 条件：描述行为是在什么样的条件下发生的。
- 标准：描述学习者的行为达到什么程度是可以接受的。

如果评估目标不够明确，那么可能是学习需求分析、项目设计或开发环节出了问题。一项没有目标的培训活动，不仅会造成培训效果不能被准确测量，而且会造成公司资源的浪费，产生持续负面的影响。

二、好的评估有好策略

明确评估目标以后，我们还需要制定评估策略，包括数据来源收集、资源分配等，为后期培训评估做好前期准备。

（一）数据收集策略

在此阶段主要考虑数据要何时收集？如何收集？收集哪些数据？此时，一定要避免陷入麦纳马拉谬误（McNamara Fallacy）。由于数据收集内容与渠道的多样性，我们还应该采用适当的策略。比如，为最大限度确保数据来源的可靠性，收集数据时应考虑是采用匿名还是实名的形式。

麦纳马拉谬误：

第一步，测量容易测量的。

第二步，无视那些不容易测量的，或者任意赋予一个定量的值，这是人为且有误导嫌疑的。

第三步，假定那些不容易测量的都不重要，这是盲目。

第四步，宣称没有不容易测量的，这是“自杀”。

（二）资源分配策略

对于反应层的评估，工作人员通过在现场发放、收集问卷就可以完成。现在比较先进的方式是采用培训评估软件，学员扫描二维码就可以反馈评估意见，意见的汇总分析也可以由软件自动完成。如果评估项目比较复杂，我们就需要仔细盘点可用于评估的资源，适当地加以分配。

三、精选方法，对症下药

为了收集到足够且有效的数据，我们要选择合适的方法与工具。不同的评估方法适用于不同的评估层次，培训部门可对症下药（见表II–3–9）。以下主要介绍后三个评估层次。

表II－3－9　评估方法与适应的评估层次

评估层次	评估方法
反应层	评估量表法、问卷法
学习层	考试法、观察法
行为层	观察法、情景模拟法、模拟操作法、自我日记法
结果层	访谈法、绩效指标分析、ROI 分析

- 在学习层上，若要了解员工对公司规章制度等的掌握情况，可采取考试法。
- 在行为层上，若要检验员工是否真正践行规范，可通过观察法进行监督；若要考核一线机械操作工人是否掌握了正确的操作流程，可采取模拟操作法，评估学员的技能掌握情况。
- 在结果层上，若要考核员工参加完培训以后绩效提升情况，可在设置试验组和对照组的基础上，通过访谈法、绩效指标分析等进行综合评估。

值得注意的是，对于领导力、情商、沟通等软性技能的评估，标准可以相对宽泛，以定性评估为主，避免陷入细节。

巧妙运用不同评估形式

一、过程评估，打造完整“证据链”

学习层评估的时机并不能完全局限于学员完成培训后。对于某些时间跨度较长的培训，若要待项目实施结束后才进行效果评估，可能就有些滞后了。

因此，对于学习层的评估时机，应当考虑过程性评估与结果性评估两种方式。过程性评估是以培训目的与阶段性培训目标为依据，对学员进行的学习效果评估。它的主要优点包括：

- 目的性——紧密围绕培训目的及培训目标。
- 及时性——根据教学，设计不同阶段的评估策略。
- 关联性——培训评估的内容与教学内容紧密相连，有效评估学习成果。
- 动态性——随着培训课程的实施而进行动态的评估，打造完整“证据链”。
- 互动性——学员与培训师之间通过互动方式反馈学习成果。

结果性评估则是在过程性评估的基础上，对学员整体学习成果的一次检验，也是目前大部分企业普遍采用的培训学习效果评估方式。相较于过程性评估，结果性评估对学员的即时考核压力更大，因此结果性评估的实施时机，可考虑在课程结束一段时间后开展。

二、即时“突击”评估

在过程性评估中，学习层的“考核”随时都可以发生。我们应根据学员的学习方式、课程内容、应用环境等因素综合考量，针对不同的阶段与场景，合理运用评估工具与方法。

- 最简单的是口头测试，运用提问技巧，及时了解学员对知识点的掌握程度。
- 通过角色扮演、实操演练，考察学员对应用某项技能的准备程度。

即时性评估更容易让学员接受课程内容，在最自然的状态下表现出对课程知识的吸收或应用，也能真实地反映学员的学习成果。

案例

某物业公司针对专业技术岗位开展过连续三个月的培训主题月活动，每个月分别以秩序维护、客服、工程为主题。集团总部组织来自全国各地的专业技术人员进行集训，通过封闭式培训完成一系列专业课程学习。在设计培训项目评估方案时，公司考虑到课程内容更偏向于实践应用，设计了多种考核方式（见表II-3-10）。

表II－3－10　评估考核方式

评估考核方式	应用场景
笔试	突发情况处理报告、客服报修单填写、设备房巡视记录等
实操	交通手势指挥、前台接待礼仪、小区设备检修规范等
口试	外来车辆检查要点、电话接听规范、安全用电知识等
角色扮演	接待业主投诉、外来人员盘查、入户维修规范等

针对不同的专业技术特性，在考核方式上也略有差异，如参与秩序维护主题培训的学员大多为基层管理人员，因此在考核中增加了体能训练；对于售楼处客服则增加了商务接待礼仪等。通过差异化、多形式的学习层评估，让学员在学习过程中对知识和技能进行巩固。

三、有效沟通，把心交互

在传统概念里，学习层评估是对学员的单向评估，实际上学习层评估也可以是学员的自我评估，两者存在一定的交互作用。

- 学员根据课程目标进行自我学习评估，可以有效把控课程知识或技能掌握情况，及时发现自己的不足，从而进行自我纠正，调整学习进度或学习方式。

● 学员可以将自我评估的结果主动反馈给培训师，据此培训师可以有的放矢地辅导跟进。

● 当然，培训师也可以通过一些评估方法主动收集相关信息，根据评估结果给予学员必要的反馈。这样的交互反馈让培训师与学员之间加强了信任关系，更有助于培训效果的提升。

丰富学习层的评估方法、选择合适的评估时机、鼓励学员与培训师互动交流、激发学员的学习意愿，都将有助于改进学习层评估的应用效果，帮助更多企业走出学习层评估的困境。

资料来源：https：//mp.weixin.qq.com/s/Zi8PYk41Svfs2CUsxo2Ulw.

四、业务决策者的责任

下面是一段有关培训评估的话，请阅读并思考其中之意。

“要我说，培训评估的背后是一个血统问题，或者说准生证问题，只有跟业务部门一起生小孩，才能避免事后被要求滴血认亲的尴尬局面，是的，我的看法即培训评估几乎就是滴血验亲，出了信任危机之后的自证清白从头对准业务需求气定神闲，事后纠结培训评估顾影自怜！”

资料来源：https://www.sohu.com/a/378832235_359307.

上述内容在一定程度上反映了当下企业培训评估的尴尬之处。培训管理者如要将培训项目工作做到真正有用，除了自身的培训产品有用外，了解业务、沟通业务、对焦业务的痛点，从培训的源头找到培训的价值更重要。为此，实践中需要培训管理者与业务决策者双向沟通和协作。下面我们从理论和实践上总结业务管理者在培训评估方面的责任。

（1）以员工技能清单为基础，了解所属员工 KSAC 的具体情况，在 HR 启动各时期培训计划前和培训与人力资源开发部门进行沟通，提供所属员工的真实培训与人力资源开发需求，为培训计划的准确性和适应性提供有利条件。

（2）在培训与人力资源开发部门研发或采购培训项目课程时参与其中，提供建设性的意见和建议，以期这些课程尽最大可能符合所属员工的需求。

（3）在培训中，一方面支持、鼓励所属员工积极参与培训活动，为员工的培训提供练习、实践的条件；另一方面保持和培训与人力资源开发部门的及时沟通，在培训中协助培训与人力资源开发部门实时有效干预，保证培训活动正常进行。另外，应培训与人力资源开发部门的请求，在可能的情况下，主动担任内部培训讲师或新员工导师。

（4）在培训后，协助培训与人力资源开发部门做好培训效果的评估和总结工作，及时安排受训员工的相关工作实践机会。

学习小结

<table>
<tr><td>关键能力/技能</td><td>● 掌握并运用培训评估工具分析具体实例□
● 能够对各类评估工具的适用性进行评价与选择□</td><td rowspan="3">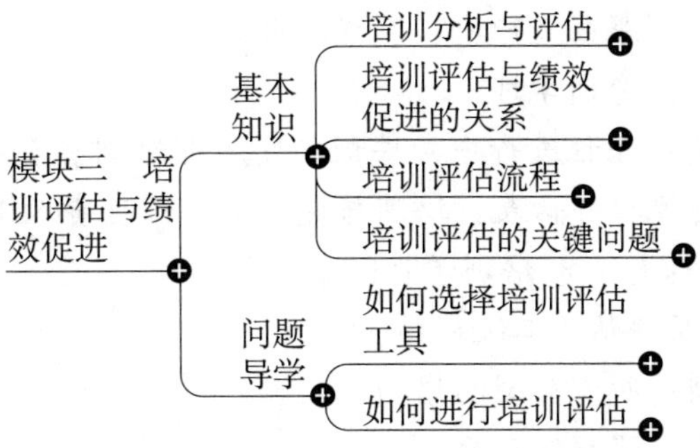
</td><td rowspan="3">自我回顾所学，然后：
● 在本书中找到支持“关键能力/技能、核心素养和必备知识”的相关内容
● 对于相关学习目标的掌握程度进行自我评价
● 评价完后请在左边的小方框中打上“√”</td></tr>
<tr><td>核心素养</td><td>● 在关注组织经济效益的同时关注人的发展与个体价值的实现，具有人文精神与人性关爱理念□
● 具有国际视野与产出导向的效益思维□
● 培养具有严谨、科学的理性思维，同时也具有灵活、应变和人文关怀的感性思维□</td></tr>
<tr><td>必备知识</td><td>● 理解培训与评估的概念□
● 了解培训评估与绩效促进的关系□
● 熟悉培训与评估的操作流程□</td></tr>
</table>

看企业实际运作

以下为笔者在企业实际运作的案例。

××公司培训质量及效果评估方案（培训与发展部）

1. 目的

通过培训评估达到以下目的：

修改或调整某些培训项目（课程）；

修订或完善培训体系（流程）的某些部分；

了解培训投资的效果，界定培训对公司的贡献。

2. 评估分级

根据操作深度和难度，培训评估共分四级：一级评估，观察学员的反应；二级评估，检查学员的学习结果；三级评估，衡量培训前后的工作表现；四级评估，衡量公司经营业绩的变化。

并非对所有课程都要做四级评估。

3. 操作流程

3.1 界定 KSA 的差距

适用类型：花费昂贵、人员达到一定规模、被公司给予厚望的集中项目培训（特别是集中外出培训或聘请外部讲师来公司授课）。

实施时间：培训需求分析阶段。

调查对象：未来的受训学员和他们的上司；员工所在的环境。

具体方法：访谈法、问卷调查法等。与受训学员上司密切配合，了解员工KSA的差距，确定员工改善的方向和预期的改善目标。

形成文档：《××项目培训需求分析报告》。

3.2 反应层评估（一级评估）

适用类型：所有类型的培训。

实施时间：课程进行中、课程结束后。

调查对象：受训学员。

具体方法：课程进行中，培训与发展部培训负责人随堂观察或访谈学员；课程结束后，学员填写课程评估表，培训与发展部培训负责人汇总分析。

形成文档：《××培训学员问卷汇总》。

3.3 学习层评估（二级评估）

适用类型：所有类型的培训。

实施时间：课程结束后。

实施人员：培训师或受训学员。

具体方法：培训师组织纸笔测验、技能实操或受训学员培训后整理成书面培训小结。

形成文档：《××培训成绩汇总》或《××培训小结》。

3.4 行为层评估（三级评估）

适用类型：安装维修类、客户服务类、销售类的培训。

实施时间：培训结束3个月以上。

调查对象：受训学员和他们的上司。

具体方法：上级对其培训前后行为变化的对比。

形成文档：《××培训后工作行为变化总结》。

3.5 结果层评估（四级评估）

因培训的成本、收益量化难度大，且收集硬性数据时需要耗费大量的时间和精力，所以目前暂计算销售类人员的培训项目。

适用类型：销售类培训。

实施时间：培训结束6个月以上。

计算公式：$YD \times NT \times PD \times V - NT \times C$。

式中：YD——培训对销售产生影响的年数，取值为2；

NT——接受培训者人数；

PD——接受培训者和未接受培训者在工作上的差异，以去年与今年同批销售人员做对比；

V——价值，对销售工作成绩的货币计算，以销售收入为指标计算；

C——为每一位成员提供培训所支出的费用。

4. 结果应用

4.1 修改或调整某些培训项目（课程）

基于评估结果，有针对性地调整培训项目。如果培训项目没有什么效果或是存在问题，对该项目进行调整或考虑取消该项目。

4.2 修订或完善培训体系（流程）

如果评估结果表明，培训流程的某些部分不够有效，如内容不适当、授课方式不适当或受训学员本身缺乏积极性等，要有针对性地考虑对这些部分进行重新设计或调整，从而改善下一次的培训。

4.3 及时反馈

对于重要的项目培训，应向公司管理层、受训学员和受训学员的部门负责人及时反馈培训效果评估报告。

理论联系实践指引

如何进行有效的线上培训考核

2020 年由于新冠肺炎疫情影响，加上线上学习技术的发展，各组织加大了线上培训力度。如何进行有效的线上培训考核？目前各组织采取的形式有：

（1）不同类型设相应的评估方式。如对于技能掌握或管理知识培训，采用的是线上考试评估；对于项目式培训，采用结合实践问题的研究课题的方式，类似于行动学习。

（2）对于某些技能培训，通过线上平台的视频“隔空喊话”演练，培训师和学员可以同时在场，其他人不说话，留两个人对话演练。目前也有些线上学习平台推出了智能陪练 + 评价系统。

（3）培训活动评估综合性，如课程在线率、出勤参与率、作业提交率、问题回答率、提出问题数、弹幕数、评论数、线上满意度调研等。

模块四　不确定性商业环境中的培训与人力资源开发

| 学习目标 |

关键能力 / 技能

- 能够识别培训与人力资源开发活动中的风险，培养分析与判断能力
- 能够结合风险应对策略制定具体的风险核查表，培养具体操作技能与理解运用能力
- 能够分析具体案例中的风险管控措施的有效性，培养将理论运用于实践的能力

核心素养

- 培养工作的计划性与前瞻思维
- 培养不确定性环境下的应变素质与创新变革意识
- 培养大学学习与人生规划的目标计划性与随机应变的素质

必备知识

- 了解与理解不确定性环境下组织的商业风险
- 理解不确定性环境下对组织培训与人力资源开发活动的影响
- 理解培训与人力资源开发活动在不确定性环境下如何应对

一、基本知识

（一）实际工作过程与理论学习场景

1. 实际工作过程

本模块的实际工作过程如图 II－4－1 所示。

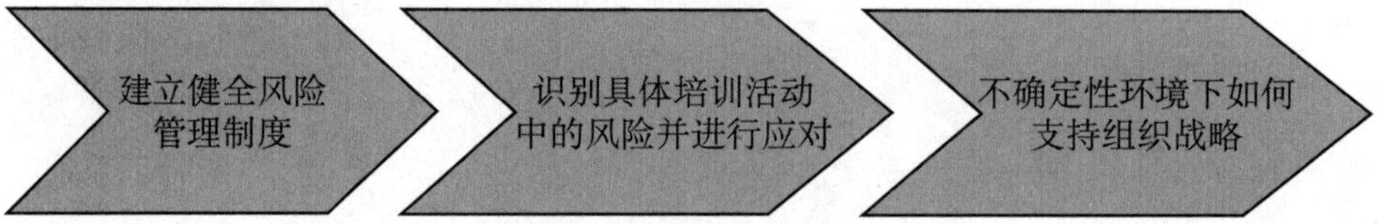

图 II－4－1　实际工作过程

2. 实际工作过程与理论学习场景

本模块的工作过程与理论学习场景矩阵如表 II－4－1 所示。

表 II－4－1　工作过程与学习场景矩阵

学习场景		工作过程		
		建立健全风险管理制度	识别具体培训活动中的风险并进行应对	不确定性环境下如何支持组织战略
是什么？为什么？	不确定性商业环境与风险及企业风险的基本知识	√		
	培训与人力资源开发活动中的风险	√	√	
为谁做？怎么做？	培训与人力资源开发活动的风险管理流程运作	√	√	√
	培训与人力资源开发活动中的风险应对策略	√		√
	在不确定性商业风险中，培训与人力资源开发活动如何支持企业战略	√		√

（二）不确定性商业环境中的企业风险管理

在剧烈变化的环境里能够生存下来的物种，不是最聪明的，也不是最强壮的，而是那些能够灵活地做出调整以适应环境变化的。

——里昂·麦金森

不确定性风险条件下的企业培训——以工代训

以工代训是指企业利用自有场所、生产设备，让职工边工作边接受生产技能培训。

2020 年 5 月 9 日人力资源社会保障部、财政部印发《关于实施企业稳岗扩岗专项支持计划的通知》，明确拓宽以工代训范围，支持企业稳定岗位，鼓励企业吸纳就业。对中小微企业吸纳就业困难人员、零就业家庭成员、离校两年内高校毕业生、登记失业人员就业，并开展以工代训的，可根据吸纳人数给予企业职业培训补贴。对受疫情影响出现生产经营暂时困难导致停工停业的中小微企业，组织职工开展以工代训的，可根据组织以工代训人数给予企业职业培训补贴。支持外贸、住宿餐饮、文化旅游、交通运输、批发零售等行业的各类企业开展以工代训。

资料来源：http://www.mohrss.gov.cn/csym/hsearch/?searchword=%E4%B8%8D%E7%A1%AE%E5%AE%9A%E6%80%A7%E9%A3%8E%E9%99%A9%E6%9D%A1%E4%BB%B6%E4%B8%8B%E7%9A%84%E4%BC%81%E4%B8%9A%E5%9F%B9%E8%AE%AD%E4%BB%A5%E5%B7%A5%E4%BB%A3%E8%AE%AD

［练习与思考］

在不确定性环境中，员工技能提升、企业正常经营、政府保证支持三方是如何协同应对风险的？

1. 风险与企业风险

风险是某些不确定性及其可能引起的偏离预定目标的不良后果的综合。企业风险是未来的不确定性对企业实现其经营目标的影响。

风险具有存在客观性、发生偶然性和表现多样性的特点。企业风险一般可分为战略风险、财务风险、人力资源风险、市场风险、运营风险、法律风险等；也可以能否为企业带来盈利机会为标志，分为纯粹风险（只有带来损失一种可能性）和机会风险（带来损失和盈利的可能性并存）。

2. 不确定性商业环境中企业风险管理的内容

随着商业生态链、生态圈的快速发展，诸如无边界组织、平台化组织、共享员工、零工模式、人与人工智能协同、智能人进入工作场合等一系列新兴组织形态和企业管理实践不断涌现。组织边界变得更为模糊，组织的复杂性、员工的流动性和自我意识不断提升，国际形势风云变幻和市场竞争加剧，商业风险随之加大，这对组织中各类管理实践提出了新的挑战。

企业风险管理是指企业通过对某项目运行过程中可能遇到的风险进行预测、识别、分析、评估和控制，采取减少风险损失措施的决策过程。

企业风险管理的目标是提高项目积极事件的概率和影响力，降低消极事件的概率和影响力。企业风险管理一般包括风险规划、风险识别、风险分析、风险应对和风险监控五个过程。

风险识别可以通过建立企业风险登记册进行记录和管理。

风险分析可以通过公式量化计算风险的大小：风险影响值 = 风险概率 × 风险后果。根据风险影响值的大小确定风险等级，组织就可以根据风险等级予以不同的管理。

风险应对有风险消除、风险转移、风险减轻和风险接受四种策略。

[练习与思考]

新冠肺炎疫情期间一些企业出现了共享员工的风险应对做法。请思考：

1. 企业在应对什么风险?

2. 当企业之间利用共享员工解决了商业运作的具体问题后，共享员工本身又会出现什么风险？如何应对？仅仅是企业负责吗？还应有哪些机构参与才能很好地应对?

（三）企业风险中的培训与人力资源开发活动

人力资源管理的对象是人，人的特殊性决定了人力资源管理风险的特殊性。其风险存在于人力资源管理各阶段、各项职能模块中。其最大的特点就是不确定性，包括事件发生的不确定性、发生时间的不确定性、发生状况的不确定性以及事件发生的后果和影响程度的不确定性。下面我们讨论培训与人力资源开发中的风险问题。

1. 培训与人力资源开发活动中的风险

培训与人力资源开发活动对于企业而言是一种重要的投资，投资既有收益，也有风险。

（1）培训与人力资源开发项目本身的风险。培训与人力资源开发项目本身的风险是指项目的规划、设计、实施和评估等整个培训价值链环节上所存在的风险。

这类风险的成因主要有两方面：一方面是企业当事人的主观原因，如对于培训的不正确认识，导致培训流于形式，从而造成企业损失等；另一方面是外部环境影响的原因，如培训外包机构的项目设计不能很好地贴合企业实际而造成培训效果不佳等。

（2）培训与人力资源开发项目中人的风险。这里我们主要探讨两类风险。

一是与受训人员有关的风险。比如，当前企业的雇佣关系呈现多样化和复杂化的趋势。产业升级加剧了企业对于高端人才的争夺，企业间的竞合关系使人才的多样化流动已经成为一种常见现象。企业投资于培训与人力资源开发活动就可能面临企业花钱→员工长技能→被挖走或离职而为他人作嫁衣裳的境地，这是潜在的风险。

［练习与思考］

请举例说明在培训项目的规划、设计、实施和评估过程中有哪些风险。

二是关键人才梯队培养完备和接班人培养接替的风险。这类风险的识别和监控对于企业来说非常重要。一般来讲，这类风险不是由 HR 部门独立管理的，许多公司已经将此类风险上升到公司最高级别的管理委员会来管控，但是在业务和专业上仍由 HR 部门来承担，HR 部门中的培训与人力资源开发功能组应该提前为公司谋划相关机制。这类风险又可分为两个小类：

- 由于人才培养不及时或有不合适“产品”，在数量或质量上出现人才跟不上业务发展的风险，或是关键领导岗位接班人培养效果不佳造成领导岗位空缺风险。
- 由于缺乏强有力的留才措施，未能留住培养好的人才的风险。2015 年翰威特风险管理调研显示，未能留住关键人才是企业面临的五个首要风险之一。未能留住培养好的高素质储备人才，不仅使企业损失了对人才的较大投资，同时对现有的储备人才也是一种心理打击。

2. 风险中的培训与人力资源开发活动

企业的商业运营面对外部不确定性环境，各种商业风险显著增强，必然要做出应对策略。这种应对策略是全方位的，是企业各职能的有机联动。培训与人力资源开发活动如何在此背景下支持企业战略？也就是说，培训与人力资源开发活动要体现其战略性，如何通过培训与人力资源开发活动及时且有效地赋能员工、赋能组织来支持企业面对不确定性的商业环境？比如，在新冠肺炎疫情背景下，企业的各种自救行动对员工的交叉技能、管理者的时局把握和应变能力等就特别重视，企业主要通过加强培训达到目标。

企业处在不确定性商业风险中，培训与人力资源开发活动支持企业战略主要体现在以下两方面：

（1）及时且有效地根据企业总体风险应对策略，采取相应的策略。比如，快速更新技能学习地图，快速迭代培训产品如课程设计等，快速有效地培训出合格的技能员工，快速提升管理者的创新思维和应变能力，等等。

（2）通过施加专业影响力，赋能企业整个价值链甚至生态圈，以扩展培训与人力资源开发活动对于企业价值链的影响，提升企业整体价值链的效能。比如，某些合规性培训活动，应对前端的终端客户市场的营销能力、应对后端的供应链的高效与降低成本，等等。

[练习与思考]

请上网查找有关企业培训与人力资源开发活动赋能企业价值链或生态圈的案例，并分析其利弊。

二、问题导学

请阅读以下案例，思考：

（1）问题出在哪里？如何改进？

（2）如何建立人才流失危机预警机制？

培训完，员工说走就走

某知名饭店集团非常重视员工培训，成立了培训中心。凡是新招来的员工，一到饭店就被送到培训中心接受长达一年的业务培训，费用全部由饭店承担，到2004年该培训中心先后培训了五届员工。然而由饭店花费巨大成本培训的员工在近两年先后跳槽，相当数量的核心员工也是说走就走。

这种现象并不是刚刚出现的。第一届参加培训的员工有40人，最终只有10人留在了饭店。当时这个情况并没有引起饭店管理者的关注，他们认为这不过是偶然现象。到了第二届、第三届，剩下的人更少，只有六七个人。这时饭店的管理层才如梦初醒，认识到在培训和留人的环节上出现了大问题。

在被问及离职原因时，决意离开的员工大多认为在这里自身价值得不到体现，缺乏晋升机会，绩效与薪酬不挂钩，工资和福利待遇差，这使他们在工作中缺乏积极性，最后选择了离开。

面对人才的大量流失，饭店对继续培训员工意兴阑珊。谁不担心自己辛辛苦苦培养的员工成熟之后一走了之，白白为他人作嫁衣裳？

饭店取消了培训中心，后来的员工也就没有什么培训了。可是，省了培训费之后，饭店的服务水平与员工的专业技能每况愈下，口碑大不如前，景况愈加萧条，人才流失更为严重，经营陷入了严重的危机。

资料来源：何辉，胡迪．案例：走出培训与人才流失的怪圈．(2011-06-07)．http://www.360doc.com/content/11/0607/21/1800_122318670.shtml.

（一）如何管理培训与人力资源开发活动中的风险

要科学有效地管理培训与人力资源开发活动中的各类风险，就要用科学的理论工具开展有关工作。

1. 培训与人力资源开发项目风险管理流程

培训与人力资源开发项目风险管理流程如图Ⅱ－4－2所示。

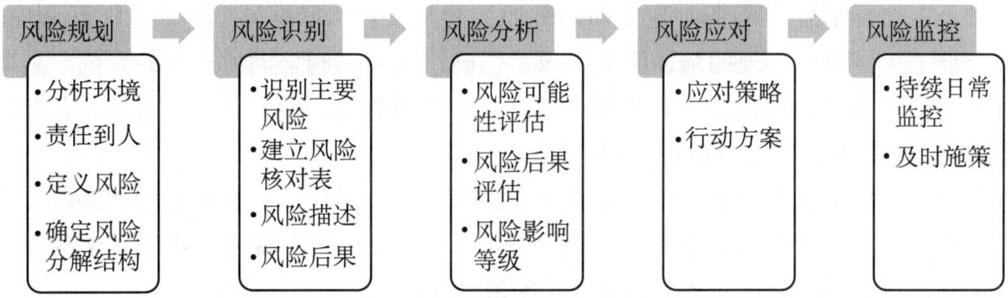

图 II－4－2　培训与人力资源开发项目风险管理流程

2. 培训与人力资源开发项目风险识别与应对策略

不同行业、不同发展阶段、不同产品 / 服务特点的企业可能遇到的风险各异。风险识别可以根据我们前述有关培训与人力资源开发项目的 WBS 的框架进行分析，建议培训与人力资源开发管理者和业务经理一起开展此项工作。

表 II－4－2 列出了企业培训与人力资源开发项目中的常见风险，其中风险概率、风险后果、风险等级和风险应对由各企业根据自身情况予以判定。本书仅给出通用的应对策略。

表 II－4－2　培训与人力资源开发项目常见风险及其应对——风险核查表

项目阶段	风险类别	风险事件	风险概率	风险后果	风险等级	风险应对
实施前	技术风险	培训需求针对性不强				
	技术风险	培训预算偏差				
	管理风险	管理者开发培养活动选才偏差				
	管理风险	培训师选择有误				
	技术风险	课程设计或开发活动设计偏差				
	管理风险	培训外包机构选择失误				
实施中	安全风险	培训现场安全风险				
	管理风险	培训师与学员的协作不畅或培养导师与学员关系不佳				
	管理风险	管理者开发活动中途学员离职				
	技术风险	线上学习平台故障				
实施后	管理风险	培训员工流失				
	管理风险	培训的专用技术泄密				
	管理风险	培训技能与实践场景不匹配				
	管理风险	培训技能或技术落后于现实应用场景				

（1）严格按照有关劳动法规建立劳动关系。按国家劳动法规，与员工签订稳定的劳动合同，明确双方的权利、义务及违约责任。从法律层面明确雇主与雇员的关系，为员工安心工作与企业用心经营打下良好的基础。

（2）以合同形式规范企业与受训学员的权利与义务。依据员工培训的时间和内容，企业与员工应该签订合规的培训服务协议，明确培训期间和培训后双方的责任，其中很关键的是约定服务期限和确认竞业避止条款，以及相关违约赔偿条款。有的企业有常年法律顾问，可以征询专业律师的意见。

（3）建立健全员工激励机制。企业应当根据实际情况建立一套员工培训进修、学历提升或技能竞赛等方面的奖励制度，鼓励员工自我学习、自我提升。更为关键的是，对人才梯队建设或接班人计划要采取特殊激励留才措施。

（4）完善培训与人力资源开发制度体系。企业应当建立健全培训与人力资源开发制度，并且随着企业发展和外部环境变化及时修订。比如，一套完善的选才、评才和育才的制度对于高效培养人才和留住人才都具有重要作用，同时也避免选才不当造成培训收益不佳或员工离职的风险。另外，对于培训与人力资源开发全流程的设计和执行都应该有较为完善的制度保证。

（5）提升培训管理者的专业水平和风险意识。培训与人力资源开发项目中的风险很多是由培训管理者自身的专业能力不足造成的。比如，对于风险的预测与识别能力不够，对于选才、评才和育才的能力不够，等等。风险意识的建立和对风险的敏锐洞察力都是培训管理者需要学习的。

（6）建立培训外包机构评价机制。当前许多企业将一部分培训工作外包，这就要求建立对培训外包机构的备选清单与评估机制。参照工程项目招投标制度也是适宜的，以保证培训外包的品质符合企业所需。

（7）加强对行业、业务和技术发展的研判。培训管理者应当加强对业务发展的了解，及时调整员工技能储备与更新的时机和方式，做到培训技能与企业实践同步或适当超前，让员工掌握的新技能、新技术有全面发挥的空间。

[练习与思考]

请小组讨论，尝试评估某项管理者培训项目实施过程中风险发生概率和后果。

（二）在不确定性商业风险中，培训与人力资源开发活动如何支持企业战略

请扫描二维码阅读《人社部印发通知支持企业大力开展技能人才评价工作》，思考并回答问题。

资料来源：http://www.gov.cn/xinwen/2020-11/13/content_5561246.htm.

问题：外部环境出现变化，公司培训部门、外包机构、专业机构、员工等培训利益相关者应及时做出什么样的判断和行动？

（1）不确定性环境下培训与人力资源开发的应对。关于不确定性，宝洁首席运营官罗伯特·麦克唐纳（Robert McDonald）借用一个军事术语来描述新的商业世界格局：“这是一个 VUCA 的世界。” VUCA 指的是不稳定（volatile）、不确定（uncertain）、复杂（complex）、模糊（ambiguous）。

20 世纪汤普森、安索夫、阿科夫等学者开始系统研究组织柔性在快速变化和不确定性环境中的重要性以及提升组织柔性化能力的方法。在数字化技术背景下，迭代与颠覆更加频繁，企业遇到了前所未有的挑战和考验。复杂的、动态的环境更考验一个企业的组织柔性化能力。组织柔性化能力是企业面对不确定性环境获得持续成长的关键因素。柔性体现的是组织应对环境不确定性的潜在能力。这种潜在能力既包括组织在面临环境不确定性时的决策反应能力、实现反应能力，还包括组织内部的协调度。

一些组织正在把关注点从培养技能转移到优先培养员工能力，如承担风险能力和创新能力，以发展领导者对未来工作的备战力、敏捷力和反应力。

我们看到在不确定性环境中，很多企业缺少对员工应对重大变化、突发性危机事件的培训内容，员工缺乏在突发情况下有效开展工作的经验。企业员工因为没有受到相关培训，缺少应对重大突发事件的操作经验，可能会使企业错过发展机会，影响企业的长期健康发展。

在不确定性的外部环境下，企业培训与人力资源开发管理者应当关注以下两类针对员工的培训与人力资源开发活动：

第一，基础保障类。通过学习平台课程、答题与讨论、员工汇报等方式让员工了解如何在危机背景下保护自身安全、保持心理与身体健康以及有效开展工作等。

第二，提升发展类。与业务部门一起及时研判商业环境和商业机会，有效培训员工的多岗位、多工种交叉工作技能，使员工工作内容丰富化；及时增强管理者、领导者在公共危机背景下的商业敏锐力、文化鼓动力、权变能力、调适能力。

除此之外，培训师与培训管理者的自身能力提升也非常重要。培训师要适应培训模式的转变，提升教学能力等。培训管理者要掌握现代学习组织技术，提升有效安排在线学习平台的能力等。

以上培训与人力资源开发活动的有效开展，使整个组织在风险、危机中的弹复力得到提升，对于组织在复杂的环境中逆势成长具有不可代替的作用。

在新冠肺炎疫情期间天虹百货逆势增长，比同期增长了 10%～20%。公司运用数字化能力快速进行业务转型，在同行都无法提供服务时脱颖而出，公司业务整体转型到线上。公司在数字化转型方面的具体尝试如技术替代人工，实现移动考勤、电子劳动合同、入职小程序、线上面试、自助证明打印等，为员工提供了无接触、无纸化、高效便捷的服务。还有如线上学习平台、彩虹直播间，替代在新冠肺炎疫情期间不能面对面进行培训，其效果和及时性都很好。

（2）不确定性环境下培训与人力资源开发职能在组织商业生态链中的协同运作。一般认为培训与人力资源开发职能只限于企业内部，其作用的发挥也仅限于企业内部。但是在企业日益全球化、跨界多元化背景下，同时又处在当今不确定性环境中，企业的培训与人力资源开发职能要发挥更强、更高、更快的支持企业战略作用，急需前瞻性、全面扩展的能力和意识。

现实要求培训与人力资源开发职能的影响力应当也必须是面对企业的整个价值链，以有效赋能价值链。其赋能场景主要是：

● 参与尽职调查，制订专业合规方案。

● 组织培训或支援、协助价值链合作伙伴的有关合规操作、交付标准、客户服务规范、符合国际或国内 HSE 标准等，并参与其成效评估和反馈。

● 依据企业的要求，制订培训方案，支持与辅助价值链上的员工技能提升、技术升级、技能认证等活动。

［练习与思考］

在新冠肺炎疫情期间企业对员工技能、管理能力方面提出了哪些新的要求？企业在培训与人力资源开发活动中是如何应对的？

三、基于证据的HR最佳实践

航天科工二院天剑学院转变模式 创新开展线上教学

面对新冠肺炎疫情给教育培训带来的巨大冲击，天剑学院迎难而上，积极调整思路，按下线上培训的“快进键”，开启“倍速”模式，全面吹响“化危为机”攻坚战的号角。

转变模式化危机

面对疫情这场大考，天剑学院多次专题研讨疫情对培训工作的影响，组织学院骨干教师开展团队学习，共同谋划常态化疫情防控形势下教育培训工作的转型之路。天剑学院迅速转变培训模式，将传统线下培训项目全部调至线上，目前已通过线上培训 13 000 人次。

资源建设促转型

危机就是转机，疫情的影响对教培机构的核心能力提出了更高的要求，天剑学院通过适应线上培训形式的组织模式创新、运营管理创新、课程形式创新，充分保证培训质量，不断加强师资、课程等资源建设，狠抓核心能力提升。

课程资源是线上培训的关键，天剑学院立足党建、安全生产、装备教学研究等专业发展方向，坚持内部精品课程开发和外部优质课程引进“两手抓”，不断丰富线上课程资源。为给线上培训提供更为专业的硬件支撑，天剑学院认真论证分析，立项推进“云课工作室”建设项目，在一个月内建成投入使用，有效提升了线上课程制作效率和质量。

为更好地满足线上培训需求，天剑学院持续加强师资库建设，在强化内训师培养的同时不断推进与中央党校、大连高级经理学院、各大高校、知名企业大学之间的深度合作，不断充实精品师资库，为航天科工二院职工提供更优质的学习资源。

“逆水行舟，不进则退”，面对疫情危机，天剑学院全力以赴、主动出击，将困难变为解决难题的契机，把危机变为创新发展的转机，快速转变培训模式，变“暂停”为“快进”，抢抓线上培训发展机遇，不断加强核心能力建设，为航天科工二院打赢科研生产经营攻坚战提供了有力保障。

资料来源：https://www.sohu.com/a/419243391_313834.

四、业务决策者的责任

请阅读以下案例，总结业务决策者在该案例场景中应当承担什么责任。提示两点：

（1）注意该案例和本模块理论学习场景的匹配度。

（2）注意运用之前所学的相关知识。

UPS如何应对不确定性

在世界经济下行、新冠肺炎疫情全球扩散的背景下，“不确定性”可以说是2020年全球经济发展的关键词。企业如何应对不确定性？全球物流巨头UPS的一些观点和做法或可借鉴。

物流在不确定时期至关重要

在新冠疫情爆发期间，UPS持续安全运营，帮助有需要的客户运送重要物资与服务，履行企业的责任。

“2020年确实是一个非常不平凡、充满动荡的一年，我听到大家都在频繁地说‘前所未有’这个词。”UPS中国区总裁何嘉美表示，物流在不确定时期保持供应链畅通方面发挥着至关重要的作用。

UPS与客户携手合作优化供应链，帮助企业提高风险管理能力，更好地应对全球供应链中断。

UPS全球智慧物流网络是其亮点之一，也是其助力企业优化供应链策略的重要途径。截至目前，UPS网络覆盖220多个国家和地区，拥有560架自营飞机和包机机队。据UPS中国区市场总监蒙阮笛介绍，2019年作为连接中国与UPS全球网络重要门户的UPS上海国际转运中心续约10年，并将UPS深圳亚太转运中心的货件处理能力提高了近50%，以应对未来三年的运量增长。

优化供应链，化挑战为机遇

依托100多年的全球运营经验，UPS为客户提供实用的解决方案，帮助客户分析挑战并探索新的机遇，优化供应链。一是履行其增强中国企业与亚太地区主要市场联系的承诺，持续为亚太地区的经济增长做出贡献。二是始终支持中国中小企业发展，依照其城市深化战略，在二三线城市进行服务拓展，使更多企业尤其是中小型企业能够利用UPS强大的网络和运力抓住新的发展机遇。

数字化能力是经济复苏的关键驱动力

数字化能力是全球经济复苏的关键驱动力，UPS有很多充分利用数字技术和数字能力的产品，可以提供给客户企业，如电商履行服务（eFulfilment），企业可通过该服务管理订单和客户，提高效率，降低成本，也提高了终端客户的满意度。

坚持可持续发展理念

物流是供应链中的关键一环，UPS特别关注可持续发展，始终将可持续发展理念贯穿在企业运营中，帮助客户长期成功的同时尽可能降低对环境的影响。

UPS 在电动车和绿色包装等方面做了大量工作。2020 年 7 月，UPS 在中国引入电动汽车，使电动车辆总数占其整体运输车队的近 10%。UPS 还组建了一支专门应用可替代燃料和先进技术的车队，车辆总数超过 10 300 辆。过去十年，UPS 在可替代燃料、先进技术车辆和支持基础设施方面的投资超过 10 亿美元。此外，UPS 致力于不断为客户提供影响其价值链的可持续性解决方案，包括优先使用环保包装箱及包装材料以减少塑料污染。

资料来源：https://new.qq.com/omn/20201113/20201113A0EEAD00.html.

学习小结

<table>
<tr>
<td>关键能力/技能</td>
<td>● 能够识别培训与人力资源开发活动中的风险，培养分析与判断能力□
● 能够结合风险应对策略制定具体的风险核查表，培养具体操作技能与理解运用能力□
● 能够分析具体案例中的风险管控措施的有效性，培养将理论运用于实践的能力□</td>
<td rowspan="3">模块四　不确定性商业环境中的培训与人力资源开发
基本知识
　不确定性商业环境中的企业风险管理
　企业风险中的培训与人力资源开发活动
问题导学
　如何管理培训与人力资源开发活动中的风险
　在不确定性商业风险中，培训与人力资源开发活动如何支持企业战略</td>
<td rowspan="3">自我回顾所学，然后：
● 在本书中找到支持“关键能力/技能、核心素养和必备知识”的相关内容
● 对于相关学习目标的掌握程度进行自我评价
● 评价完后请在左边的小方框中打上“√”</td>
</tr>
<tr>
<td>核心素养</td>
<td>● 培养工作的计划性与前瞻思维□
● 培养不确定性环境下的应变素质与创新变革意识□
● 培养大学学习与人生规划的目标计划性与随机应变的素质□</td>
</tr>
<tr>
<td>必备知识</td>
<td>● 了解与理解不确定性环境下组织的商业风险□
● 理解不确定性环境下对组织培训与人力资源开发活动的影响□
● 理解培训与人力资源开发活动在不确定性环境下如何应对□</td>
</tr>
</table>

看企业实际运作

“目前公司在经营过程中对人才需求非常迫切，但是将人才培养到一定程度以后人才就会流失掉。有什么好的办法能够管理好公司所需的人才及做好人才的储备？”

为什么会流失？要么干得不爽，要么钱少，要么没有发展前途。解决组织吸引力问题，需要打造组织能力，降低对人的依赖性，降低对人的能力标准要求。有了事业空间，可以吸引更多的人；有了组织能力，可以不过分依赖牛人和能人，就不怕人才流失了。人才流失一定是有原因的，人的潜能没有被激发出来一定也是有原因的，要思考机制或者激励体系到底出了什么问题。激发潜能，留住一时，但人的需求是多变的，还是会走，怎么办？招聘前置，建立企业人才库与战略地图，做好人才流失风险预判，构建多级招聘体系，尽快找到合适的人才，实现无缝对接，是一种办法。建立人才梯队，实现后备队伍和 AB 角备岗制度，内部经常进行岗位轮换，也是一种办法。

资料来源：https：//mp.weixin.qq.com/s/o0NrVnzaK8_mUH6e-uCHhg.

问题：请阅读以上企业情况，对于给出的人才流失的原因和防范措施，你同意吗？在假期你可以调查了解当前家乡企业的有关情况是怎样的。

理论联系实践指引

项目学习总结

（1）目的：在学习完项目一和项目二后进行一次全面的学习总结，为项目三的学习打下基础。

（2）形式：通过项目式学习，逐一串起项目一和项目二的知识点、技能 / 能力点。

（3）项目式学习案例：请回顾本项目“项目工作场景”案例中小李所关注的四个问题，思考并回答。

模块五 实训、探究与成效检验

| 实训操作与成效检验 |

一、关键能力提升

（一）培训与人力资源开发制度的拟定与方案设计

（1）重温本项目“项目工作场景”案例，撰写《京北公司2022届大学生上岗培训方案》。
（2）京北公司准备开展2022届大学生的培训项目，请你设计一份培训项目评估表。
（3）识别培训项目中的风险并提出风险防范措施。

（二）培训需求分析

请阅读以下咨询报告，思考并回答问题：

（1）请分析培训与人力资源开发需求。

（2）如何理解“敏捷的员工队伍”？根据所学知识和你对社会的观察思考，你认为为什么需要打造敏捷的员工队伍？

（3）请结合已学过的有关课程的内容，尝试用你自己的语言描述“培训与人力资源开发活动和员工归属感之间的关系”。

德勤建议，企业要想打造敏捷的员工队伍，“除了针对近期需求重新培养员工的技能外，还要为员工，进而为组织配备适应不确定未来的一系列工具和策略”。为了实现这一目标，你需要通过分析来预测未来的需求，并从简单地对员工进行再培训的思维方式转变为创造一个让员工不断更新和学习新技能的环境。

HR该如何做才能实现更大范围的影响力？受访者认为这四点最重要。

- 利用新的能力，打造一个适应数字时代的企业（47%）。
- 通过新的人力资源组织设计，鼓励创造更敏捷和基于团队的工作（45%）。
- 将人力资源工作自动化，以精简工作（38%）。
- 通过扩大人力资源领导者的关注度和影响力来提升他们的地位（24%）。

在考虑如何帮助公司适应工作性质的变化时，归属感、福利和员工再培训是人力资源领导者关注的重要领域。归属感的概念对企业绩效至关重要，63%的受访者认识到需要让员工与组织目标保持一致。

“组织需要通过工作目的将个人与个人之间联系起来，从而优化个人的力量。这是归属感的必然演变——从舒适到连接，最后到贡献。”Workday高级副总裁、人员和绩效传播者格雷格·普赖尔（Greg Pryor）说。“要想从他们的工作和工作场所中获得真正的价值，人们应该能够看到他们每天所做的事情如何影响业务。”

资料来源：https：//tech.sina.com.cn/roll/2020－07－04/doc-iirczymm0419810.shtml.

（三）培训课程

请上网搜索有关阿里巴巴商学院培训课程的有关信息，回答问题：

（1）你认为该课程体系的优点与需要完善之处是什么？

（2）课程体系中哪些措施有利于培训成果转化？为什么？

（3）假如你是某企业经营者，安排负责技术研发的3名中层管理者去该商学院进修，你会怎么做？请分别从训前、训中、训后三个阶段说明。

（4）作为企业经营者的你与该商学院在培训效果评估环节各应该负责哪些工作？为什么？

（四）制订方案

请阅读案例，试以所学（不限本课程）制订营销策划类岗位基于胜任力的培训需求分析方案。

ZS房地产公司营销策划类岗位基于胜任力的培训需求分析

一、ZS 房地产公司发展现状

ZS 房地产公司是南昌一家民营房地产企业。公司成立于 1995 年，前身是一家贸易企业，2002 年正式涉足房地产，公司下属有房地产开发公司、建筑公司、装潢公司、物业服务公司、拆迁公司等子公司，投资增长率年均 30%。公司在南昌已完成三个房地产项目开发，累计完成开发面积 50 万平方米，先后获得众多殊荣。公司开发的南昌红谷滩中央商务区大型高端项目“众森红谷一品”获得了“2009 年住交会中国名盘”称号，被联合国环境规划署评为“全球生态宜居国际社区优秀奖”。

ZS 房地产公司开发的产品主要是花园洋房、联排别墅、精装高层等，客户群体主要有民营企业老板、企业中高层管理者、职场白领、公务员、教师、医生、律师等。

二、ZS 房地产公司 SWOT 分析

2009 年房地产市场受到国际金融危机的影响，公司深刻认识到如果对自身所处环境没有一个清晰的认识，不能制定清晰可行的企业发展战略并使之真正成为上下一致的行动指南，终将难以实现基业长青。为此，2010 年 ZS 房地产公司在 SWOT 分析基础上，制定了企业自身发展战略（见图 II–5–1）。

三、ZS 房地产公司组织架构

ZS 房地产公司组织架构如图 II–5–2 所示。

四、营销策划部职责与组织架构

营销策划部是企业营销的主要职能部门，工作性质“早于始，晚于终”，60% 的工作在项目或某一事项的前期阶段，其余的工作则需要贯穿整个项目或某一事项的各个环节，为项目的开发和销售提供支持平台。营销策划部的工作内容主要分为以下几个方面：项目运行基础数据统计、分析、整理；市场调研、策划；项目投资营销策划；各种资源的整合；项目形象展示策划；项目营销推广策划；企业的品牌塑造及宣传工作；等等。营销策划部组织架构如图 II–5–3 所示。

S ZS房地产公司的内部优势	W ZS房地产公司的内部劣势
● 最高管理者具有开拓进取精神，形成了一支稳定的创业核心管理团队 ● 市场意识强，机制灵活 ● 主要资源集中于房地产开发企业 ● 在政府部门、金融部门和其他合作伙伴中建立了良好的信誉 ● 具备较强的社会资源整合能力 ● 对项目质量和进度有较强的管控能力	● 缺乏长期的战略发展规划 ● 高级管理人才和专业技术人才相对缺乏 ● 工程与财务预算管理薄弱，削弱了项目成本管控能力 ● 缺乏资本市场的运作经验，融资渠道相对单一 ● 仅有500亩的土地储备
O ZS房地产公司的外部机会	**T ZS房地产公司的外部威胁**
● 中国房地产市场长期向好 ● 南昌房地产市场存在可持续发展的前景	● 国家宏观调控政策的短期影响 ● 短期内中国房地产市场存在较多的不确定因素 ● 大量全国性品牌房地产企业涌入南昌，带来较大的竞争压力 ● 土地成为稀缺资源，土地取得成本加大 ● 通货膨胀造成建材价格上涨 ● 人力资源管理成本、工程造价呈上涨趋势

图 II－5－1　ZS 房地产公司 SWOT 分析

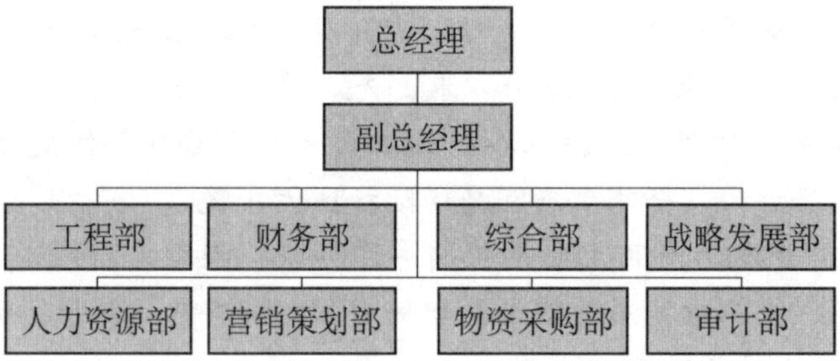

图 II－5－2　ZS 房地产公司组织架构

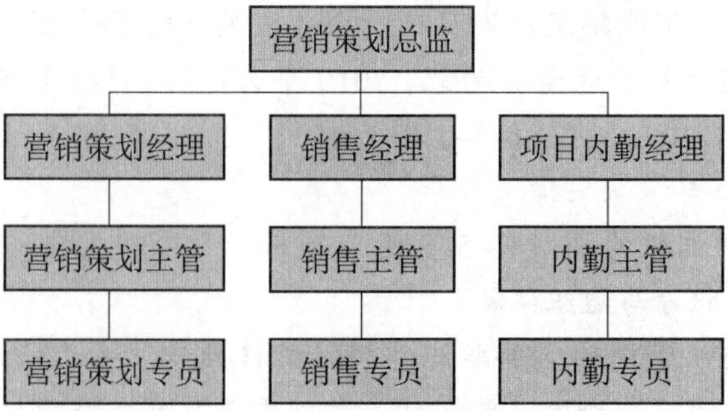

图 II－5－3　营销策划部组织架构

五、营销策划部各岗位职责与特征

ZS 房地产公司营销策划经理的主要职责是负责市场研究、产品定位、产品策划、制定营销策略与推广方案、制定销售价格策略、确定重要宣传资料（媒体广告、VI 系统、楼书、平面广告）、销售商品房和实现资金回笼。其主要任务是领导销售团队实现销售和资金回笼目标。营销策划经理岗位的主要特征有：公司中层管理者、销售团队领导者，掌握产品知识及销售知识，懂得产品优化设计、户型配比、建筑风格、园林景观等相关知识，工程部门和设计管理部门的协调者，建筑风格、建筑外立面、园林景观的建议者。由于消费者个性化的需求，大部分客户对建筑风格、建筑外立面、园林景观的搭配以及产品的功能布局、产品使用面积最大化等要求越来越高，创新意识在这个岗位上也有相应的要求。

ZS房地产公司营销策划主管的主要职责是收集市场数据，包括市场形势、公司产品、竞争对手产品的信息等，参与产品定位、产品策划，监督营销策略与推广方案及销售价格策略的执行，销售产品。其主要任务是协助营销策划经理管理团队成员，完成团队以及个人销售指标和资金回笼目标。

ZS房地产公司营销策划专员的主要职责是听从营销策划主管的安排，收集市场中的数据和信息，执行营销策略与推广方案、销售价格策略，销售产品。其主要任务是协助营销策划主管进行企业整体形象策划；协助进行企业形象宣传策划；依据各项目的市场定位，参与编制项目营销策划全案；与相关职能部门、广告公司等协调，具体实施营销策划方案；负责各项目开盘前的营销活动，制定样板间、展台、售楼处布置方案等；完成个人销售指标和资金回笼目标。

（五）文件筐测试

请阅读表Ⅱ-5-1，假设你是本项目“项目工作场景”中的培训经理小李，市场营销经理陈好发邮件给你沟通有关培训的事项，你需要给出回应意见，并说明意图。

表Ⅱ-5-1　文件筐测试示例

致：培训经理 李爽
主题：员工外派培训事宜
时间：2020年12月3日

李经理：

您好！

上周公司管理会议，公司决定拓展欧洲市场，对此我部积极行动，准备安排三名得力员工先到欧洲市场探访，在出行之前计划对他们进行英语培训。由于今年国际局势和业务拓展变化较大，年初未能准确预测此项工作，所以未做此预算。您知道，如没有预算，财务部很难同意此项开支。特与您沟通如下事项：

（1）这三名员工是否合适，请给出专业意见。
（2）请您与财务部沟通协调一下有关培训预算费用事宜。
（3）请您给出专业意见，有关培训后外派员工的注意事项。
（4）如何做好培训工作，请您安排。

谢谢！

市场营销经理
陈好

我的回应意见：

二、核心素养培养

（一）案例学习

请阅读以下案例，思考、讨论并回答问题。

（1）请指出本案例所述企业实战做法与所学理论知识的连接点。

（2）京东大学的做法有什么可取之处？对你即将进入企业工作有何启发？

京东大学的无界学习

京东大学提倡无界学习，即学无界、课无界、人无界。所谓人无界，就是打破学习中人的角色界限。传统学习中有三种角色：学员、学习组织者、专家或者讲师。学员负责听课，学习组织者负责项目策划设计、运营实施和落地，专家或者讲师主要负责做知识产出和传播。京东认为这种划分存在一些问题，包括学习组织者有时会受夹板气，一边求专家或者讲师，一边求学员，导致最终培训效果没有保障。

为了改变这种情况，京东做了两种尝试：

第一种，让学员亲自参与培训项目设计。京东在做培训项目时，首先会确定学员群体，接下来会邀请学员群体里的典型学员，组成一个虚拟的学员委员会或者专家委员会。至于培训环节怎么设计、有哪些形式，全部由这些人出主意，由他们来定。当然，过程中会有专业老师做相关引导。等到项目产出后，再让这些典型学员回到员工群体中，他们会成为项目实施过程中的维护者，容不得身边人说这个项目不好，这就在一定程度上调动了学员的参与热情。

第二种，建立实战练兵场。京东内部的实战练兵场的培训对象是京东在全国的几万名配送站长。时任京东大学能力发展与生态合作中心总监的岳建军说：配送站长是一个非常关键的岗位，因为京东几乎没有人是直接面对客户的，真正面对客户的，就只有我们的配送员。怎么培训这些配送站长才能保证物流运输效率？

首先，京东会根据业绩指标，从全国筛选出几百名优秀配送站长，初步筛选后会通过考核进一步筛选出几十位最杰出的配送站长。这几十位配送站长会被统一调到北京，进行为期几天的交流学习。其间，他们会对自己的经验进行总结归纳，不断交流、碰撞，最后提炼和萃取出岗位培训课程。紧接着，京东内部培训师会把这些课程分享给更多的配送站长。配送站长回到自己的站点，可以去做压力测试，关于哪些内容适用本站、哪些不适用，他们都可以提出相关意见和建议，对课程做进一步优化，最终形成符合自己站点的一套运营方法论、流程和机制。可以看出，在这个培训过程中，很多人既是老师，也是学生，这些角色可以随时转化，转化的目的是看最终的效果。

除了以上两种尝试，京东的无界学习理念还体现在组织上。岳建军说：以前，我们说人才培养部门就是连接项目、连接学员，最后连接培训资源。很少有人想连接上游的供应商或者下游的客户。举个例子：关于一些销售类的培训项目，为什么只培训自己的销售人员呢？能不能把供应商、客户叫过来一起培训，大家统一思想、统一认知，在这种情况下，工作阻力会降低，合作会更顺畅，这是可以尝试的。

再如，京东在2017年成立了人才生态联盟，这个联盟里有京东的品牌商、供应商、机构、专家，这就在人才的选用、预备等环节上都实现了横向打通。

如今京东已经和宝洁、惠普、联合利华等企业实现了无界轮岗、无界用人。这些企业在校招时会做统一专场，学生投简历只投一个企业就够了。这种组织联合还有一个好处就是企业和企业之间可以共享一些白名单或者黑名单。从 A 企业离职的，可以共享给其他企业；一些失信员工或者工作业绩非常不好的员工可能会被列入黑名单，供其他企业参考，规避风险。

资料来源：https://mp.weixin.qq.com/s/Gj-Tbje7qvDNTXHF_GcqCw.

（二）文章阅读

请阅读以下文章，思考如何对新兴的工作岗位进行培训。你将采用什么样的培训方法？为什么？

数字化管理师是啥

职业定义：使用数字化智能移动办公平台，进行企业或组织的人员架构搭建、运营流程维护、工作流协同、大数据决策分析、上下游在线化连接，实现企业经营管理在线化、数字化的人员。

主要工作任务：

1. 制订数字化办公软件推进计划和实施方案，搭建企业及组织的人员架构，进行扁平透明可视化管理；
2. 进行数字化办公模块的搭建和运转流程的维护，实现高效安全沟通；
3. 制定企业及组织工作流协同机制，进行知识经验的沉淀和共享；
4. 进行业务流程和业务行为的在线化，实现企业的大数据决策分析；
5. 打通企业和组织的上下游信息通道，实现组织在线、沟通在线、协同在线、业务在线；降低成本，提高生产、销售效率。

当前就业人群分析

当前数字化管理师从业人员已经超过 70 万，主要分布在 IT、互联网、服务、制造、建筑、教育培训等行业。

年龄分布

25 岁及以下占 11%，26～35 岁占 46%，36～46 岁占 35%，46 岁以上占 7%。82% 的数字化管理师年龄集中在 26～46 岁。

行业分布

目前数字化管理师分布在各个行业中，前四位是互联网 / 信息技术、制造业、贸易 / 批发 / 零售、服务业。另外，在教育、金融、贸易、零售行业等也有较多从业者。

所在企业规模

20 人及以下占 12%，21～50 人占 19%，51～100 人占 16%，101～500 人占 28%，501 人及以上占 25%。

数字化管理师所在企业规模分布均匀，大、中、小、微型公司都需要数字化管理师推动转型。

学历分布

44% 的数字化管理师是本科学历，6% 为硕士研究生，50% 的学历为大专及以下。数字化管理师就业门槛低。

薪资水平分布

87% 数字化管理师薪资是当地平均工资的 1～3 倍，数字化管理师薪资普遍高于当地平均薪资。

企业性质分布

72% 的数字化管理师在民营企业工作，14% 的数字化管理师在国有企业工作，3% 的数字化管理师在中外合资企业工作，其他类型的有 11%（创业、自由职业者等），可见各行各业都有数字化转型的需求。

职业发展通道

数字化管理师在企业中的角色相当于首席惊喜官（CXO），其职业通道大致为数字化管理专员、数字化管理师和高级数字化管理师。

对个人的价值

新的职业选择，形成复合型人才竞争壁垒，拥有良好的就业和薪资前景；

对企业的价值

激发企业在组织层面的进化，全面实现人、财、物、事的数字化，助力企业增效。

对社会的价值

推动各行各业实现数字化转型，进而提升企业乃至社会效能。

未来市场需求

未来，数字化管理师在企业内部将扮演管理、沟通、协调的重要角色，在任务分配、绩效管理、团队协作以及组织内部沟通等方面将发挥重要作用，促使企业进入云和移动时代。

资料来源：https://baijiahao.baidu.com/s?id=1631780787298480109&wfr=spider&for=pc.

（三）项目式学习

以小组团队协作形式，上网搜索或实地了解三家感兴趣的公司，看看它们在人员培训与人力资源开发过程中运用了哪些方法和技术，以及是如何评估其培训与人力资源开发效益的。

请把小组发现的信息汇总成一张比较表和一份简洁的分析报告以 PPT 的形式在课堂上进行展示，并接受同学们的询问。

（四）观点辩论式学习

请以小组为单位，就以下观点进行分析、讨论，并在老师的指引下进行团队辩论比赛。

观点一："现在都什么年代啦！员工培训采用讲授法已经过时了。"

观点二："随着技术的发展，线上学习一定会取代线下面授课程。"

观点三："案例研究培训法应选取行业内标杆企业的经典案例。"

三、必备知识巩固

（一）单选题

1.（　　）不是管理者开发的原则。

A. 符合企业战略原则　　B. 敏捷原则

C. 业绩导向原则　　D. 开发与发展结合原则

2. STAR 法则一般可用在（　　）技术中。

A. 复盘　　B. 教练

C. 文件筐测试　　D. 无领导小组讨论

3. 柯氏四级评估模型的不足之处有（　　）。

A. 没有量化评估　　B. 缺乏全方位利益相关者利益的考量

C. 没有对员工行为改变进行评估　　D. 没有对学习反应进行评估

（二）多选题

1. "你不可能找到最优秀的人才，只能找到最合适的人才，最后把他们变成最优秀的人才。"这说明组织应采取（　　）措施。

A. 加强正向激励

B. 提供晋升发展平台

C. 加强培训与培养

D. 加强绩效考核与管理，在压力下出人才

E. 加强员工与组织的心理契约建设

2. 设岗原则有（　　）。

A. 按需设岗　　B. 因事设职　　C. 结构合理

D. 考虑工龄　　E. 以上皆对

3. 内部培训师选拔的基本标准有（　　）。

A. 有热情，教学意愿度高　　B. 有较强的沟通表达能力

C. 行业知识丰富和专业能力强　　D. 具有创新意识

E. 具有个人魅力

| 课外修学与我的探究 |

一、悦读秒扫

（一）为什么 90 后对你的管理不爽

详情请访问 https：//mp.weixin.qq.com/s/PjByzTAJE0wXY7UJXLz4Ag。

（二）基于笔者的企业实战案例之协同企业战略的战略人才培养管理模型

详情请访问 https：//kns.cnki.net/KCMS/detail/detail.aspx?dbcode=CJFQ&dbname=CJFDAUTO&filename=QIGL202006035&v=MzIyOTk4ZVgxTHV4WVM3RGgxVDNxVHJXTTFGckNVUjdxZllPVnVGeXJoVTdySU5DVE1Zckc0SE5ITXFZOUdZWVI=。

（三）中国示范性企业大学基础标准 1.0

详情请访问 https：//zhuanlan.zhihu.com/p/174057627。

二、自我评估：我适合做人力资源管理工作吗

请阅读并圈出“是”或者“否”。计分：选择“是”的题目数量越多，说明你为从事人力资源管理工作所做的准备越充分；对于选择“否”的题目，你应找机会通过上课以及获得一些经验使自己的答案从“否”变成“是”，这样可为从事人力资源管理工作做好更为充分的准备。

是　否 1. 我通过过去的工作经验、课外活动、社区服务或其他非课程活动开始了自己的领导力和管理技能练习。

是　否 2. 我有出色的沟通能力、争议解决能力和人际沟通能力。

是　否 3. 我能够展示出自己对经营一家企业并实现盈利所必需的基本原则的理解能力。

是　否 4. 我会使用电子表格和互联网，并能熟练查询所需的资料信息。

是　否 5. 我在一个以上的人力资源管理领域具有实践的专业经验。

是　否 6. 通过选课、课外阅读、接触专业人士和社会实践，我对人力资源管理领域的理论和实践皆有兴趣。

资料来源：雷蒙德·诺伊，等. 人力资源管理：第 9 版. 北京：中国人民大学出版社，2018. 有改编和增添。

三、学习风格自测表

请登录网页 http：//www.360doc6.net/wxarticlenew/871400964.html 进行测试。

四、我的探究

（1）学习完本章后，我的思考是：____。

（2）回顾“项目工作场景”，我的收获是：______________________________。

（3）学习本项目后，我想与老师或同学探讨的问题是：______________________________。

（4）经过社会实践，我提出的观点是：______________________________。

每位同学填写好以上“我的探究”后，建议与同学们分享、交换观点。
“思考”可以与他人讨论，
“收获”可以当众分享，
“问题”可以与同学共商，
“观点”可以与他人交换。

项目三 基于工作场景的培训与人力资源开发

未有知而不行者。知而不行，只是未知。

——王阳明

本项目知识图谱

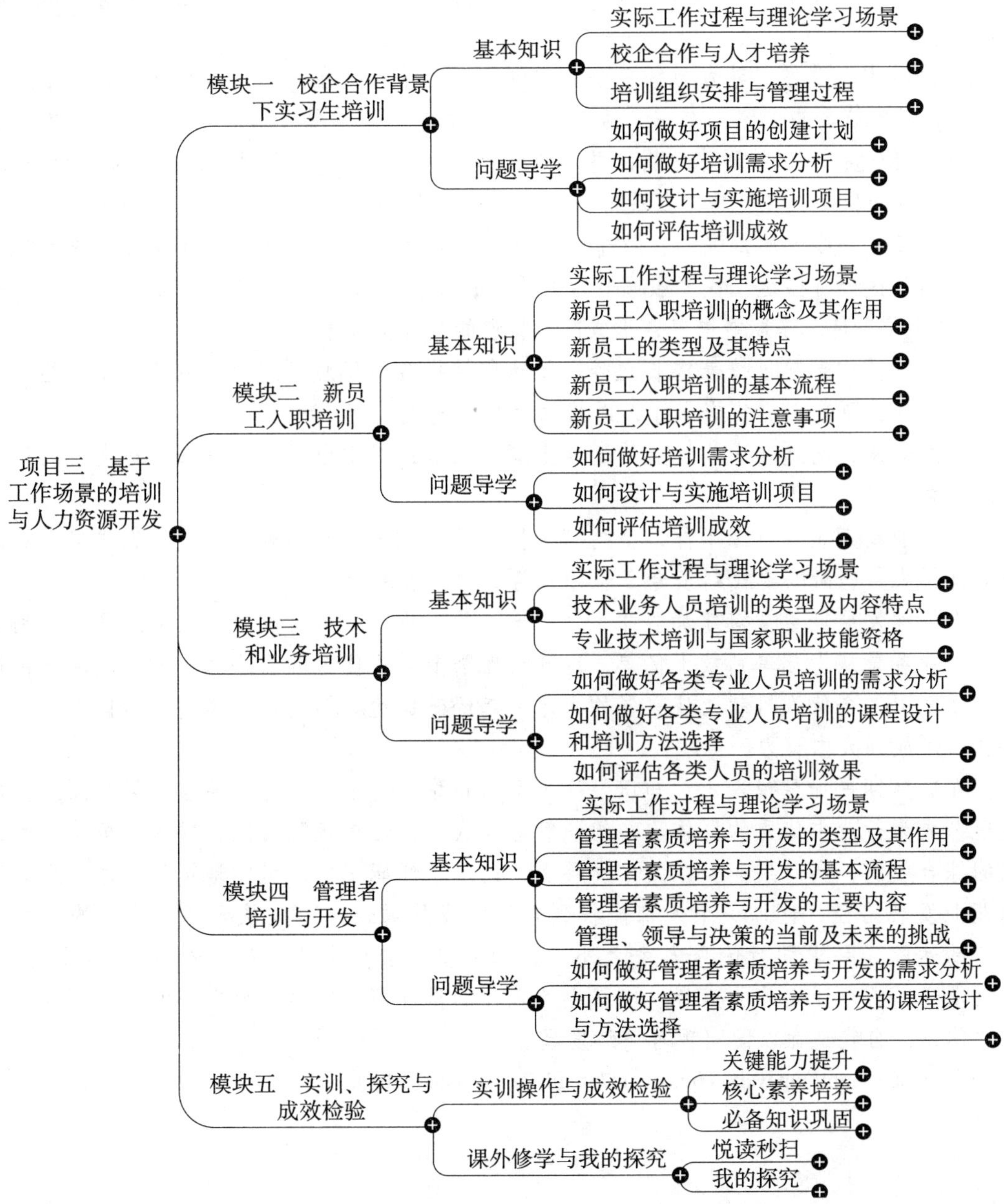

【项目工作场景】

1999年8月韵达在上海成立，刚成立时只有30余名员工，三个月仅有11票快件，运输工具也只是自行车、摩托车，几乎没有机械设备，靠纯手工操作，以“小米加步枪”的方式拓展业务。

现在公司年度票件量破百亿（2020年“双十一”单日揽件量破亿），服务客户超6亿，服务触达31个省（自治区、直辖市）及港澳台地区，打通了全球30余个国家和地区的国际业务，5万余辆“大黄车”奔走在2 500条陆运主干线、600余条支干线上，同时拓展了500余条航空路线，形成陆空运全链路实时服务平台。

近年来公司注重科技投入，以科技创新助力业务发展，高效保障全网运营，赢得客户青睐。

韵达惜才、爱才，努力为每一个人才创造可为平台。在人才衡量标准上，不唯学历重能力，不唯资历重业绩，有一句话叫“为过程鼓掌、拿结果买单，让每一个人做有价值的事情”。韵达平台坚持适才适岗，并不断挑战自我，让员工发挥潜质，突破发展天花板。韵达实施赛马机制，在赛马中发现好马、千里马，让他们在韵达纵横驰骋，开疆拓土。韵达鼓励员工从一线开始，强调“做高档西服从鞋垫做起”，拟晋升的干部必须下网点揽派件，做到分拨分拣搬运，找客服倾听客户需求；坚持千锤百炼，“撒土夯实，再撒土再夯实”，多岗位锻炼，多职能培养，形成韵达特色的复合型人才。

除了注重内部良性培养成长之外，韵达坚持搭台引凤凰，接受新方略、新思路，求大同存小异，不断引进优秀人才，助推韵达高效发展。

一路走来，韵达在人才发展的道路上深耕精酿，探索出了一条符合韵达发展的特色人才之路。

在创业初期重视员工个体，坚持“选拔比培养更重要”的观点，采取直线扁平的组织管理模式。当时需要找到多专多能并且笃定韵达未来的人。

在快速发展期重视搭建加盟体系，打造合伙人机制。那时候公司人数从几十人到上万人，业务量从十几单到数十亿单，这艘大船需要更多优秀的人才保驾护航才能扬帆远行，于是引入合伙人机制，让更多的人才一起经营韵达。韵达重视搭建加盟体系，合作共赢，形成强大内驱力。

在成熟期更加重视人才、知识，并主动向新型业态求学取经。随着发展的深入，韵达逐渐成为行业中优秀的群体。在组织管理模式上，注重矩阵协同，发挥各板块、各部门的综合效能，实时裂变。在人才发展上，设定了任职资格，科学地辨识人才；规划明确职业发展路径，让每一个人都能找到合适的发展通道，形成从无序到体系的人才方略。韵达除了寻求同行优秀人才之外，更加注重引进更高业态的“外行”，居安思危、主动求变，听行业之外的声音，成就主业之外的显性曲线。韵达也在不断地夯实自己的人才体系，自我造血以便实现可持续发展。

资料来源：http://mp.weixin.qq.com/s/73regiEOZdaQYiteC2skjQ.

问题：

如果你是这家公司的培训与发展总监，随着公司的快速发展，一定会遇到培训与人力资源开发的“七大灵魂拷问”：

（1）如何做好校企合作项目，超前抢夺与培养人才？

（2）如何招募并培养优秀大学毕业生充实有生力量，满足公司高速发展？

（3）随着公司的发展，需要不断吸收有经验、有能力的新员工。如何给予他们及时的培训，让他们快速上手并认可公司文化以增强组织公民角色意识？

（4）如何及时培训专业与技术人员，以跟上公司的发展？

（5）如何高效地挖掘与选拔、培养与留住管理人才？

（6）如何做好接班人计划，保证公司发展所需的领军人才源源不断地输入队伍中来？

（7）随着人才的不断成熟，人才遇到了发展天花板。如何让这些顶尖人才留得住，满足他们发展与成长的欲望？

模块一　校企合作背景下实习生培训

| 学习目标 |

关键能力 / 技能

- 掌握实习生培训的基本过程和方法，培养有关具体业务操作技能
- 掌握培训的实施与评估具体方法，培养将所学融会贯通的能力

核心素养

- 领悟、培养企业的社会责任感和家国情怀
- 领悟、培养知行合一的思考与行动态度

必备知识

- 了解校企合作的意义与企业对实习生引进与培训的作用
- 掌握企业对于实习生引进与培训的基本流程

一、基本知识

（一）实际工作过程与理论学习场景

1. 实际工作过程

本模块的实际工作过程如图 III－1－1 所示。

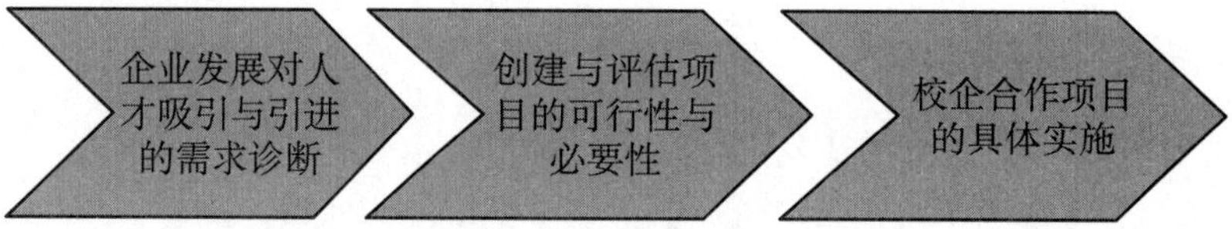

图 III－1－1　实际工作过程

2. 实际工作过程与理论学习场景

本模块的工作过程与学习场景矩阵如表 III－1－1 所示。

表 III－1－1　工作过程与学习场景矩阵

学习场景		工作过程		
		企业发展对人才吸引与引进的需求诊断	创建与评估项目的可行性与必要性	校企合作项目的具体实施
是什么？为什么？	校企合作与人才培养	√		
	培训组织安排与管理过程			√

续表

学习场景		工作过程		
		企业发展对人才吸引与引进的需求诊断	创建与评估项目的可行性与必要性	校企合作项目的具体实施
为谁做？怎么做？	如何做好项目的创建计划		√	√
	如何做好培训需求分析			√
	如何设计与实施培训项目			√
	如何评估培训成效			√

（二）校企合作与人才培养

2019 年 9 月 5 日教育部办公厅等七部门联合发布《关于教育支持社会服务产业发展 提高紧缺人才培养培训质量的意见》。加强校企合作，培养社会急需专业人才已是社会共识。大量职业院校或应用型本科的大三、大四学生进入企业实习，对学校、企业和学生三方都是有益的。对学校来说，有利于应用型人才的培养，精准对接产业需求，也有利于双师型师资的培养；对企业来说，可以提前发现合适的人才，及时充实未来发展所需的生力军；对学生来说，可以将理论及时运用于实践，培养工匠精神和职业精神，也有利于提高就业竞争力。

> 推动校企深度合作。鼓励社会力量举办家政服务类、养老服务类职业院校，或与职业院校以股份制、混合所有制等形式共建产业学院，合作开设相关专业，规范并加快培养专门人才。将社会服务产业紧缺领域列为校企合作重点领域，优先支持建设产教融合创新项目、职业教育校企深度合作项目等。全国建设培育 100 家以上产教融合型家政企业，发挥家政服务业提质扩容“领跑者”行动示范企业和普惠养老重点企业的示范引领作用，推动 50 家优质企业与 200 所有关院校组建职业教育集团等，共建产业学院、大师工作室、协同创新平台、实习实训基地，实行现代学徒制、“订单培养”等培养模式，协同创新服务项目或开展技术研发，支持和鼓励企业承接教师实践锻炼和学生见习实习，深度参与紧缺领域人才培养培训。
>
> ——《关于教育支持社会服务产业发展 提高紧缺人才培养培训质量的意见》

进入企业实习的这些学生有两种身份：一是半职业化的准员工；二是学生，要完成毕业论文等应有的考核。这就给企业带来了现实问题：如何更好地培训他们？

（三）培训组织安排与管理过程

在产教融合的大趋势背景下，职业院校或应用型大学与行业企业逐步形成了培养模式与机制，主要有教学见习、顶岗实习、订单培养和工学互换四种培养模式。对企业方来说，目前的组织安排和管理过程主要在于：

（1）协同机制的建立。企业与学校建立协同机制，学校派出老师带队对接企业管理部门，企业指定实习老师与学校带队老师组成“双导师”。

（2）企业需求确定。在实习生项目开展前，培训部门向业务部门征求实习生需求，并与业务部门人员一起进行面试筛选，综合评估后决定学生的选择。

（3）到岗实习前的培训。岗前培训主要由校方主持，也可邀请企业方代表参与，主要包括就业形势、实习目的和意义以及注意事项等，同时企业方代表也就企业文化、实习环境等对学生进行提前培训。

（4）实习中的管理。入职后的培训管理主要由业务部门执行，即 OJT（on the job training），通过带队老师作为中介连接学校和企业，就有关学生实习中的纪律、学习情况等进行管理和督促。企业方管理者根据有关实习生管理制度与学校进行及时沟通与反馈。

（5）实习后的管理。实习后的管理主要是相互回访工作，建立学校、企业和学生三方评估机制，按有关标准对学生的实习进行客观评价。企业方的培训部门应着重评估项目活动中的得与失，做好有关工作总结。

目前各地积极出台政策大力支持产学研合作，如推动建立企业创新型人才实训实习基地、提供政府实习生补贴等，这些都为企业进一步拓展实习生计划提供了有益的支持。

二、问题导学

（一）如何做好项目的创建计划

与招聘应届毕业生和一般员工不同，也与个别学生自行联系到企业假期实习不同，校企合作背景下企业招收实习生，一般是成批次、分专业、有计划地安排。企业方应该提前做好有关项目创建、启动的事宜，其一般的流程是：

（1）培训与人力资源开发部门每年根据业务发展需要、公司人才中长期培养规划提出项目方案。也即在开展实习生项目之前，培训与人力资源开发部门应该制订体系化的项目计划、清晰的项目流程、相关费用预算等，确保项目得到企业的认可，并经管理层批准后实施。

（2）建立专门的或兼职的实习生工作组织机构。一般由培训与人力资源开发部门主要负责，有的企业建立专门的人才发展委员会来统筹，人才发展委员会由 HR 部门、业务部门、专业咨询机构等组成。

（3）实习生项目计划实施前应就数量和质量的需求与业务部门共同协商，达成一致。

（二）如何做好培训需求分析

（1）组织发展战略方面。从宏观上着重分析中长期发展对于人才的需求与培养规划，从微观上根据各业务线的人才梯队建设计划分析所需。

（2）工作任务方面。由于校企合作中实习生是成批次、分专业到岗，所以要依据各业务线的工作要求和任职条件进行分析，找出培训的压力点。

（3）个体方面。根据不同层次的学校、不同年级、不同专业的学生的知识结构和能力构成情况，企业一般会对拟选实习生进行考核或测评，选择的同时也了解学生的情况，以此找出培训之需。

具体采用的培训需求调查和分析方法，我们在项目二中学习过，可以参考应用。

（三）如何设计与实施培训项目

1. 项目采购与实施

在实习生的培训项目采购决策方面，一般有外包和自制两种。

一方面，当前随着培训外包市场的多样化、专业化和客户定制化的发展，许多公司将根据课程计划，将实习前期的团队建设、企业文化融入、职业精神、职业压力、礼仪服务等项目外包给专业机构开展。

另一方面，有关企业专业技术、业务操作等培训则由公司自制实施。具体执行由培训部门主导，业务部门配合。

2. 课程设计与培训方法设计

对实习生的培养不同于正式招聘录用的应届毕业生，更不同于一般员工的培训，其更强调基础性、针对性、灵活性和关怀度，挑战性也更大。企业在此过程中还有一个重要的目的就是筛选人才，即大浪淘沙、双向选择。课程设计要贴合课程目标。主要课程的设计思路如下：

（1）一是构建科学合理的项目化或模块化课程体系。推动校企合作共建专业、共编教材、共设工学结合一体化课程，校企双方根据培养的目标共同设置符合学校和企业要求的课程，既注重理论传授，也强化动手实操技能的培养。

（2）二是加强对学生职业精神、工匠精神和社会责任等价值观的培养。通过团队建设、演讲分享、OJT、师徒制等培训方式加强这一课程培训目标的实现。在工作实战中体验式培训的效果是大学课堂学习实现不了的，这就将大学理论学习与社会、企业工作体验很好地结合起来。

（3）三是在培训方法上采取适合当代年轻人特点的方法。避免传统说教式讲授，一般以团队活动、微课直播、实地体验为主。结合移动学习的普及，将专业知识、文化融合等内容碎片化引入实习生的日常培训学习中。

表 III－1－2 是一个实习生培训方案示例。

表 III－1－2　实习生培训方案示例

实习生培训方案

一、目的

人才是企业发展的关键。企业根据发展战略目标，通过有预见性地从大专院校引进应届毕业大学生，为未来的发展储备后备梯队人才，也为可持续发展奠定基础。

建立人才储备的管理与培训机制是企业可持续发展的需要，是实现企业超常规、跨越式发展的要求，是防止因管理层人才流失给企业造成损失的最好措施，是提高企业竞争力的需要，也是实现企业战略发展目标的必然要求。

二、人才储备的培养对象

实习生、应届专科以上毕业生，经基层学习、集中培养、实践轮岗后可培养成为各级管理者或是技术骨干。

三、实习生的培训（带教）老师

主管以上或在本岗位已工作至少两年且经验丰富的人员。

四、组织与分工

人力资源部：负责应届大学生整体规划、招聘、培训计划的制订，培训考核等各方面的监督执行及日常考察。

各部门（车间）：负责应届大学生培养计划实施的支持与协助，工作实习与历练机会的提供和在实习期间业务知识的日常指导等。

五、培训方案与发展路线

（1）培训方案。

类别	初学期（6个月以内）	成长期（6～12个月）	成熟期（12个月以上）
阶段说明	本阶段主要以综合类培训为主，从认知公司开始，到了解公司组织架构、部门、产品、业务、工序工艺、项目开发，培养综合能力素质	根据部门需求和实习生意向以及前半年的具体情况，分到各部门进行实习。各部门主管安排带教老师在专业技能和生活上给予其帮助和辅导	根据这一年的系统培训与学习，对实习生进行定岗定编，安排到合适的岗位工作和学习
重点能力培养	公司基本情况的了解，个人素质的提升和心态历练	工作规划能力、过程管理能力、团队合作与建设能力、应变与处理能力	管理角色的认知，持续改进、持续学习
培训方式	授课、体验式培训、角色模拟、交流研讨等	带教与工作指导	工作实践

（2）实习生职业规划。

管理类：新进实习生→正式员工→主管助理→部门主管→部门经理。

技术类：新进实习生→正式员工→助理工程师→工程师→高级工程师。

（3）实习生前6个月的实习（培训）计划见附件，由人事科长根据各环节的考核指标，组织相关人员对实习生的实习情况进行考核。

6个月实习结束后，根据各部门提报的人员储备需求表，结合实习生的个人职业发展意愿和前6个月的实习考核情况，由人事科长编制后6个月的实习部门及岗位表，报总经理批准。

（4）实习生第7个月以后的实习安排由所在部门主管拟定实习计划并考核，人事科长进行跟踪和监督，并在次月5日前把实习生的上月度实习总结和考核情况汇总，发总经理审阅。

（5）实习生经为期一年的跨部门轮职实习，根据实习期间各阶段的考核与带教老师的评价和实习报告进行综合评定，根据评定结果，人事科长安排其到合适的岗位上岗学习。

六、实习（培训）过程中的效果跟踪和监控

实习（培训）过程中的效果跟踪和监控主要包括实习生与实习（培训）内容的相关性、实习生对实习内容（培训项目）的认知程度、实习（培训）的进程和中间效果，主要由人力资源部培训专员执行，对实习（培训）进行全程监控，保证整个实习过程按照规划进行和及时解决实习过程中出现的问题，将各种影响实习效果的因素记录下来，以便在以后和下一周期中加以改进。

七、实习生考核

实习生考核主要由人力资源部和培训（带教）老师共同完成。考核内容分为培训（实习）后考试、访谈、带教老师评价和实习报告发表四个部分。考核标准根据考核周期前制定的实习（培训）目标和具体的实习（培训）内容所达到的效果确定。考核指标主要针对授课、体验式培训、交流研讨培训内容，实习报告主要针对工作指导、工作实践（考核周期与流程见《实习生培训与管理办法》）。

八、培训师和带教老师的考核与补贴

培训老师对实习生进行培训后，经过人力资源部培训专员调查了解培训效果和实习生对培训老师的评价，决定是否给培训老师补贴。带教老师的补贴是由所带实习生在一个实习阶段结束后的考核结果加上实习生对带教老师的评价，最终决定补贴费用的多少（见《实习生培训与管理办法》）。

附件（略）

编制：　　　　　　　　　　　　审核：　　　　　　　　　　　　批准：

（四）如何评估培训成效

在培训成效评估方面，不同于一般员工的培训活动，实习生在企业的实习是阶段性的且时间较长，实习内容就是实际工作内容。这种融入实际工作的培训活动的评估要特别考虑以下四点：

（1）强调过程性评估，要关注实习生在企业中将理论运用于实践的意识和能力，以及所形成的职业意识和职业态度评价等。

（2）引入结果性评估，要恰当地融入工作业绩考核。

（3）要有一定的评估方式达到筛选实习生的目的，如定期的业务知识考核与实际技能操作测评等。

（4）对于培训课程本身的评估，培训部门应针对实习生的反馈、实习生的心态调查、实习生所在高校的反馈、工作中合作伙伴或客户的反馈等定期检讨与改进。

三、基于证据的HR最佳实践

施耐德电气的星熠培训生计划

人才吸引与人才培养是企业发展的永恒话题。星熠培训生计划作为公司人才计划中的重要一环，挑选并吸纳优秀的年轻人才，培养公司在销售、市场营销、战略、数字化等领域的发展储备人才；以综合素质、成长可塑性、领导力潜力等为考量维度，为公司业务的持续发展搭建坚实的人才梯队。星熠培训生计划是一项面向优秀毕业生的人才快速发展项目，旨在应届生中选拔具有扎实专业能力、商业敏锐度、高发展潜力的优秀人才，提供定制化的轮岗机会，丰富的培训课程，以及专属全程职业发展指导，帮助优秀毕业生以最快的速度成长为行业专家。近年来，可喜地看到，很多从项目中走出的同事已成为公司各个业务领域的中坚力量！

资料来源：http://www.schneidercampus.com/index.php?c=welcome&m=graduates_v2_1.

四、业务决策者的责任

在整个实习生培训与工作项目启动和执行过程中，业务决策者的主要责任如下：

（1）在项目创建与启动阶段，主动与 HR 沟通，盘点所属人才情况，根据业务发展提出各类人员的需求。

（2）在项目需求调查与课程设计阶段，与 HR 商讨需求的可行性并提供有关数据，在课程设计时应 HR 要求提供本部门业务重点与阶段关注点。

（3）在项目执行与评估阶段，主动按有关实习生实习管理制度，给实习生安排合适的培训与工作内容，并记录与反馈实习生的培训与学习情况，给予实习生必要的工作与生活方面的指导与帮助；实习结束，按要求对实习生的实习情况进行考核与评估，并形成汇总报告。

（4）在项目收尾与总结阶段，给出实习生筛选建议与工作分配建议，并给出对此次实习生培训项目安排的意见和建议。

学习小结

<table>
<tr><td>关键能力/技能</td><td>● 掌握实习生培训的基本过程和方法，培养有关具体业务操作技能□
● 掌握培训的实施与评估具体方法，培养将所学融会贯通的能力□</td><td rowspan="3">模块一　校企合作背景下实习生培训
基本知识：实际工作过程与理论学习场景；校企合作与人才培养；培训组织安排与管理过程
问题导学：如何做好项目的创建计划；如何做好培训需求分析；如何设计与实施培训项目；如何评估培训成效</td><td rowspan="3">自我回顾所学，然后：
● 在本书中找到支持“关键能力/技能、核心素养和必备知识”的相关内容
● 对于相关学习目标的掌握程度进行自我评价
● 评价完后请在左边的小方框中打上“√”</td></tr>
<tr><td>核心素养</td><td>● 领悟、培养企业的社会责任感和家国情怀□
● 领悟、培养知行合一的思考与行动态度□</td></tr>
<tr><td>必备知识</td><td>● 了解校企合作的意义与企业对实习生引进与培训的作用□
● 掌握企业对于实习生引进与培训的基本流程□</td></tr>
</table>

看企业实际运作

链家的大学实习生培训

链家与高校的校企合作模式一般是链家班、共建基地、实习就业基地，主要招收链家运营物业顾问（二手房经纪人）。经纪人的主要工作职责是负责二手房买卖、新房销售、租赁、获取房源和客户、为客户匹配合适的房源、带客户看房、促成买卖交易、提供后续服务等。

正式报到后，新人会领到一本《星链创造营——新人成长手册》。

（1）新人任务手册专门为实习生打造培训项目，为期45天。四个阶段近200个小时的课程赋能，不仅关注专业技能，也关注人员素养。培训项目实施线上线下联动学习，全周期引导学习。

培训项目融合多样化手段，即讲师面授＋实践任务＋现场通关。课程全面涵盖行业认知、专业知识、基础业务技能、职业态度与素养、经纪人目标及心态管理（见图III-1-2）。

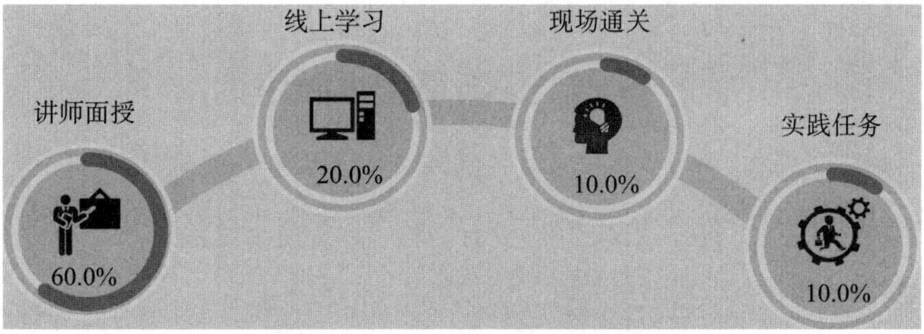

图 III－1－2　链家培训项目

（2）四个阶段的培训课程安排：入门——职前培训；融入——门店实践；连接——衔接培训；延伸——区域实践（见图 III–1–3）。

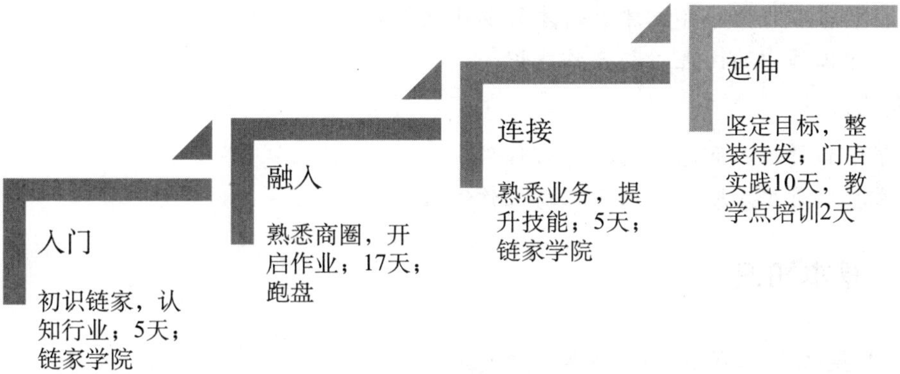

图 III－1－3　链家培训课程阶段安排

1）入门——职前培训。

新人入职前参加 5 天 4 夜的拓展训练，内容包括行业发展介绍、行业礼仪、公司福利、个人发展方向以及一些团队作战的拓展训练等。

目标：初识链家，认知行业。

2）融入——门店实践。

刚办理入职的新人要进行区域实践，由师傅带着熟悉周边的商业圈、楼盘情况，有客户到访时学习如何给客户推荐合适的楼盘，配合线上课程辅导，助力成长。

目标：熟悉商圈，开启作业。

3）连接——衔接培训。

已经入职一段时间的新人，为了提高作业能力，针对目前新人业务专业知识体系进行系统培训。

目标：熟悉业务，提升技能。

4）延伸——区域实践。

为新人举办培训毕业典礼并评优，帮助新人树立目标，坚定信心。

目标：坚定目标，整装待发。

模块二　新员工入职培训

| 学习目标 |

关键能力 / 技能

- 能够制订新员工入职培训计划与方案，培养专业操作技能
- 能够根据企业特点选择培训方法与评估效果，培养分析与判断能力和理论运用于实践能力

核心素养

- 在具体工作中培养爱才、惜才的职业素养和人文精神
- 培养工作中的同理心与合作意识

必备知识

- 了解新员工入职培训的概念与作用
- 掌握新员工入职培训的内容与工作流程

一、基本知识

（一）实际工作过程与理论学习场景

1. 实际工作过程

本模块的实际工作过程如图 III－2－1 所示。

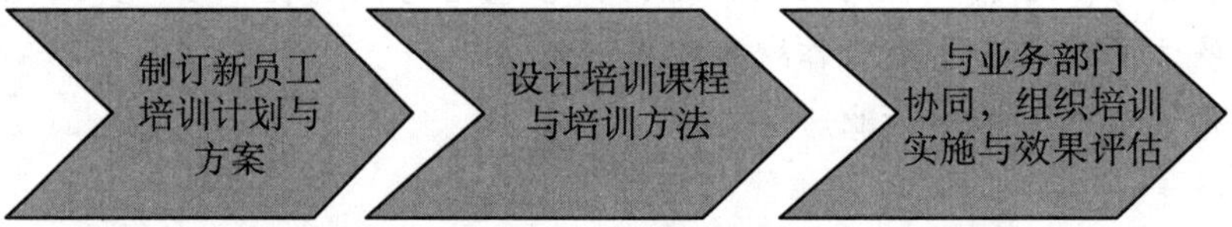

图 III－2－1　实际工作过程

2. 实际工作过程与理论学习场景

本模块的工作过程与学习场景矩阵如表 III－2－1 所示。

表 III－2－1　工作过程与学习场景矩阵

学习场景		工作过程		
		制订新员工培训计划与方案	设计培训课程与培训方法	与业务部门协同，组织培训实施与效果评估
是什么？为什么？	新员工入职培训的概念及其作用	√	√	
	新员工的类型及其特点	√	√	√

续表

学习场景		工作过程		
		制订新员工培训计划与方案	设计培训课程与培训方法	与业务部门协同，组织培训实施与效果评估
是什么？为什么？	新员工入职培训的基本流程	√		√
为谁做？怎么做？	如何做好培训需求分析	√		
	如何设计与实施培训项目		√	√
	如何评估培训成效			√

（二）新员工入职培训的概念及其作用

新员工入职培训是组织对于从外部人才市场引入的人才进行的导向培训活动。

我们要明确两点：

（1）新员工入职培训不是指一次培训活动，而是指从新员工入职到转正即成为正式员工的一系列培训活动。这种培训活动类似企业采购原材料，运用适宜的工具和方法，经过一定的加工和生产流程，通过筛选与评估，制造出一件合格的产品。当然，人不是原材料，人还有主观能动性，"产品"合格与否和"原材料"（员工）自身有很大关系，同时也存在新员工与企业在试用期双向选择的问题。特别是当代劳动者的职业易变性特点，从引才、选才、育才到留才方面来看，给培训与人力资源开发活动带来更大的挑战。

（2）新员工入职培训与岗前培训是有区别的。入职培训更多着重于"人际破冰"，了解企业文化、熟悉人际环境、融入工作团队是重点。对于刚入职的新员工来说，企业的"人际破冰"就是攻心策略，企业文化就是攻心的良方，可以有效"医治"新员工的"纠结病""不信任病"。

新员工入职培训最重要的原则是：在培训中关怀，在关怀中培训。新员工了解与适应新组织的文化氛围和工作环境，才能明确自身的定位，规划自己的职业发展，更好地在工作中发挥自己的强项，取得满意的工作成果；企业则希望引入的人才能快速融入本组织中来，尽快发挥所长，为组织创造价值。

（三）新员工的类型及其特点

（1）新员工一般包括以下三类。

第一类是应届大中专毕业生。这部分人员的特点是没有或很少有工作经验，有冲劲，热情好奇，没有成规束缚，创新意识比较强，学习新的技术和方法比较快。另外，随着"00后"进入企业，他们带来了新的特点，如不看重权威、自主性强、个性化和娱乐精神强、观点独特等，但也有缺乏耐心、韧劲和恒心以及易受挫等缺点。

第二类是有经验的新入职者。这部分人员具有工作经验，掌握一定的专业知识和技能，在文化、工作风格和人际沟通等方面带有原公司的特点。

第三类是组织内转岗、轮岗、晋升等情形下的新到职者。这部分人员是组织的老员工，一般认同组织文化，了解组织的运作。关于该部分人员的培训我们安排在本项目的后面模块学习。

（2）新员工的关注点。一般新员工有如下的心理特点，培训管理者应该了解这些心理特点，以便有针对性地做好培训与管理工作。

1）新的组织、部门对新员工的接纳度。

2）工作环境如何？工作中的上司和其他同事的行事风格是怎样的？

3）公司招聘新员工进来时的有关承诺能兑现吗？

4）进组织前所了解的信息与现实中的落差。

新员工所关注的信息还有其他不同类型的，总之，培训管理者要关注这些信息并有意地在导向培训活动中做好有关设计，消除新员工疑虑，让他们尽快融入团队中来。

（四）新员工入职培训的基本流程

新员工入职培训的基本流程与我们前面所学的一般员工培训基本流程最大的不同是，开始必须融入企业文化、业务总体介绍以及所在部门有关知识方面的内容（见图III－2－2）。

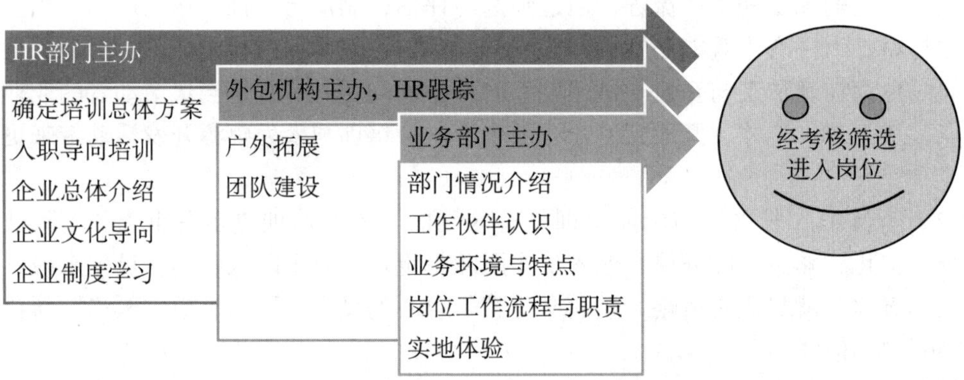

图III－2－2 新员工入职培训的基本流程

（五）新员工入职培训的注意事项

1. 首因效应

培训部门要特别注意新员工入职的“第一天”，让员工在陌生的环境中能放心和舒心。以下是一些有益的经验：

（1）准备一个有仪式感的欢迎仪式。欢迎仪式不是培训活动，轻松、温馨应该是其主基调，可以邀请管理层和老员工一起参与。

（2）在公司内的显著位置（物理空间位置和线上空间位置）拉出欢迎条幅和祝福语。

（3）部门管理者与新员工第一天共进午餐或赠送带有公司标识的纪念品等。

（4）《员工手册》的内容不要只是冷冰冰的奖惩条例的罗列。

（5）指定一位同事对接一名新员工，以帮助新员工愉快和顺利地度过新工作环境的第一天。

HR 部门人员是新员工进入公司认识的“第一人”，他们的职业素养和态度将对新员工产生重要的影响。因此，HR 部门人员要有职业的态度和举止，关心新员工对于新工作环境的适应情况。

2. 行话效应

每个企业都有独特的文化，如“行话”“隐性的规则”等，HR 部门人员应该采用合适的方式将其传递给新员工，让新员工尽快了解公司有关信息，以便更好、更快地融入新工作环境。

［练习与思考］

请阅读案例（http://www.wdxuexi.cn/detail_2015060411160889552171ce134282a58d6c.html），思考：

1. 哪些理论知识支持这一企业的实践？

2. 新员工培训课程线上微课化后，如何评价新员工的学习成效？

二、问题导学

（一）如何做好培训需求分析

我们可以利用三层次法来分析新员工的培训需求。首先，在组织层面主要是行业环境、行业规范、竞争环境等，同时结合企业自身分析，如企业文化、组织机构与规章制度等；其次，是新员工的工作岗位的职责、工作流程、客户关系处理等；最后，是从新员工的特点来考虑。

另外，在培训课程设计之前，对新员工进行一次需求调查也是很有必要的。对于新员工来说，以下三点是培训需求特别要关注的：

（1）希望尽早融入公司和部门团队的期待和热情。

（2）取得成绩、表现出个人能力的欲望比较强烈，希望尽快提升能力以满足工作岗位的需求，体现自己的价值，得到别人的尊重。

（3）希望团队快速接纳自己，获得关怀和尊重。

（二）如何设计与实施培训项目

1. 课程设计与实施

（1）入职导向培训。把握好培训需求后就要着手设计培训课程了。实际上，新员工导向培训课程是一个成熟的项目，一般是定期检讨（如每年检讨）其内容的适应性。一般来讲，培训方式与实施流程是相对稳定的，但培训内容会变化，如业务的更新、市场环境的变化、领导层的变动、制度更新等，培训部门每次培训前必须予以检查、更新。

表 III－2－2 是一个新员工入职培训课程体系示例。

表 III－2－2　新员工入职培训课程体系

课程内容模块	课程项目	培训方式	培训师	学时
文化与组织导入	组织概况	讲解 参观 讲座 观看视频		
	行业与业务			
	组织文化			
	组织制度（包括薪酬、福利、晋升等）			
	企业环境、市场环境、合作伙伴等	参观、走访		
岗位认知	部门介绍	管理者交流 师徒制		
	岗位职责及工作流程			
职业素养	学生到职业人的转变	户外拓展 情景模拟 新老员工交流 高层分享		
	职场新人的人际技能			
	职业心态与合作意识			
工作技能	如何高效完成工作任务	讲解 示范 练习 案例研讨		
	如何处理客户投诉			
	如何管理时间			
自我发展	职业生涯规划与个人发展	讲解 标杆示范 视频 理论学习		
	终身学习			
	应对工作压力			

［练习与思考］

表Ⅲ－2－2的培训课程体系体现新员工的培训需求了吗？试以新员工的特点来讨论。

（2）试用期的培训。经过入职导向培训后，新员工就进入具体业务部门正式的岗位开始工作了。下面对从此时到考核转正这段时间的培训课程内容简述如下。需要说明的是，一般新员工试用期从一个月到六个月不等，对于应届大学毕业生，有的企业将培养期延长到一年甚至更长。这段时间的培训项目开展主要有以下几类：

● 师徒制培训。对于应届大中专毕业生来说，一位负责的、能力强的师傅将是他们更快成长的促进剂。这位师傅可以是直接上司，也可以是公司指定的有经验的专业人士。好的师傅不仅能传授工作方法和工作技能，还能教导新员工养成良好的工作习惯，也能将公司文化的精髓有效地传递给新员工。

● 工作轮岗。通过不同岗位的工作实践，让新员工尝试不同的挑战，以便他们对自己有更好的认识，确定好自己的职业发展方向，业务部门也更有效地使用人才，同时，公司可以从中发现人才，为以后的精准培养打下基础。

● 提供职业生涯咨询服务和职业发展指导。培训项目可以帮助大学生认清自己，发现机会，在努力工作并提升能力为公司做出贡献的同时也找到自己合适的发展方向。

● 建立人才梯队。人才梯队的建立对于公司发展至关重要。人才的培养关系到一个团队、一家公司能走多远以及能走多快，在整个人力资源体系中扮演非常重要的角色，能帮助公司识别人才、培养人才、有效使用人才。

2. 培训方法与组织

新员工培训的方法应该适应当代员工的特点即多样化和有针对性，并且考虑成人学习的特点。如：对于文化类或企业发展类，可以采用讲解、分享、参观、访问、体验或远程视频等；对于职业素养类，可以采用公司高层谈话、新老员工座谈、情景模拟、企业内部案例分享等；对于团队意识和合作精神类，可以采用娱乐化和竞技化的方式、户外拓展等；对于工作技能类，可以采用师徒制、OJT、讲解、示范、演示、线上学习等。

（三）如何评估培训成效

经过上述各阶段的培训，一般来讲，新员工都能逐渐地认可公司，放下疑惑和顾虑，很快地进入工作角色。在实际操作中，一些公司的新员工培训形式、流程和内容都做得比较好，但是最终效果不尽如人意。问题出在哪里？主要原因之一就是新员工培训评估环节出了问题。为此，新员工培训活动的评估要注意以下几点：

（1）“软硬兼施”，既有温情的关怀，也有严格的考核与优胜劣汰机制。

（2）将过程性考核与结果性考核结合起来，在培训中要及时纠偏和辅导，不要“秋后算账”。

（3）评估内容一般可采用柯氏四级评估模型，加强前期的反应层和学习层的评估，后期加强行为层的评估。

具体的评估方法包括：

（1）反应方面的问卷法。着重于评估培训内容的必要性和适合性、是否激发学员学习兴趣、是否符合公司特点，培训方法是否符合新员工特点，培训活动是否高效和经济等。

（2）知识方面的测试法。着重于评估新员工对所培训内容的理解、认可和掌握程度。

（3）技能方面的实操法。着重于评估新员工对所培训的工作技能的掌握程度。

（4）行为方面的观察法、主管（同事）评价法或客户反馈评分法等。着重于评估新员工的工作行为及其工作表现，一般为3～12个月。

（5）态度方面的观察法、主管（同事）评价法或自我总结等。着重于评估新员工对企业文化、行为规范、工作纪律等的理解、遵循、自觉遵守等。

三、基于证据的HR最佳实践

都市丽人：打造标准化销售强军，构建人才培养闭环体系

在都市丽人商学院，培训部门有四种培养模式（70%的人才培养是在岗实操）：新人530、关键岗位369、师徒制和讲师培养。新人530是30天内学习5个岗位课程，学习卖场基本知识。关键岗位369是3个月导购训练计划、6个月助理计划、9个月店长计划。师徒制是发挥师傅的“传、帮、带”作用，提升新人的岗位胜任力。讲师培养则

秉承“用优秀的人培养更优秀的人”的培养理念，推动建设全员学习型组织。

四种培养模式让员工从初出茅庐到身经百战，从基层导购到高层管理，得到全方位、全阶段、个性化的培训和指导，整个闭环从线上到线下，从学习、练习到检测、评价，呈现螺旋上升的进阶之路，为人才的发展打下坚实的基础，对企业发展有重要的意义。

资料来源：http://www.360doc.com/content/20/1221/18/65130804_952712730.shtml.

腾讯公司级新员工培训四通道

腾讯的新员工培训体系依据公司—业务组—部门三级无缝衔接开展，在公司层面分为针对社招、校招、实习生、国际化新员工的四条培养通道。

社招，融入为主

社招新员工本身拥有一定的工作经验，最希望了解腾讯的企业文化、行事及思维方式。腾讯学院在为社招新员工设计培训方案时，重点是帮助其更好地了解和融入腾讯，如设置企业文化、应知应会的制度等相关课程，合计包括 6 门面授课和 6 门网课。

校招，注重角色转化

应届生除了需要了解腾讯之外，还要从学生转变为职场人。腾讯学院为其安排了更多和职场相关的课程，如职业素养以及业务技能等相关课程，合计包括 13 门面授课和 2 门网课。

实习生，确保应知应会

腾讯的实习生群体中有一定的留用比例，虽然不是每位实习生都会成为正式员工，但也要了解应知应会的内容。腾讯学院提供了 3 门网课，帮助实习生在实习期间了解腾讯、避免发生违规行为。实习生被留用后，则成为正式员工，随后参加校招新员工培养。

国际化新员工，解决文化差异

国际化新员工存在语言障碍和文化差异。针对这一特点，腾讯学院重点推出了英文版腾讯企业文化、跨文化差异等相关课程，帮助国际化新员工了解腾讯。

资料来源：https://zhuanlan.zhihu.com/p/309339373.

四、业务决策者的责任

在新员工培训过程中，业务经理都担负着关键的责任，其主要表现如下：

（1）引才需求的分析与判断。

（2）根据本部门的特点，提出培训的具体内容和建议的培训方法。

（3）培训过程中给予培训部门支持，表现在培训操作场地、实习岗位、技术师资等的支持。

（4）培训结业评估方面，对新员工岗位实践实习做出客观公正的评价，及时对新员工做出反馈。

（5）新员工培训后进入实际工作岗位，要给予新员工鼓励与支持，如提供必要的业务指导、给出发展方向的建议等。

学习小结

<table>
<tr><td>关键能力/技能</td><td>● 能够制订新员工入职培训计划与方案，培养专业操作技能□
● 能够根据企业特点选择培训方法与评估效果，培养分析与判断能力和理论运用于实践能力□</td><td rowspan="3">模块二 新员工入职培训
基本知识
- 实际工作过程与理论学习场景
- 新员工入职培训的概念及其作用
- 新员工的类型及其特点
- 新员工入职培训的基本流程
- 新员工入职培训的注意事项
问题导学
- 如何做好培训需求分析
- 如何设计与实施培训项目
- 如何评估培训成效</td><td rowspan="3">自我回顾所学，然后：
● 在本书中找到支持“关键能力/技能、核心素养和必备知识”的相关内容
● 对于相关学习目标的掌握程度进行自我评价
● 评价完后请在左边的小方框中打上“√”</td></tr>
<tr><td>核心素养</td><td>● 在具体工作中培养爱才、惜才的职业素养和人文精神□
● 培养工作中的同理心与合作意识□</td></tr>
<tr><td>必备知识</td><td>● 了解新员工入职培训的概念与作用□
● 掌握新员工入职培训的内容与工作流程□</td></tr>
</table>

看企业实际运作

请阅读 IBM 的新员工培训计划与实施案例，思考并回答问题。

IBM培养“新蓝”——新员工培训

所有的 IBM 新员工都是“新蓝”，包括大学刚毕业就加入 IBM 的“纯蓝”。IBM 的新员工培训一般都在本土进行。

IBM 的新员工培训按照新员工的职属不同分为两类。一类是业务支持员工，主要指行政管理人员（Back-Office）；另一类是销售、市场营销和服务人员（Front-Office），占公司员工的大多数。通过社会招聘的新员工因为有工作经验，进行的培训要比通过校园招聘的新员工精简一些。

1. Back-Office 培训

新进入 IBM 的行政管理人员，要经过两个星期的培训，目的是了解 IBM 的企业文化、政策等概况；之后回到自己的岗位上跟着一名指定的“师傅”边工作边学习，也就是常说的 IBM“师傅徒弟制”，以便新员工边干边学，尽快熟悉工作。

2. Front-Office 培训

新进入 IBM 的销售、市场营销和服务人员，需要先经过三个月的集中强化培训，回到自己的工作岗位之后还要接受 6～9 个月的业务学习。

进入 IBM 的“纯蓝”不会迷茫无助、不受重视。IBM 首先会对他们进行四个月的全面培训，之后会按照职位需要和个人能力把他们分配到 IBM 的相关部门。接着，针对新员工的指导计划会展开，以帮助新员工分享老员工的知识和经验。不仅如此，以“培养 IBM 的未来之星”为目标的“个人发展链”（EDC）将伴随新员工在 IBM 成长、成熟乃至担当大任。

3. 新员工培训之魔鬼训练营

IBM 的入职培训里有一个阶段称为“魔鬼训练营”。

IBM 前资深经理人许正在他的《与大象共舞：向 IBM 学转型》一书中记录了他参加魔鬼训练营的那段日子：

> 参加这个在业界闻名遐迩的培训，的确是一次非同寻常的经历。4 个月时间我只有两次回家探亲的机会，其余时间全部封闭在培训的酒店里。4 个月时间被分为三个阶段。现在回想起来，当时上这样的课程真是一种奢侈。正是这 4 个月封闭式的魔鬼训练打造了我基本的职业素养和职业技能，使我受用终身。
>
> 第一阶段的学习就给了我一个下马威。在连续一周的密集培训中，每堂课都是讲产品知识，因为我在 IT 方面是门外汉，一些专业知识听得云里雾里。最有挑战的是当天讲完的课程第二天早上就要进行考试，成绩低于 70 分就算不及格。
>
> 所有考试的成绩平均下来作为第一阶段的成绩。规则是，所有人的成绩按照高低排名，前 25% 得分为 1，后 25% 得分为 3，中间 50% 得分为 2。在三个阶段里，如果有两个阶段落在后 5% 就要回家。也就是说，如果别人都考了 100 分而我考了 99 分，对不起，排名是后 5%，那也得回家。这其实就是对市场法则的模拟，在市场里没有最强，只有更强，市场不同情弱者。
>
> 第二阶段是解决方案销售培训，历时一周。在这一周里我和大多数同学一样，睡眠时间加起来不超过 10 个小时。第二阶段，顾名思义是让所有参加培训的学员，不论是何种人员都要学会解决方案的销售，这也是 IBM 在郭士纳领导下进行从产品向解决销售转型之后新的培训方式。
>
> 这个阶段最有特点的除了教授解决方案的知识和销售技巧之外，还要做非常多的模拟客户拜访的练习。我们这些学员模拟 IBM 的销售代表，IBM 从公司里请来许多资深的销售人员和经理扮演客户。
>
> 客户拜访要求遵循在课程中学到的拜访客户的流程，包括问话的流程、应对的流程。IBM 的培训要求每个学员拜访客户时遵循一套标准化的方式：一开始与客户建立沟通，做一些客套性的寒暄，然后说明来意，与客户谈起业务问题，了解客户业务中碰到的挑战、困难，发现 IBM 可以在哪些方面帮助客户解决问题；之后通过不断询问、澄清来锁定客户问题，对应地提出 IBM 解决方案和建议。
>
> 在这个阶段中，所有人都体会到了什么是真正的魔鬼训练，这也是所有人体会最深、收获最大的培训阶段。大家知道了什么是团队，懂得了团队的真正意义，懂得了在团队中如何分享彼此的领导能力，如何协作，如何为了团队共同的目标做出妥协让步，同时高质量地完成工作，更懂得了如何在压力下创造出团队的出色业绩。
>
> 我认为，这个出色的课程设计是使 IBM 从过去单纯的产品销售转向解决方案销售，从而在整合资源方面做得比别人更出色的原因之一。
>
> 第三阶段是对前面两个阶段学到的内容的回顾和进一步使用。

4个月的封闭培训使每个人在培训结束时，都会发现自己发生了很大的变化。

IBM有句话，不管你进来的时候是什么颜色，接受完入职培训之后都会变成蓝色。这句话有点像给员工洗脑，让员工对企业的价值观和行事方式形成高度的认同。

入职培训中这些课程的设计，一方面服务于IBM转型的战略目标，将总结出来的最佳销售流程和模式融入其中，同时利用行为科学的实践方法，在4个月的时间里用体验式的学习手段使员工的思考和行为模式得以固化。

IBM通过培训，把新员工塑造成自己想要的样子。参加完这些课程之后，他们真的练就一身打上IBM烙印的“童子功”，成为蓝色IBM真正的一员。

资料来源：https://mp.weixin.qq.com/s/Do7btzFJ25TTFnLWJG3vcg. 有删改。

问题：

（1）上网提前了解IBM成功转型的历史，请思考与其新员工培训课程设计的关系。

（2）在新员工三个阶段的魔鬼训练营中，如果你是其中一分子，你认为最有挑战性的是哪个阶段？为什么？

（3）在IBM的实践中，请找出之前所学的有关理论知识，并分析其应用的适宜性。

模块三　技术和业务培训

| 学习目标 |

关键能力 / 技能

- 能够设计技术和业务培训方案，培养动手实操技能
- 能够根据各类人员的特点选择不同的培训方法，培养理论运用于实践的能力
- 能够运用所学知识分析企业案例，培养分析与数据收集能力、逻辑判断能力

核心素养

- 培养关注技术和专业发展的前瞻性思维
- 培养服务一线、服务业务的服务意识和精益求精的工匠精神
- 培养爱惜人才、尊重人才、发展人才的人文意识

必备知识

- 了解技术和业务培训的分类及其特点
- 掌握技术和业务培训的主要课程内容与培训方法

一、基本知识

（一）实际工作过程与理论学习场景

1. 实际工作过程

本模块的实际工作过程如图 III－3－1 所示。

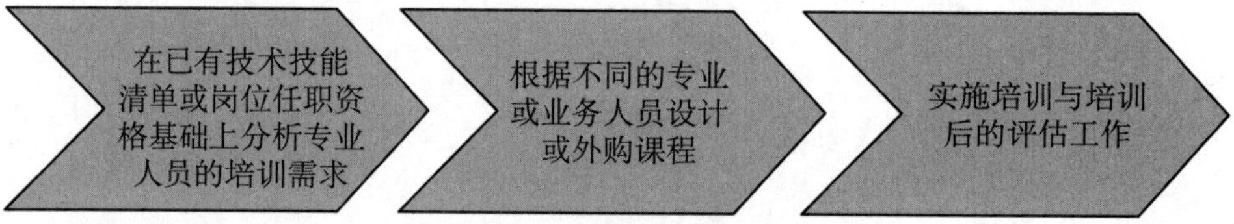

图 III－3－1　实际工作过程

2. 实际工作过程与理论学习场景

本模块的工作过程与学习场景矩阵如表 III－3－1 所示。

表 III－3－1　工作过程与学习场景矩阵

<table>
<tr><th colspan="2" rowspan="2">学习场景</th><th colspan="3">工作过程</th></tr>
<tr><th>在已有技术技能清单或岗位任职资格基础上分析专业人员的培训需求</th><th>根据不同的专业或业务人员设计或外购课程</th><th>实施培训与培训后的评估工作</th></tr>
<tr><td rowspan="2">是什么？为什么？</td><td>技术业务人员培训的类型及内容特点</td><td>√</td><td>√</td><td></td></tr>
<tr><td>专业技术培训与国家职业技能资格</td><td>√</td><td></td><td></td></tr>
<tr><td rowspan="3">为谁做？怎么做？</td><td>如何做好各类专业人员培训的需求分析</td><td>√</td><td></td><td></td></tr>
<tr><td>如何做好各类专业人员培训的课程设计和培训方法选择</td><td></td><td>√</td><td></td></tr>
<tr><td>如何评估各类人员的培训效果</td><td></td><td></td><td>√</td></tr>
</table>

（二）技术业务人员培训的类型及内容特点

请阅读以下访谈内容。

世界经理人：从中国制造业的现状出发，传统制造企业应该怎样开展数字化转型？从战略布局、技术研发和人才管理层面分别要做哪些考量？

钱志新（江苏沿海开发研究院首席专家）：企业数字化有两大痛点——线上缺数据，线下缺人才。解决数据问题，重点是建立企业数据大脑，实现数据的大集中、大协同、大共享。解决人才问题，重点是提高企业领导的“数商”，引进数字人才，对现有专业人员和其他员工进行全员培训，大力度增强数字素养和数据技能。

韩旭（AI 工业视觉专家）：智能制造，与其说替代人类，不如说服务人类。比如使用协作机器人的工厂的工人幸福指数就显著提高了。企业升级智能制造机器和人不是对立的，应该是相辅相成的，数字化转型也会倒逼人才结构的升级。企业的新价值＝（生产能力＋市场能力＋研发能力）× 数字能力。

问题：

（1）你能总结、提炼出什么结论？

（2）文中提到“人才结构的升级”，你认为什么是人才结构？升级的内容是什么？如何升级？

1. 培训的类型及其作用

“终身之计，莫如树人”（《管子 · 权修》）。组织要确保人才满足市场竞争与业务发展的需要，必须不断更新和提高员工的知识、技能和综合素养。专业技术人员是指在企业或事业单位从事专业技术工作的技术人员以及技术管理人员。对于企业来说，专业技术人员是研发产品、技术管理、工程管理等的核心力量，及时让他们更新知识、提升专业技能是企业技术进步与创新、市场竞争、持续发展的重要保证之一，同时也是培养归属感、育才、留才的措施之一。

技术和业务人员的培训是指组织对从事专业技术和职能管理工作人员的培训。

（1）培训分类。从培训人员的工作特点考虑，一般可分为生产人员、销售人员、技术人员、职能人员四大类。从培训是否脱离工作岗位考虑，可分为在岗培训与脱岗培训。

（2）培训重点。专业技术人员的培训要着力培养科研能力、创新能力、技术预见能力等；职能人员的培训要着力培养业务能力、沟通与协调能力、服务意识等。

（3）职业阶梯。企业对专业技术人员的培训，除了应给他们及时提供满足岗位所需和体现技术进步的技术技能外，同时也应结合他们的职业发展建立专业人员的职业发展阶梯，为他们在职业发展方面提供培训机会。一般专业技术人员的职业发展方向有项目经理、行业资深技术专家、技术领导、售前售后技术人员、管理层等。

2. 各类人员培训的主要内容

人员培训主要可以围绕 KSAC 四个方面的内容来设计课程。

（1）生产人员。主要有：

- 生产技术有关的知识。
- 操作技术与设备管理。
- 质量与品质意识和品控、质检、流程优化、成本控制等有关技能。
- 安全操作、生产技术与意识。
- 认真、负责、精益求精的工匠精神等。

（2）销售人员。主要有：

- 销售技能与市场分析。
- 抗压能力与应变能力。
- 沟通和表达能力、销售礼仪与说服技巧。
- 产品知识与生产流程。
- 自我激励、同理心、服务意识等。

（3）技术人员。主要有：

- 专业技术技能与知识。
- 操作技能与科研能力。
- 创新能力与行业技术前沿知识。
- 品质管理与安全管理。
- 产品开发等。

（4）职能人员。主要有：

- 业务知识。
- 业务技能与能力。
- 职能方面的分析与判断力。
- 人际处理与协调能力。

- 服务意识与团队协作等。

表 III－3－2 是一个食品安全管理人员培训课程设计示例。

表 III－3－2　食品安全管理人员培训课程设计示例

餐饮单位食品安全管理人员网络培训课程

食品安全法律法规明确要求餐饮服务提供者应配备食品安全管理人员，并进行每年 40 学时的培训。食品安全管理人员对业务的理解和掌握程度决定了本单位食品安全管理的水平。为进一步提升其业务能力，国家药品监督管理局高级研修学院依据相关培训考核大纲，针对餐饮行业食品安全管理人员设计了“餐饮单位食品安全管理人员网络培训课程”。

一、培训对象

餐饮单位食品安全管理人员。

二、培训内容

培训内容由以下三个模块组成。

（一）第一模块 餐饮经营食品安全法律法规

（1）餐饮经营食品安全法律法规概述；

（2）餐饮服务提供者应承担的具体法律义务；

（3）食品经营许可与审查；

（4）食品安全现场监督检查；

（5）餐饮服务食品安全法律责任。

（二）第二模块 餐饮行业食品安全基础知识

（1）食源性疾病与食物中毒；

（2）食品生物性危害及防控原则；

（3）食品化学性危害及防控原则。

（三）第三模块 餐饮单位食品安全管理

1. 食品安全管理机构与管理人员

（1）配备要求；

（2）管理机构与管理人员的职责要求。

2. 食品安全管理程序

3. 人员管理

（1）个人卫生；

（2）手部清洁。

4. 设备设施管理

5. 过程控制

（1）进货查验管理；

（2）温度控制管理；

（3）交叉污染预防；

（4）清洁消毒管理；

（5）病媒控制；

（6）清洁区食品安全操作管理。

三、培训时间

常年举办。

资料来源：http://www.cfdaied.com/cms/decription.htm？ page.searchItem.classId=ff80808167f9577201680c9ce375124b&page.searchItem.projectId=1&page.searchItem.className=%25E9%25A4%2590%25E9%25A5%25AE%25E4%25BC%2581%25E4%25B8%259A%25E9%25A3%259F%25E5%2593%2581%25E5%25AE%2589%25E5%2585%25A8%25E7%25AE%25A1%25E7%2590%2586%25E4%25BA%25BA%25E5%2591%2598%25E5%259F%25B9%25E8%25AE%25AD%25E8%25AF%25BE%25E7%25A8%258B%25E2%2580%2594%25E8%25BF%2587%25E7%25A8%258B%25E6%258E%25A7%25E5%2588%25B6&page.searchItem.curPage=1.

（三）专业技术培训与国家职业资格

《国家职业资格目录（2021 年版）》共有 72 项职业资格。国家每年举办专业技术人员职业资格考试，广大专业技术人员通过参加职业资格考试取得相应的证书，以表明具有某方面的专业技能。企业在招聘引进人才时，拥有职业资格证书的人才将具有很大的竞争力，一些职业资格证书还是岗位入职的必备条件。企业也可以根据自身的情况，要求或建议专业人员考取相应的职业资格证书。

一般情况下，一方面，企业要求专业技能岗位人员应具有相应的职业资格证书，会建立相应的激励机制鼓励员工在职进修和考取职业资格证书，为员工提供一定的资助；另一方面，企业会不间断地为员工提供继续教育或专业技能培训，以保证专业人员的技能紧跟技术的发展。

华为发布1+X证书配套教材 面向中国院校培养复合型技术技能人才

2020 年 6 月 21 日华为正式发布 1+X 证书的《网络系统建设与运维职业技能等级标准》《智能计算平台应用开发职业技能等级标准》等 6 本配套教材，这些教材将在全国出版发行，助力中国院校培养复合型技术技能人才。华为将结合两项 X 证书培养超过 2 000 名教师、60 000 多名学生。

为贯彻落实教育部等部门联合印发的《关于在院校实施“学历证书 + 若干职业技能等级证书”制度试点方案》（简称 1+X 证书）文件精神，华为积极参与国家 1+X 证书试点工作，2020 年成为职业教育培训评价组织，所申请的《网络系统建设与运维职业技能等级标准》《智能计算平台应用开发职业技能等级标准》被批准参与 1+X 证书制度试点工作。

资料来源：https://www.huawei.com/cn/news/2020/6/huawei-1x-ict-academy.

二、问题导学

质量控制始于培训，终于培训。

在全面质量控制中，首要的是关注人才的质量，培养高质量的人才永远是全面质量控制的根本所在。一家公司能打造出高质量的人才，离生产出优质的产品就只有一步之遥了。

——今井正明（Masaaki Imai）

（一）如何做好各类专业人员培训的需求分析

专业技术人员和业务人员的培训需求可以从以下几方面考虑。

1. 组织发展分析

（1）明确的组织目标对组织的发展起着方向指引的作用，也决定着培训与人力资源开发活动的重点与方向。例如，一家公司的组织目标之一是提高供应链的效率，那么培训与人力资源开发活动就要支持这一组织目标。

（2）组织文化与组织环境也对培训与人力资源开发活动起着重要的作用。

（3）技术前瞻性分析。随着产品迭代和技术创新速度的加快，组织必须做好充足的准备和规划，其中之一就是对专业人员前沿性技术和专业知识培训项目的及时规划与实施。

2. 岗位要求分析

岗位要求分析是对岗位在能力、技能标准和职业素养、态度等方面的培训需求分析，有的企业以岗位说明书中的任职资格条件为基础，有的企业以技术人员能力模型为基础。

3. 个体情况分析

个体情况分析主要是分析个体现有状况与应有状况之间的差距，可以通过定期或不定期的绩效考核得出。

4. 职业发展分析

（1）对于专业人员的个人发展需求，除了可以查阅 HR 部门的有关记录资料外，还可以采用开座谈会、访谈等形式来获取信息。

（2）企业可以有针对性地进行职业发展咨询、职业倾向调查与测评等活动，有选择、有计划地开展专业人员的重点培养与职业规划工作。

5. 其他方面分析

（1）属“合规性”的培训需求，如政府主管机构新出台的专业技术或技术监管方面的法规法令等。培训管理者应敏锐地了解相关信息，与业务主管部门加强沟通，一起高效地安排类似的培训，保证专业技术操作或业务运作的合规性。

（2）专业技术职业资格认证的培训需求。一些专业岗位对职业（执业）资格具有“门槛”条件的要求，组织应做好这方面的培训计划。职业（执业）资格对于有些岗位来说甚至是对外承接业务的必备条件，如项目经理、审计等专业技术岗位。

［练习与思考］

请阅读网页内容（中国商业联合会发布《直播营销服务规范》，https://baijiahao.baidu.com/s？ id=1676272013466618425&wfr=spider&for=pc.），从“合规性”培训需求分析来看，如何提炼培训需求？

（二）如何做好各类专业人员培训的课程设计和培训方法选择

（1）建立健全岗位技能任职体系、岗位技能图谱和职业发展阶梯等组织的基础制度体系。有关内容已在前述项目有所讨论，在此不再赘述。

需要指出的是，培训与人力资源开发部门应紧密关注技术和业务前沿，有效进行技术知识体系的动态化管理，不断更新岗位知识体系，保持岗位知识的动态性，保持岗位员工的技术领先性。

（2）专业人员培训课程设计的重点。一是合理、完整的知识结构，包括企业知识、产品知识、行业知识、专业知识和基础技术管理知识等；二是专业技术与技能；三是职业素养和职业态度；四是企业文化、学习力的培养以及创意思维和创新力等。

（3）根据专业人员和职能业务的特点以及培训目标、内容来选择培训方法。对于专业人员来说，一是工作场所或模拟场景的实操训练特别重要；二是对新手的师徒制培训很有效；三是安排一段时间甚至脱产的正规学习，目前 MOOC 形式、企业开发的微课等提供了很方便的补充知识的方式；四是利用标杆学习法，如同行学习、访问参观、专业技术讲座等。

[练习与思考]

请了解当前企业数字化培训新方式，思考新时代企业培训与人力资源开发部门所面对的挑战有哪些。

（三）如何评估各类人员的培训效果

一般对于技术与业务人员的培训效果评估可以从以下几方面开展：

（1）对培训师和培训组织的评估。

（2）对培训课程设计的评估。

（3）对于学员学习成果的评估。

（4）对于整个培训项目的评估，包括预算费用的使用等。

表 III－3－3 是对某网店业务人员参加"客户询单转化"课程培训后的评估——通过实地观察法评估培训效果。从这位业务人员与客户的聊天记录来观察，业务人员已经用到了一些沟通技巧，说明培训是有效的。要评估一门培训课程的效果，就要用我们之前所学的有关知识进行全面分析。

表 III－3－3　观察法示例

对客服工作表现的评估——实地观察法
客户：有 5 岁女孩穿的粉色裙子吗？ 客服：您可以看看我们这款小公主裙，它卖得非常好呢，质地柔软，采用天然纤维，细腻亲肤。 客户：几件套？ 客服：两件套，里边的小衫和外边的小裙子容易穿和脱。 客户：还有优惠吗？ 客服：您好，我们是 ×× 厂家直营店，都是微利出售的哦，绝对保证正品，还有质量保证，不议价的哦。麻烦您理解哦！ 客户：不要整套，我只要外边的小裙子，多少钱？ 客服：我们都是整套卖的呢，没有单卖裙子哦。 客户：（不满意的表情）。 客服：整套穿起来才漂亮，又显得洋气，我们宝宝的皮肤娇嫩，所以选择好的贴身衣物非常重要，穿得也舒服踏实。买一套可以送您一张 5 元优惠券，您下次就可以使用了哦。 客户：再少点，拍下。 客服：不好意思，目前价格已经非常低了哦！质量好比什么都重要呢。 客户：发哪个快递？（成交）

三、基于证据的HR最佳实践

随着商业竞争的日益激烈，商业技术秘密等作为企业所拥有的独特资源，在商业竞争中越来越显现出其价值，企业也加强了此方面的管控力度。如 HR 部门与参加重要技术培训的专业人员签订“竞业避止”的协议，开展相关员工的培训与教育，同时加强企业文化建设和不断更新激励制度等。

为达到保护商业技术秘密的目的，企业应告知下列人员负有保护商业技术秘密的义务并与其签订保密协议：

（1）高级研究、产品设计开发人员及相关售前售后技术人员。

（2）关键岗位的技术员工。

（3）营销人员。

（4）数据、档案、信息管理人员。

（5）财会人员、秘书。

联想原副总裁跳槽小米裁决出炉，竞业限制补偿对跳槽离职员工到底有多大约束力

2020 年 10 月 10 日上午北京市海淀区劳动人事争议仲裁委员会对联想原副总裁跳槽小米一事做出裁决：要求其继续履行竞业限制义务，因违反竞业限制需支付违约金 525 万元，并返还联想此前支付的竞业限制补偿金。

跟员工入职签署保密协议不同的是，竞业限制是用人单位和知悉本单位商业秘密或者其他对本单位经营有重大影响的劳动者，在终止或解除劳动合同后的一定期限内不得在生产同类产品、经营同类业务或有其他竞争关系的用人单位任职，也不得自己生产与原单位有竞争关系的同类产品或经营同类业务。

原单位在愿意支付竞业限制补偿金的情况下，员工离开原单位后不能到同类企业工作。如果签了竞业限制协议，原单位不愿意支付竞业限制补偿金，这种协议的签署形同虚设。目前诸多企业对商业秘密的保护意识淡薄。

资料来源：https://www.zhihu.com/question/425024149.

四、业务决策者的责任

请阅读以下案例。

抖音训练营

1. 双班主任制度合力运营

抖音训练营共设置了两位班主任：一位来自产险部门，主要负责报名、组织、协调业务部门老师和项目运营等；一位来自阳光大学，主要负责整个训练营的设计、运营和实施。二者协调配合，共同助力整个项目稳健运行。

2. 三类导师倾囊相授

该项目采用了业务导师 + 内部导师 + 外部导师的形式。

业务导师：主要从产品方面为学员指引方向，在培训过程中帮助学员在创作作品时不偏离产品内容。

内部导师：来自阳光大学，主要负责开发抖音相关课程，如剪辑教程、影视制作基础等。

外部导师：负责专业的技术培训，通过直播课程为学员讲解短视频制作的要点，并对学员的作业进行点评讲解。

三者协调配合，为学员提供完善的学习培训。

资料来源：https://mp.weixin.qq.com/s/ykoUtoXCM49qpJWFcdBXxA.

问题：在此案例中，业务部门应负哪些责任？写下你的答案，并与他人互相对照，为什么你们的答案不一样？

我的总结：

1.

2.

3.

学习小结

<table>
<tr>
<td>关键能力/技能</td>
<td>● 能够设计技术和业务培训方案，培养动手实操技能□
● 能够根据各类人员的特点选择不同的培训方法，培养理论运用于实践的能力□
● 能够运用所学知识分析企业案例，培养分析与数据收集能力、逻辑判断能力□</td>
<td rowspan="3">模块三　技术和业务培训
基本知识
实际工作过程与理论学习场景
技术业务人员培训的类型及内容特点
专业技术培训与国家职业技能资格
问题导学
如何做好各类专业人员培训的需求分析
如何做好各类专业人员培训的课程设计和培训方法选择
如何评估各类人员的培训效果</td>
<td rowspan="3">自我回顾所学，然后：
● 在本书中找到支持“关键能力/技能、核心素养和必备知识”的相关内容
● 对于相关学习目标的掌握程度进行自我评价
● 评价完后请在左边的小方框中打上“√”</td>
</tr>
<tr>
<td>核心素养</td>
<td>● 培养关注技术和专业发展的前瞻性思维□
● 培养服务一线、服务业务的服务意识和精益求精的工匠精神□
● 培养爱惜人才、尊重人才、发展人才的人文意识□</td>
</tr>
<tr>
<td>必备知识</td>
<td>● 了解技术和业务培训的分类及其特点□
● 掌握技术和业务培训的主要课程内容与培训方法□</td>
</tr>
</table>

看企业实际运作

“机器换人”下的技能人才培养：新挑战、新机遇、新高地

近年来“机器换人”渐成风潮，推动工业生产方式由“制造”向“智造”转变。企业通过“机器换人”提高了生产效率，但也带来了技能人才缺口问题。“机器换人”使企业对普工的需求减少，对技工的需求进一步上升，这为以培养技能人才为主的技工院校带来新一轮机遇。

“机器换人”提高生产效率

在以传统制造业为主的江苏苏州，据当地政府统计，有“机器换人”现象的企业，

2016年平均每家减少用工近100人，单位成本平均下降5%。

安固电器有限公司是“机器换人”的代表企业。公司从2005年最多时的890余名工人，经过“机器换人”，现全厂仅有140多名工人。

在公司生产车间，流水线上的机械手臂正按部就班地进行生产操作。“这里的‘机器换人’主要替代的是排片工人。”在这家以生产马达配件、电动工具为主的公司中，手工生产马达上的金属片占了原来用工的绝大部分。“原有的工人一天能生产600个零件，现在机械手臂一天可以生产3 600个，抵上6名工人不说，还减少了企业用工的生活成本等其他开销。”

安固电器有限公司内部统计的最新设备表也显示，通过使用机器替代人工，公司生产效率仅2016年第四季度便提高13%，废品率从1%下降到0.3%，经济效益从每人每月4 500元上升到7 000元。

在企业的生产过程中，用自动化、智能化的设备替代繁重的人工操作，毫无疑问能提高企业生产效率，推动产业升级。随着我国人口红利逐渐消失，人口成本上升，很多企业之所以要用“机器换人”，一定程度上是为了解决招工难的问题，节省人力成本。

在浙江工业大学的一次“机器换人”动因调查中，89%的企业把“用工成本高”列为开展“机器换人”的首要原因，其中超7成企业认为招工难度逐渐增大，近6成企业的招聘是针对人才流失进行补员。可见，“机器换人”已成为这些企业化解用工难题、增效减员的现实选择。

“机器换人”带来技能人才缺口

“机器换人”既能缓解用工压力，降低管理成本，也能提升生产效率。随着越来越多的企业采用“机器换人”，是否会对工人就业产生影响？

时任苏州市劳动就业管理服务中心主任俞晓峰认为，“机器换人”对现阶段就业产生的影响较小。“首先，当前‘机器换人’的投资成本较大，只适用于规模大、投资多的企业；其次，在某些代加工企业，由于产品技术、工艺更新快，‘机械手’的通用性有待提升。对很多企业来说，这个订单需要机器，很可能下个订单就不需要了。”俞晓峰说。

苏州市劳动就业管理服务中心春节前对1 000家企业的用工需求调查显示，由于“机器换人”减少用工1 000人以上的企业仅两家，均为万人以上的大型电子企业。

“电子商务、金融、通信等行业吸纳了‘机器换人’产生的一部分缺口。”时任人社部劳动科学研究所所长郑东亮表示，随着第三产业就业比重逐渐增长，调整的就业结构也能填补由“机器换人”所产生的缺口。

时任中国就业促进会原副会长陈宇则表示，“机器换人”将带来一部分新岗位需求。“现在的机器包括智能机器，一般仍需要大量的维护和管理人员，机器的出现虽然消灭了一些岗位，但也带来了一些新的岗位。”他说：“不过，这些岗位对员工的综合素质要求也会比较高。所以提高员工素质、技能，加强新型岗位培训，是当务之急。”

陈宇所说的新岗位需求集中体现在能操控机器、管理机器的技能人才上。据统计，2016年苏州市企业技能人才需求缺口为21%，尤其是对取得国家职业资格证书的技能人才需求高达7成。

“‘机器换人’后，我们对普工的需求下降了，对技工的需求上升了很多，现在招聘技工是个大问题。”在谈到“机器换人”的影响时，中磊电子（苏州）有限公司有关负责人说，“机器换人”提升了企业对劳动者的技能要求。“技工招聘现在处于‘有价无市’的状态，在工资上，普通工人月薪4 000元左右，技术工人月薪6 000元起。即便技术工人月薪高，但现在招聘技术工人依旧有难度。”

校企合作或破解难题

2016年8月苏州市劳动就业管理服务中心对企业所做的技能人才需求调查显示，技能人才占企业员工总数的25%，目前有近76%的企业都存在技能人才需求。俞晓峰介绍，从具体工种上看，智能设备技术员、操作员需求大量涌现，占总量的10%。

“随着企业转型升级和企业技术手段的革新，智能设备、信息软件等新兴工种对技能人才的需求呈旺盛趋势，特别是智能生产设备相关操控、维护人员需求量极大。”俞晓峰表示，有不少企业动辄花上百万元购买机器，却苦于没有能够操作的工人。

调查显示，37%的企业培养技能人才通过内部培训，16%的企业建有稳定的技能人才基地，但目前还是难以填补技能人才缺口。

“与全国各地技工院校进行校企合作是一个理想的方式。”余荣连说，自2011年起其所在公司先后与云南、贵州等地的技工院校开展合作，培养订单式人才，取得了一定效果。“这类人才很吃香，来到公司半年时间就能熟悉全部流程上岗了，通过内部培训的技术工则需要2～3年。”

在苏州，80%以上专业已与企业建立紧密型校企合作关系，以高技能人才为培养目标的高级工班比例占总招生人数的60%以上。谢建明表示，与苏州及邻近地区技工院校进行校企合作只限于规模大、需求多的企业。这些企业有充足的资金和完备的用工环境，学生的认可度和满意度会更高，加上学生希望留在本地工作，报名的人数自然也更多。“员工较少、需求较小的企业，一般采取对外招聘的方式引进技能人才。虽然不是每年都有需求，但我们也希望同技工院校建立合作关系，开展短期的技能人才培训班。”

俞晓峰认为，企业没有大量的技能人才，实现转型升级、提质增效是难以想象的。“目前仍有相当多的企业对技能人才有一定的需求，我们也将着力搭建更多的交流合作平台。”他欢迎有合作意向的学校主动与该部门联系，实现一举多赢。

资料来源：中国劳动保障报，2017－02－23. http://www.clssn.com/.

模块四　管理者培训与开发

| 学习目标 |

关键能力 / 技能

- 掌握培训管理者管理基本技能的方法
- 掌握培养管理者领导力的方法
- 能够运用理论知识分析具体案例，培养分析与判断力、批判思维
- 能够通过案例学习、方案设计等培养动手设计技能、写作与表达技能

核心素养

- 培养国际化视野和协同思维
- 培养作为管理者的民族情怀与自强不息的民族精神
- 培养作为管理者领悟提升综合管理技能和领导力的重要性

必备知识

- 了解管理与领导的不同含义
- 理解管理者培训与领导力培养的具体内涵
- 掌握管理者培训与开发的基本流程与方法

一、基本知识

（一）实际工作过程与理论学习场景

1. 实际工作过程

本模块的实际工作过程如图 III－4－1 所示。

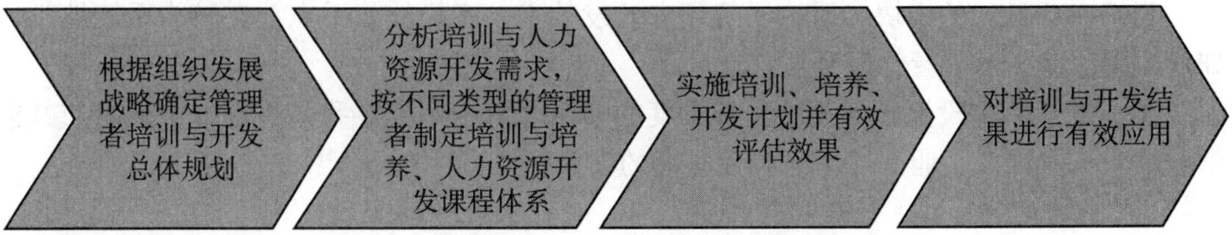

图 III－4－1　实际工作过程

2. 实际工作过程与理论学习场景

本模块的工作过程与学习场景矩阵如表 III－4－1 所示。

表 III－4－1　工作过程与学习场景矩阵

学习场景		工作过程			
		根据组织发展战略确定管理者培训与开发总体规划	分析培训与人力资源开发需求，按不同类型的管理者制定培训与培养、人力资源开发课程体系	实施培训、培养、开发计划并有效评估效果	对培训与开发结果进行有效应用
是什么？为什么？	管理者素质培养与开发的类型及其作用	√	√		
	管理者素质培养与开发的基本流程		√		
	管理者素质培养与开发的主要内容		√		
	管理、领导与决策的当前及未来的挑战	√			
为谁做？怎么做？	如何做好管理者素质培养与开发的需求分析		√		
	如何做好管理者素质培养与开发的课程设计与方法选择			√	
	如何评估管理者素质培养与开发的效果			√	√

我们在项目二的模块二讨论了管理者开发技术。本模块将重点放在较为系统地学习如何运用这些技术进行管理开发。

在正式开始这段精彩、关键又有难度的学习之前，请先让我们进行一下热身，共同学习两个行业标杆企业——华为和亚马逊的案例。

案例一　华为的数字化领导力培训

汲取全球智慧，立足华为实践，提升客户数字化领导力。

针对行业数字化转型面临的挑战，我们萃取业界成功经验和华为实践经验，形成数字化领导力三大能力域：

- 商业洞察力——拓宽视野，增强信心。
- 战略执行力——战略落地，快速执行。
- 组织协同力——激活组织，协同创新。

帮助中高层管理者提升转型制胜信心，助力转型战略落地，促进组织活力提升。

资料来源：https://e.huawei.com/cn/talent/#/corporate/leader-training.

案例二　贝索斯的逆向工作法

2020年BrandZ最具价值全球品牌100强榜单显示，亚马逊捍卫了自己全球最具价值品牌的宝座，其品牌价值上升了32%，增至4 159亿美元。亚马逊的品牌价值曾一年增长了近1 000亿美元，相当于全球品牌100强总价值增长的1/3。在创立后的近20年里从线上销售图书起家的亚马逊，不断进军音乐、云存储、内容制作等新领域，这些尝试看似随意，实则都有一个共同的目标，那就是一切从顾客的需求出发。这种逆向工作法（work backwards）模式不同于技能导向法（skills-forward），在后一种做法中，个人或企业往往会根据现有的技术和能力来决定下一步动作。

贝索斯在2008年致股东的一封信中写道："最终，现有的技能都将过时。'逆向工作法'要求我们必须探索新技能并加以磨炼，永远不会在意迈出第一步时的那种不适与尴尬。"

贝索斯还将这种逻辑应用到他的个人生活中，每当他不得不做出重大决策时，他常常会以这种方式来思考问题，假设自己80岁高龄时，对这个选择是一种什么样的态度。

贝索斯告诉《连线》杂志，当他在考虑是否辞职创办亚马逊时，害怕因错失互联网机遇而后悔不已的心理最终促使他做出了抉择："我会对离开华尔街后悔吗？不会。我会对因为没有抓住互联网迅猛发展的大好机遇而后悔吗？是的。"

资料来源：https://zhuanlan.zhihu.com/p/146660464，并综合网络资源。

请思考以下问题：

（1）企业为什么要加强管理者领导力的培养。

（2）你认为管理者的管理技能与管理者的领导能力是一回事吗？为什么？

（3）华为的领导力三大能力域源自哪里？

（4）针对华为的领导力三大能力域，如果你是华为的培训总监，如何将此落地执行？

（5）你认为企业创办者（如案例中的贝索斯）的思想可否作为管理者培训需求的来源？为什么？

（6）如果你同意第5点的说法，并且你是亚马逊的培训总监，将如何提炼出这一管理者培训需求并执行到位？

（二）管理者素质培养与开发的类型及其作用

1. 管理者素质培养与开发的类型

（1）管理培训生。管理培训生项目一般是大型企业从应届大学毕业生或具有1～3年有经验者中选拔、培养企业中高层管理者的人才储备项目。

（2）基层管理者。基层管理者一般是指组织中在生产、销售、营运一线负责具体执行任务的管理人员，对应主管、班组长、领班等，其管理水平直接影响员工积极性的发挥和管理效果的呈现。

（3）中层管理者。中层管理者一般是指在组织中承担战略目标任务组织、计划、实施、监督的管理人员，是组织中的“腰部”中坚力量，是组织战略落地的关键人员，对应高级主管、经理或高级经理层次的管理人员等。

（4）高层管理者。高层管理者具有广阔的视野和深度的洞察力，从高处把握国内外环境形势，具有全局眼光，对组织的中长期战略目标做出规划、决策。高层管理者的培养与开发是针对组织内现任高级管理人员或具有提升潜质的管理人员，对应总监及以上级别的管理人员等。

（5）接班人计划。接班人计划是组织实施以中高层关键岗位的接替为目标的筛选、培养高潜能人才的一揽子计划。需要注意的是，在组织双通道人才发展阶梯或多通道人才发展阶梯中，接班人计划中的潜质人员不一定仅按各通道纵向发展，也有可能斜向发展或跳跃、交叉发展。

比如，华为在管理 HRBP 的过程中，从业务部门转入了一批业务主管加入 HRBP 队伍。HRBP 对业务有更多的理解，加上专业 HR 的合作，二者形成懂业务 + 懂 HR 专业的团队作战模式，非常有效。

企业在制订管理者素质培养与开发方案时，一般主要针对以上人员实施。不同层次的管理者对于管理技能的要求有所侧重。哈佛大学研究得出各级管理者技能的最优组合（见表 III－4－2）。

表 III－4－2　各级管理者技能的最优组合（%）

	专业（技术）技能	人际技能	概念技能
高层管理者	17.9	39.4	42.7
中层管理者	22.8	42.4	34.8
基层管理者	50.3	37.7	12.0

其中，专业（技术）技能是指对生产产品或提供服务的特定知识、程序、流程和工具的理解与掌握、运用。人际技能是指在组织中建立人际关系并作为群体的一员有效工作的能力。概念技能是指从整体把握组织的目标和方向，洞察组织与环境的相互关系的能力。这项研究可以给管理者培训与开发项目设计提供指导。

2. 管理者素质培养与开发的作用

人力资源的素质特别是管理者素质的培养与提升，是企业取得和保持竞争优势，实现自身战略目标的关键因素之一，管理者素质的高低直接决定组织活动的成败。

管理者素质培养与开发是组织有计划、有目的地为现有管理者或潜在管理者提供学习、成长和发展的机会，以建立一支高素质的管理人才梯队的一系列管理过程。管理者素质培养与开发的最终目的是提升组织的核心竞争力和组织的战略绩效，其作用主要体现在以下方面：

（1）通过培训管理者所需的技能，增强他们管理业务、激励下属的能力，提升他们的工作效率和团队工作效能。

（2）为组织培养高素质人才，保证组织发展所需的管理人才和合适的管理接班人。

（3）鼓励管理者不断学习，提升自身价值，在为组织创造价值的同时实现自身的职业发展。

（4）是留住人才的重要手段。

（5）在组织中倡导积极进取、不断学习、关注员工成长的企业文化。另外，各级管理者既是培训者又可能是被培训者，管理者受益于培训与人力资源开发活动，他又将这种行为传递给他的下属，会更多地支持培训与人力资源开发活动。

（三）管理者素质培养与开发的基本流程

各公司根据自身特点，对于管理者素质培养与开发的工作流程有所不同，但基本流程如图 III－4－2 所示。

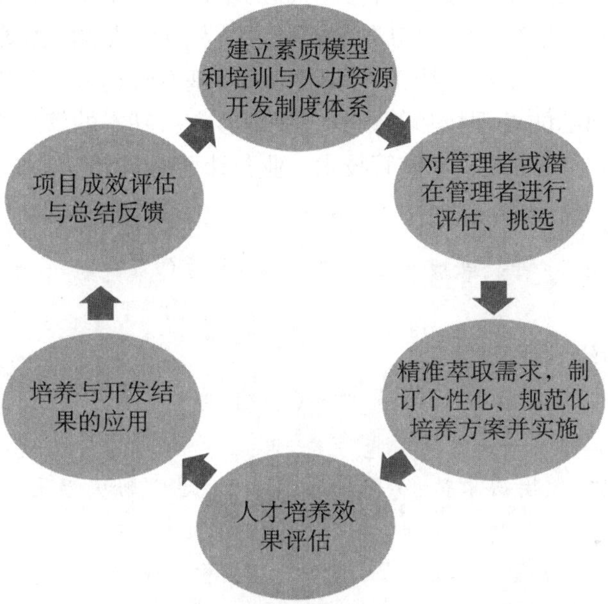

图 III－4－2　管理者素质培养与开发的基本流程

（1）建立素质模型和培训与人力资源开发制度体系。这方面我们已在项目二中详细讨论过。建立健全制度体系是实施好任何项目的前提。

（2）对管理者或潜在管理者进行评估、挑选。许多企业应用管理者胜任素质模型并结合测评工具、实践表现以及个人意愿等要素进行管理者的现状评价、潜质人员的评估选拔，力求人才选拔客观、公正、精准。

对于接班人计划来说，在初步评估人员后，建立潜能人才库，然后利用特别设计的课程如 MBA、行动学习、挂职锻炼、导师-教练技术等进行“孵化”，这个阶段一般需要 1～3 年，接着对人才进行评估、筛选、调整等，最后选出重点培养对象进行培养。

（3）精准萃取需求，制订个性化、规范化培养方案并实施。管理者培训与开发一般具有个性化、规范化的特点。

（4）人才培养效果评估。对于培训与人力资源开发项目中的人才进行评估与筛选，确定下一步的人事应用。

（5）培养与开发结果的应用。如晋升、接班人计划、外派、转岗等。

（6）项目成效评估与总结反馈。

（四）管理者素质培养与开发的主要内容

1. 管理者管理技能与管理素养培训

各级管理者由于责任范围与工作层次不同，在管理技能培训方面也有所不同，一般区别在于：

（1）高级管理者侧重于观念、理念方面的培训，其主要内容有：国内外形势环境分析、经营思想、战略管理与决策研究、组织与用人、领导风格与修养、社会责任、企业家精神等。

（2）中层管理者侧重于业务、执行力方面的培训，其主要内容有：业务分析、判断与决策的能力，计划、组织、协调与沟通能力，识人与带队的能力等。

（3）基层管理者侧重于与一线工作紧密相关的基本管理方法与工具的使用，有效处理一线业务和发生问题的处理技巧等，其主要内容有：基本的管理知识与工具应用、生产、安全、人员安排、流程改进、监管技术、业务计划的制定与实施、目标实施等。

［练习与思考］

请阅读《领导者习惯：卓越管理的22个必备技能》中关于管理者6个侧面的22个核心管理技能。

一、完成工作的三大职能

（1）计划和执行：1）管理优先级；2）计划和组织工作；3）妥善委派任务；4）创造紧迫感。

（2）解决问题和做出决策：1）分析信息；2）思考解决方案；3）做出正确决定；4）专注于客户。

（3）领导变革：1）销售愿景；2）创新；3）管理风险。

二、专注于人的三大职能

（1）说服力和影响力：1）影响他人；2）克服个体抗拒；3）优质谈判。

（2）促进个人和团队的成长：1）授权他人；2）指导和训练；3）建立团队精神。

（3）人际交往技能：1）建立战略关系；2）表达关心；3）积极倾听；4）清晰沟通；5）魅力交谈。

资料来源：拉尼克．领导者习惯：卓越管理的22个必备技能．成都：四川文艺出版社，2019.

2. 管理者领导力开发

广义的领导力是指一种人际影响力，每个人身上都具有现实的和潜在的领导力，不是只有在领导职位上的人才具有的一种能力。本书讨论的是专指组织中各级管理者所应具备的领导力。领导力的特点有：

（1）弹性与柔性，即通过软权力、个人魅力、人格、品行等产生影响力。

（2）双向互动性，即领导者与追随者之间的互动与影响。

（3）领导艺术性，即领导讲科学、讲规律，更强调创新变革、权变思想、领导艺术的精妙应用、人本主义，关注人的情感与价值的实现。

达夫·尤里奇在《绩效导向的领导力》一书中强调：领导力 = 特质 × 绩效。有研究表明：在组织发展理论中，企业有效应对危机、持续发展与变革，其领导力占据了决定性因素的 80%。可见组织培养管理者领导力的重要性。

[练习与思考]

请阅读《领导力》中关于领导者的 5 种领导行为及 10 个使命，并与上述《领导者习惯》中关于管理者 6 个侧面的 22 个核心管理技能进行对比，你发现了什么？

通过深入研究领导力的内在机制，我们发现，卓越领导的个人事迹中存在 5 种共同的行为。为了在组织中取得杰出的成就，领导者应当注重以下 5 种行为。

（1）以身作则：1）明确自己的理念，找到自己的声音；2）使行动与共同的理念保持一致，为他人树立榜样。

（2）共启愿景：1）展望未来，畅想令人激动的各种可能；2）诉诸共同愿景，感召他人为共同愿景奋斗。

（3）挑战现状：1）通过追求变化、成长、发展、革新的道路来找寻机会；2）进行试验和回顾，不断取得小小的成功，从错误中学习。

（4）使众人行：1）通过强调共同目标和建立信任来促进合作；2）通过分享权力与自主权来增强他人的实力。

（5）激励人心：1）通过表彰个人来认可他人的贡献；2）通过创造一种团队主义精神价值实现目标。

资料来源：库泽斯，波斯纳．领导力：第 4 版．北京：电子工业出版社，2009.

（五）管理、领导与决策的当前及未来的挑战

当下大多数企业仍主要以层级结构的方式来运作。层级式组织指派权责明确的正式领导，从上到下组织等级森严，有主管、经理和总监、总裁等。然而，随着互联网和移动通信技术的普及，决策变得越来越分散，需要快速决定和执行，以应对多变的商业环境。明确分散决策权并使决策更高效的公司，更有机会跟上当今的速度，从而获得商业上的成功。为了能够成功地进行敏捷转变，各级管理者的角色必须发生改变，与传统组织不同，敏捷组织的管理者必须具有相适应的能力素质。

领导力大师沃伦·本尼斯说："从领导者是稳定因素、平衡各种矛盾的需求、维持企业文化，到领导者是变化因素、确立变化目标、平衡风险，从而推动企业文化与科技基础的进步。"领导者越来越需要注重员工的优势、意愿和全身心的投入度，每个人的工作方式更加先进，员工需要更强的自我管理。管理者的领导力实践包括：

（1）降低或放弃控制权，增强为团队服务的意识和能力。

（2）建立游戏规则，促使自组织团队自我进化。

（3）更多地鼓励员工与提升文化影响力，体现更强的鼓动力和号召力、更多的领导而不是管理。

（4）致力于建立面向目标的团队文化和支持学习并持续提升的领导关系。

需要注意的是，我们在不断提升管理者领导力的同时，应该时刻不忘初心，提升管

理者领导力是为了提升组织绩效，为此，组织也应该不断完善促使领导力充分发挥的机制和环境，建立一个领导者与被领导者和谐共处的组织氛围。

通过以下案例，我们可以看到，新时代已经要求管理者必须转变。

大协同时代的企业嬗变：敏捷自组织成为新趋势

浪潮在协同（工作）软件领域的开拓，最早可以追溯到21世纪初期。彼时，业界开始厘清思路，逐渐走出“大干快上ERP”的误区，由于企业级协同具备“提高团队效率、规范工作流程”的特质，所以迅速成为各方角逐的新战场。

浪潮的实力不必多说，出手亦是不凡。与一批实力型企业的签约表明，浪潮在国内首批成功实现了从简单OA厂商向全方位协同办公的升级。浪潮不仅帮助客户全面提升办公效率，还为客户实施协同商务、协同管理创造了条件，全面提升客户的核心竞争力。

与其他同类产品相比，“云+”的核心理念在于敏捷自组织。它以事件为驱动，可以打穿组织壁垒，快速形成去层级、去网络的全新组织形态。在日常状态下，这意味着组织可以在最短的时间里，组建以既定任务为目标的团队；在特殊情况下，譬如在新冠肺炎疫情中，“云+”可以迅速在组织内外形成合力，有效地应对紧急状况。

资料来源：https://www.sohu.com/a/384302085_373472.

二、问题导学

当然，我应该知道世界上存在一种曲线逻辑，没有什么是永恒的。曲线最终总是会向下弯曲，但是知道曲线何时会弯曲的人才是智者。

——查尔斯•汉迪（Charles Handy）

（一）如何做好管理者素质培养与开发的需求分析

与其他人员的培训与人力资源开发需求类似，我们同样可以运用所学的培训与人力资源开发需求分析模型如Goldstein组织培训需求分析模型、前瞻性培训需求分析模型、以职业生涯为导向的培训需求分析模型、基于管理者胜任力的培训需求分析模型、培训需求差距分析模型等来做出管理者培训与开发需求分析。概括以上各主流培训与人力资源开发需求分析模型的底层逻辑，无论是解决当前问题还是应对未来发展，都遵循这样的思路：建立标准→找出差距→萃取需求。我们可以从两方面来考虑：

（1）对于管理者的管理技能与管理素养方面的培训需求。

（2）对于管理者的领导能力方面的开发需求。

对于管理者的开发需求来说，基于管理者胜任力的培训需求分析模型和以职业生涯为导向的培训需求分析模型更合适。比如目前企业多采用基于管理者胜任力的培训需求分析模型，事先必须建立模型即建立标准，找出差距的方法有很多，比较常用的是：

（1）评价中心与发展中心。

（2）管理技能清单与人员替换地图。

本模块的“基于证据的HR最佳实践”“业务决策者的责任”“看企业实际运作”部

分都有涉及此方面企业真实做法的内容。

[练习与思考]

"创造领袖的方法，便是让他们领导。你要是发现一个出色的人，直接让他负责主导某件事。马上利用机会，把项目分成许多小任务，找个精力、勇气、热诚兼具的少年，要他全权负责。他只有23岁？那又怎样？领导能力与年龄无关。"

——汤姆·彼得斯

（1）根据这段话，领导素质有哪些？

（2）"领导能力与年龄无关"，你同意吗？为什么？

（二）如何做好管理者素质培养与开发的课程设计与方法选择

1. 在设计管理者培训与开发项目时要注意的问题

（1）课程设计必须以组织战略目标为指引。

（2）课程设计应该结合管理者的职业发展。

（3）领导力课程是各级管理者都应学习的，基层管理者更强调具体管理技能的培训。

（4）必须建立优胜劣汰的选才机制。

（5）应及时更新开发的内容、方式与方法。

碧桂园就将管理者培训与开发分为管理者技能和领导力双轨道制进行，分别采取不同的培训方法进行培训与人力资源开发活动。在人才发展初始阶段偏重于专业能力的培训学习，层级越高，越偏重于领导力课程，如采用轮岗、研讨和行动学习等培训方法。

2. 管理者培训与开发的方法选择

我们在项目二讨论了管理者开发技术的分类、特点与适用范围，在此不再重复，在具体实施时要注意以下几点：

（1）培训管理者应根据不同层级管理者设计不同的培训与开发方法。

（2）管理者培训与开发首先是管理者自我的开发，管理者内在驱动力加上组织外部的培训与人力资源开发项目的支持有利于实现培训与人力资源开发目标。

（3）企业要平衡开发效益与成本的关系，一些开发方法时间较长，可能还存在一定的风险。如接班人计划中的挂职锻炼，可能存在人才不适合岗位又重新安排的情形，当然也有人才被"挖墙脚"的现象。在选择培养对象时，先期的评估与测评和过程中的及时关注与调整策略很关键。

3. 基于管理者胜任力模型的管理培训与开发课程设计

（1）管理者胜任力是管理者顺利完成工作任务所要求的KSAC，是指能将某一工作中成就卓越与成就一般的人区别开来的深层特征，可以通过行为表现来进行描述和观察，这些行为是可测量的、可观察的，并且是对个体取得卓越绩效和企业发展具有重要前置作用的那些个体特征。

（2）组织确定管理者胜任力模型是管理培训与开发课程设计的基础。一般来说，管理者胜任力分为三部分：

- 通用胜任力，指基本素质与基本的知识和技能。

- 业务管理胜任力，指管理者从事的职能工作范围所需要的能力，如客服、研发等。
- 专业胜任力，指计划、组织、协调、控制、人际、激励等管理技能。

管理者胜任力也可以按工作性质和特点来划分，如岗位胜任力、职能胜任力、角色胜任力等。

华为的胜任力模型分为两大类：通用素质模型和基于职位族的素质模型。职位族包括管理类、营销类、专业类、操作类等，其中专业类又分为 HR、财务管理、采购等，管理类职位族素质模型又细分为管理者通用素质模型和领导者通用素质模型。

（3）遵循建立标准→找出差距→萃取需求的简化步骤，组织建立好各级、各类管理者的胜任力模型，就要对各级、各类管理者进行评估与测评，可用 360 度方法进行，然后针对主要评估结果制定培训与人力资源开发项目课程体系。

组织根据自身的胜任力模型，结合标杆经验制定管理者培训与开发课程体系。表 III－4－3 是某公司的管理者培训课程体系。

表 III－4－3　某公司的管理者培训课程体系

管理者层级	胜任力要求	对应的课程	培训与开发方法
总监及以上管理者	环境的敏感性 战略思维 创新变革 商业模式 演讲与表达 人际影响 企业家精神	战略规划与管理 决策与风险管控 投资 创新与创意思维 变革管理 公众演讲 专业形象设计	EMBA 高级经理训练营 行动学习 跨区域、跨职能工作轮换 导师 － 教练技术 案例研究 考察
高级经理、一线经理	战略思维 带队伍 MBO 激励下属 团队建设 沟通与协作 客户意识 自我认知	战略管理 变革管理 创新与创意思维 经营与管理 团队管理 组织行为学 客户服务 财务管理	行动学习 大学经理人班 跨职能工作轮换 案例研究 70－20－10 训练 上司辅导 参观访问
主管级、督导、组长	MBO 下属激励与员工辅导 团队建设 创新能力 沟通与人际处理 客户意识	问题分析与解决 工作任务布置 目标与计划的制定与实施 有效倾听 绩效辅导 团队管理 客户服务 财务知识 项目管理	短期知识性学习 70－20－10 训练 拓展 工作轮换与工作内容扩展 副职或助理 上司辅导 案例研究 评价中心 参观访问

[练习与思考]

网页内容（https://www.wjx.cn/jq/12318183.aspx.）是某公司领导胜任能力 360 度测评。请思考：此番测评后，培训与人力资源开发部门下一步的工作是什么？

三、基于证据的HR最佳实践

国内某行业大型集团公司 HR 部门审时度势，根据外在的商业环境，评估未来挑战所带来的机遇后，结合自身的竞争优势与企业文化及价值观，针对集团公司对人才尤其是领导力方面的要求，在外部专业咨询机构的帮助下，构建了具有自身特色的领导胜任能力模型。该模型包含掌舵（business skill）、带队（leading others）和执行（execution）三大范畴，驱动利益相关者之成功等 12 个关键能力以及 82 项行为标准，应用于绩效管理、培育发展、人才招募与识别、接班人计划、职业生涯发展及奖励制度等几大方面（见图 III－4－3）。

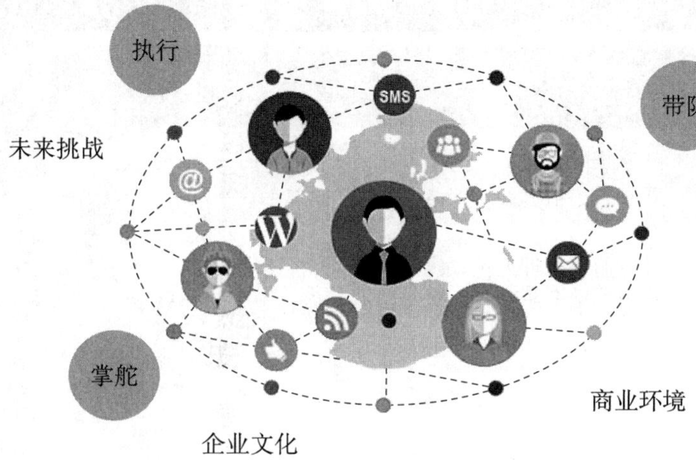

图 III－4－3　某集团公司领导胜任能力模型

资料来源：http://www.towngas.com.cn/rcfz/rcpy.htm.

四、业务决策者的责任

2020 年中国房企综合实力排名（亿翰智库发布）显示，碧桂园位列“2020 中国房企综合实力 TOP200”榜首，这是碧桂园连续第三年蝉联综合实力榜单第一，展现了强劲的增长势头。碧桂园在开辟第二条增长曲线的过程中，不可避免地对原有的管理体系、组织形态、企业文化等进行变革、升级。

碧桂园领导力发展项目

碧桂园领导力发展项目旨在打造职业经理人的“黄埔军校”，为公司全国化战略扩张提供高端人才。碧桂园通过人才评价中心，选拔业绩优良、学习力强、善于思考、具备发展潜力的学员纳入项目中，作为上一级经理人的后备力量；以领导力和专业能力两大能力为重，双轨道实施系统的课程体系；以行动学习、基于胜任力要求的 360 度评估、领导力测评等，不断优化人才库，实现经理人的优胜劣汰，营造培训饥饿状态，塑造能者上、优者上的组织氛围。

一、领导力发展项目——碧桂园培训品牌项目

领导力发展项目是碧桂园结合企业战略目标及人力资源状况精心研究出来的经理人

优选计划，在满足企业不同发展阶段对高素质管理人才需求的同时，提高企业管理团队的领导力和专业技能，提升组织能力，实现企业战略目标与可持续发展。培训计划对培训对象、师资团队、课程种类、设计安排均进行了严格、专业的规划和细分，并制订了一套完整的管理及评估机制。领导力发展项目针对碧桂园人才发展的四个不同阶段，即后备管理人员、基层管理人员、中层管理人员及高层管理人员，制订了个性化子品牌计划项目——新羽计划、展翼计划、领翔计划和涅槃计划，创新了企业人才培养模式，形成了具标志性的企业培训项目品牌（见图 III–4–4）。

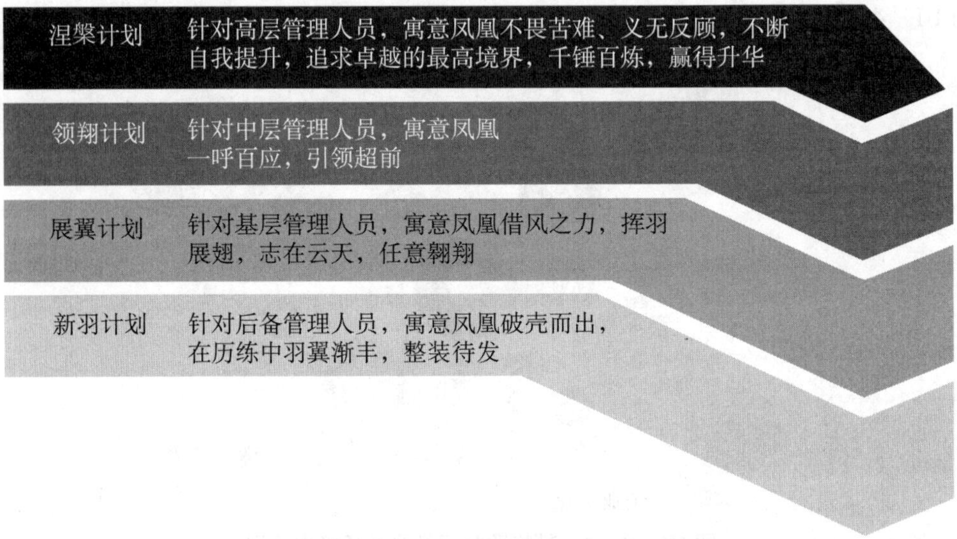

图 III－4－4　碧桂园培训项目

二、课程体系

领导力发展项目以领导力和专业能力两大能力为重，双轨道实施系统的课程体系。培训的课程内容基于碧桂园的发展、学员的需求等方面进行设计和安排。在人才发展初始阶段主要偏重于专业能力的培训学习，层级越高，越偏重于领导力课程，体现课程体系的科学性和合理性（见图 III–4–5、图 III–4–6）。

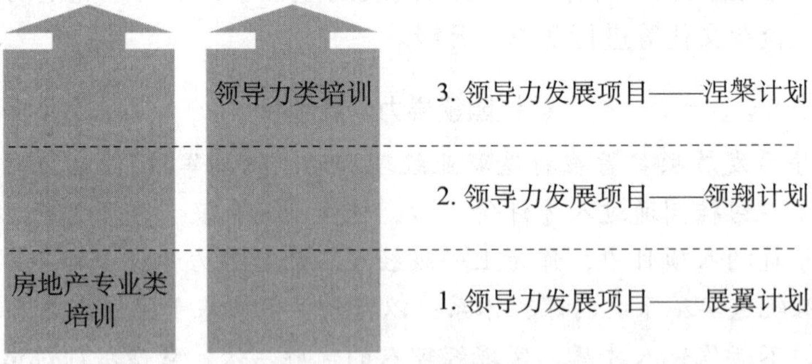

图 III－4－5　碧桂园课程体系

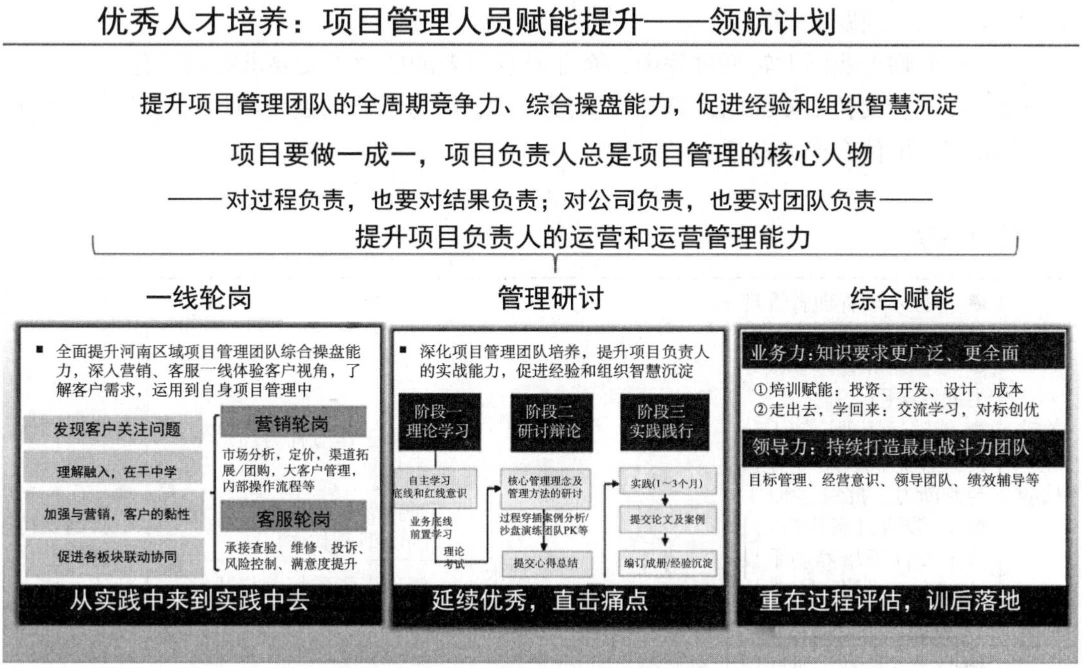

图 III－4－6　关键管理岗位人才的培养与开发

三、行动学习

领导力发展项目强调培训学员的知行合一，以行动学习作为有效的培训方法之一，通过学员分享、结合实际工作问题开展讨论等形式，提高学员的系统思维能力、创新能力、沟通协调能力，最重要的是解决问题的能力。同时，引导学员不断学习，总结自己的工作经验，归纳整理成系统化的知识管理教案，形成一个持续有效的培训机制（见图 III–4–7）。

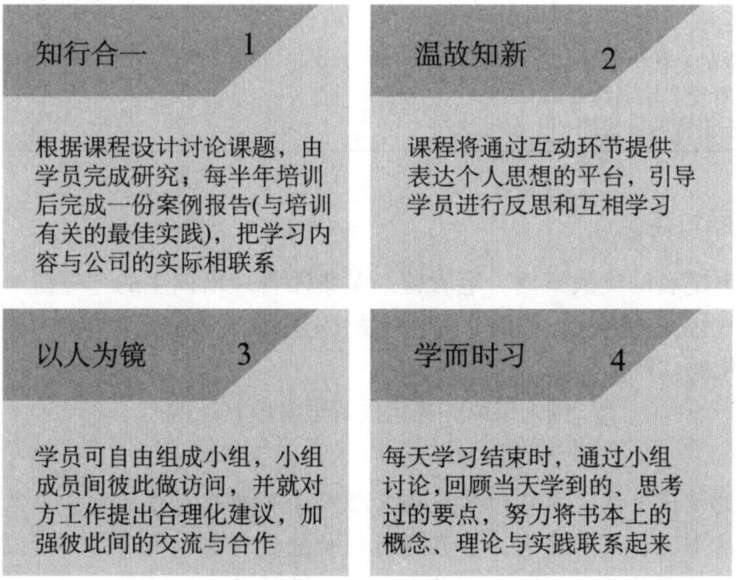

图 III－4－7　行动学习

资料来源：https://www.bgy.com.cn/resources_details.aspx?type=71.

请思考以下问题：

（1）在面临企业巨大转型过程中，企业对管理者的能力素质要求有何变化？

（2）在配合支持 HR 部门进行相关管理人才、能力素质的建设与培养过程中，业务决策者应该承担什么样的责任？

学习小结

<table>
<tr><td>关键能力/技能</td><td>● 掌握培训管理者管理基本技能的方法□
● 掌握培养管理者领导力的方法□
● 能够运用理论知识分析具体案例，培养分析与判断力、批判思维□
● 能够通过案例学习、方案设计等培养动手设计技能、写作与表达技能□</td><td rowspan="3">模块四　管理者培训与开发
基本知识：
实际工作过程与理论学习场景
管理者素质培养与开发的类型及其作用
管理者素质培养与开发的基本流程
管理者素质培养与开发的主要内容
管理、领导与决策的当前及未来的挑战
问题导学：
如何做好管理者素质培养与开发的需求分析
如何做好管理者素质培养与开发的课程设计与方法选择</td><td rowspan="3">自我回顾所学，然后：
● 在本书中找到支持“关键能力/技能、核心素养和必备知识”的相关内容
● 对于相关学习目标的掌握程度进行自我评价
● 评价完后请在左边的小方框中打上“√”</td></tr>
<tr><td>核心素养</td><td>● 培养国际化视野和协同思维□
● 培养作为管理者的民族情怀与自强不息的民族精神□
● 培养作为管理者领悟提升综合管理技能和领导力的重要性□</td></tr>
<tr><td>必备知识</td><td>● 了解管理与领导的不同含义□
● 理解管理者培训与领导力培养的具体内涵□
● 掌握管理者培训与开发的基本流程与方法□</td></tr>
</table>

看企业实际运作

请阅读以下笔者的实战案例。笔者曾以某集团管理培训生的“师傅”身份参与培训与人力资源开发体系的实战，同时笔者自身的职业成长经历也是集团领导力池培训与人力资源开发孵化的“产品”。

国内某大型集团的管理者培养计划

一、概述

随着业务的快速发展，本集团对优秀管理人才和专业人才的需求日益增长。根据本集团的人才发展部署、人员需求，旨在通过内部选拔具有 1～6 年工作经验且表现优秀、有潜力的员工作为“菁英计划”的成员，并通过系统的、规范的培训，将其培养成为集团未来需要的管理精英。

二、培训目的

为未来的发展储备人才，满足业务发展对管理人员的需求；提升角色认知，加强职业素养，增强责任意识；提高团队管理、领导能力，提升管理水平、执行力，保留/激励骨干员工，使其树立长期服务集团的决心。

三、培训项目的选择

依据集团管理者素质模型、集团管理培训生计划实施方案以及人员的实际情况，开展以理论与实践（课堂集中培训+所在岗位学习与锻炼）并重的培训，形成在“学中做，做中学”的良好习惯。

课堂集中培训的课题主要集中在执行、带队两个领域开展提升个人能力的培训，如户外拓展、个人发展计划、学习方法培训、演示技巧等；按照管理者素质模型中细化出的基本素质和描述，开展有针对性的培训学习。

四、培训周期

培训为期 12 个月，分四个阶段：（1）课堂培训，历时 4 周；（2）所在公司岗位学习，历时 10～11 个月；（3）总部交流，历时 1 周；（4）集团毕业报告及评核，历时 1 周。

理论联系实践指引

我需要学习复盘

一、这些组织活动需要培训吗

我们学习了组织常见的培训类型是如何运作的，下面的组织活动也是组织在正常营运中经常遇到的。实际上，企业实践中往往对这些组织活动没有安排或者疏于安排专门的培训。

1. 岗位异动培训（轮岗、转岗、晋升）
2. 绩效面谈培训（管理者与下属就考核评分与工作表现进行面谈）
3. 跨文化工作场景培训（如外派管理者到国外公司工作）
4. 员工处理培训（包括违纪处分面谈、离职面谈、解雇面谈等）

（1）你认为需要对这些组织活动的有关当事人进行培训吗？

（2）如果有必要，如何安排？请从培训项目整个实施流程着手考虑。

（3）实地调查企业，你认为应该还对哪些组织活动进行培训？

二、这些问题我有思路了吗

请回顾本项目“项目工作场景”案例的“七大灵魂拷问”，并给出你的思路。

模块五 实训、探究与成效检验

| 实训操作与成效检验 |

一、关键能力提升

（一）有趣的小故事案例

“管理哲学之父”查尔斯·汉迪的故事

小故事一：现实中的各种挑战，使他明白了基础训练和实用技能的关系。有一次，壳牌的东南亚总部委派汉迪作为经济学家，从事预测东南亚石油需求量的工作。汉迪为自己辩解说：“我根本不懂经济学，我学的是希腊文和拉丁文。”总经理却说：“但总归是牛津（毕业的），不是吗？这就行了，你能干好。”就这样，汉迪在壳牌经受了一次又一次的现实锻炼，使他对商业经营有了超越常人的见识。这种“把孩子扔进水里试试，看他们会不会游泳”的实战训练，对汉迪后来从事培训工作影响极大。他在培训中问过学员：对你们影响最深的学习经历是什么？学员的回答各种各样，包括个人差点送命的经历、自己或者别人生意破产的事例、事态超过个体控制能力极限的惶恐等，唯独没有一个人提及大学的学习和工作中的培训。汉迪强调，最重要的培训是帮助学员反省过去以理解从前的经历，培训的本质是对经验的反思。

小故事二：回到伦敦商学院后，汉迪主持斯隆基金会的经理人培训项目。在他主持的培训项目中，学员既要学习公司账目，又要学习古希腊悲剧《安提戈涅》。拿古希腊悲剧做管理教材，汉迪是开先河者。学习公司账目是要学员掌握管理的技术问题，学习古希腊悲剧则是要学员掌握管理的价值选择。

资料来源：https://www.docin.com/p-232630403.html. 有删节。

问题一：两个故事体现了我们所学的什么培训与人力资源开发方法？这种方法的优点是什么？你认为需要什么前提条件？

问题二：两个小故事对你有何启发？

（二）动手动脑——操作练习

（1）尝试制订一家房地产中介公司的中层管理者管理技能培训方案。

请注意：

- 课程设计、培训方式与方法是重点要明确的内容。
- 起草制订制度、方案或计划类的工作文案是职业人士必须掌握的技能，请动笔之前结合所学，思考你需要了解哪些信息。

（2）根据以下案例，找出培训需求，设计培训方案，并思考对你有什么启发。

小周是一名刚毕业的大学生，在校期间他凭借个人过硬的计算机知识和技术，多次代表学校参赛，并获得各类大奖。还没有毕业，他就被一家世界500强企业破格试用。实习期间小周业务能力出众，与同事相处也算和谐，只是偶尔会发点牢骚，嫌同事技术不够专业。尽管同事嘴上不说，但大家都对小周的讲话方式感到不满。有一次与外商谈判，小周在没有得到上司同意的情况下就擅自做主请客户吃饭，拉近关系。上司得知消息后大怒，训斥了小周。小周嘴上虽然承认了错误，但心里十分不服。还有一次，小周和领导一起去参加与客户的谈判，其间，小周竟然随意打断上司的发言，主次不分，让上司感到很没有面子。小周虽然技术上表现优秀，并取得了一些业务上的成绩，但给上司留下了强出头、爱表现的不良印象。3个月试用期一到，小周就接到人力资源部的通知，国庆节之后他就不用去上班了。

资料来源：邓艳华．职业生涯与发展规划．北京：人民邮电出版社，2014.

（3）表 III－5－1 是招聘管理培训生的招聘广告。假如你是该公司的培训经理，请你设计一个管理培训生培训方案，包括基本流程和步骤、课程体系和培训方法、培训计划表等。

表 III－5－1　某招聘广告

招聘岗位：管理培训生（职能类）
岗位职责 根据人力、财务、商务、运营及高管助理等定向招聘。 （1）业务伙伴：了解并熟悉业务的商业运作模式，帮助业务伙伴提升经营价值和组织效能。 （2）战略运营：根据组织年度战略规划，对整体目标实现过程进行跟踪与管控，推动战略实施落地及校验。 （3）运营管理：协助开展运营管理工作，包括运营协作机制构建、制度与规范制定、体系与流程设计等。 （4）经营分析：拉通经营数据，分析目标、策略、路径和规划，输出经营分析报告。 岗位要求 （1）重点院校本科及以上学历，财经、工商管理、人力资源管理、法律、营销类专业优先。 （2）学习能力强，具备良好的沟通理解和人际交往能力，富有创新精神。 （3）具备较多的校园社团或社会实践经验。 （4）性格乐观、积极向上，对工作充满激情。

二、核心素养培养

（1）请阅读关于"管理哲学之父"查尔斯•汉迪的故事或其思想、著作等，试着思考并表述为什么他被称为"管理哲学之父"。

（2）利用互联网搜索三家你感兴趣的公司，看看其在"专业技术岗或职能岗员工"的培训与开发方面的具体做法是怎样的？有什么特点与异同？把这些信息汇总成一份项目列表形式的报告，在课堂上分享你的发现，并进行讨论。

（3）观点辩论。就以下观点先思考，必要时查阅资料，然后与他人进行对话、讨论甚至辩论。（在发表自己的观点前，你应该收集哪些信息？）

《论语·述而》："不愤不启，不悱不发。举一隅不以三隅反，则不复也。"

此观点适用于学生学习，不适用于员工培训。

（4）开放性思考题。2020 年 7 月人力资源社会保障部等部门发布了互联网营销师等 9 个新职业信息，其中，在互联网营销师职业下增设直播销售员新工种。新职业的开发有助于带动就业创业，新职业也要明确职业所应承担的责任，让转正有名更有责。

请查阅有关资料，思考：如果你是这些新职业、新工种的公司培训主管，如何着手开发相关培训课程？如何实施培训？如何评估培训效果？

三、必备知识巩固

（一）单选题

1. "如果你要问你的员工，你应该问的最重要的问题是：我能做什么来帮助你？""Win8 之父"、微软前高管史蒂文·辛诺夫斯基（Steven Sinofsky）说。对此，你认为以下哪项的解释最合适？（　　）

A. 领导就是服务　　B. 领导要关心下属

C. 领导要谦和　　D. 领导要懂得尊重下属

2. "质量控制始于培训，终于培训。"对这句话，你如何理解？（　　）

①全面质量管理，说到底是对人的管理

②品质管理需要开始对员工进行教育培训

③高质量的产品最终是高素质的人制造出来的

④从一线员工到决策层都应进行质量培训

A. ①②　　B. ①③④　　C. ①　　D. ①②③④

（二）多选题

1. 一般来说，管理者的胜任力可分为（　　）。

A. 通用胜任力　　B. 专业胜任力

C. 业务管理胜任力　　D. 管理者胜任力

E. 领导者胜任力

2. 新员工刚入职时的关注点是（　　）。

A. 同事们会接纳我吗？

B. 我适应公司文化吗？

C. 有哪些不成文的规矩是我要知道的？

D. 公司招聘时的承诺能够兑现吗？

E. 我的上司是什么样的人？

| 课外修学与我的探究 |

一、悦读秒扫

（一）课外悦读

对话华润雪花啤酒 CEO 侯孝海：志存高远、敏锐嗅觉、知人善任。请访问 https://mp.weixin.qq.com/s/C0eQxr7lPGDaxN2MDUmktw。

（二）行业了解

请访问 http://www.ala-china.com/。

二、我的探究

（1）学习完本章后，我的思考是:____。

（2）回顾“项目工作场景”，我的收获是:________________________________。

（3）学习本项目后，我想与老师或同学探讨的问题是:______________________。

（4）经过社会实践，我提出的观点是:____________________________________。

每位同学填写好以上“我的探究”后，
建议与同学们分享、交换观点。
“思考”可以与他人讨论，
“收获”可以当众分享，
“问题”可以与同学共商，
“观点”可以与他人交换。

项目四 新时代的学习敏捷型组织

行万里路，读万卷书；胸有丘壑，目存山河。

本项目知识图谱

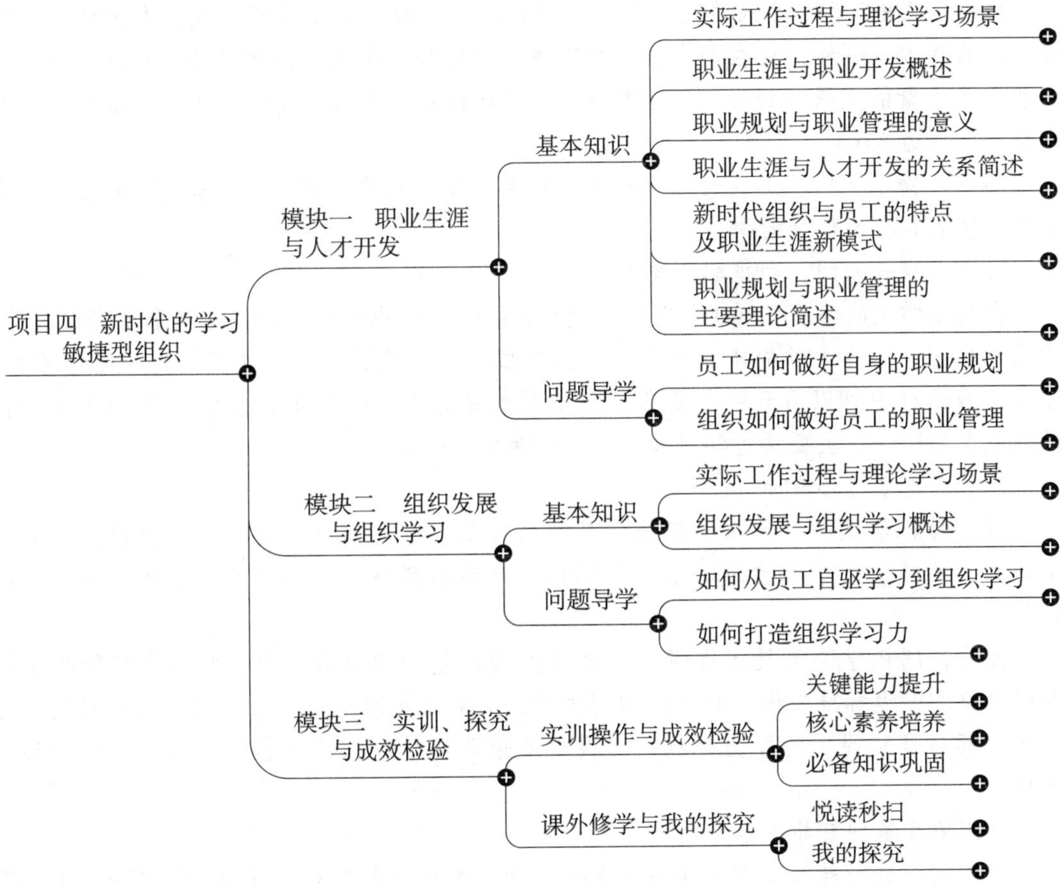

【项目工作场景】

鹅厂学习文化和腾讯学院战略定位3.0

腾讯学院院长马永武说，腾讯学院发展至今，容易做的事情已经差不多都做完了，接下来要做的事都越来越难。然而，只有直面困难，才会让大家成长更快，为公司贡献更大的价值，让每一位腾讯学院人的成就感达到最强。

腾讯学院发布鹅厂学习文化，将过去10年来腾讯员工在学习与发展方面的理念和心得进行了汇总和整理。对此，马永武介绍："学习文化中的每一条都不是新理念，而是从腾讯既往的实践中提炼而成，是历史的延续。"

1. 鹅厂学习文化

成立于2007年的腾讯学院，与各大事业群共同协作打造了腾讯人才发展体系，经历多年的探索与创新，已在助力公司员工成长与发展、推动生态建设及行业人才培养方面积累了大量的成果与经验。随着腾讯文化3.0和鹅厂学习文化的发布，腾讯学院战略定位也升级为3.0版本，踏入了新阶段。

其中，腾讯学院员工成长顾问和业务发展伙伴的定位保留，同时也新增定位——组织文化使者和生态建设助手。

2. 员工成长顾问，助推职业发展

在腾讯学院战略定位3.0中有传承也有升级，员工成长顾问始终是其重要定位之一。马永武提出，企业大学的本业就是助力员工成长，因此员工成长顾问的定位亘古不变。但在二级诠释中可以看到一些变化，除了原本就有的"提升员工能力"，还新增了"推动职业发展"——主要通过学习和晋级评审两方面达成。

3. 晋级与学习形成闭环

目前腾讯学院的一项重要职能便是帮助员工在专业职级上发展。全公司的专业通道分为五大族、数十个通道、上百个职位。每半年都会发起一次晋升评审，公司组织进行。

为此，腾讯学院为员工提供了紧密相关的赋能和学习的机会。腾讯学院依据每一职级岗位的能力标准来设计和开发学习内容，且时常更新迭代。员工每一次晋升前都可以先对标该职级岗位的能力标准，发现有差距即可学习相关内容提升自己，从而形成闭环。

4. 组织变革的宣导平台

每当组织进行转型变革时企业大学便成为很好的宣导平台。马永武以杰克 · 韦尔奇时代的GE克劳顿管理学院为例，杰克 · 韦尔奇从20世纪80年代初接管GE到2001年退休，这20多年间每当他产生了变革的想法，都是在克劳顿管理学院聚集公司的高管，通过会议和培训传导变革新理念。

在组织变革中，企业大学可以提炼优秀案例进行分享和复盘，为卓越实践搭建交流平台。腾讯学院组织过Tencent Talk，围绕组织变革的话题进行讨论。在腾讯文化升级为科技向善时，腾讯学院还和文化团队一起开展了"科技向善"的演讲和主题研讨，邀请各个业务条线的员工来谈论自身业务如何“向善”。

5. 以学习为核心，持续焕发组织活力

“企业大学的发展无外乎受两个维度的影响：一是企业自己的变化；二是培训行业的趋势。”马永武指出。

企业大学应适应企业内部从战略业务到组织文化的变革，并且服务于这种变化；培训行业关于学习与发展技术的趋势，也深刻影响着企业大学的发展趋势。

当前，腾讯内部在讲组织文化时会经常提及“组织活力”。对于腾讯来说，更需要注意克服“大企业病”，持续保持自身创新的氛围与活力。对此腾讯学院需要产出更好的机制、课程、活动等，延续公司创新的氛围与活力。腾讯学院自身也需要以学习为核心，坚持学习内容和形式的创新。

从学习内容而言，腾讯学院会及时迅速地为新业务配套能力提升方案。例如，在公司启动“扎根消费互联网，拥抱产业互联网”战略升级后，腾讯学院针对公司产业互联网核心业务负责人开设了产业互联网班，基于“客户洞察、打造产品 / 解决方案、生态构建与组织能力”四大产业核心能力进行内容设计；通过课程学习、跨界交流、参访游学、行动学习及私董会等多种学习形式，帮助学员开阔视野，构建宏观和多元的视角来启迪思维。

在学习形式上，腾讯学院也需要更多突破。当今的传统面授培训已经越来越少，后疫情时代也引发当下更多思考，包括增加线上和其他学习形式的比例，并且将其常态化等。腾讯学院为此组织了在线直播、网课、“腾讯最强大脑在线知识竞赛”等多种及时的、活泼的和互动的形式，取得了瞩目的效果。

同时，针对培训行业的发展，腾讯学院也在研究新的学习趋势与方向，包括如何更好地运用人才测评、利用非传统培训形式进行全面人才管理等。

资料来源：https://mp.weixin.qq.com/s/YD7985F3MKatrxLyMN2UYQ.

模块一　职业生涯与人才开发

| 学习目标 |

关键能力 / 技能

- 能够根据组织特点设计员工职业发展通道，培养动手实操技能
- 能够运用理论分析实践案例，培养分析与判断力、资料查阅和分析技能
- 能够综合所学的理论知识在人才测评、选拔、开发、评估与任用等方面制订有效方案，培养理论运用于实践的实战能力

核心素养

- 关注工作与生活平衡的人本意识
- 平衡组织需要与个人需要的意识
- 具有对人的发展的科学发展观

必备知识

- 了解职业生涯与职业开发的概念与内容
- 了解新时代员工职业生涯的新动态
- 掌握职业生涯与人才发展的关系
- 掌握职业发展通道的流程设计与步骤、方法等

一、基本知识

（一）实际工作过程与理论学习场景

1. 实际工作过程

本模块的实际工作过程如图 IV－1－1 所示。

图 IV－1－1　实际工作过程

2. 实际工作过程与理论学习场景

本模块的工作过程与学习场景矩阵如表 IV－1－1 所示。

表 IV－1－1　工作过程与学习场景矩阵

学习场景		工作过程			
		建立公司职业发展通道	评估关键岗位人才现状与公司发展的需求	设计人才开发方案并给予关键人才成长机会	评估关键人才的开发成效并采取相关人事决策
是什么？为什么？	职业生涯与职业开发概述	√			√
	职业规划与职业管理的意义	√	√		
	职业生涯与人才开发的关系简述		√		
	新时代组织与员工的特点及职业生涯新模式		√	√	
	职业规划与职业管理的主要理论简述		√	√	
为谁做？怎么做？	员工如何做好自身的职业规划		√	√	√
	组织如何做好员工的职业管理		√	√	√

（二）职业生涯与职业开发概述

（1）职业生涯概念。职业生涯又称职业发展或职业生涯规划，也可简称为职业规划。职业生涯是指个体在其生命周期中与职业有关的一段经历。格林豪斯（Greenhaus）的定义是：职业生涯是贯穿于个人整个生命周期的、与个人工作相关的经历的集合。

（2）职业开发概念。职业开发是指确保组织成员职业规划与组织职业管理的目标一致来实现成员需要与组织需要的最佳结合，以达到一种相互协同的效应。从此概念可知，职业开发包括两个基本活动：职业规划与职业管理。

1）职业规划，即员工个人的职业规划。它是个体对职业生涯进行持续的、系统的计划的过程，包括环境分析、职业定位、目标设定、通道设计、行动计划、策略调整等过程，强调个体在其自身职业生涯中的作用和责任。

2）职业管理，即组织对员工的职业引导、支持和管理。它是组织为了使组织利益与个体职业成功最大限度地一致化，对个体的职业生涯所进行的计划、组织、引导、支持等一系列过程，强调组织在员工职业生涯中的作用和责任。职业管理包括组织帮助员工设计与实施职业生涯活动，其重点在于增加满足未来组织所需的人才资源的机会，一般针对组织中关键岗位的核心骨干人才，这是符合二八原则和经济效益原则的。

（三）职业规划与职业管理的意义

（1）员工做好职业规划，有利于产生职业兴趣，发现优劣势，准确定位职业目标，使自身在职业生涯中的工作更有成效，平衡工作与生活，实现个人职业理想和人生价值。

（2）组织做好职业管理，有利于人才资源的有效供给，通过建立职业发展通道，帮助员工找到职业发展路径，稳定关键人才队伍，激励人才最大限度地为组织做出贡献，同时也增强员工的归属感和满意度，实现组织与员工的双赢。有效的职业发展通道体系成为组织人才竞争的有力武器之一。

（四）职业生涯与人才开发的关系简述

我们可以从以下三方面来理解职业生涯与人才开发的关系：

（1）从员工的职业规划角度。员工找到自己的职业兴趣与发展方向，明确职业发展目标后，为自己制订知识、技能和素质的开发计划，为此实施一系列的在职学习、技能开发、积累工作经验等行动。

（2）从组织的职业管理角度。组织的职业管理从组织利益出发，将员工视为可开发的人才资本，通过在组织内建立职业发展通道和晋升标准，为员工提供学习与发展和技能提升机会，帮助员工进行自我定位，设计制度鼓励员工将自身的职业发展与组织发展目标结合起来。

（3）组织的人才开发活动能够促进员工的职业发展，帮助员工更好地认识自己和加速成长，使双方尽可能地在员工职业规划与组织发展方面达到协同效应。员工一旦认识了自己的职业定位和发展目标，就能有效地与组织沟通，明确发展方向。

（五）新时代组织与员工的特点及职业生涯新模式

1. 个体角度的职业生涯

（1）无边界职业生涯与易变性职业生涯。无边界职业生涯（boundaryless career）的概念是由阿瑟（Arthur）在 1994 年首先提出来的，是指超越单个就业环境边界的一系列的就业机会。与传统的职业生涯不同，无边界职业生涯强调以个体灵活的就业能力的提升替代长期雇佣保证，使员工能够跨越不同部门、不同组织、不同行业、不同地域实现持续就业。

易变性职业生涯也称多变性职业生涯（protean career），是指由于个人兴趣、能力、价值观与工作环境的变化，以及企业或组织经营环境和内部政策的变化，员工需要经常改变自己的职业。在传统的职业生涯时代雇主安排员工的职业发展，易变性职业生涯观念认为员工本人要对自己的职业生涯管理负主要责任。

随着无边界职业生涯与易变性职业生涯的出现与发展，个体的职业生涯有了新的变化，如：

- 组织与员工的心理契约发生变化。新时期的心理契约打破了过去企业与员工的依赖关系，过去以工作安全感为主的心理契约转变为新的以增强员工受雇能力为基础的心理契约。员工的承诺是不断提升自己的能力，努力做出贡献；组织的承诺则是为员工提供提升自身能力的机会和平台，发展员工终身就业的能力。
- 职业成功标准发生变化。传统的职业成功是沿着金字塔式的组织结构上升。新的职业成功标准则更加强调员工个人的发展意愿，组织根据员工个人的职业生涯，为员工提供不同的发展方向指导，更看重个体的意愿和心理成就动机等自我实现方面的需求。

［练习与思考］

请阅读网页内容（《新冠疫情带来职场雇佣不安感　近四成韩国上班族“担心失去工作”》，https://baijiahao.baidu.com/s?id=1681964430253885876&wfr=spider&for=pc.），对照上述有关理论，你怎么看待这个问题？

（2）无边界职业生涯与易变性职业生涯的形式。

- 独立性—自主与个体化—协作。随着社会的发展，自由职业者越来越多，以个体为单位的工作者向社会贡献着智慧。
- 多样化—多元的生活和工作方式与专注化—技能提升与自我实现。数字时代万物互联，个体不再满足于做一份工作，开始拥有多重职业身份，在职业经历和人生经历中对于自我的定位策略不断进行复盘和调整，逐渐形成独特的生活价值体系。诸多因素决定了个体在不同阶段的职业生涯决策。

2. 组织角度的职业管理

随着新兴技术的不断涌现，员工的思维习惯、互动方式、工作形式和工作内容发生了很大的改变。员工在价值观、职业选择和工作方式上越来越多样化。无边界组织、平台化组织、共享员工、零工模式、灵活用工模式等不断出现。审视组织与员工的关系，传统的家长式管理已经让位于利益交换关系，组织与员工除了雇佣关系外，还存在合作、协同关系。新时代员工职业规划强调组织与员工在职业规划上产生协同效应，共同承担起职业开发的责任。

随着新生代员工的职业流动性越来越大，获得新经验和新技能的机会将成为衡量公司对员工承诺的一个标准。为了应对这种趋势，公司鼓励员工在职业生涯中期从事新的工作。

（六）职业规划与职业管理的主要理论简述

这方面的理论有职业选择理论、职业发展理论和职业生涯管理模型，以下主要讨论前两种。

1. 职业选择理论

职业选择是个体依据自己的价值观、职业兴趣、知识能力等从社会现有的职业中进行选择的过程。职业选择理论让个体知道如何选择适合自己的职业，代表性的理论有帕森斯特质理论、霍兰德职业类型 - 人格匹配理论、职业锚理论等。下面我们主要介绍职业锚理论。

职业锚理论由美国著名的职业指导专家埃德加 · H. 沙因（Edgar H.Schein）教授提出。锚是使船只停泊定位的铁制器具。职业锚是当一个人不得不做出选择时，他无论如何都不会放弃的职业中那种至关重要的东西或价值观，实际就是人们选择和发展自己的职业时所围绕的中心，即长期的职业定位。职业锚强调个体自己认识到的个人能力、自我动机需要和价值观与态度等方面的相互作用与整合，并通过职业经历逐步稳定下来。

职业锚是个人同工作环境互动的产物，在实际工作中是不断调整的。沙因提出的职业锚一共有八种，分别是：

（1）技术 / 职能型（technical / functional competence）。技术 / 职能型的人希望过一种专家式的生活，工作动机来自有机会发挥自己的技术专业才能，追求在技术 / 职能领域的成长和技能的不断提高，以及应用这种技术 / 职能的机会。他们对自己的认可来自其专业水平，喜欢面对来自专业领域的挑战。他们不喜欢管理工作，不愿意离开自己认可的专业领域。

（2）管理型（general managerial competence）。管理型的人有非常强烈的愿望成为管理者，并将此看作职业进步的象征。他们追求并致力于职位晋升，倾心于全面管理。具体的技术 / 职能工作仅仅被看作通向更高、更全面管理层的必经之路，他们更认可领导与管理的重要性，喜欢不确定性的挑战，喜欢象征权力的东西如大的办公室、响亮的职位名称等。

（3）自主 / 独立型（autonomy / independence）。自主 / 独立型的人追求自主和独立，希望随心所欲安排自己的工作方式、工作习惯和生活方式，不愿意受到约束，追求能施展个人能力的工作环境。他们宁愿放弃晋升或工作扩展机会，也不愿意放弃自主和独立。

（4）安全 / 稳定型（security / stability）。安全 / 稳定型的人追求工作中的安全感与稳定感。喜欢长期雇佣的工作，喜欢从事安全的、稳定的、可预见的、按部就班的工作。他们关心财务安全，如退休金和退休计划。稳定感包括诚信、忠诚以及完成老板交代的工作，希望组织认可他们的忠诚。

（5）事业 / 创业型（entrepreneurial creativity）。事业 / 创业型的人希望使用自身能力去创建属于自己的公司或创建完全属于自己的产品（或服务），他们有强烈的冲动向别人证明这一点，而且愿意去冒风险，并克服面临的障碍。他们的工作动力在于不断地接受新的挑战，不断创新。他们可能正在别人的公司工作，但同时也在学习并评估将来的机会。一旦感觉时机到了，他们便会走出去创建自己的事业。

（6）服务 / 奉献型（service dedication to a cause）。服务 / 奉献型的人追求他们认可的核心价值，关注工作带来的价值，希望人们认可他们的贡献，如帮助他人，提高人们的安全感，通过新的产品消除疾病等。他们一直追寻这种价值，这意味着即使变换公司，他们也不会接受不允许他们实现这种价值的工作变换或工作提升。

（7）挑战型（pure challenge）。挑战型的人相信他们可以征服任何看起来不可能的事，喜欢解决看上去无法解决的问题，不断挑战自我，如战胜强硬的对手，克服深层的障碍等。对他们而言，参加工作的原因是工作允许他们去挑战新奇、变化和困难。如果事情非常容易或者工作缺乏挑战，他们就会失去工作动力，这种人为竞争而生，在竞争中享受人生。

（8）生活型（lifestyle）。生活型的人不追求所谓的成功，喜欢允许他们平衡个人的需要、家庭的需要和职业的需要的工作环境。他们希望将生活的各个主要方面整合为一个整体。正因为如此，他们需要一个能够提供足够的弹性和灵活性，让他们实现这一目标的职业环境。

在新时代、新形势下个体的工作、职业、职位可能会变化，但职业锚是稳定不变的。现实是很多个体从事的工作或职业、专业很难与自己的职业锚完全匹配，个人能力发挥的程度越小，工作中得到的成就越少。个体需要不断地进行自我探索、调整，确认自己的职业锚，并将自己的认识与组织进行沟通。组织需要建立起灵活的职业发展路径、多样化的职业发展通道以满足同一工作领域中拥有不同职业锚员工的需求。总之，不同类型职业锚的个体具有不同的特征，应该选择能够满足其职业锚的工作，组织的激励方式也应该有所差别。

2. 职业发展理论

该理论将个体的职业发展划分为不同的阶段，每个阶段都有要解决的问题，并为这些问题提出了解决方案，主要有萨柏的生活－职业发展理论、格林豪斯的职业发展理论、沙因的职业发展理论。下面我们主要介绍萨柏的生活－职业发展理论。

萨柏（Donald E. Super），美国职业管理学家。他的职业发展理论（life career development theory）比较全面地描述人一生的职业发展。这一理论主要依据发展心理学和社会学对各种职业行为的分析，以年龄阶段分析发展过程，指出每个阶段有其独特的发展任务。他将职业生涯分成五个主要阶段。

（1）成长阶段（0～14 岁）。

主要任务：认同并建立起自我概念，对职业好奇占主导地位，逐步有意识地培养职业能力。成长阶段可分为三个时期。

- 幻想期（10 岁之前）：儿童从外界感知到许多职业，对于自己觉得好玩和喜爱的职业充满幻想和进行模仿。
- 兴趣期（11～12 岁）：以兴趣为中心，理解、评价职业，开始做职业选择。
- 能力期（13～14 岁）：开始考虑自身条件与喜爱的职业是否相符合，有意识地进行能力培养。

（2）探索阶段（15～24 岁）。

主要任务：通过学校学习进行自我考察、角色鉴定和职业探索，完成择业及初步就业。探索阶段也可分为三个时期。

- 试验期（15～17 岁）：综合认识和考虑自己的兴趣、能力与职业社会价值、就业机会，开始进行择业尝试。
- 过渡期（18～21 岁）：正式进入职业，或者进行专门的职业培训，明确某种职业倾向。
- 尝试期（22～24 岁）：选定工作领域，开始从事某种职业，对职业发展目标的可行性进行试验。

（3）建立阶段（25～44 岁）。

主要任务：获取一个合适的工作领域并谋求发展。这一阶段是大多数人职业生涯中的核心部分。

- 稳定期（25～30 岁）：个人在所选的职业中安顿下来，重点是寻求职业及生活上的稳定。
- 转折期（31～44 岁）：致力于实现职业目标，是一个富有创造性的时期。其间个人可能会发现自己偏离职业目标或发现了新的目标，此时需要重新评价自己的需求，处于转折期。

（4）维持阶段（45～64 岁）。

主要任务：开发新的技能，维护已获得的成就和社会地位，维持家庭和工作间的和谐关系，寻找接替人选。

（5）衰退阶段（65 岁以上）。

主要任务：逐步退出职业和结束职业，开发社会角色，减少权力和责任，适应退休后的生活。

［练习与思考］

2020 年 11 月智联招聘联合北京大学社会调查研究中心共同正式对外发布了《2020 中国年度最佳雇主评选报告》，揭示了员工心目中理想雇主的五大特征：尊重员工、给员工安全感、成就员工、注重职场仪式感、提供学习机会。

请思考：组织在职业生涯与人才开发方面可以做好哪些工作来支持以上五大特征？请举例说明。

二、问题导学

（一）员工如何做好自身的职业规划

1. 员工职业规划

员工职业规划与组织职业管理的关系如图 IV－1－2 所示。

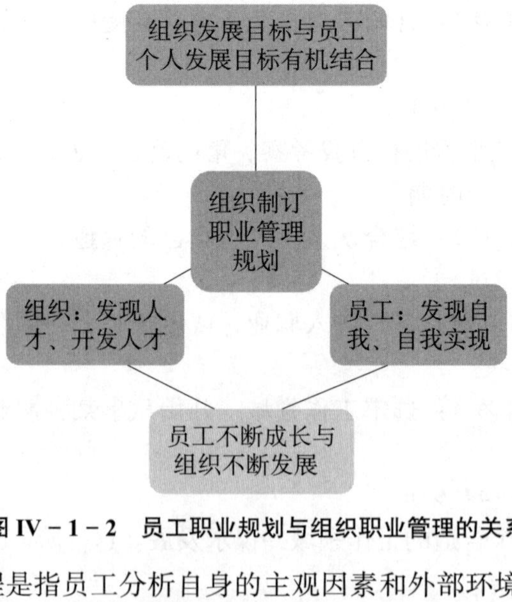

图 IV－1－2　员工职业规划与组织职业管理的关系

员工职业规划过程是指员工分析自身的主观因素和外部环境因素，确定职业定位，制订相应的实施计划和路径，实现理想职业发展目标的过程。

一个好的职业规划有以下特征：可行性、及时性、适应性、持续性和权变性。也就是员工的职业规划要可行，不能是不切实际的空想，在人生的职业生命周期各个阶段都有具体的规划，还要能适应员工所选择的组织平台和外部环境的约束，具有一定的弹性或柔性，适时做出策略调整和赛道变换。

员工职业规划的一般步骤如图 IV－1－3 所示。

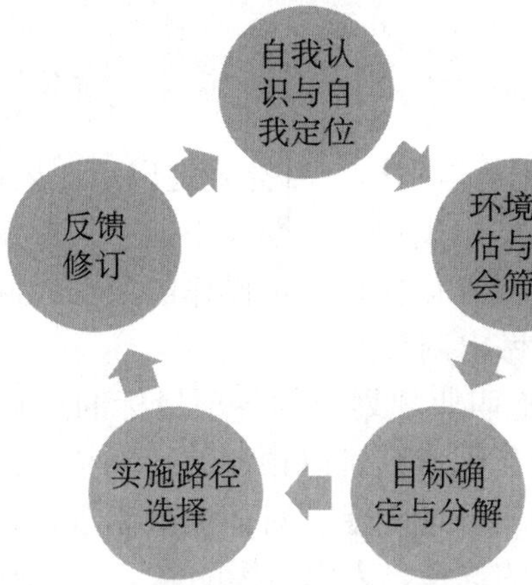

图 IV－1－3　员工职业规划的一般步骤

● 自我认识与自我定位。自我认识就是要全面地了解自己。有效的职业规划必须是在客观充分地熟悉自身条件与相关环境的基础上进行的，其主要有两方面：

一是自己的爱好、性格、学识、技能、思维方式、内在动机、价值观等，要想清楚自己想干什么、能干什么、干什么最能发挥自己的优势。

二是自己的优劣势。自我认识可以采用很多测评工具，如 MBTI 人格类型量表、卡特尔 16PF 人格特征量表、霍兰德职业性向测评、艾克森人格问卷等，也可以进一步做智商、情商、各项能力测评等，尽可能深入地了解自己，还可以请你的同事、好友、家庭成员等给出意见。

自我定位就是要在了解自己的基础上，选择最能发挥自己优势的、符合自己职业兴趣的行业，要考虑性格与职业的匹配、爱好与职业的匹配、特长与职业的匹配、专业与职业的匹配等，当然，也要审时度势，根据情况的变化及时调整目标。

● 环境评估与机会筛选。环境评估与机会筛选主要针对外部环境可能会影响自己择业的因素，包括社会发展、行业竞争、人才集中度、职业机会、家庭的影响等。比如，目标职业需要哪些基本素质和技能？就业现状如何？具体的工作内容都有哪些？未来的发展前景如何？等等。只有在充分获取职业相关信息之后，才能确立目标以及明确实现目标的途径。这方面可以使用 SWOT 工具分析自身，使用 PESTEL 工具分析环境。

[练习与思考]

有趣又有益的活动：尝试用 SWOT 工具分析你自己。如果可行的话，请在班里分享你的自我剖析，你可以做到吗？

● 目标确定与分解。经过自我认识和外部环境分析后，就初步确定了职业方向，此时要考虑自己的志向，将远大理想与现实社会条件结合起来，确定一个务实的、分步走的、可行的职业目标而为之努力。

目标的设定可以依据 SMART 原则，一定要分解目标，每一个分段目标都应有相应的行动计划和实施步骤，这样才能脚踏实地地一步一步朝着目标前进。

[练习与思考]

设想你的职业目标是毕业五年内成为一名受人尊重的职业培训师。那么，从现在开始，你应做什么？也就是要分解这个较为远大的目标，然后给出每一个分段目标的行动计划，如要学习什么知识、掌握什么技能、何时考取职业资格证书等。

- 实施路径选择。与企业营运一样，目标确定以后，要制订实现目标的行动方案，要有具体的行动措施做保证。按照规划的短期、中期、长期发展目标制订出阶段性的行动方案，再将阶段性的行动方案细化到日常可操作的层面，同时还要平衡你的生活、家庭、事业方面的关系，并及时做出调整。
- 反馈修订。在具体实施职业规划中的各项目标的过程中，有诸多影响因素。有的变化因素可以预测，有的变化因素则难以预测，特别是在当下的不确定性环境中。要使职业规划行之有效，就必须不断地复盘，对职业规划进行评估与修订，包括行业、职业的重新选择，职业生涯路线的选择，人生目标的修订，实施措施与计划的变更等。

[练习与思考]

推荐阅读《第二曲线》，了解第二曲线的含义，从中感悟对于职业规划的借鉴意义。

《第二曲线》是“管理哲学之父”查尔斯·汉迪80岁时特别为年轻一代写的书。作者特别强调“第二曲线”的重要性，它是一种不同于过去的思考方式，让我们根据新时代与外部环境重新看待这个世界，书中列举了许多正在改变我们生活方式的重大事件，充分显示了其人文关怀精神。

2. 如何通过职业规划与职业管理实现企业与员工的双赢

职业规划与职业管理可以实现企业与员工的双赢。员工因职业规划与管理，对自我的优劣势、兴趣、能力以及职业前景等有了较为全面和充分的认识，通过职业规划技术与企业提供的发展通道实现对自我生涯的管理，提升职业竞争力。企业则通过职业管理了解员工的发展愿望、动机与职业兴趣，在组织设计中结合员工特点，充分实现人岗的匹配，最大限度提高员工工作效能与忠诚度，降低人员流失造成的企业成本。

[练习与思考]

跳槽要有规划

小王所学的专业是工商管理，他认为自己的专业就像万金油，哪里都需要但是可替代性也很强。毕业后他很快就在一家装饰公司找了一份HR助理的工作，做了一年多，小王觉得每天都是做一些日常繁杂的工作，看起来没有什么发展，就离职了。在家休息了一段时间后他找了一份销售员的工作，但是又觉得个性不适合，做了一年多又离职了。此时，他有点彷徨了，下一步该怎么办？

请问你有什么建议？

（二）组织如何做好员工的职业管理

美国心理学家阿马比尔（T.M.Amabile）认为，对创新能力最重要的、具有决定意义的因素是那些使人们对于任务产生内在兴趣的因素。当人们被工作本身的满意度和挑战激发，而不是被外在的压力激发时，才表现得最有创造力。因此，结合员工个人职业兴趣的职业发展通道设计与实施是驱动员工内在工作动力的重要措施。

1. 人才开发在员工组织工作生命周期各个节点的关注重点

有研究表明，员工的职业生涯管理的四个维度，即职业发展、提供培训、公平晋升和提供信息都与工作投入度具有显著的正相关关系。组织的职业管理与员工的敬业度和组织承诺都具有显著的正相关关系。

本书将员工组织工作生命周期定义为“员工在一个组织中的职业生涯”。

（1）进入组织早期。员工的职业生涯早期，一般是由学校毕业进入组织，在组织内逐步社会化并为组织所接纳的过程。这一阶段一般发生在 20～30 岁，是一个人由学校走向社会、由学生变成雇员的过程，这一系列角色和身份的变化必然要经历一个适应过程。在这一阶段，个人的社会化以及个人与组织的相互了解、接纳和适应是个人与组织共同面临的、重要的职业生涯管理任务。

在这个阶段，组织在人才开发上应注意以下工作：

一是提供完备的入职培训和相应的导师辅导。

二是为员工提供职业咨询和职业辅导。

三是员工与组织经过一段时间的磨合后，组织与员工进行沟通，组织帮助员工制定出切合实际的个人职业规划。在此过程中，上司持续关注员工的成长，并给予恰当的指导或辅导。一般组织都有较为成熟的员工职业发展阶梯或晋升通道，给予年轻的员工职业初期的培训，特别是人际处理、岗位基本技能、职场生活技能、职业素养等培训。有的高潜质员工会进入公司的接班人计划中接受深度培养。

四是给员工提供富有挑战性的工作。提供富有挑战性的工作是帮助新员工找到发展方向和取得职业发展的有效途径之一。

为了更好地实现个人职业生涯目标，员工也应该按照组织的发展目标和发展方向，配合组织进行个人职业规划和管理。

（2）进入组织中期。员工到职业生涯中期，一般专业能力已经成熟，在事业上取得了一定的成就。此时员工会出现流动、晋升、转岗等情况，组织应完善激励制度，强化人才培养与保留，加强企业文化建设，有效评估员工的能力、素养是否与组织发展相匹配，并给予不同发展方向的员工相应的培养与发展机会。

一方面组织要完善员工职业发展档案或员工技能清单，及时与员工沟通，关注员工的职业规划实施情况，并给予一定的帮助。比如，员工未达到职业规划中的理想状态，这是组织平台问题还是个人能力问题，或者是其他的原因，组织要与员工真诚分析，找出原因，商讨解决途径。

另一方面组织要帮助员工树立终身学习、不断提升自我的理念，并提供相应的机会，如工作轮换、工作扩大化和丰富化、大学深造等，帮助员工积极应对职业高原期。

另外，组织还应加强员工援助计划（employee assistance program，EAP）的实施，提供有关培训课程，帮助员工保持身心健康，舒缓工作压力，保持工作与生活平衡。

（3）进入组织晚期。员工到职业生涯晚期，一般处在 50 岁到退休这段时间。一般来说，这时员工的职业进取心和竞争力相对下降，组织应做好如下工作：

一是加强管理接班人计划。一方面给予高层拟晋升人员相应的培训，如 EMBA 学习、访问等，保持他们的学习力和扩展视野；另一方面培养拟退休的管理人员的接班人，保证管理团队有序交接。

二是一部分有意愿、有能力的专业人员可以作为师徒制中的师傅参与到组织的人才培养体制中来，此时内训师培训是必要的。

三是创造条件让员工进入职业生涯中的“第二曲线”，如内部创业导师、内部咨询顾问等。

[练习与思考]

请阅读并了解职业高原的含义。进一步了解有关知识，并尝试回答组织应该如何解决此问题，或者说，员工有什么责任与组织一道解决问题？可以采用项目式学习，然后在班上讨论此话题。

职业高原是由于组织或个人的原因，在职业阶梯上向上移动发展的可能性变得很小的情况。巴德维克于 1986 年提出的职业高原一般包括三种类型：（1）结构型，由外部原因造成，如组织因素；（2）内容型，由个人原因造成，如技能或素质缺乏；（3）生活型，由个人原因造成，如个人压力过大导致焦崩（burnout）状态。在组织扁平化趋势越来越普遍的情况下，职业高原现象变得越来越多，会挫伤员工的工作热情和士气，对组织的人力资源管理产生挑战。

资料来源：陆雄文 . 管理学大辞典 . 上海：上海辞书出版社，2013.

2. 组织职业管理的实施流程与评估

组织职业管理是一个遵循 PDCA 的循环过程。一般情况下，组织是有选择地系统制定员工职业规划。首先根据组织的发展目标、人才测评以及绩效评价的结果，由管理者与员工共同设立职业发展目标，判断职业发展目标的合理性。如果合理，则进一步评估员工发展现状与职业目标的差距，并制定相应的实施措施。在过程中，检验职业规划目标的落实状况，并分析判断职业规划目标与实施措施的合理性，其间可能会调整职业规划目标，重新制定和实施。

组织职业管理不是组织单方面的行动，而是与员工职业规划有机结合，其一般流程如图 IV－1－4 所示。

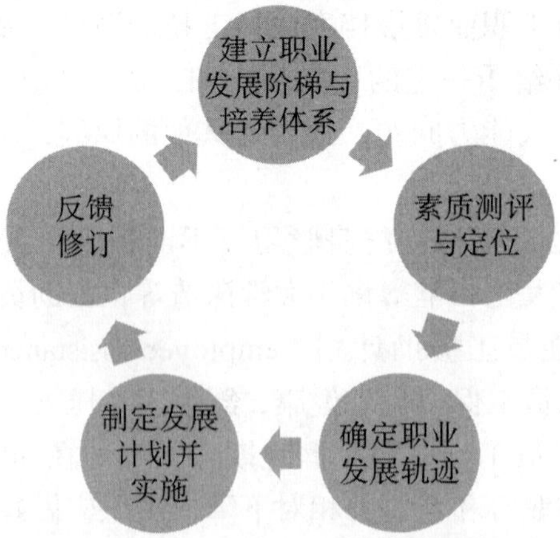

图 IV－1－4　组织职业管理的一般流程

（1）建立职业发展阶梯与培养体系。

第一，职业发展阶梯或通道。职业发展阶梯或通道是员工的职业发展计划，是一系列结构化的职位安排，是组织为员工设计的成长和晋升的组织机制。职业发展通道明确了组织内员工可能的发展方向、发展机会以及发展的标准等。组织内每一个员工都可能沿着本组织的职业发展通道变换工作岗位、职级、职能。

对于企业来说，可以更加了解员工的潜能，激励员工提升技能，同时也增强企业的整体竞争力。

对于员工来说，可以更加专注于自身未来的发展方向并为之努力。主管对员工的工作表现进行评估和给出发展建议，人力资源部门则负责建立相关职业发展通道机制和制定评估办法，评估其未来的发展可能。

职业发展通道一般包括专业技术型和管理型两大类。

- 专业技术型。专业技术型通道指以工程、项目、技术、财务、销售、生产、人力资源等职能为专业方向。
- 管理型。管理型通道指以各类职能管理职位为发展目标。

第二，建立与规范员工职业发展路线。职业发展路线是组织为员工提供的职业发展路径和方向，是员工在组织中从一个特定职位到下一个职位发展的一条路径。常见的职业发展路线有以下几种：

- 传统路线。传统路线是单纯纵向的发展路线，这种路线将员工的发展限制在一个职能部门或一个单位内。我国的公务员职称序列、高校教师职称序列等就是这样一种职业发展路线。它最大的优点是清晰、明确，操作起来简单，员工明确知道自己未来的发展方向，缺陷在于过于单一，激励性不强。它在企业实践中已经很少见了。
- 横向路线。横向路线是员工可以向其他职能领域调动、轮岗，可能短时期看来并没有职位的上升，但是它使员工迎接新的挑战，可以增加员工的发展机会，尤其对处于职业中期的员工来说，这是一条行之有效的职业发展路径。
- 交叉路线。交叉路线是纵向路线和横向路线相结合的交叉。它承认在某些层次上的工作经验具有可替换性，而且比较重视员工的综合素质和能力，相比前两种路线拓宽了职业发展路径，减少了职业发展路径堵塞的可能性，但是对于员工来说，可能会有职业发展不清晰的感觉。

需要说明的是，目前企业常用的“双通道晋升”实际上也是一种交叉晋升路线，即管理路线和技术路线。沿着管理路线发展，员工可以晋升到比较高的管理职位。对于一些不愿意从事管理工作但技术突出的员工则可以走技术路线，公司可以根据员工在技术上的水平和对公司的贡献，在薪酬和职位名称上给予奖励，如专家称号之类。两种路线同一等级的管理人员和技术人员在地位上是平等的。在管理路线与技术路线中员工可以交叉，一般来讲，从技术路线到管理路线常见，从管理路线到技术路线少见。另外，企业也可以根据自身情况设立多通道晋升路线。

第三，建立与职业生涯管理相配套的人才开发体系。培训与人力资源开发是职业生涯管理的重要工具，可用来改变员工的价值观、工作态度和工作行为，使员工能够在自己现在和未来的工作岗位上的表现达到组织的要求。培训与人力资源开发方案主要有以下两种：

● 以能力素质测评为基础的培训与人力资源开发设计。结合组织的胜任力模型，根据对员工素质测评和职务分析的结果，找出员工在能力、技能、个性、领导类型等方面与本职工作存在的差距以及今后职业发展路线上会面临的问题，有针对性地拟定员工培训与开发方案。

● 以绩效为基础的培训与人力资源开发设计。依照绩效考核的结果，发现员工在工作中出现的问题和差距，有针对性地拟定员工培训与开发方案，以适应本职工作和今后职业发展的需要。

在实际操作中，应将以上两种设计有机结合起来，确定一个整合的培训与人力资源开发方案。同时，应将组织建立起来的岗位或职能学习地图融合进来，以便员工知道每一级岗位的标准以及需要学习哪些知识或达到什么样的能力水平。

（2）素质测评与定位。组织对员工进行综合素质测评，可用的工具有很多，如埃德加·沙因职业锚测评、WVI 工作价值观问卷、罗克奇价值观调查表（Rokeach Values Survey）等。

1）性格测评：MBTI 人格类型量表、卡特尔 16PF 人格特征量表、大五人格模型、DPA 动态自我识别管理测评等。

2）兴趣测评：霍兰德职业性向测评等。

3）倾向测评：一般能力倾向测评（GATB）、差别能力倾向测评（DAT）等。

除了以上测评，组织还要从绩效评估、能力评估以及员工自我评估等方面给出员工的综合评价。

（3）确定职业发展轨迹。在以上工作完成后，组织就可以为员工设计职业发展轨迹或路线了，具体要以组织的职业发展阶梯为基础。

（4）制订发展计划并实施。此阶段是组织与员工共同行动的过程。我们在前面所学习的培训与人力资源开发方法都可以运用。

（5）反馈修订。对员工职业规划和组织职业管理进行反馈修订，是实现组织职业管理目标的重要手段。在经过一段时间的工作以后，组织应当有计划地回顾员工的工作表现，检验员工的职业定位与职业方向是否符合。在员工实施职业规划的过程中评估其现有的职业规划，组织可以修正对员工的认识与判断，通过反馈修订，纠正最终职业目标与分阶段职业目标的偏差。反馈修订还可以极大地增加员工实现职业目标的可能性，同时组织也可以据此并结合组织的发展战略来全盘规划与调整人力资源政策。

［练习与思考］

组织职业管理中哪些流程需要与员工职业规划流程相结合？

三、基于证据的HR最佳实践

下面给出链家关于员工培养与发展的案例。

链家的员工培养与发展

链家是品质驱动的房地产交易服务企业，业务覆盖二手房、新房、租房和海外业务。公司关注员工的学习与成长，提供多样化的晋升通道。公司的晋升公开透明，每一个员工进入公司后都可以选择自己的晋升方向去奋斗，如管理层方向：店经理—商圈经理—大区总监—大部总经理—城市总经理。

如果你只是想做一个业务型人才，你可以从A0一直晋升到A10。当然，你也可以选择其他职能岗位，当你符合该职能岗位要求时申请转岗即可。

SVP计划是全国储备运营总监培养项目，旨在挑选符合公司价值观、综合能力优秀、具有潜力的储备运营人才，含储备商圈经理、储备大区总监等，通过系统性培养发展，历练可以随时待命任职上岗的储备军团，打造链家运营人才储备池。

SVP计划的培养周期为半年，主要培养内容为建立经营意识、学习平台知识、强化团队管理、做到业务精进（见图IV–1–5）。

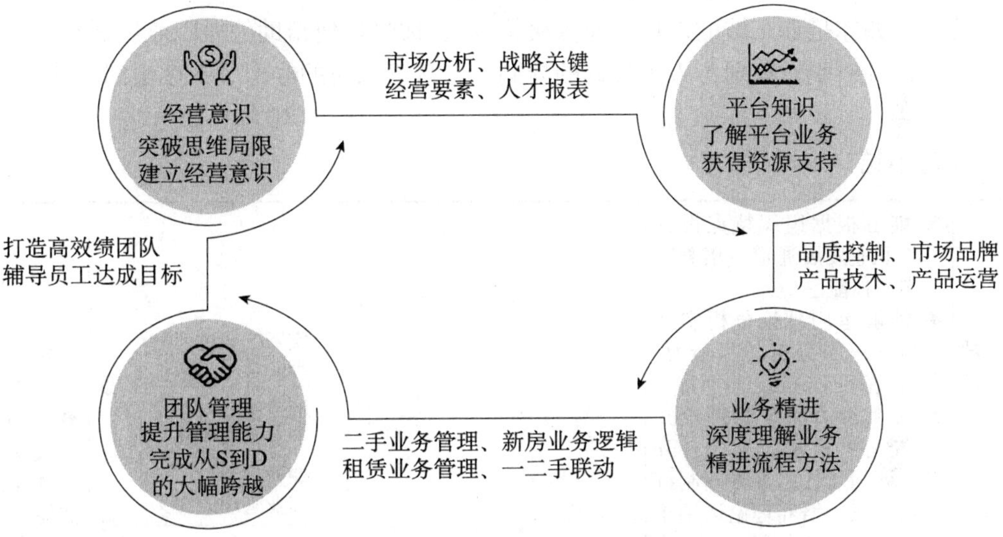

图IV－1－5　链家SVP计划

资料来源：链家公司提供。

请阅读案例后思考以下问题，如有必要可进一步查询网上信息。

（1）你认为为什么链家一般招聘本科生？

（2）用所学理论知识解释链家的员工培养与发展项目的可行性。

（3）你认为未来链家的储备人才培养模式可能会面临什么挑战？

四、业务决策者的责任

请看一段有趣的故事。

在王安石变法时，苏东坡两面不讨好，仕途梦断，后来又屡屡被贬谪，甚至被赶到天涯海角。“自笑平生为口忙，老来事业转荒唐。”纵使官场混不下去了，苏东坡也表示这没什么，天生我材必有用嘛。“先生一笑而起，渺海阔而天高。”你看，事实上，苏东坡在诗文和美食方面都玩出了新境界、新花样。

苏东坡的理想是从政，他也曾做到礼部尚书，后从经世治国的梦中惊醒，彻底放飞自我，最终转型成千古文豪、一代美食家。

林语堂说："苏东坡是个秉性难改的乐天派，是悲天悯人的道德家，是黎民百姓的好朋友，是佛教徒，是士大夫，是月下的漫步者，是诗人……"

依林语堂的看法，苏东坡不能算是成功的政客。换句话说，理想主义者、偏执狂搞艺术，怎么可能不成功？所以，苏东坡果然是选错职业了吧。

萧伯纳说：一个以自我为中心的人总是在抱怨世界不能顺他的心，使他快乐。

理想主义者最容易陷入这种怨天怨地的境地了。幸好苏东坡心态好，不能改变世界，就尝试换个方向去努力呗，有什么大不了的。

资料来源：https://www.sohu.com/a/145495564_732523.

思考以下问题：

（1）你认为苏东坡的职业生涯算不算成功？为什么？

（2）假如你是苏东坡的老板（业务决策者），你将如何帮助他做职业规划？

（3）试分析职业规划与人生规划的异同点。从苏东坡的经历中，你悟到了什么？

学习小结

<table>
<tr><td>关键能力/技能</td><td>● 能够根据组织特点设计员工职业发展通道，培养动手实操技能□
● 能够运用理论分析实践案例，培养分析与判断力、资料查阅和分析技能□
● 能够综合所学的理论知识在人才测评、选拔、开发、评估与任用等方面制订有效方案，培养理论运用于实践的实战能力□</td><td rowspan="3">模块一 职业生涯与人才开发
基本知识
实际工作过程与理论学习场景
职业生涯与职业开发概述
职业规划与职业管理的意义
职业生涯与人才开发的关系简述
新时代组织与员工的特点及职业生涯新模式
职业规划与职业管理的主要理论简述
问题导学
员工如何做好自身的职业规划
组织如何做好员工的职业管理</td><td rowspan="3">自我回顾所学，然后：
● 在本书中找到支持"关键能力/技能、核心素养和必备知识"的相关内容
● 对于相关学习目标的掌握程度进行自我评价
● 评价完后请在左边的小方框中打上"√"</td></tr>
<tr><td>核心素养</td><td>● 关注工作与生活平衡的人本意识□
● 平衡组织需要与个人需要的意识□
● 具有对人的发展的科学发展观□</td></tr>
<tr><td>必备知识</td><td>● 了解职业生涯与职业开发的概念与内容□
● 了解新时代员工职业生涯的新动态□
● 掌握职业生涯与人才发展的关系□
● 掌握职业发展通道的流程设计与步骤、方法等□</td></tr>
</table>

看企业实际运作

芬尼克兹的裂变式创业

芬尼克兹集团董事长宗毅的名片背后密密麻麻地列了9家企业。细看这些企业的业务，虽然都围绕节能环保展开，但可想而知，守着这么一大堆企业，管理层花费的精力也应不少。

“我曾经很忙，但现在我有一半的时间在偷着玩。”在第五届中欧校友创业论坛上宗毅对《第一财经日报》说：“如果你能调动所有人的积极性，这是完全可以做到的事情。”

创业企业在发展到一定阶段时会碰到一个共同的问题，即有很多核心员工会流失，或是自己创业，或是加入竞争对手的企业。宗毅说他解决这个问题的办法很简单，就是通过企业内创业的方式，邀请骨干员工入股，营造激励机制，让企业在做大的时候仍能保持凝聚力。宗毅把这种创业模式称为裂变式连续创业。

高管离职成转折

“大家可能很羡慕我，但实际上我也经历过痛苦的时候。”宗毅的痛苦指的是2004年一名高管离职对他的冲击，这也成为企业发展的转折点。

作为从事节能设备的研发、生产，并提供全套节能解决方案的传统企业，芬尼克兹拥有热泵技术优势，在游泳池恒温热泵系统中，它是全球最大的制造商。

然而就在企业蒸蒸日上的2004年，收入最高的一位营销总监突然辞职。他的辞职打破了芬尼克兹的平静，在其繁荣的表面投下了一块大石，激起了一大片涟漪。

宗毅记得，这位营销总监的离职缘由很简单，自己能给企业带来80%的销售收入，为何不自立门户，复制这样的成功？

离职时这位营销总监还带走了几个营销团队的核心成员。宗毅坦言：“当时自己的压力很大，担心核心员工知道企业的弱点、企业的关键技术甚至企业的客户，他出去创业之后只有一种可能性，那就是抢占企业原有的客户和市场，这对企业的伤害比遇到一个强大的竞争对手还可怕。”

此后宗毅一直在思考是否有一个办法能永久地解决核心员工流失的问题。直到第二年他在业务接洽中发现，企业主打的游泳池热泵产品中有一个关键零部件换热器是向一个做浴池的企业购买的，在计算后宗毅发现这个零部件的毛利率非常高。“别人能做的我为什么不能做。”宗毅盘算了一下，他断定有50万元就能把这块业务做起来。

“当时我们有6名骨干，我提议大家共同凑钱成立一个新的企业，把换热器这块业务做起来，但当时他们都不太信任我的这种做法，最后只有3个人接纳了我的想法。”宗毅说。不被认同的局面反而坚定了他的决心，一定要做一件事情让大家信服。

宗毅把新业务放在原来的企业里先孵化，一直到生产出的产品比市场上卖得还要好之后才独立出来成立新企业。成立后的第一年入股的几名骨干都收到了新企业100%的业绩分红，目前这个当初起步只有50万元的企业已做到了几亿元的销售规模。

鼓励内部创业

尝到甜头的宗毅在第二年又新开拓了储能设备这块业务，计划投入100万元，并把辐射面扩大到更多的人，没想到的是这次总共从员工内部凑齐了200万元。

此后宗毅又利用这种创业方式成功打开了此前完全空白的互联网销售渠道。2009年之前芬尼克兹走的是出口路线，其在海外的两个核心产品在中国市场没有知名度且无销售渠道。宗毅一直想把中国市场做起来，甚至组建了专门的部门来做网络销售，但一年只卖了50台设备。

宗毅想在互联网上做点事，但又找不到合适人选，他自然想到了内部创业，在一次与销售团队的闲聊中突然有了一个想法，搞一场创业大赛，获胜者就成为新业务板块的总经理，如果可行就成立新企业。很快，新业务的设计任务书完成了，宗毅当时的想法是要把新产品在互联网上销售，创建一个跨越中间环节的营销模式，同时还要有线上线下协同运作的效应。

广东芬尼电器有限公司就是这场创业大赛获胜者后来组建的新企业，主要从事自主研发的冷水热水器产品在互联网上的销售，同时还有线下实体店协同补充，这位获胜者也成为这家新企业的股东之一。该新业务在2012年1月已实现盈利。

直到现在宗毅还保持着基本一年开拓两块新业务的创业频率。“我之前每年告诉大家我今年做什么，有谁想跳出来自己准备好，告诉我你要干什么。通过这种方式鼓励骨干员工内部创业，成立和品牌公司相关的上下游企业。”他说。

逐渐地，宗毅发现，现在每一年创业的方向已经是骨干员工在思考了，对他们来说这种从无到有的过程意义更大。

在他看来，企业内部创业的好处，一方面是让企业成为目前这个行业里同行中覆盖产业链最全的，从最开始的关键零部件生产一直到终端的销售；另一方面为企业扩张创造了条件，骨干员工创业之后腾出来的职位还可以吸引优秀年轻员工进入上升通道。

但也有投资人对这种内部裂变创业的做法有点担心。在投资人看来，企业用这种独立自主创业的模式去鼓励员工成长的时候，怎么还可以保证企业文化核心以及整个制度、体系的流畅实现？创始人又如何保持对企业的控制？

宗毅坦言，文化的传承确实有难度，企业走到今天好像很快，但是品牌不够硬，这是一个最大的门槛。这种人才裂变模式，本身是有风险的。“实际上这种模式我现在还在改进，一旦搞砸了，会让此前的一切发生根本性的动摇。”他对此的认识很清醒。

资料来源：https://www.yicai.com/news/2249334.html.

请思考以下问题：

（1）该公司的做法解决了什么问题？

（2）该公司的做法在操作中需要注意什么？

模块二 组织发展与组织学习

| 学习目标 |

关键能力 / 技能

- 掌握组织学习力如何落地的基本步骤，培养理论运用于实践的能力
- 能够运用组织发展的基本理论分析现实案例，培养综合实践技能

核心素养

- 培养持续学习、终身学习的习惯和意识
- 关注人的工作与生活平衡的意义，具备人文精神

必备知识

- 了解组织发展与组织学习的基本概念
- 理解员工学习、组织学习和学习敏捷型组织的含义

一、基本知识

（一）实际工作过程与理论学习场景

1. 实际工作过程

本模块的实际工作过程如图 IV－2－1 所示。

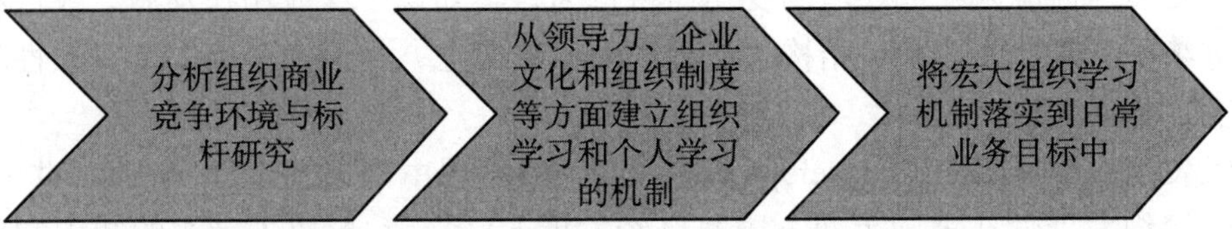

图 IV－2－1 实际工作过程

2. 实际工作过程与理论学习场景

本模块的工作过程与学习场景矩阵如表 IV－2－1 所示。

表 IV－2－1　工作过程与学习场景矩阵

学习场景		工作过程		
		分析组织商业竞争环境与标杆研究	从领导力、企业文化和组织制度等方面建立组织学习和个人学习的机制	将宏大组织学习机制落实到日常业务目标中
是什么？为什么？	组织发展与组织学习概述	√		
	从员工自驱学习到组织学习		√	
为谁做？怎么做？	打造组织学习力			√

（二）组织发展与组织学习概述

一个组织能够拥有长期竞争力的关键在于：有比竞争对手更快的、更好的学习力和修炼方法。

——彼得 • 圣吉

HR 在这个时代比以往任何时候都重要，因为数字化转型等于文化转型，等于人的转型。

——戴维 • 尤里奇

1. 组织发展概述

组织发展为适应内外部环境的变化，将行为科学知识广泛应用在发展、改进和加强那些促进组织有效性的战略、结构、流程和人员状况上，从而增强组织的有效性和成员的满意度。

组织发展（organization development，OD）的思想由西方管理学家在 20 世纪 60 年代提出。组织发展学在美国等西方国家已经发展 60 多年，形成了庞大的知识和理论体系，我国的相关实践与探索仍处在起步阶段。美国明尼苏达大学教授加里 · 麦克莱恩（Gary N. McLean）对组织发展的定义是："组织发展是基于行为科学的一种过程或活动。无论是从开始还是从长远来看，这种过程或活动都可能有助于在一个组织内部增强知识、技能，提高生产率、满意度、收入和改善人际关系，以及帮助组织得到期望的结果，不论是为了个人或团队的利益，还是为了整个组织、社区、国家、地区乃至全人类的利益。"埃德加 · 沙因（Edgar H. Schein）认为，组织发展是一系列为了帮助组织建立并维持系统整体的健康发展而开展的活动，这些活动需要管理者、员工和协助者的共同参与。弗兰奇和贝尔（French & Bell）认为，组织发展是为了使组织的问题解决和流程更新所做的长期努力。它需要变革推动者的助力，运用包括行动研究在内的应用行为科学的理论和技术。

一般认为，组织发展有两条途径：一条是人际过程途径，强调人员的参与和组织的过程，目的是让组织成员获得自我实现和完成任务；另一条是技术结构途径，强调组织中的技术及结构，目的是强调任务的完成。无论哪条途径，都要先对组织内外部环境做有效的分析与判断，同时也应对行业标杆做研究，在绩效导向的组织中，强调组织学习要为组织绩效提供前瞻推动力。

埃德加·沙因指出，所有组织——无论规模和类型如何，都会面临两类问题：

- 面对迅速变化的环境，如何不断适应外部环境？
- 为帮助组织顺利适应外部环境，怎样相应地整合内部资源？

沙因提到的“整合内部资源”实质上就是整合组织发展的功能。在商业世界，商业模式、战略规划可以复制，但组织能力很难复制。

组织发展功能有三大核心：组织架构与运作、人员、组织战略。组织发展功能发挥的作用是让组织迅速适应外部环境的变化，发挥个人、团队、组织的协同效应，最大限度释放潜能。

比如，国内许多企业集团按照 HR 三支柱模型来指导建立人力资源体系，其中组织发展占据专家中心的位置，功能是出政策、指方向、建框架。

2. 组织发展与组织学习

组织发展强调个人、团队、组织以及社会等层面变革的重要性，变革中必须伴随打破不符合组织发展的旧体系、旧文化、旧理念，同时也必须有创新的思维与行动实践。组织发展需要组织赋能：从组织管控到组织激活转变、从管理到服务转变、从用薪管理到用心管理转变、从硬规则制定到软实力提升转变。组织发展强调组织的学习能力和自我组织能力。强有力的学习能力是组织有效赋能的基础。

组织学习是组织为了实现长远发展战略目标、提高核心竞争力而围绕信息和知识、技能所采取的各种行动。这种学习的机制在于组织通过学习提高对产品、技术和管理的创新变革能力。

党的十九大报告提出，创新是引领发展的第一动力[①]。创新是产品、技术和管理等企业战略性资源的协同，人力资源管理研究需要探索如何通过人力资源管理实现对公司创新战略的支持，如创新型员工的识别与保留、企业创新氛围的创造、知识管理与组织学习的激励等一系列创新创业导向的人力资源管理实践。

阿吉里斯（C. Argyris）等所著的《组织学习》一书提出：“组织学习是为了促进长期效能和生存发展而在回应环境变化的实践过程之中，对其根本信念、态度行为、结构安排所为的各个调整活动；这些调整活动借由正式和非正式的人际互动来实现。”

建立在组织学习机制基础上的组织发展机制、创新变革活动是公司形成管理优势的源泉。在组织学习中，每个成员对学习过程和结果都产生重大的影响，但组织学习绝不是个体学习的简单相加。组织成员和组织之间的交互行为、组织与外部环境的相互作用、组织文化的构建、组织群体智慧的形成是组织学习的重要特征。

---

① 习近平.决胜全面建成小康社会 夺取新时代中国特色社会主义伟大胜利：在中国共产党第十九次全国代表大会上的报告.北京：人民出版社，2017：31.

[练习与思考]

请阅读采访录：

问：小红书发展过程中的曲折给您带来的学习与成长是什么？如何保持个人和组织的韧性？

瞿芳：瑞·达利欧（Ray Dalio）在《原则》里提过一个公式：痛苦+反思=进步。我个人很受启发，总结了一个创业版公式：犯错+复盘=迭代。曲折是每家公司都会经历的，韧性这个词就很好，这是一个创始人和组织必须具备的特质。

创业公司经历的都是齿轮式的循环拉动：创始人的进步带动整个组织的进步，组织的进步才会带来公司业绩的变化。公司每到一个新的台阶，都会要求创始人自己必须站上新的台阶，从视野到认知必须发生变化，也就是迭代。你迭代了之后，才能带着组织一起去进步，公司才有可能再发生变化，它是一个不断交替往复的过程。

思考以下问题：

1. 瞿芳的回答说明组织学习的什么过程？

2. 创始人对于组织学习与发展起到了什么样的作用？

二、问题导学

（一）如何从员工自驱学习到组织学习

（1）强调组织学习与员工的自驱学习，形成学习协同力。组织学习力的提升，一方面领导者是关键；另一方面组织全体成员的领导力是基础。领导者必须是变化的主导者，为了保持正确的变化，他们需要挖掘与发挥员工的优势、增强员工工作的意愿和投入度。在数字化时代每个人的工作方式都有了变化，组织需要倡导学习型组织、建立学习文化与知识管理体系、完善学习与发展的制度体系，员工需要更强的自我管理、自主领导、自我学习。组织与员工上下学习联动，在组织营造的有效的、积极的学习氛围中，员工通过学习、人力资源开发活动提升了自己的能力，形成了群体智慧，令组织形成了一个强大的竞争体，这是一种学习型组织的“学习协同力”。

（2）强调组织与员工的终身学习，形成群体智慧。“学习型组织之父”彼得·圣吉在《第五项修炼：学习型组织的艺术与实践》一书中明确提出了学习型组织理论，以及如何通过五项修炼来打造有超强学习力的学习型组织，成为一个终身学习者。一个组织能够拥有长期竞争力的关键在于：有比竞争对手更快的、更好的学习力和修炼方法。系统思考需要开发共同愿景、心智模式、团队学习和自我超越的修炼，才能发挥出潜力。彼得·圣吉在书中讲的是群体智慧，他提出的学习型组织理论强调的是组织学习而不是个人（组织成员）学习。他还特别指出：在某些层次上，个人学习与组织学习是无关的，即使个人始终都在学习，并不表示组织也在学习。

组织学习要通过个人学习和个人之间的交流互动来达到。两者的区别是，个人学习往往是分散的、独立的，组织学习是把一些个人组成一个团队进行训练，通过讨论和交流来提高团队群体智慧。

凯文·凯利（Kevin Kelly）是美国著名杂志《连线》的创始主编，在1994年出版的《失控》一书中成功预测多个互联网趋势，被称为“硅谷精神之父”和“世界互联网教父”。在大自然中，当大量看似无序的个体有机聚合在一起，群体智慧便能产生。没有个体控制，整个群体却会有意识地行动。随着个体数量的增加，整体的密集程度会突破某个临界点，这样集群就会涌现出来，这便是生物的群体智慧。集体智能的概念最初来自昆虫学家威廉·莫顿·惠勒（William Morton Wheeler）的观测。受这种生物学现象启发，凯文·凯利察觉到网络技术发展越复杂，其所呈现的姿态就越像一个大蜂巢。他在20世纪90年代提出的云计算、众包、物联网等概念，核心观点都源自群体智慧。

（3）组织生态链学习——基于数字化的学习敏捷型组织再造。戴维·尤里奇认为，现在唯一剩下的有竞争力的武器就是组织，因为那些传统的竞争要素，如成本、技术、分销、制造以及产品特性等，或早或晚都能被复制，它们无法保证你就是赢家。

当前在全球化、智能化、共享共创、敏捷制造的商业环境下，商业竞争不再是单个企业的竞争，而是与企业相关的供应链的竞争，是围绕核心企业的整体价值链的竞争，是商业生态圈的竞争，这种竞争还强调“唯快不破”，只有“更快、更强、更高效、更协同”的创新设计和敏捷生产才能满足新形势下客户的需求。在当今时代背景下，我们强调组织学习，建立学习型组织，更强调打造学习敏捷型组织，不但要学习，更要迅速学习、提升组织创新力，从而产生组织整体性的敏捷性交付，将学习力迅速转化为生产力。

学习型组织这一概念是美国哈佛大学弗雷斯特（Forrester）教授于1965年在《企业的新设计》一文中首先提出的。在此基础上，彼得·圣吉认为学习型组织是这样的组织：“在其中，大家得以不断突破自己的能力上限，创造真心向往的结果，培养全新、前瞻而开阔的思考方式，全力实现共同的抱负，以及一起不断学习如何共同学习。”

郭咸纲认为，学习型组织是指通过培养弥漫于整个组织的学习气氛，充分发挥员工的创造性思维能力而建立起来的一种有机的、高度柔性的、扁平的、符合人性的、能持续发展的组织。

学习敏捷型组织就是通过组织的学习力和创新力对市场变化能做出快速反应的、具有弹复力和柔性的组织，其具备六大特质：快速学习、勇于创新、决策迅速、绩效导向、柔性团队和公开透明。可以说，学习文化和学习行动是组织具备以上六大特质的基础。

2016年世界经济论坛（WEF）的报告《就业的未来：第四次工业革命的就业、技能和劳动力战略》强调了人力资源功能在帮助业务决策者推动组织发展的过程中发挥着至关重要的作用。WEF强调，必须鼓励终身学习。通过支持企业发展学习敏捷性，人力资源将为企业的整体成功做出重要贡献。

在快速迭代的时代，知识、技能、技术维持的时间越来越短，对于一个真正敏捷的企业来说，需要根据商业需求来调整员工技能结构，企业要做到敏捷，就要将学习作为自己的动力和“加油站”。

2020年小米在小米科技园举办了公司成立10周年庆典，这家成立仅仅10年的公司已跻身世界500强的行列，这样的发展速度和企业规模令人赞叹。这与小米科技具备强大的学习能力紧密相关。小米作为一个做智能手机起家的企业，如何在短时间内生产出这么多领域的产品？其实小米成立之初也有很多问题，但是团队保持了强大的学习能力，不仅在智能手机方面屡屡研发新技术，还在智能家电、智能电气等领域持续发力，社群建设、粉丝经济、客户导向等堪称行业标杆。比如小米的智能电视在2019年就做到了市场出货量第一，碾压传统电视企业，靠的就是强大的学习能力。

（4）未来组织学习展望。目前全世界正经历着人类社会现代化以来影响最大的一次疫情，使人类加速了数字化的进程。未来个人学习、团队学习与组织学习至少有以下特点：

1）人工智能和机器学习将推动组织的学习革命。人工智能和机器学习将深入嵌入业务领域的各个模块中，以组织效率与绩效为导向，在所有行业实现智能业务决策自动化。

2）基于云计算的基础设施的高速发展带来组织更快速的商业决策，这大大提升了员工自启动、自领导团队的工作决策效率。

3）为适应数字化的世界，组织必须做好准备。为此，组织要关注：

- 通过广泛的授权，让员工具备自领导变革力量来创造真正的工作场合的参与。
- 创新与学习文化愈加迫切地应该在组织中大范围建立起来。
- 组织不仅要建立学习敏捷型组织，强调内部员工、团队的学习，目的是比对手学得更快、更有效，更要建立一个人工智能和机器学习与员工一起学习的协同场合。人和机器人的关系从20世纪70年代的人机竞争，发展到90年代的人机共存，再到目前的人机协作、人机共事，5G、互联网、人工智能、大数据等新一代信息技术与制造业深度融合应用方兴未艾。

未来机器人之间可以相互学习，建立一个协作机器人学习与工作团队。在分布计算领域，人们通常把在分布式系统中持续自主发挥作用并具有自主性、交互性、反应性和主动性的计算实体称为Agent，例如一辆单独行驶在街道上的汽车，下一阶段人工智能的研究将以人和机器的有效交互为出发点，逐步完成有利于人的任务，按人的思想行动。

[练习与思考]

2020年GitHub发布的年度报告显示，GitHub上开发者人数达到5 600万，新增6 000万个存储库以及19亿个贡献（contribution）。GitHub预计到2025年开发者人数达到1亿。另外，开源呈爆发趋势，2020年GitHub开源项目创建数量上升40%。

如今微软在GitHub上拥有3 800个开源项目，成为世界上最大的开源项目支持者。

微软鼓励员工投入开源事业，成立自由和开放源代码软件基金会（FOSS Fund），为参与开源的员工提供10 000美元的赞助奖，同时鼓励员工使用开源程序，据官网数据，微软每月在构建产品和服务时使用超过150 000个开源组件。

资料来源：https://mp.weixin.qq.com/s/ot38udhbR1gudy-cp-vIQQ.

问题：这些开发者形成了一个什么组织？这个组织通过什么方式协作？这样的组织如同凯文•凯利所说的群体智慧的发生地，组织的共同学习将给社会、企业、个人带来什么影响？

（二）如何打造组织学习力

人类似乎有两种学习途径：第一，通过分析我们的缺点并努力改正；第二，通过观察佼佼者并试着模仿他们。

——罗伯特 • 沃特曼（Robert H. Waterman）

组织学习力是组织在整合团队和个人学习的基础上形成的对知识的发现、萃取、整合、传播、运用和创造并创造价值的能力，主要在于培养员工学习、培养团队学习和培养组织学习三方面的协同。组织学习力是组织创新变革能力的集中体现，能直接转化为创新成果，它倡导团队学习比个人学习更重要。

（1）打造学习文化，创造学习机会。学习是工作的一部分，组织中的成员能从工作中学习和成长。

（2）促进问题探究和开放与对话。彼得 · 圣吉认为对话（dialogue）与讨论（discussion）的相异点主要在于：在小组学习中必须通过讨论来进行对话。讨论是不同观点的呈现与辩论，同时能对整个情景提供有利的分析。对话则是将不同的观点呈现后据以发现新的观点。在讨论中需要做决定，在对话中则需要探讨复杂的议题。当一个小组必须达成共识并且做决定时，必须以讨论来达成此目的。在此基础之上的讨论是权衡不同的观点并从中做出合适的选择，对话的重点则并不在于寻求共识，而是强调不同意见的表达，以丰富复杂的议题。对话与讨论均能引导行动的方向。

（3）提升全员领导力，促进团队合作与团队学习。团队学习可营造组织的合作气氛并形成良好的组织气候。组织在今天尤其需要团队学习，无论是管理团体、产品开发团体，还是跨职能的工作小组。如果进行团队学习，团队会变成整个组织学习的一个小单位，可将所得到的共识化为行动。

（4）建立学习及共享学习成果的机制。加强群体互动式学习，促使组织内成员获得充分学习的机会，促使成员共享学习成果。

（5）促使成员迈向共同的愿景。组织美好愿景的创造，不能仅靠上层领导的努力，需要建立在全体成员的共识之上，并由全体成员共同完成。

（6）促使组织与环境相结合。组织除了要有独立自主性之外，还要与环境取得密切联系，以充分运用优势的环境来突出本身独特的本质。

在实际运作过程中，许多组织无法正确有效地建立和推行学习型组织。彼得 · 圣吉认为组织无法落实学习型组织变革的原因有很多，其中一个重要的因素是学习型组织的五项修炼与日常的例行管理工作缺乏实际的关联，他认为要落实学习型组织的变革，变革的行动应该与实际的工作目标和流程结合在一起，也应该与绩效改善的工作结合在一起，也就是说，变革行动应与绩效改善结合。

至此，我们即将结束对这门课程的学习。展望未来，人们的学习与成长不可停步，抵抗熵增的奋斗不可停止。最后，让我们重温那句话：年轻，就是拼命学习的资本！

[练习与思考]

我们已学习过BSC和战略地图，如何将学习敏捷型组织的行动执行落地？如果不与员工、管理者日常工作行为连接起来，学习敏捷型组织的思想很难取得好的应用效果，如何将二者联系起来？BSC和战略地图是否可以帮助它实现？

三、基于证据的HR最佳实践

西门子四步走创建全球知识共享系统

在过去数年中，许多全球性企业纷纷开始建立自己的知识分享系统。然而，许多投入应用的知识共享系统都失败了。与大多数企业不同，西门子是一个成功的范例。从1998年开始西门子最大的事业部——信息和通信网络公司（ICN）开始在其内部建立知识共享系统，经过4个环环相扣、层层递进的阶段，最终成功地实现了全球性的知识共享。

第一阶段，架构雏形。ICN要创建一个不仅能够处理显性知识，而且能够帮助员工将他们的隐性知识也贡献出来的系统。为此，ICN首先建立了一个互动的架构——共享网，其中包括知识图书馆、为回复“紧急求助”而开设的论坛，以及用于知识共享的平台；其次，选择一个合适领域作为切入口，这也是知识共享系统成功的关键之一。

ICN的共享网团队选择首先为销售人员和营销团队建立一个知识共享系统，因为这些人员通过知识共享所得到的结果是立竿见影的。许多企业的知识共享系统失败，原因在于它们没有注意到整个项目的组织因素。西门子在共享网的概念形成阶段，就收集了所有将要使用共享网的经理和员工的意见。这一做法使该系统能够考虑到不同地域公司的文化差异，并为随后的全球推广铺平了道路。

第二阶段，全球推广。要成功地让共享网获取全球员工所拥有的隐性知识，西门子采取了一种既能把全球的知识资源聚集到一起，又可以保留跨文化差异的方法——全球本土化的解决方案：当总部和各地的分公司共同制定共享网的战略方向时，系统的维护工作主要在慕尼黑总部进行；然后，共同制定出的战略方向以及系统的主要战略性维护会落实到各地分公司。

为了把这个架构落到实处，西门子分别在各地分公司里选出共享网经理，还设立共享委员会，安排全球编辑、IT支持人员，以及建立用户热线，和全球各地的投稿者一起组成了一个既注重全球总体战略，又关注各地分公司文化的全球本土化组织。在这个组织中，共享网经理起到了跨文化“黏合剂”的作用。

第三阶段，给系统注入动力。要让员工向共享网提供和获取解决方案，共享网团队必须持续不断地给系统注入动力。这包括外在激励和内在激励两方面。一开始，西门子推出了一个上级奖励制度，作为知识共享的一种短期推动力。这个制度虽然初期能在一定程度上刺激共享网的推广，但由于它没有真正地奖励那些知识贡献者，所以难以发挥长期持续的激励作用。于是，共享网经理决定把重点更多地放在投稿者身上，并推出了网上奖励制度。投稿者会因为质量高的投稿获得共享网股票。事实上，直接把股票换成实物奖励的投稿一直较少，投稿的数量和质量等资料的公开化使投稿者可以获得专家地位，这一点日渐成为员工积极利用共享网的内在动力。

第四阶段，向整个集团扩张。在营销等部门获得成功后，共享网开始向研发部门扩展。经过以上4个阶段，共享网获得了初步成功。但是，由于经济衰退，电信市场开始出现下滑。2002年1月ICN进行了重组，共享网团队也大大缩编，不得不为生存而挣扎。共享网团队尝试去证明这个系统的价值，同时，他们还证实，虽然只有有限的经费，知识共享系统仍然能够为公司创造价值并获得用户的认可。

资料来源：http://finance.sina.com.cn/jygl/20040927/11341050470.shtml.

四、业务决策者的责任

2019年智联招聘在“2019中国年度最佳雇主颁奖盛典暨中国人力资本国际管理论坛”举行期间发布了《2019中国年度最佳雇主评选报告》，并首次评选出最佳组织发展雇主5强。

请阅读报告的主要内容并思考：作为业务经理，如何承担起应有的责任？

学习小结

<table>
<tr><td>关键能力/技能</td><td>● 掌握组织学习力如何落地的基本步骤，培养理论运用于实践的能力□
● 能够运用组织发展的基本理论分析现实案例，培养综合实践技能□</td><td rowspan="3">模块二　组织发展与组织学习
基本知识
实际工作过程与理论学习场景
组织发展与组织学习概述
问题导学
如何从员工自驱学习到组织学习
如何打造组织学习力</td><td rowspan="3">自我回顾所学，然后：
● 在本书中找到支持“关键能力/技能、核心素养和必备知识”的相关内容
● 对于相关学习目标的掌握程度进行自我评价
● 评价完后请在左边的小方框中打上“√”</td></tr>
<tr><td>核心素养</td><td>● 培养持续学习、终身学习的习惯和意识□
● 关注人的工作与生活平衡的意义，具备人文精神□</td></tr>
<tr><td>必备知识</td><td>● 了解组织发展与组织学习的基本概念□
● 理解员工学习、组织学习和学习敏捷型组织的含义□</td></tr>
</table>

看企业实际运作

把公司打造成学习发电站的三个方法

如今公司想要成功，必须依靠快速学习能力。要做到这一点，就必须建立学习生态系统。为此，波士顿咨询公司《把公司打造成学习发电站的三个方法》研究报告提供了三步成熟度评估和学习生态系统路线图。

第一步，检查公司的脉搏——它的学习能力如何？

管理者应该组织一次脉搏检查，找出公司学习能力的优劣势。要做到这一点，需要在全公司范围内进行学习生态系统成熟度评估（LEMA）。不能仅评估公司的学习与发展功能或领导力，还必须评估学习策略、内容和交付渠道、基础设施和与外部学习供应商的联系。

第二步，评估公司与世界上最好的公司相比的情况。

在完成脉搏检查后，接下来评估公司与同行、竞争对手以及世界上最好的学习型公司相比的情况。报告认为，每个公司都可以分为四个成熟度级别之一。

第三步，转变业务，创建学习生态系统路线图。

成熟度评估过程的前两个步骤提供了对公司学习生态系统当前状态的详细了解，在此基础上，公司可以创建一个清晰的行动计划或路线图。

学习生态系统路线图就像一个公司的学习导航系统。CEO可以设定自己的目标，如成为公司的学习领导者，规划自己的路线，从大量的最佳实践中提取一系列战略干预措施，并按照这些指示行事。

虽然公司的增长路线各不相同，但调研发现大多数公司都有一些共同的优劣势。通常领导者和执行者善于描述他们的使命，将他们的学习内容包装成引人注目的形式，并通过各种课堂、在线和其他渠道提供学习项目。

即使是领先的学习型公司也不太擅长衡量成果，将学习活动纳入日常工作流程，以及通过学习证书和认证系统来标记员工的个人成就。

资料来源：https://mp.weixin.qq.com/s/R64RD9DsOfiYxQDEMDKKGg.

模块三 实训、探究与成效检验

| 实训操作与成效检验 |

一、关键能力提升

（一）案例分析

请阅读案例，回答问题。

大学毕业生A和B比较相似，在学校的表现都属于良好的水平，毕业后分别进入了不同的单位工作。三年之后两个人的命运却产生了差异。A已经成为公司的骨干，担任部门的主管，每月的收入在5 000元以上；B还是公司的一般职员，收入只有2 500元，正准备寻找机会跳槽。

在这三年期间两个人都跳过槽，都换过3家公司，可是最后的结果大相径庭。

A毕业后进入一家卖电器的商店做销售代理，工作中勤学好问，很快掌握了销售技巧，成为卖场一名不错的销售员；一年后跳槽到规模更大的电器连锁店做组长；第三年跳槽到国内知名的电器销售连锁店做部门主管。

B毕业后进入一家卖电讯器材的公司做销售员；一年后跳槽到一家网络公司做网管；第三年换工作进入一家生产企业做办公室文员。

认真分析两个人的经历，我们发现A一直在自己熟悉的电器销售行业发展，其间跳槽也是为了在更高的岗位工作，B却没有找准自己的发展方向，在不同的行业跳来跳去，最后还是只能从事低岗位的工作。

资料来源：https://baike.baidu.com/item/%E8%81%8C%E4%B8%9A%E8%A7%84%E5%88%92/5094671?fr=aladdin.

问题：

（1）分析A和B两位大学毕业生的职业规划的异同。

（2）分析二者的发展差异原因。

（3）如果你是独立职业规划师，请给出B职业规划的建议（可根据职业规划的步骤）。

（二）动手操作——我的成长我负责

（1）更新并精心制作你的简历。了解一份好的简历是怎样的，以及有哪些必备要素，然后更新你的简历。可以与他人交流想法，发现其简历的优越之处。

（2）花一些时间静下心来考虑你的职业规划，如我的职业兴趣，我希望成为一个什么样的人等。参考所学理论知识，制订一份《我的职业生涯计划》。注意，请定期更新计划。

二、核心素养培养

（1）以小组为单位，访问、调查一家公司，了解其员工晋升通道的设计是怎样的，并给予评价。请将你们小组的调查结果汇总成 5～7 张 PPT，并在课堂上展示。要求：

1）制订调查方案。

2）采用合适的研究方法和团队决策过程方法。

3）运用所学理论知识。

4）制作 PPT，内容简洁、重点突出，尝试学习制作职业演示的 PPT 技巧。

5）小组派出一名代表在班上展示调查结果，可由同学和老师或外部专家组成的评委小组进行评分和排位。

6）关注这家公司在尊重员工个人成长与发展和组织利益方面是怎样的。

（2）观点辩论。就以下观点先思考，必要时查阅资料，然后与他人进行对话、讨论甚至辩论。

> 《第五项修炼：学习型组织的艺术与实践》是美国管理学家彼得·圣吉的管理学著作，于1990年首次出版发行。它早已过时，已经不适应当前数字化时代的企业实践了。

三、必备知识巩固

（一）单选题

1. 组织学习强调员工的（　　）。

A. 强制学习　　B. 系统学习

C. 自驱学习　　D. 脱产学习

2. 实际建立学习型组织中，许多组织流于形式，其原因是（　　）。

A. 实施成本太高

B. 没有有效地与管理者和员工的日常工作连接起来

C. 领导不力

D. 缺乏专业咨询机构的帮助

（二）多选题

1. 组织学习力是组织在整合团队和个人学习的基础上形成的对知识的（　　）并创造价值的能力。

A. 发现　　B. 萃取　　C. 整合

D. 传播　　E. 运用和创造

2. 学习敏捷型组织的特征有（　　）。

A. 快速学习　　B. 勇于创新　　C. 决策迅速

D. 绩效导向　　　　　　　　　　E. 柔性团队和公开透明

| 课外修学与我的探究 |

一、悦读秒扫

（一）课外悦读

查找资料，了解彼得原理和帕金森定律的具体内容，思考的问题包括但不限于：为什么会出现这种情况？后果是什么？如何避免？目前企业实践前沿有哪些最佳实践解决了这些问题？

要求：

（1）以小组为单位，将了解到的内容制作成PPT，并在课堂上展示。内容包括案例，必须有自己的思考和观点。

（2）每小组选出一名代表作为评委组成评委团，设计评分表对小组的展示进行评分。老师可参与评分。权重建议：学生评委团去掉最高分和最低分后的平均分占60%，老师的评分占40%。如有机会，还可以邀请企业人士或其他老师作评委。

（3）每个评委必须给予点评，最后老师总结点评或安排答辩。

（二）前沿话聊

请阅读《华为在商言“熵”》(https://mp.weixin.qq.com/s/r_k3DJMI4uq26EKUjasxng)：思考以下问题：

（1）华为从物理学定律中受到启示，你认为这些启示对于组织学习有何作用？

（2）跳出这篇文章来看，熵的意义对于职业规划或人生规划有何启发意义？

（三）有趣测试

请登录网页（http://www.obhrm.com/）测试你的职业性格，了解你自己，为就业做准备。

（四）给你的职业建议

2020届全国高校毕业生达到874万人，预计未来这个数字会增加，就业竞争压力也会加大。无论你现在正在准备考公务员、考研还是考职业资格证书，这些无疑都是为了找到一份好工作而做的努力。职业成功与职业幸福感来自不同方面，个人的感受也不同。为达到职业成功，我们建议你有计划地训练如下项目：

（1）抓住机会练习口头和书面表达能力，如清楚、完整、有趣地在一分钟内介绍自己，在课堂上公开表达一种观点等。

（2）了解你自己，写下你的职业期望和优劣势。

（3）融入团队，学会友好地在团队中工作和学习。

（4）学会在不同场合有合适的言行和着装。

（5）积累人脉，维护人际关系。积极参与学校里的活动，如创业团队和创新创业大赛等。

（6）及时更新技能。

（7）设定一个分步走的目标，并努力实现它，过程中学会请求帮助。

二、我的探究

（1）学习完本章后，我的思考是：______________________________。

（2）回顾“项目工作场景”，我的收获是：______________________________。

（3）学习本项目后，我想与老师或同学探讨的问题是：______________________________。

（4）经过社会实践，我提出的观点是：______________________________。

每位同学填写好以上“我的探究”后，
建议与同学们分享、交换观点。
“思考”可以与他人讨论，
“收获”可以当众分享，
“问题”可以与同学共商，
“观点”可以与他人交换。

参考文献

[1] 陈关聚 . 项目管理 .2 版 . 北京：中国人民大学出版社，2017.

[2] 陈国海 . 员工培训与开发 .2 版 . 北京：清华大学出版社，2016.

[3] 派克 . 重构学习体验：以学员为中心的创新性培训技术 . 南京：江苏人民出版社，2015.

[4] 德鲁克，马恰列洛 . 管理：下册 . 辛弘，译 . 北京：机械工业出版社，2010.

[5] 库伯 . 体验学习：让体验成为学习和发展的源泉 . 王灿明，等译 . 上海：华东师范大学出版社，2008.

[6] 邓艳华 . 职业生涯与发展规划 . 北京：人民邮电出版社，2014.

[7] 董克用 . 人力资源管理概论 .5 版 . 北京：中国人民大学出版社，2019.

[8] 阿尼森，罗思韦尔，诺顿 .ASTD 能力素质模型：构建学习发展项目的基础 . 李媛，译 . 北京：电子工业出版社，2014.

[9] 麦克莱恩 . 组织发展学：原理与应用 . 王晓晖，译 . 广州：广东经济出版社，2017.

[10] 金延平 . 人员培训与开发 .4 版 . 大连：东北财经大学出版社，2016.

[11] 课思课程中心 . 培训课程开发实务手册 .3 版 . 北京：人民邮电出版社，2017.

[12] 葛玉辉 . 员工培训与开发 . 北京：清华大学出版社，2014.

[13] 波洛克，杰斐逊，威克 . 将培训转化为商业结果实践手册：学习发展项目 6Ds® 法则实施案例、工具、方法 . 北京：电子工业出版社，2015.

[14] 诺伊 . 雇员培训与开发：第 6 版 . 北京：中国人民大学出版社，2015.

[15] 刘建华 . 人力资源培训与开发 . 北京：中国电力出版社，2014.

[16] 教育部人事司 . 教育心理学考试大纲 . 上海：华东师范大学出版社，2002.

[17] 拉尼克 . 领导者习惯：卓越管理的 22 个必备技能 . 王新玲，译 . 成都：四川文艺出版社，2019.

[18] 石金涛，颜世富 . 培训与开发 .4 版 . 北京：中国人民大学出版社，2019.

[19] 吴健安 . 市场营销学 .4 版 . 北京：高等教育出版社，2011.

[20] 徐芳 . 培训与开发理论及技术 .2 版 . 上海：复旦大学出版社，2019.

[21] 郗亚坤，曲孝民 . 员工培训与开发 .4 版 . 大连：东北财经大学出版社，2019.

[22] 颜世富 . 培训与开发 .4 版 . 北京：北京师范大学出版社，2018.

[23] 赵曙明 . 人才测评：理论、方法、工具、实务 . 北京：人民邮电出版社，2014.

[24] 周正勇，周彪 . 员工培训管理实操：从新手到高手 . 北京：中国铁道出版社，2014.

[25] 中国就业培训技术指导中心 . 企业人力资源管理师（三级）.3 版 . 北京：中国劳动社会保障出版社，2014.

[26] 盖利敏，咸宁 . 企业内部培训师管理方法：基于对某国有建筑企业内训师管理现状的分析 . 经营与管理，2017（4）.

[27] 吴素梅，卢宁 . 沉浸体验的研究综述与展望 . 心理学进展，2018，8（10）.

[28] 吴峰，白银．企业大学发展及趋势研究．高等工程教育研究，2012（4）．
[29] 徐建峰．优化企业内训师队伍，建设科学内部培训体系．现代经济信息，2016（16）．
[30] 姚远峰，潘沛沛．基于 ARCS 动机设计模式的成人学习动机策略初探．成人教育，2011（12）．

中国人民大学出版社　管理分社

教师教学服务说明

中国人民大学出版社管理分社以出版经典、高品质的工商管理、统计、市场营销、人力资源管理、运营管理、物流管理、旅游管理等领域的各层次教材为宗旨。

为了更好地为一线教师服务，近年来管理分社着力建设了一批数字化、立体化的网络教学资源。教师可以通过以下方式获得免费下载教学资源的权限：

★ 在中国人民大学出版社网站 www.crup.com.cn 进行注册，注册后进入“会员中心”，在左侧点击“我的教师认证”，填写相关信息，提交后等待审核。我们将在一个工作日内为您开通相关资源的下载权限。

★ 如您急需教学资源或需要其他帮助，请加入教师 QQ 群或在工作时间与我们联络。

中国人民大学出版社　管理分社

教师 QQ 群： 64833426（仅限教师加入）

联系电话： 010-82501048，62515782，62515735

电子邮箱： glcbfs@crup.com.cn

通讯地址： 北京市海淀区中关村大街甲 59 号文化大厦 1501 室（100872）